CRAYONプロジェク

韓 昌完《ハン・チャンワン》
下関市立大学学長

誰もが優秀児になれる!

さくら舎

はじめに

本書を手に取っていただきありがとうございます。
いつの時代も尽きない子育てや教育のお悩みに対して、
本書が「根っこ」の部分のヒントになればと思って書き記しました。

子ども一人一人の多様な可能性を見つめ育むことが未来への大きな希望だと、もっと多くの人に気づいてほしいと願っています。

本書が出版された2023年現在、日本で生まれてから小学校に上がるまでの子どもたち、つまり0～5歳頃までの乳幼児が育つ場所は家庭に限らず、保育園や幼稚園そして認定こども園など幅広い選択肢があります。そこでは、子どもが安全にすくすくと育つ環境としてだけでなく、この時期からの教育的な関わりも求められているのではないでしょうか。

私は、教育分野の研究者として乳幼児教育に関心を持つ以前、小中学校の子どもたちや高校生、成人への教育を研究対象にしていました。そこで対象は違えど一貫していた軸は、一人一人の特徴を理解するということ、その時そのときの教育の目的に合わせて関わるということでした。2019年に刊行した、『その子、発達障害ではありません IN-Child《インチャイルド》の奇跡』（さくら舎）は、小中学校の子どもたちのために行っている「IN-Child」プロジェクトの成功事例についてまとめたものです。しかし、研究を進めるうちに「ニーズとして現れる前に、教育ができることはないだろうか？」という疑問が日に日に強くなり、たどり着いたのが乳幼児教育でした。

特に、忘れられないきっかけとなったのが、IN-Child プロジェクトで出会った数学がとても苦手な一人の中学生です。その子は、中学数学にまったく追いつけずにテストは０点ばかり。どこがこの子のつまずきなのか、学年を一つ一つ追いながら小学校低学年の算数まで丁寧にさかのぼりました。すると、簡単な足し算すらも理解していないことがわかりました。この瞬間、「あぁ、そもそも『数』とは何かという、算数の基礎となる概念形成が必要なのか」と、私が次にやるべきことが見えました。

“概念とは何か”“概念はどのように形成されるのか”“概念形成が将来どのように役立つのか”“表現として見られることで才能開花につながるのではないか”――これらは乳幼児期から始まり、その後の成長へとつながるのではないかという仮説が生まれました。そして、ついに私の初めての乳幼児教育に関する研究として、「CRAYON《クレヨン》」プロジェクトがはじまったのです。

本書のタイトルは、『誰もが優秀児になれる！―― CRAYON プロジェクトの実証』となりました。

「優秀」と聞くと、学校のテストでいい点を取ったり、有名な学校に進学したり、また大企業に就職したりなど、一般にはわかりやすい優秀さがイメージされるかもしれません。しかし、私は本質として**「自分自身の幸せや希望を見いだせる力がある人」**だと考えています。いろいろな幸せや希望がありますが、本書では自分自身の多様な可能性に希望を感じたり、日常の中で幸せを見つけられるようなアンテナを持っていたりするような人を想像してみてください。

特に前者で言えば、“世界の ANDO”と呼ばれている建築家の安《あん》藤忠雄《どうただお》氏がいます。建築界のノーベル賞と称されるプリツカー賞を受賞するなど世界的に高く評価されている建築家ですが、彼は経済上の理由で建築分野の専門学校や大学に通うことができませんでした。しかし、独学で建築家となり輝かしい人生を歩んでいます。そのきっかけの一つが、中学生のときに見た希望を持って仕事をしている大工の姿だったそうです。

彼が持っている「優秀」さは、私なりに言い換えれば建築家という生き方に、自分の人生に関わる希望と幸せを見いだしたことにあると思います。彼のように希望を見て仕事を続けることで、いつか世界に貢献できる人になれる。CRAYON プロジェクトは、まさにこういった意味での「優秀」な子どもたちを育てることを目指しています。

特にこれからの時代は、不確かで不透明だと言われており、正しい答えは誰にもわかりません。そんな中、AI（人工知能）が登場したことで、人類は技術進歩と生活の便利さだけでなく、将来 AI に支配されるかもしれないという不安の両方を手にしています。決められた質問や指示に対して、素早く正確な対応をするという単なる処理能力では、私たちは AI に勝てません。それでも、AI は人間によって開発され、人間が育てる道具であることに変わりはないのです。彼らの賢さは、事前に学習したパターンと膨大なデータによって、決められた処理や特定の活用方法に特化するという条件の下で、人間の能力を超えたように見えるところにあります。

しかし、どれだけ AI が賢く進化しようとも、実際にはただの道具であり、人間の一部の能力を外付けで行っている機械にすぎません（少なくとも今のところは、まだ）。その道具をうまく使いこなせるかどうかは、詰まるところ人間によるのです。歴史学者のユヴァル・ノア・ハラリは、代表的な著書『ホモ・デウス』の中で、AI とバイオテクノロジーといった科学の道具を使いこなす一握りのエリートが、人類の大半を支配するかもしれない未来を予測しています。

いずれ到来する未来に備えて、人間が持つべき力はいったい何でしょうか？ 私はその方向性の一つに、乳幼児の頃から**「なぜ（Why）？」**を問う習慣をつけて、質問の“質”を高めることが重要ではないかと考えました。

2022年11月、まるで人間が考えたように自然な文章を作成できるAIである『ChatGPT』（Open AI社、米国）を用いたチャットサービスが開始され、世界中が注目しています。会話を通していろいろなことを教えてくれるだけでなく、目的に合わせたメールの例文を考えたり、表計算ソフトの関数を組んだり、プログラミングコードを作成したり——私も研究チームの皆と試しに使ってみましたが、あらゆる質問に答えてくれました。

しかし、明らかにでたらめな情報であるにもかかわらず、へたに文章力があるがゆえにまるで正しい情報かのように提示されたとき、私は自分の仮説が正しい方向に向いていると感じました。こちらがよい質問をしないと、ChatGPTからも本当に欲しい答えは返ってきません。むしろ、間違った情報の違和感に気がつかないと、間違いのまま鵜《う》呑《の》みにしてしまう危険性もはらんでいます。人間の問いかける質問の“質”が、ChatGPTという道具を通して自分が得る情報の質に直接関わってくるのです。

質の高い質問とは何でしょうか。専門的で高尚な、思慮深く、理知的なものでしょうか。大人になればなるほど難しく考えすぎてしまい、結局何を聞きたいのか（聞かれているのか）わからなくなることもしばしばあります。

しかし、人生のうちで自然と質の高い質問を投げかけているのが、実は乳幼児期の子どもたちなのです。質が高いと言われるよい質問とは、①当たり前を問い直す質問、②概念を再定義する質問、③物事の本質にたどり着くための質問だと言われています。まだまだ知っていることが少ない子どもだからこそ、大人が当たり前だと思っていることを素直に質問できます。まっさらな状態から概念を形成するからこそ、「これなに？」「なんでなの？」「えー！ どうして？」といった、これから吸収していく概念を定義する場面がたくさん生まれます。あるいは、当たり前や常識というフィルターに邪魔されないからこそ、ストレートに物事の本質を捉える質問が飛び出すでしょう。

子どもはときに大人が思わずハッとするようなことを言います。その瞬間、質問の貴重さに大人が気づくかどうか、そして子どもが育つチャンスにできるかどうかが、子どもたちの成長の分岐点になりえるのです。

そのため、CRAYONプロジェクトでは、子どもの概念形成や自己表現の育ちといった大人が子どもの成長を観察する視点だけでなく、大人が大人自身の関わりを振り返るための視点も同じように大事にしました。子どもがいろいろなことに「なにこれ？」と興味を持つのにも、大人の環境づくりや関わりがどうしても必要になるのです。本書の実践では、子どもたちが概念を形成するために必要な経験や、子どもの貴重な「なにこれ？」期に大人が丁寧に向き合うためにはどう関わればよいかについても整理しています。

「なぜ（Why）？」を問う力が求められるのは、学習などの探求場面だけではありません。ふだんの何気ない生活の中でも、「なぜ（Why）？」を問う姿勢が将来の生きる力に大きく影響してくるのだと思います。

長年、多くの大学生たちを近くで見てきましたが、明確な指示がないと動けない、自分で考えて工夫したり挑戦したりすることに一歩が踏み出せない、自分の言動が正解かどうか気になる（から動けない）――といった不安や悩みを抱える若者が少なくないように思います。その子たちの中には勉強ができないわけではない子も多く、先生から見れば成績も態度も他の学生の模範となる「優等生」もいれば、幼い頃から学習塾などに通いセンター試験で高い点数を取る「秀才」もいました。そんな彼らに足りなかったピースは自分自身を理解することであり、その先に希望や幸せを見いだす力だったのではないかと思います。

自分の強みを社会や他者との関係の中で見つけ育てていくことで、将来への不安や悩みは多少なりとも解消できるのではないでしょうか。それに人は、自信を持って取り組めたり他人から認められたりすることで、自分に存在価値を感じて幸せに生きることができます。そもそも、過去の成功が当てにならない今の時代を生きていくのに、将来に希望を持って日々を前進することができるだけで十分に「優秀」な人ではないでしょうか。

CRAYON プロジェクトでは、子どもの才能を発掘して最大限伸ばすことができれば、自分でやりたいことができ、生きたい道を行けるような子ども、つまりは希望や幸せを見いだす力を持った「優秀児」になれると期待しています。

自分で考えて、自分で疑問を持って問いかけて、世の中に必要だと思うことを見つけて実践する、そんな子どもたちがこれからの明るい未来を描いてくれるでしょう。自分の存在意義を問う人間だからこそ、何か一つでも人や社会に貢献できる強みが育てば——そんな希望が詰まった子どもたちは、誰でも「優秀児」に違いありません。

韓《ハン》 昌完《チャンワン》

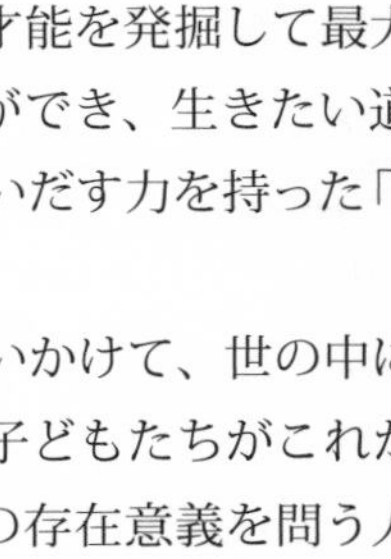

もくじ

第4章　苦手克服、才能開花　子どもたちはここまで変わる！

第5章 CRAYONでみる活動実践！

● 韓《ハン》の講義の時間 ●

誰もが優秀児になれる!
CRAYON《クレヨン》プロジェクトの実証

本書の見方

「理論」を知って「実践」につなげられるよう、乳幼児教育だけでなく、子育てに関わるすべての人が、無理なく十分に学べるような構成を考えました。

第 1 章 CRAYON ってなあに？・第 2 章 関わりは観察からはじめよう

私たちの CRAYON プロジェクトについて、基本的な考え方や理論について、重要なポイントを押さえながら解説していきます。

第 3 章 CRAYON クラスの子どもたち

CRAYON プロジェクトで見てきた子どもたちの事例を参考に、その子の強みが将来どのようなストーリーを描くのかイメージしてみました（この章の事例はフィクションです）。子どもの特徴や、子どもに合わせた周囲の関わり、それらによる才能開花との関係性などをケースごとに紹介しています。また、「体感概念」「音楽的表現」などの領域ごとに一人ずつ事典的にまとめましたので、気になるところからお読みください。

第 4 章 苦手克服、才能開花 子どもたちはここまで変わる！

CRAYON プロジェクトを導入したモデル園で見られた、実際の子どもの成長事例をまとめた実話をご紹介します。プロジェクトを導入する前の子どもの様子から、CRAYON BOOK というサポートツールの結果から見られたポイント、大人の実際の関わりを踏まえて、子どもたちの成長を事例ごとにまとめました。

第 5 章 CRAYON でみる活動実践！

モデル園での実践を、ポイントをしっかりと押さえて現場で参考にできるようまとめました。ここで紹介する実践事例は活動をそのまま真似するだけでなく、目標の立て方や子どもの様子の捉え方などから､別の活動においても計画を立てたりドキュメンテーション（写真記録）をつくったりする際のヒントを得ることができます。

韓《ハン》の講義の時間

CRAYON BOOK の領域と項目について、定義やその考え方について丁寧に解説します。少し難しい内容もありますが、はじめての方や忙しくて時間がとれない方もできるだけ簡単に読み進められるようにと工夫しました。専門書として十分な内容でありながら、実践の現場でも使える実用書、また子育てや乳幼児教育はこれからの人の入門書となるように、わかりやすいイラスト図解を多く載せています。

【CRAYON 及び CRAYON BOOK】

CRAYON 及び CRAYON BOOK に関する定義や内容は、「子どもの概念形成と才能発掘の実態把握を行うための構造化された評価ツールの開発 ―3 ～ 5 歳児を対象とした CRAYON Book の領域と項目の検討―(韓 , 2019)」及び「子どもの概念形成と才能発掘の実態把握を行うための構造化された評価ツール (Child Rearing Assist for Your Needs Book: CRAYON Book) の内容的妥当性の検証 (韓ら , 2020)」に基づいています。

- 韓昌完 (2019) 子どもの概念形成と才能発掘の実態把握を行うための構造化された評価ツールの開発 ―3 ～ 5 歳児を対象とした CRAYON Book の領域と項目の検討―. Journal of Inclusive Education, 2019, 6, 27-40. doi: 10.20744/incleedu.6.0_27
- 韓昌完・小原愛子・岡田直美 (2020) 子どもの概念形成と才能発掘の実態把握を行うための構造化された評価ツール (Child Rearing Assist for Your Needs Book: CRAYON Book) の内容的妥当性の検証 . Journal of Inclusive Education, 2020, 9, 35-51. doi: 10.20744/incleedu.9.0_35

職員同士が自分の経験や価値観を押しつけあうことで意見がぶつかることもあったが、CRAYONがあることで、同じ方向を向いて保育ができている。

（保育士、30代）

CRAYONがなかったときよりも、“こんな食材を知ってほしい”“味わってほしい”という目的を組み立てやすく、栄養士にとっても素敵なツール。
（管理栄養士、30代）

CRAYONは言い回しの難しい保育所保育指針を噛み砕いてわかりやすくしたものだった。保育士試験の際にも役立った。

（2021年度保育士試験合格、30代）

職員全体で協力してCRAYONに取り組むことでより質の高い活動ができ、とくに新人で入ってきた若手の成長が感じられた。

（園長・保育士、40代）

多動だなと思っていた子も、「身体表現や体感概念がこの子の強みだ！」と気づくことができた。子どもの行動に対する見方が変わった。
（副主任・保育士、30代）

CRAYONのキーワード

『概念《がいねん》形成』とは？

本書では、「子どもの概念形成を促す」という視点が一貫して登場します。日常生活の中であまり聞き慣れない、**“概念形成とはなにか？”**について、本書を読む上でまずはじめに押さえておきましょう。

あなたは、「りんご」と聞いてどんなことを思い浮かべますか？

きっと日本人の多くは、大人が片手でわし掴みにするくらいの大きさと握りつぶせないくらいの固さを持ち、表面はつるつると丸い形で、1本の細い枝がついていて、皮は赤く中身はやや黄色がかった果物を想像するのではないでしょうか？　そして、一口かじると「シャクッ」という音が聞こえて、甘酸っぱい味を感じる。これが、“りんごの概念”です。

会話の中に「りんご」という単語が出てきたとき、たいていの人がおおよそ似たようなものを想像することでコミュニケーションを行っています。スーパーでりんごを探すときにも、赤くて丸い物が積み上げられたコーナーを探します。しかし、赤くて丸いものに近づいて見てみると、緑色で星形のへたがついていた――それが「トマト」だとわかった途端にがっかりするでしょう。

私たちは、いつだって様々な物事に対して、「○○とはこういうもの（こと）である」という概念を持って生活しているのです。

丸くて赤い	形と色は同じ	丸くて赤い
片手で掴める	大きさも同じ	片手で掴める
固い	けれど、固さが違う	柔らかい
枝がついている	特徴も違う	へたがついている

そして実は、“りんごの概念”の中にも様々な概念が含まれています。

- **大人が片手でわし掴みにするくらいの＜大きさ＞と握りつぶせないくらいの＜固さ＞を持ち、表面は＜つるつる＞と＜丸い＞形で、＜1本＞の＜細い＞枝がついていて、皮は＜赤く＞中身は＜やや黄色＞がかった＜果物＞。**
- **一口かじると＜シャクッ＞という音が聞こえて、「甘酸っぱい」味を感じる。**

例えば、「丸い、ってことは角がなくて転がる形だ」など、形一つとっても“＜丸い＞の概念”があります。これらは、“りんごの概念”のように様々な概念を理解する上で土台となる概念であり、私たちが生まれたときから**五感（視覚・聴覚・触覚・味覚・嗅覚《きゅうかく》）**の刺激を通じて獲得していく最も基礎的な概念です。

しかしながら、これらの概念は子どもが自然と獲得するわけではありません。なぜなら、概念とは常に言葉によって表され、言葉とは私たち人間がつくったいわば人工物だからです。自然界にあったもの（仮にAとしましょう）に、「りんご」という名前（言葉）がつけられたことによって、「りんご＝A」だと理解することができます。私たちは、いちいち「大人が片手で～」という説明なしに、別の誰かにも伝えられるようになりました。

つまり、子どもが生まれてから見たもの、聞いたもの、触ったもの、食べたもの、嗅《か》いだものなどの「物」や、経験したこと、感じたこと、約束ごとなどの「事」のすべてについて、大人が名前（言葉）を教えることで、ようやく概念を獲得していくことができるのです。

概念形成とはいわば、すべての物事に対して「○○とはこういうもの（こと）である」と理解（学習）していくことであり、生涯を通した経験学習や教科学習の土台となるのが、乳幼児期における五感を通じた基礎的な概念形成です。

そして、五感と同じくらい大事になるのが、言語と数の基礎的な概念です。言葉（単語）の意味やつながり、数字や量、算数の言葉（合わせる、分けるなど）の意味を正しく理解しているかどうかで、その後の学習を大きく左右することになります。

概念 を **形成** する。

概念	形成
● 物事への理解	● 形づくること
● 定義や意味内容	● まとめること
● イメージ	● 整えること

『概念形成』とは、○○とはこういうもの（こと）であると理解（学習）していくこと

詳しくは、本編「韓《ハン》の講義の時間」（P146～）で ▶▶▶

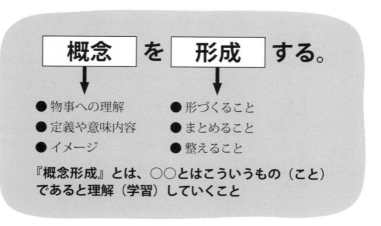

第１章

CRAYONってなあに？

1 CRAYONってなあに？

CRAYONは、子どもも大人もすべての人が幸せになるようにという願いが込められた言葉です。
どんな場所でも、どんな立場でも、子どもと関わる場面なら、いつだってCRAYONはあなたの助けになります。

保護者も、保育士も幼稚園の先生も地域の人も…
子どもに関わるすべての人＝"Your"
あなたの子育てを応援します
Child Rearing Assist for Your Needs
（直訳：あなたのニーズに合わせた子育て支援）

CRAYONのなにが新しいのかと言えば、

- ☑ **子どもの「概念形成」と「自己表現」から才能を発掘する**
- ☑ **子どもの育ちを「環境」と「大人の関わり方」との関係で見る**
- ☑ **環境や大人の関わり、子どもを見る視点がまとめられている**

今、目の前にいる子どもと子どもに関わる周囲の人や環境を、しっかりと見て知ることこそが関わりの一歩になると考えています。

CRAYON が目指す未来

これからの社会を生きる子どもたちは、今よりもっと変化が激しくて複雑で、予測できない時代（＝ VUCA《ブーカ》の時代）を経験していくことになるでしょう。しかし、時代がどれだけ変わっても、子どもに関わるすべての大人たちの願いは、「子どもが健康で幸せに生きること」です。時代の変化に置いていかれないためには、①変化を受け入れ対応しようとすること、②新しいことを積極的に学ぶこと、③未知の状況でも冷静に考えること、が大切になってきます。

●サポートツール「CRAYON BOOK」とは

CRAYON プロジェクトでは、「『今』目の前の子どもにどんな教育が必要なのか」のヒントをもたらし、子どもが健康で幸せに生きるための教育の方向性を一緒に探るために「CRAYON BOOK」というサポートツールを開発しました。ツールによって目指すのは、「誰もが日常で子育ての目的を共有する」ことです。誰か特定の人ではなく「誰も」が同じ目線で子どもに関われる、特別な時間を設けるのではなく「日常」の中で乳幼児教育のポイントを意識することができる、しっかりとした「目的」を共有することで個人の方法や手段、専門性を活かしたブレない関わりができるようになると考えています。

2 CRAYONと乳幼児教育

“三つ子の魂百まで”
昔の人が感じていた子ども時代の経験の大切さが、
近年の研究で証明されてきています。
幼い頃の教育が、一生を支える「生きる力」になるのです。

これまでの乳幼児教育の歴史を振り返ってみます。幼稚園は1876年に3歳児以上の子どもを対象にした教育機関として、保育園は1890年に福祉的な託児所として誕生しました。

しかし、保育所においては慣習的に、3歳児未満の子どもに対して「預かるだけ」と思われていた時代が長くありました。その背景には、今よりも家庭で育てるという意識が高かったことや、地域の中で家族以外のたくさんの大人が関わって子どもが育つ環境があったからです。戦後に法律が整備されて1965年に保育所保育指針が定められ、社会の変化に伴う家族の形の変化や、脳や体の成長に関する研究成果などから世界で乳幼児教育に対する重要性が謳《うた》われ、2017年の改定では保育所であっても「乳幼児教育」を行うようになりました。

CRAYONは日本の乳幼児教育に対する社会の変化を受けて、2017年にプロジェクトがスタートしました。大人が必要な環境を整えて、子どもがしっかり理解し納得して行動するための関わりを行うことで、子どもの生きる力としての「概念形成」と才能を伸ばすための「自己表現」を促す乳幼児教育の観点が入っています。

CRAYON
プロジェクト発足
2017 年
指針・要領
改訂による大転換
『育って欲しい10の姿』
保育園でも幼稚園でも
同じ力が育つように教育を行う
1965 年
保育所
保育指針
1956 年
幼稚園
教育要領
1876 年
幼稚園
1890 年
保育園
（託児所）

3 サポートツールで『今』をみる

乳幼児教育のプログラムやカリキュラム、○○式などのメソッド…
たくさんの「方法論」の中から、
本当に子どもに合った方法を選んでいますか？
選択には、子どもの『今』をどれだけ知っているかが大切になります。

望遠鏡や顕微鏡はきれいな星や人体の神秘を解き明かすために重要な道具であり、科学者たちの目となって私たち人間がこれからできることや未来のためにすべきことを教えてくれます。実は、乳幼児教育においても同じことが言えるのです。

ふだん、一日の活動の目標はどのように設定していますか？ 子どもの就学や将来などの長期的な関わりの方向性は、どのように見据えていますか？ きっと、「この子はこういう子だと思うから……」という子ども観の見立てを根拠にしていると思います。しかし、当たり前のことですが、一人がどれだけ頑張っても個人の知識や経験、思い入れなどの様々な感情によって見立てにも限界があったり、不安があったりするでしょう。

人の肉眼では遠くにある星も小さな細胞もはっきりと見ることはできませんが、望遠鏡や顕微鏡といった道具を使うことで人間の生物学的な限界を超えて観察することができるようになりました。さらに、画像などで出力され「みえる化」されるとより多くの人がその視界を共有することだってできます。乳幼児教育の場面でも、個人の限界を超えてまんべんなく観察し、多くの大人が目線を共有するための専門の道具があるとよいと思いませんか？

そのような、今までになかった新しい視点から研究を行い、「CRAYON BOOK」という乳幼児教育のサポートツールが生まれました。子どもの『今』を知るために観察すべき視点を整理してまとめたもので、ツールを使った観察なら個人の限界を超えることができます。また、結果が構造的に「みえる化」されるため、実際に子どもを見ていなくても情報や見立てを共有しやすくなりますし、選択の理由がとても明確になります。

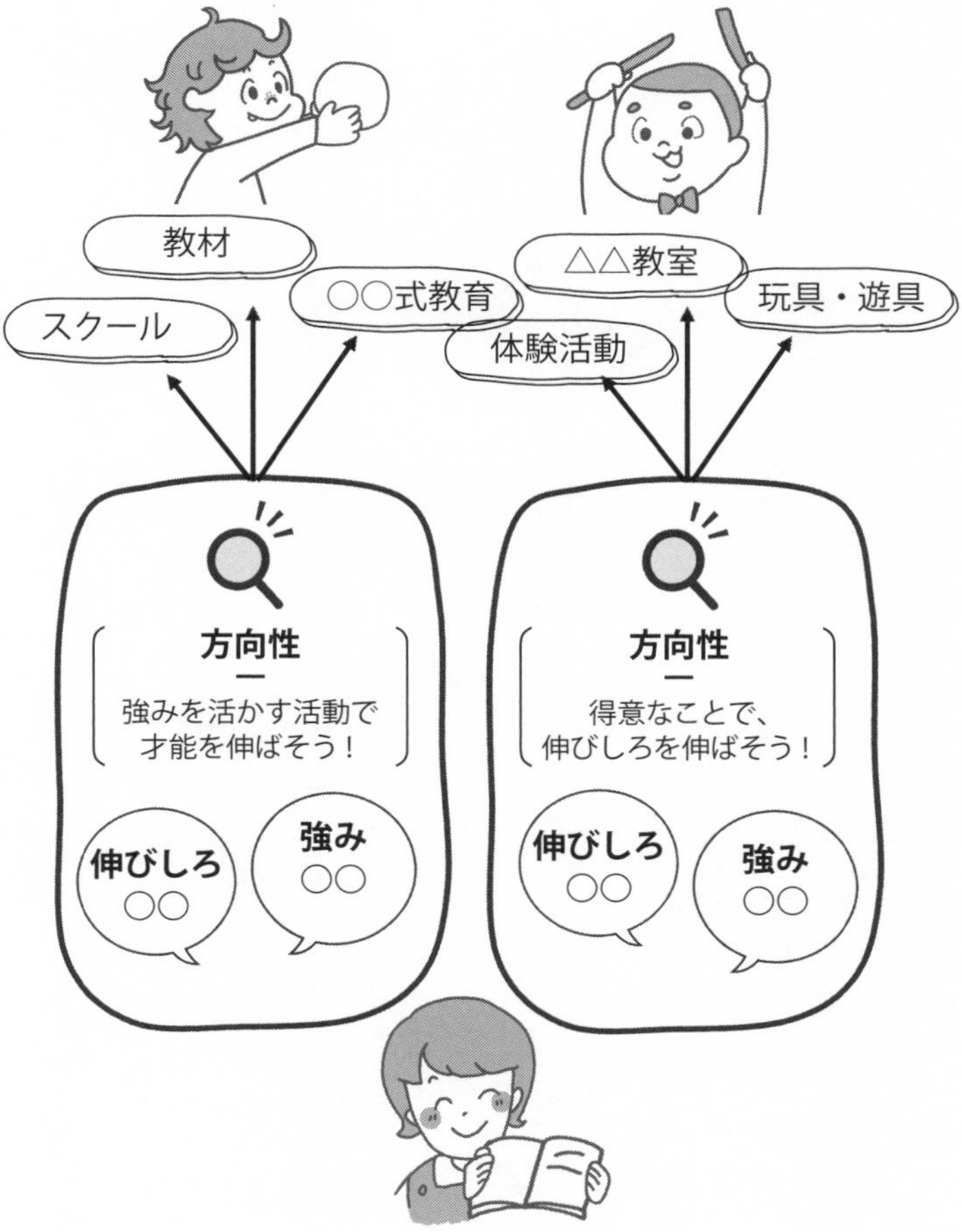

4 やりがいはつくれる！

大人が笑顔だから、子どもたちも笑顔になるのです。
楽しいの根っこは「やりがい」であり、やりたいことができる！
やったことの成果がわかる！ことで感じられるもの。
そして、「やりがい」をつくるカギは専門性です。

自信がもてる

子どもの様子を的確に把握し、子どもに必要な環境設定と関わりのポイントがわかるようになると、行動に自信がもてるようになります。

▶ やりたいことを考えて実行できる！

チームで動ける

個人の知識や経験、感覚の差によらず、チーム内において同じ言葉や目線で子どもについて語り合うことができるようになります。

▶ やりたいことを共有できる！

ポイントを押さえる

世界や日本で求められているこれからの「乳幼児教育」に必要なポイントが整理されており、CRAYON BOOK を通した観察と実践によって観察眼と実践力が養われます。

▶ やりたいことの目的と成果がわかる！

しっかり伝えられる

子どもと子どもを取り巻く環境や大人の関わりを観察すると、ツールの特徴として関係性を分析することができます。

そのため、子どもへの教育的対応の意図やポイントを説明するときの根拠となり、他者を納得させる説得力が生まれます。

▶ やりたいことや成果を人に伝えられる！

Column

科学がわかると、経験が活きる

科学を理解するポイント４つ

▶観察／因果関係／数学記号／体系化・概念化

つまり、見えたことの「なぜ？」を考えて、数字を根拠に「○○だから○○」と原因と結果をつなげて説明ができるということです。

例 どっちが正しい？「３秒ルール」の経験と科学

（食べ物を落としても３秒以内に拾えば食べても大丈夫とするルール）

３秒ルールで
大丈夫だったよ
私は、食べたら
お腹壊したよ

経験　▶　一人一人が実際に経験したことはどちらも「正しい」けれど、経験が違う相手が納得することは難しい

科学　▶　「細菌の伝播《でんぱ》率を2500回以上測定したら、食品の水分と落ちた先の組み合わせで付着する細菌の数や種類は変わるので、『3秒』に意味はない」を根拠にすると経験が違っても納得しやすい

「3秒ルール」の実験

米ラトガーズ大学の食品科学者ドナルド・シャフナー氏らが、2016年に学術誌「Applied and Environmental Microbiology」に発表した論文より[1)]。

※伝播（でんぱ）とは、伝わって広がること。

乳幼児教育の現場では一人一人の経験として、たくさんの素晴らしい実践が蓄積されています。子どもを「観察」し、今見せている様子の「原因」を探り、子どもの成長に関する日誌や記録をつけて振り返る。ふだん何気なく行われていることも、CRAYON BOOK という科学的な視点を通すと、他の人にも伝わる「数字としてみえる化」することができます。

どうして
伝わらないの？
ベテラン
「経験」だけのコミュニケーション
個人の経験が重ならないと …
誤解やすれ違い、
そして不安も生まれやすい
新人
この関わりで
合ってるかな…？
補助員
担任の意図を
くみ取れてる？
きちんと伝わった！
ベテラン
「経験」×「科学」
のコミュニケーション
新人
自信をもって
取り組める！
補助員

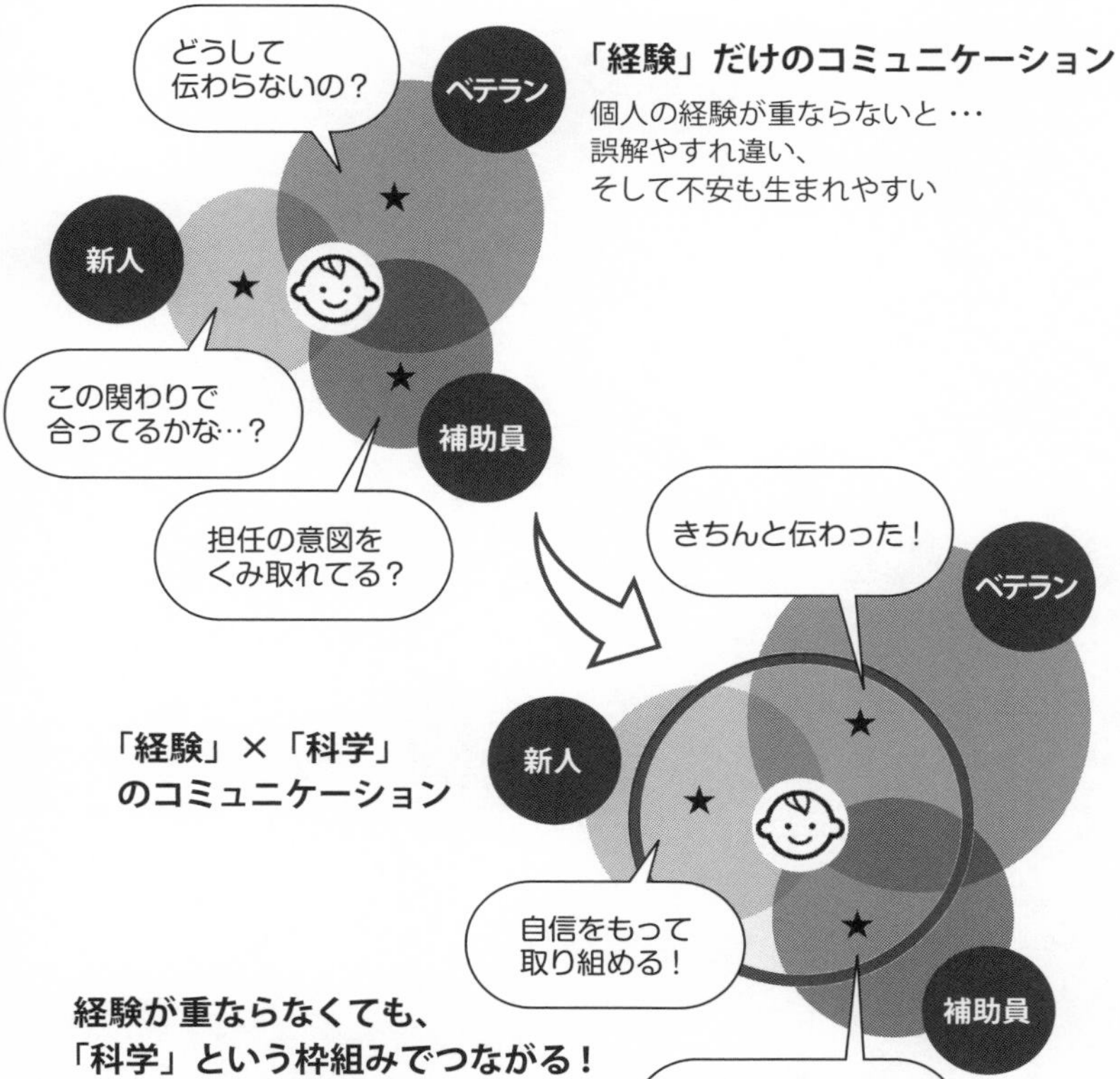
意図がわかって
サポートしやすい！

経験が重ならなくても、
「科学」という枠組みでつながる！

- 根拠がある**納得感**
- 経験が**自信**になる
- **意図が明確**で伝わる関係

つみかさね
まいにちの

第２章

関わりは観察からはじめよう

1「みる」からはじめよう

観察することこそが、
子ども一人一人に合わせた関わりにつながるカギになります。
まずは、ふだんの関わりで「みる」ことを意識してみましょう。

START！

みる
―観察する―

「今、どんな園内環境になっているだろうか？」

「ふだん子どもに関わるときに何を意識しているだろうか？」

「その子の育まれている概念は何だろう？」

「その子はどのような表現がよく見られるだろう？」


観察するためには、何を見たらよいかという視点が必要です。そして、その視点が具体的であるほど自分が見ている状況をより的確に把握することができるようになります。

わかる
―分析する―

「食育に力を入れているけど、子どもの味覚の育ちと関係がありそう」

「数の表現は、まずは数字とは何かがわからないと見られないようだ」

「どうしたら色比べや形比べの様子を把握できるだろうか」


今見えていること、見えていないことが整理されると、状況同士の関係性やこれからの目標を考えることができるようになります。「環境と子どもの育ち」や「大人の関わりと子どもの育ち」、そして「子どもの表現と概念」などの関係を、言葉で説明できるくらいにより深く理解することが『わかった』という状態です。

うごく
ー実行するー

「梅の実は固いのに、梅干しは柔らかいし、酸っぱいね」
「今日は7月3日。（指差しながら）1、2、3で3日だね」
「さつまいもの色をよく見てみよう。赤っぽいけど、土の茶色や端の黄色などいろんな色があるね」

根拠をもって決めたことは、活動に関わる大人（調理師など含む）全員で共有することができるようになります。また、目標が明確だと一人一人が納得して取り組めるようになります。

納得して具体的に取り組むと、自分の関わりによる子どもの様子をさらによく観察することができるようになります。

きめる
ー決定するー

「給食の時間に、味や食感、色、形、数を意識した声かけをしよう」
「日常の中で数字に親しむ環境をつくろう」
「お絵描きの時間に、まずは実物をじっくり見てから取り組んでみよう」

子どもの今の状況から、これから育みたい概念や促したい表現などの教育の方向性がわかると、実際に何をするか決めることができるようになります。

そのために、園の環境的な強みを生かして大人の関わり方を意識したり、反対に伸びしろの環境を見直してみたりといった、『意図のある環境』との関わりが生まれます。

また、活動内容の「教育目標」と「関わり方のポイント」が明確になることで、具体的な計画を立てることができるようになります。

2 「みる」視点を持とう

「みる」ことを意識してみると、
何を、どのように見たらよいのかという
具体的な疑問が生まれるでしょう。
そこで、次に「みる」視点を持つことが大切になってきます。

子どもを『よく見る』とはどういうことでしょうか? 子どもの行動一つ一つ、子どもとの会話を一つ一つ覚えておくことでしょうか。しかし、どれだけ頑張っても集中力や記憶力には限界があります。また、手探りで情報をたくさん集めすぎても、それらをどうしたらよいかわからなくなってしまうこともあるでしょう。

そこで、CRAYON BOOK では『よく見る』の視点を、「子どものためにどんな教育をしたらよいのか知る」ことに絞ることにしました。

1つめは、**『子どもを取り巻く環境』**です。子どもが生活したり遊んだりする施設環境や周囲の環境はどうだろうか(【環境と日常生活】)という物的な環境があります。子どもがたくさんの経験から学んだり、人との信頼関係を築いて道徳心や愛情が育まれたりするための大人の関わり方はどうだろうか(【理解】と【納得】)という人的な環境もあります。

2つめが、**『子どもの概念形成と自己表現の観点での育ち』**です。子どもは日々、新しいことを何でも吸収するエネルギーを持っています。その学びを自分のものにするためにも、「○○ってこういうことだ!」と理解しているかが大事になります(【概念形成】)。また、学んだことは子どもの表現の様子にも表れてくるでしょう(【自己表現】)。

子どもの外側の環境と子どもの内側の育ちという2つの観点を、さらに５つの領域に整理して、子どもを『よく見る』ための具体的な項目としました（p210～「CRAYON 項目一覧」）。子どもを見る視点が具体的であるほどに、次に何をしたらよいかにつなげやすくなります。さらに視点を道しるべにして、環境を工夫したり子どもの育ちを促したりといったヒントにもなるでしょう。今まで、経験や感覚で行っていたことのポイントも明確になっていき、見る力が言葉で伝える力にもなっていきます。

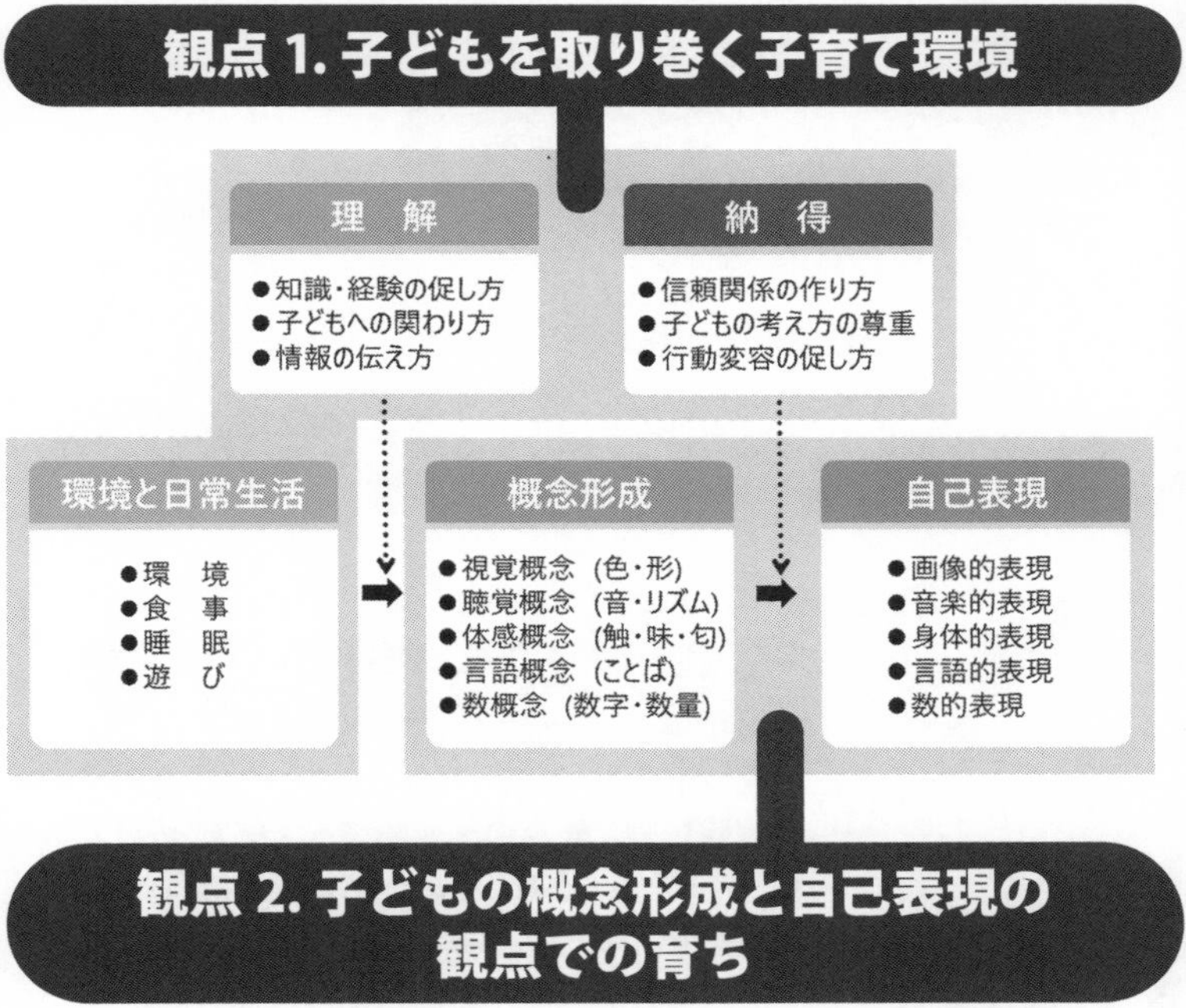

3『物語』のストーリーで考える

5つの領域はそれぞれバラバラではありません。
実は、一つのストーリーになっていて『物語』があります。
ストーリーで考えると、環境や大人の関わりなどが
どのように子どもの育ちに関係しているかを覚えやすくなります。

環境と日常生活

子どもの才能の種は、何気ない日常の中にたくさん埋まっています。子どもたちの才能を芽吹かせるきっかけとなる環境を整えて刺激を与えたり、栄養となるたくさんの経験ができる環境を準備したりすることで、種のための豊かな土壌がつくられます。

理　解

種は周りの環境からたくさんの知識や経験を吸収して、発芽のときを待っています。「わかった！」という子どもの理解が種を芽吹かせ、理解が進むほどに芽は大きく大きくなっていきます。しかし、種は自分だけでは大きくなれません。大人から理解を促す関わりのシャワーを浴びることで、ぐんぐん水を吸い上げて大きくなることができるのです。

自己表現

子どもの才能の種は、たくさんの知識や経験を糧《かて》に概念を形成しながら、その子だけの木になっていきます。木が花を咲かせると、いよいよ子どもの行動や表現に見られてくるようになります。たとえ小さな一輪でも、子どもの才能開花のしるしです。それが、大輪の花や大きな実になれば、人より秀でた才能として人生の大きな力になるでしょう。

納　得

種が芽吹きしっかりと根を張っていくと、枝葉の成長と同時に、才能が花開く準備もはじまります。子どもが信頼感や安心感を感じたり、一歩踏み出すためのきっかけが促されたりするような大人の関わりは、子どもにとってぽかぽかと暖かい日差しです。

概念形成

才能の種が芽吹き、理解が進むと概念が形成され、一つ一つの枝葉が分かれて伸びていきます。概念への理解が深まるとその枝葉は太く伸び、これまでと違う新しい概念が育《はぐく》まれれば新しい枝葉が分かれていくでしょう。概念の深まりと広がりが、大きく豊かな成長を促します。

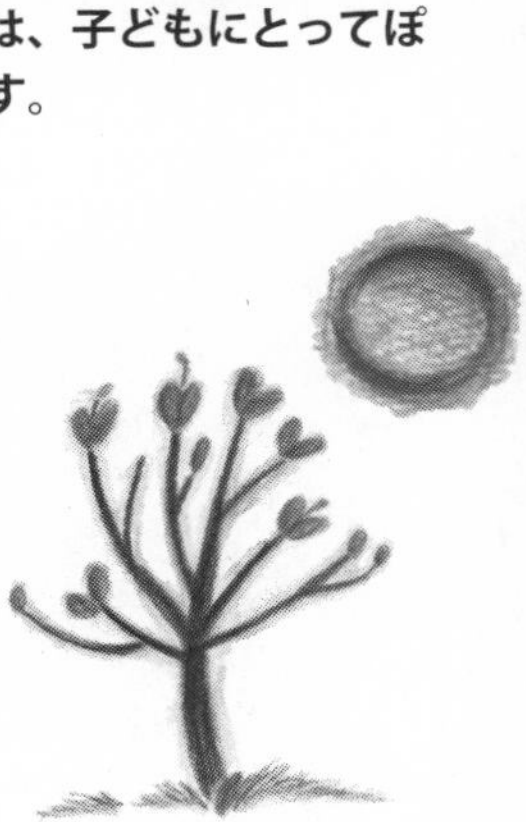

4 育ちに合わせた「みる」視点

CRAYON BOOK は、子どもの育ちに合わせて観察の視点を変えました。身体的な成長発達を土台にして、できることが広がっていきます。

生き物の中で、人類はとても長い時間をかけて成熟していきます。親の手を離れて社会の中で生きていくまでに、たくさんの教育を必要としているのです。特に、乳幼児期の頃は脳も身体も大きく成長発達する時期であり、その育ちに合わせた教育的な刺激を受けることで子どもは大人の想像以上に伸びていきます。

CRAYON BOOK は、生まれてすぐから 1 歳になるまでの「0 歳」の時期を一つの視点としています。そして、視覚や聴覚、触覚など神経系の感覚が発達する土台が整い、様々なことを吸収していく 1 歳から 3 歳になるまでの「1 ～ 2 歳」の時期があります。さらに、吸収したことを力にして自分の体を思うように動かそうとしたり、意味のある言葉でコミュニケーションを取ろうとしたりする、3 歳以降の「3 ～ 5 歳（卒園まで）」の時期があると考えています。

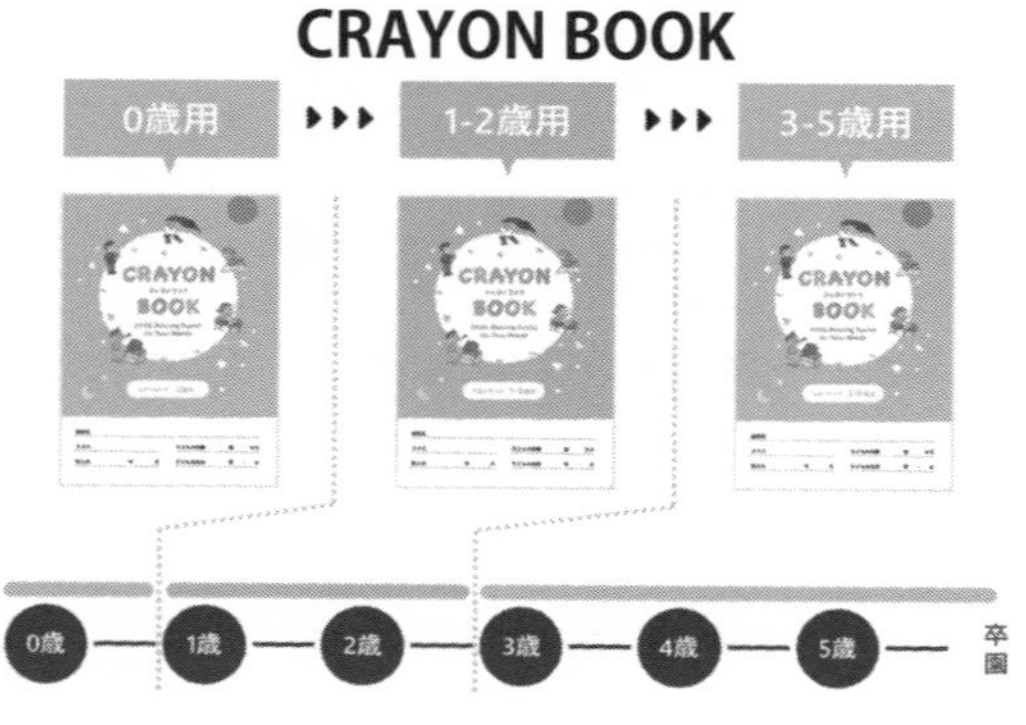

＊これらの視点は、保育所保育指針及び幼稚園教育要領、幼保連携型認定こども園教育・保育要領に基づいています [1～6]。

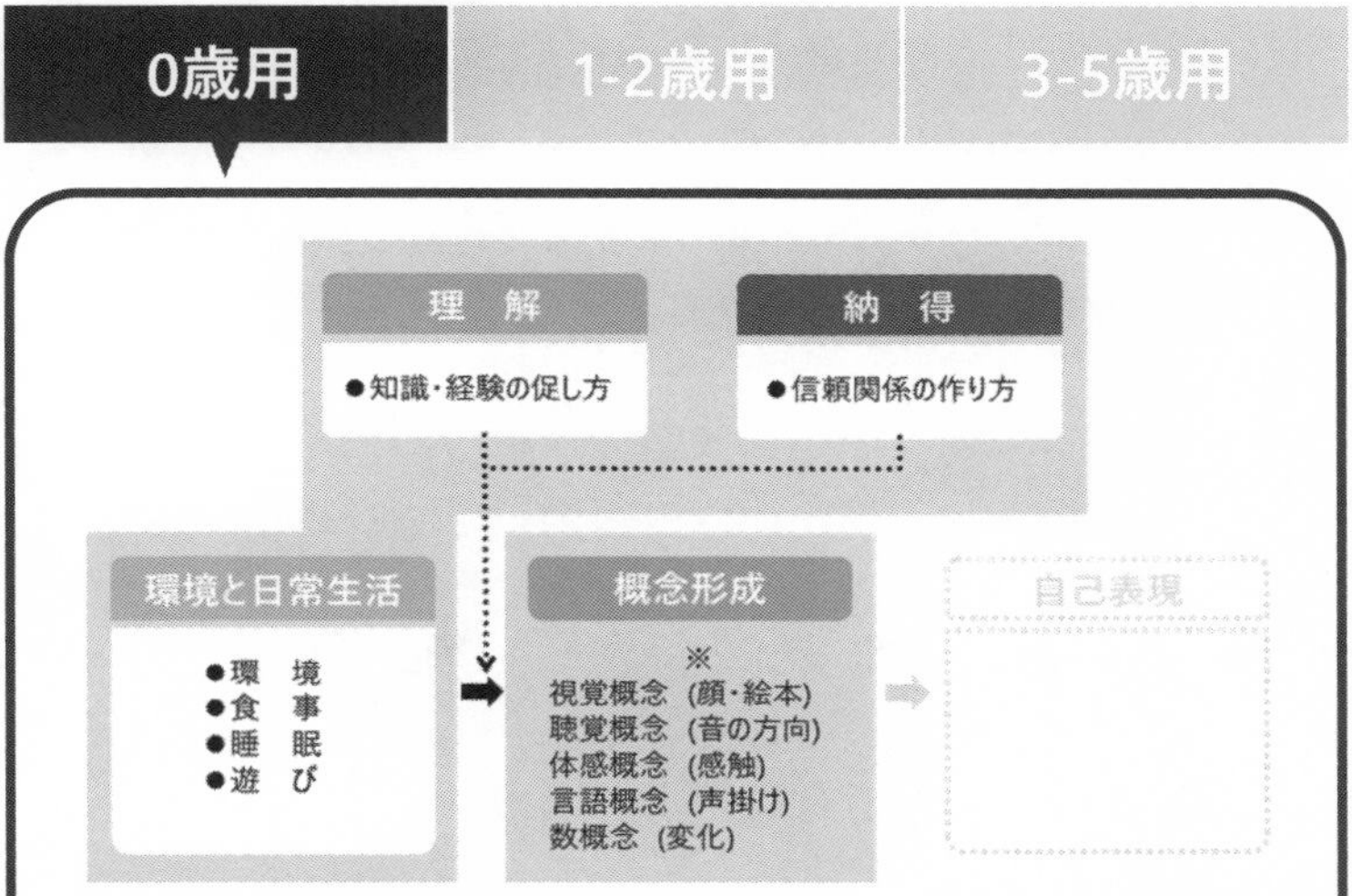

※まだ具体的な概念形成の様子を見ることは難しいため、観察できる項目だけをまとめた領域になっています。

□ 脳や身体の成長発達、日中の活動に必要なエネルギーを蓄える食事や睡眠が大事な時期です。日々の流れや季節の移り変わりも、窓から見える景色やお散歩での陽気や風のにおい、園内装飾などから感じられるでしょう。身体的、社会的リズムの感覚の芽生えも、この時期の『**環境と日常生活**』から影響を受けています。

□ 感覚や運動機能が著《いちじる》しく成長することで、身体感覚の育ちによって快や不快を感じて自ら身体を動かそうとしようとします。その様子から、五感を通して『**概念形成**』をするための基本的な育ちを観察することができます。

□ まだ、意識して触ることや意味を理解することはしていなくても、経験したことは身体の記憶に残ります。様々な知識や経験に触れる機会をつくることは、『**理解**』を促す土台になってくるでしょう。

□ 大人との関係の中で安心感と喜びを感じると、少しずつ身体が動かせるようになったときに身近な環境に自ら関わろうとする探索意欲が生まれます。これが、後の『**自己表現**』につながる、『**納得**』の土台となる基本的な信頼関係です。

□ 知識や経験が自分のものになってから表現として見られてくること、この時期の子どもの表現を様々な観点で観察することは難しいことから、『**自己表現**』は１歳以降での観察の視点としました。

0歳用　**1-2歳用**　3-5歳用

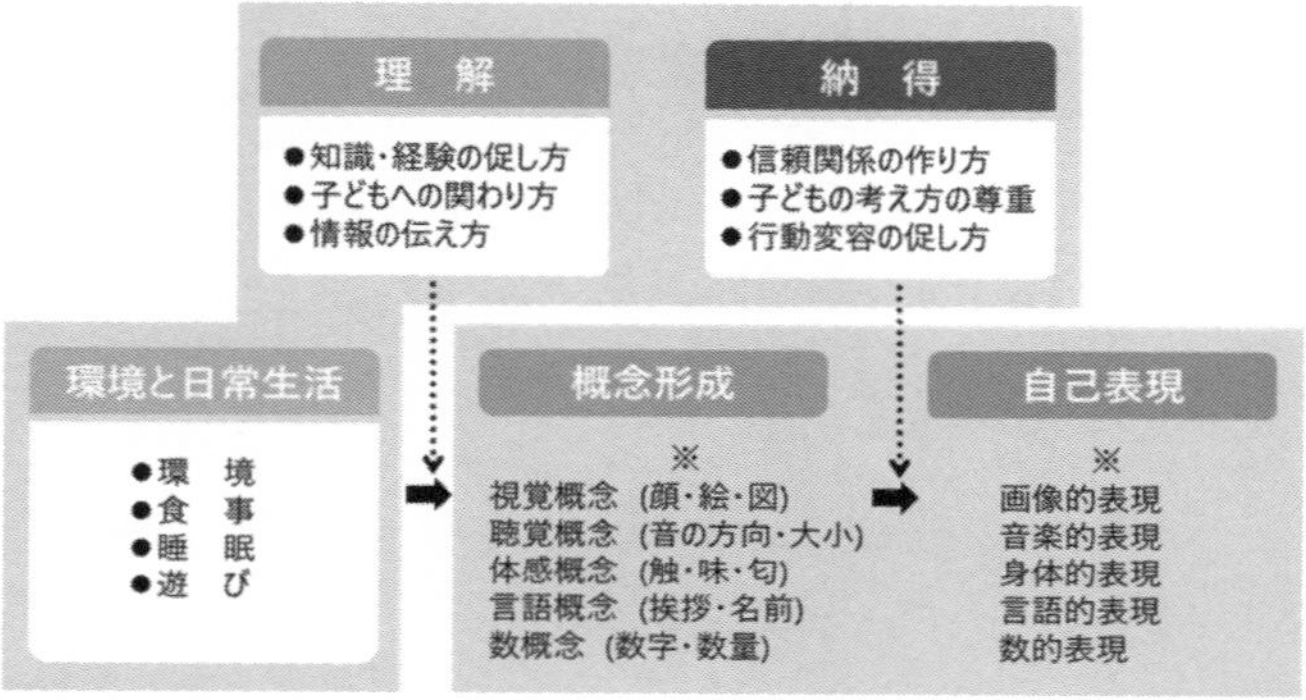

※まずは、基本となる概念をしっかり形成することがこれから得る知識や経験から学ぶことへの基礎になるため、概念形成と自己表現の項目はまだ多くありません。

□『**環境と日常生活**』において、引き続き食事や睡眠は心身の成長発達と活動に向かう大事なエネルギー源です。また、排泄《はいせつ》や歩いたり指で物をつまんだりするための骨や筋肉、神経といった、身体の準備も整ってきます。基本的な生活習慣を大人の援助の下で自分でできる環境をつくることで、手と目を使った動作などが促され自立につながる時期でもあります。

□ 視覚や聴覚など五感の発達、立ち歩きなどによって活動範囲がぐんと広がってくるでしょう。身の回りの様々なものに触れる中ですべてが新しい知識や経験になり、周囲の話や声かけを聞いて意味のある言葉が見られはじめます。地域の生活や季節、行事などの社会や文化につながる環境が経験をより豊かにし、子どもの言語化を援助する関わりが『**理解**』を促します。

□ 大人の関わりによって教えられることで、様々なものの名前や物事の意味を覚えて、語彙《ごい》も増え始めてくる時期です。自分の感覚を通して何を理解しているのかやどんなことを感じたかなど、身振りや手振り、表情だけでなく言葉にも見られてくるため、『**概念形成**』の育ちを捉えやすくなってきます。

□ わかることやできることが増えてくると、感じたり考えたことを自分なりに表現したり、「（自分で）したい」という意欲や自立心などが芽生えてきます。子ども自身が尊重され、自分が『**納得**』して取り組める大人の関わりの下で、子どもが見せる『**自己表現**』にも学びを生かした特徴が見られてくるでしょう。

0歳用　1-2歳用　**3-5歳用**

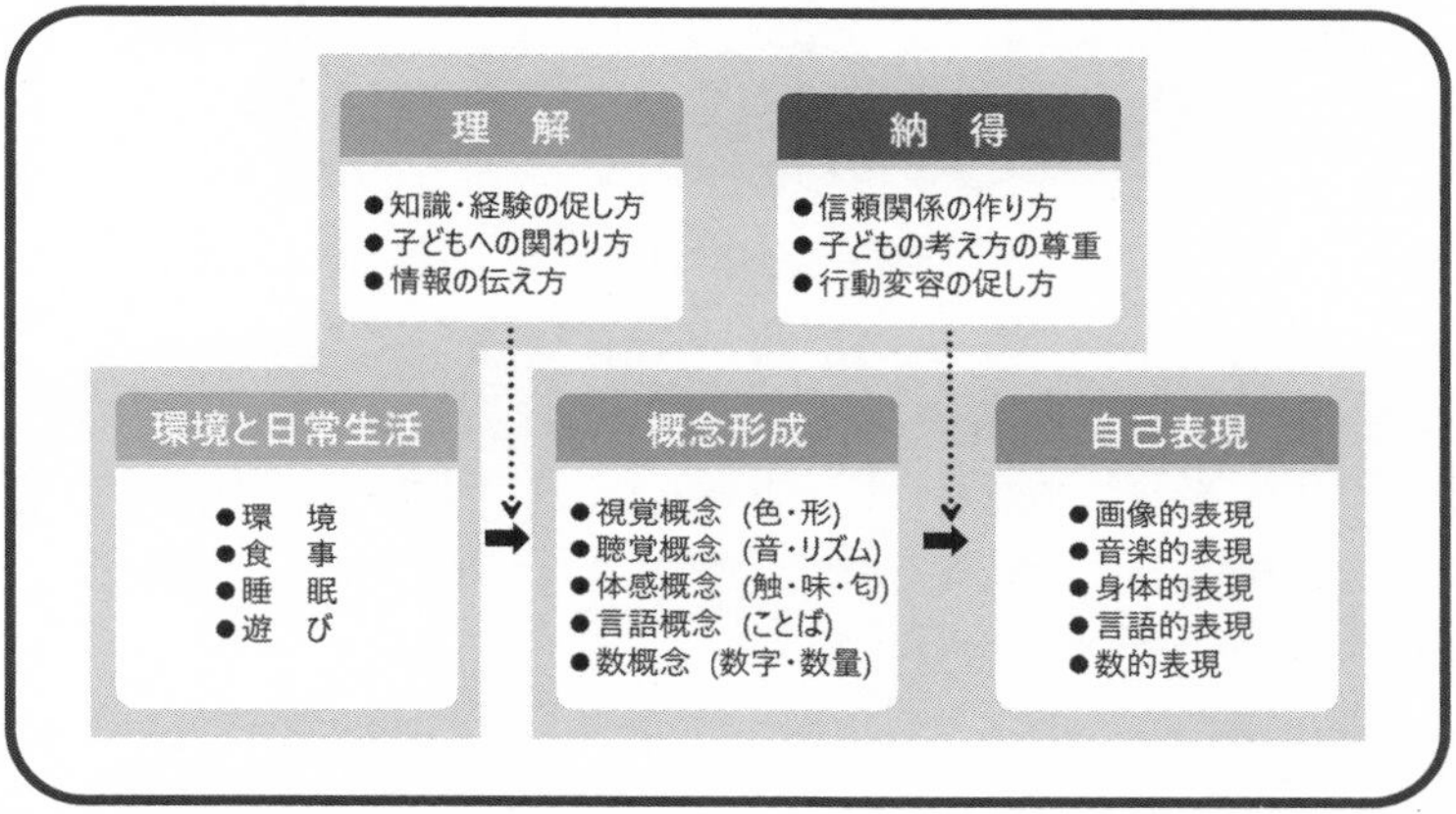

□ 小学校への就学を見据える時期でもあります。基本的な生活習慣の自立だけでなく、人と一緒に活動するためのルールやコミュニケーションの方法の理解も大事になってきますので、『**環境と日常生活**』の中で環境をつくり日常的に育みます。

□ 自分の経験や考えたことを、新しく覚えた言葉を使って話そうとしはじめる時期です。コミュニケーションを通して思考を援助したり間違いを正したりすることで、新しい気づきや豊かな感覚が促されて『**理解**』が深まるでしょう。

□ 身近な環境や自然と触れあう中で、物事を直接見聞きしたり扱ったりする経験から、物の性質や特徴、文字や数字などの記号、数の操作などに言葉をくっつけて覚える（ラベリング）ことで『**概念形成**』が豊かになります。興味・関心や五感の強みなどによって子どもの概念形成にも特徴が表れてくるため、５つの概念に分けてより具体的に観察をします。

□ どうしてルールを守らなければならないのかや目標の立て方は、大人が手本を示しながら教えることで理解していきます。子どもが『**納得**』して取り組むことができると、社会的なルールや道徳観を理解して行動したり、自分で目標を立てて挑戦したりといった、自分事としての行動が増えていくでしょう。

□ 概念形成が豊かになって、語彙が増えたり思うように身体を動かしたりできるようになると、感じたことや考えたことを様々な方法で表現しようとする様子が見えるでしょう。子どもの『**自己表現**』の特徴を５つの表現に分けて具体的に観察することで、才能とも言える強みを見つけることができます。

5「みる」と、うごける

子どものためにどんな教育をしたらよいのか知るという視点で観察してみると、おおよそ３つの行動につながるでしょう。
「みる」ことは、次に「うごく」方向性を示してくれるのです。

どうして「みる」ことを大切にするのでしょうか。それは、子どものために「**なぜ、それをしたいと思ったのか**」「**それをすると、なぜよいのか**」について根拠を持つことができるからです。CRAYON の項目を見ると、どう関わればよいのかやどんな教育をしたらよいか、実はたった３つのパターン【**強み／伸びしろ／どちらでもない**】で行動を決めることができます。

▼ 子どもを取り巻く子育て環境

パターン①【強み】 **自信を持って取り組む**	**今までの環境設定や大人の関わりに自信がつく** 〈行動〉環境設定や関わりの意図について、経験に根拠を持って周囲に伝えることができる。方向性に自信を持って進めていくことができる。 人材育成や保護者支援のアドバイス、施設ブランディングなどにもつなげることができる
パターン②【伸びしろ】 **課題解決につなげる**	**環境設定や大人の関わり方の課題に気づく** 〈行動〉課題解決のためにどんな工夫ができるか考えることができる。環境設定の目的や意図を考えて工夫したり、子どもと関わるときに意識して言葉を選んだりする。 一人で解決できない課題を共有したり、課題の優先順位をつけたりすることができる
パターン③【どちらでもない】 **ふたたび観察する**	**今まで意識して把握できていなかった環境や関わりに気づく** 〈行動〉これから観察の視点を持って、環境や関わりをみることができるようになる。 意識して観察することで、パターン①かパターン②のどちらかになり、行動の方向性が見えてくる

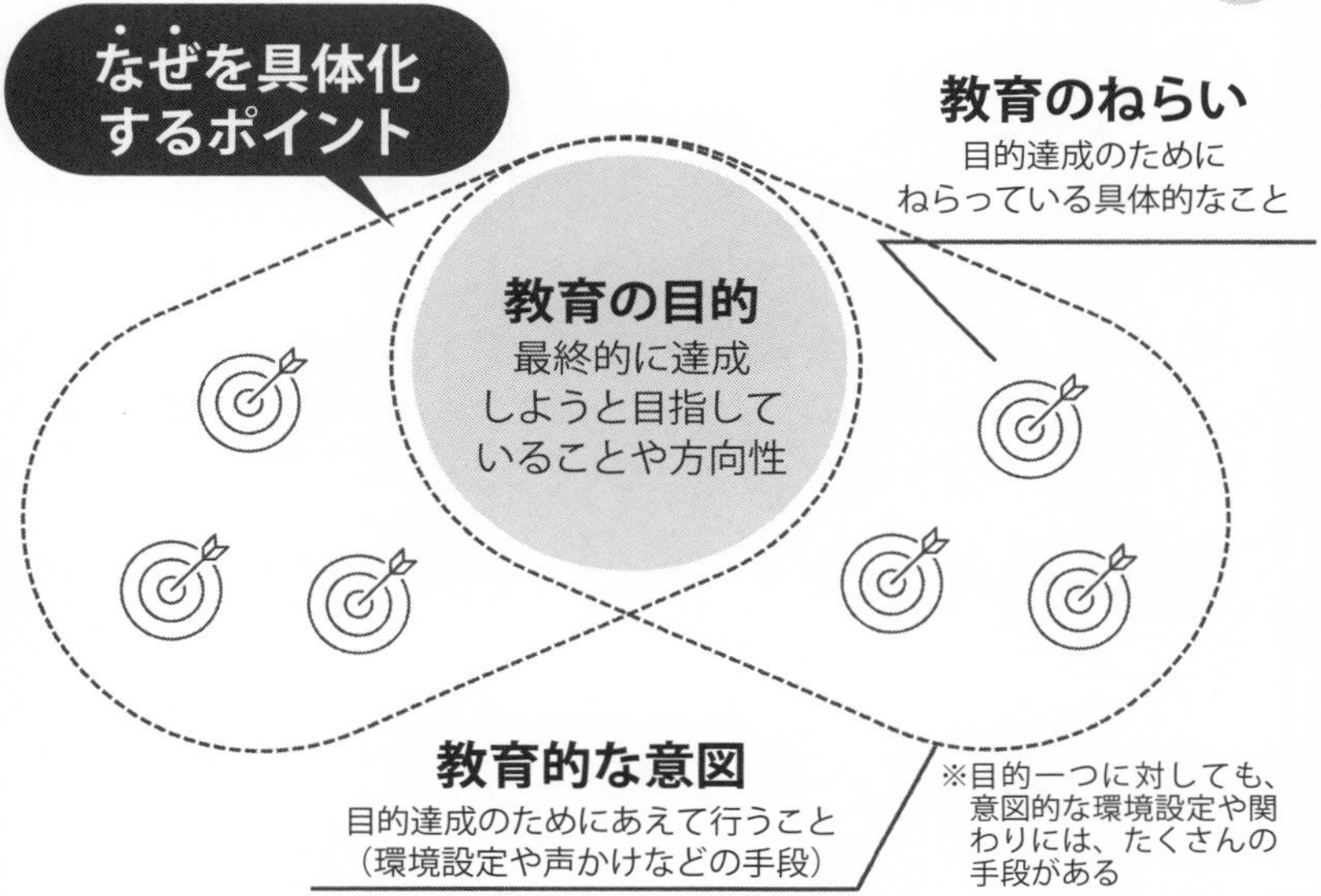
なぜを具体化するポイント
教育のねらい
目的達成のために
ねらっている具体的なこと
教育の目的
最終的に達成
しようと目指して
いることや方向性
教育的な意図
目的達成のためにあえて行うこと
（環境設定や声かけなどの手段）
※目的一つに対しても、
意図的な環境設定や関
わりには、たくさんの
手段がある

▼ 子どもの概念形成と自己表現の観点での育ち

パターン① 【強み】 褒め場面や チャレンジ場面 が増える	**子どもの概念形成や自己表現の強みに気づく** 〈行動〉子どもの強みに気づいて具体的に褒めたり、基礎を土台にして新しい知識や経験を促す機会や少し難しいことに挑戦する機会をつくったりできる。 強みの概念や表現が大きな才能につながるチャンスを増やし、褒めることで自己肯定感も高める
パターン② 【伸びしろ】 伸びしろを ねらいとした 関わりが増える	**子どもの概念形成や自己表現の伸びしろに気づく** 〈行動〉伸びしろを教育のねらいにして、日常や遊びの環境を設定したり、声かけの中で意識したりという意図的な関わりが増える。 子どものために必要な、これからの教育的関わりの方向性が見つけられる
パターン③ 【どちらでもない】 ふたたび 観察する	**まだ捉えきれていない子どもの育ちに気づく** 〈行動〉これから観察の視点を持って、子どもの様子をみることができるようになる。様子を捉えるための意図的な環境設定や関わりが増える。 意識して観察することで、パターン①かパターン②のどちらかになり、行動の方向性が見えてくる

Column

西洋的、東洋的なものの見方は違う！

周囲を取り巻く様々な要因、特に国をつくってきた歴史的背景が強く反映されて、西洋と東洋の文化圏によってものの見方が明らかに異なることが知られています。

例 相手にもっとお茶をすすめるとき何と言う？

西洋 ⟷ **東洋**

「More Tea?」

名詞

＝お茶、単体で考える。
極論、もらった人がお茶をどう扱うかは関係ない。

「もっと飲む？」

動詞

＝お茶を飲む人、という関係性で考える。
飲んでくれないと悲しい。

他にも、A「木製の円柱は、プラスチックの円柱、木製の角柱のどちらの仲間？」やB「パンダとサルとバナナのうち、２つをつないでください」という問いかけには、西洋と東洋で見られる答えに特徴的な傾向があるようです。

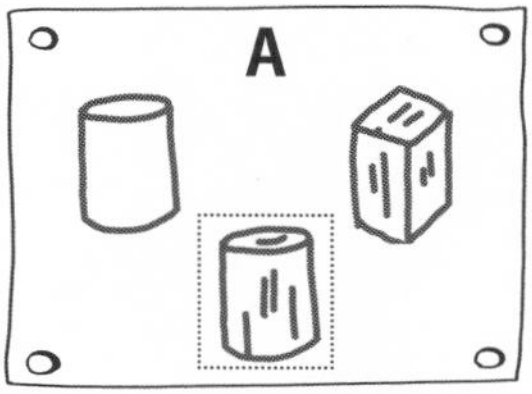

西洋では、円柱という形状（A）や動物というカテゴリー（B）が基準になりやすく、存在を「個」で捉えて特徴を分析的に把握することが得意です。東洋では、木製という素材（A）や好物という関係性（B）を基準にする傾向があります。存在は「全体」の中の一部であるとし、因果関係を把握することが得意です。同じものを見ていても、相手の見方や考え方が自分と同じとは限らないのです。

実は、個でみる西洋と関係性をみる東洋というものの見方の違いは、『教育』に対する考え方にも表れています。「なぜ勉強するのか？」というインタビューに対して、西洋では個人の好奇心を満たすことが勉強で、自分のためにするものだと答えていました。一方、東洋では家族のサポートに報《むく》いたり社会に貢献したりするためであり、社会（集団）の中の地位を得るために勉強すると答える人が多いようです。

人間は、一生社会の中で育ちます。成長するにつれて社会は広がっていきますが、子どもにとっての社会は家庭を中心としており、生活文化圏の影響が特に大きいことは言うまでもありません。西洋で生まれた言葉やプログラムには、文化的特徴が反映されています。日本でそれらを導入する際には、ぜひ子どもが育ちこれから生きていくであろう東洋文化との違いも意識しながら取り入れられるとよいですね。

西洋	東洋
同じ形（円柱） 同じ動物（パンダ・サル）	同じ素材（木製） 好物（サルはバナナが好き）

参考：ドキュメンタリープライム – 教科書第１編 名詞で世界を見る西洋人、動詞で世界を見る東洋人（2009）
https://www.youtube.com/watch?v=J5hOkggR_nk

第３章

CRAYONクラスの子どもたち

1 色や形が気になる子
―りょうちゃんのお話―

りょうちゃんの１日・・・

りょうちゃんは、
石や葉っぱに興味津々《しんしん》です。
毎日探検に出かけては、
拾ってきた石や葉っぱを
ポケットの中に詰め込みます。

この葉っぱの色はめずらしいんだよ！
この石の形はゾウさんに似ているんだ！

と、１つ１つ素敵なエピソードを
教えてくれます。

夜眠る前には
お父さんやお母さんに
絵本を読んでもらっているので、
絵本も大好きです。
先生たちに、
昨日読んだ絵本のお話を
教えてくれたりもします。

Q1. りょうちゃんはどんな子？

りょうちゃん の CRAYON BOOK

視覚概念とは…

子どもが見せる色の 3 属性、線や形の違い・類似などの視覚に関する概念形成のこと

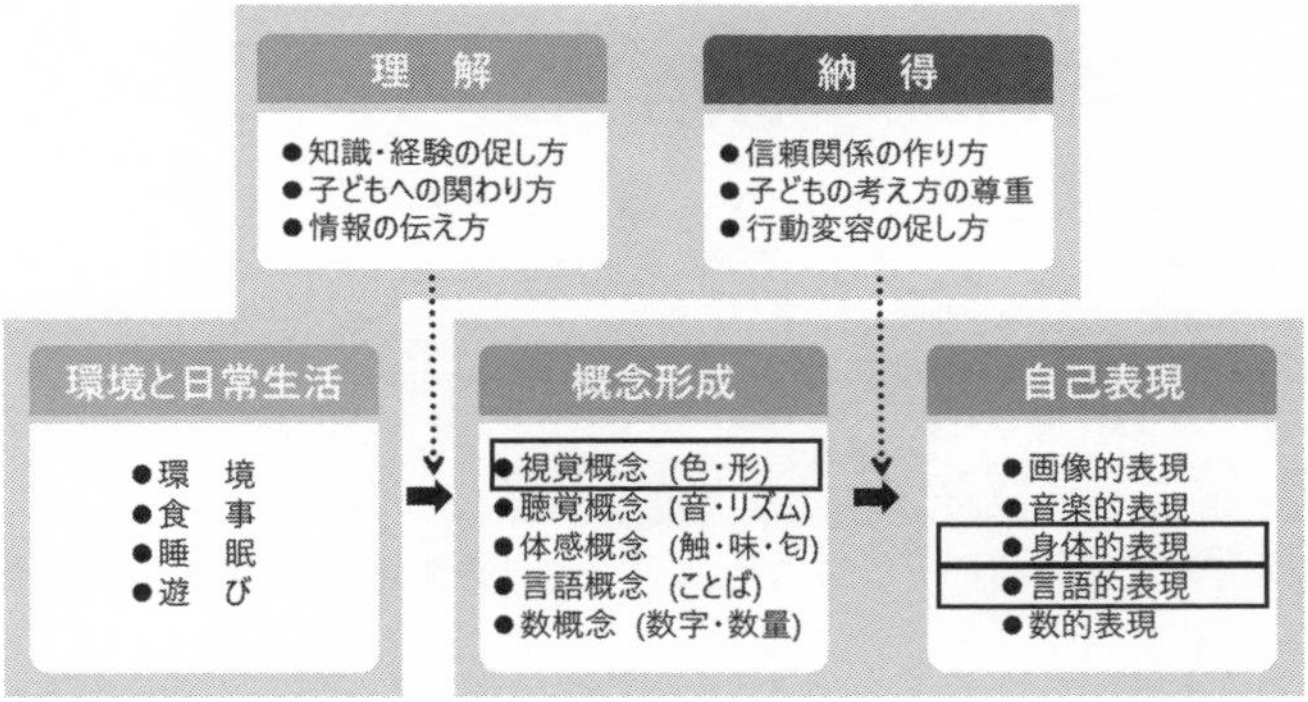

りょうちゃんの場合は、【視覚概念】が強みです。
視覚で取り入れた情報を、【身体的表現】や【言語的表現】で表すことが得意なようです。

他にもこんな様子が見られるかも

□ 人の顔を見て表情を読み取って反応したりしている
□ 周囲の行動を見て動く様子が見られる
□ 子どもが絵本の世界に感情移入する様子が見られる
□ 絵本の世界の物語に感情移入する
□ 絵をマネして描くことができる
□ 色相の違い・類似に気づく様子が見られる
□ 形の違い・類似に気づく様子が見られる

Q2. 視覚概念を育てる関わりって？

植物の観察を通して、視覚概念を育ててみるとよいでしょう
植物を観察しながら、色や形の変化に気づかせる言葉をかけてみましょう

夏は緑色の葉っぱが
多かったけど、
今はどうかな？
この葉っぱは何に
似ているかな？
りょうちゃんは
どの色の葉っぱが
好きかな？
たくさん集めたね！
どの葉っぱが
大きいかな？

活動①　集めた枯れ葉に埋もれる活動

⇒枯れ葉の色の違いや、触ったときの音の違い、感触などを楽しみます。
また、「どんな音がしたかな？」、「触ってみてどんな感じかな？」など声をかけることで、感じたことや考えたことを子どもの言葉で表現させてみるとよいでしょう。
体感概念や言語概念の形成も一緒に促す機会になります。

活動②　色水を作って名前をつける活動

⇒同じ色水でも、「お空の色」「桜の色」「ハムの色」などと感じ方は人それぞれです。
子どもたちの色の感じ方・捉え方の違いを楽しんでみましょう。
視覚概念がさらに磨かれるかもしれません。

活動③　絵本を作る活動

⇒葉っぱをそのまま紙に貼りつけたり、色鉛筆で形をなぞったり、絵具を使ってスタンピングをしたりするなど、
落ち葉を使った様々な表現に挑戦してみましょう。
画像的表現が好きになるかもしれません。

Q3. りょうちゃんはどんな子に育つ？

絵本をたくさん読んだ経験や園での色をテーマにした遊びの経験から、色や形に興味を持つようになりました。

積み木で遊ぶ姿が見られたり、
絵本を積極的に読むような姿が見られたりしました。
そのたびに、「この形は転がるかな？」と形の性質に気づかせたり「トマトの赤色といちごの赤色はどう違うかな？」と色の違いに気づかせたりするような言葉かけを行いました。

視覚概念を活かして
将来はもしかしたら…

- **画家**
- **UI デザイナー**
  (UI ＝ユーザーインターフェース)
- **フォトグラファー**
- **ゲームグラフィッカー**

2 音の違いが気になる子
ーとみぃくんのお話ー

とみぃくんの１日・・・

とみぃくんは、いろいろな音に興味津々です。
風の強い日には、
窓ガラスの横にくっついて風の振動を感じたり、
扇風機をつけているときには、
ボタンを強弱で入れ替えながら、
扇風機の前に座って
声を出して、遊んでいます。

雨の日には
長靴をはいて
外に出ます。
お父さんの傘、
お母さんの傘、
とみぃくんの傘を
すべて取り出して、

ぼくのだとぽつぽつ音がするね！
お父さんのだと、ぼとって音がするね！

音の違いを１つ１つ教えてくれます。

Q1. とみぃくんはどんな子？

とみぃくん の CRAYON BOOK

聴覚概念とは…

子どもが見せる音の大きさ、高さ、強さ、定位などの聴覚に関する概念形成のこと

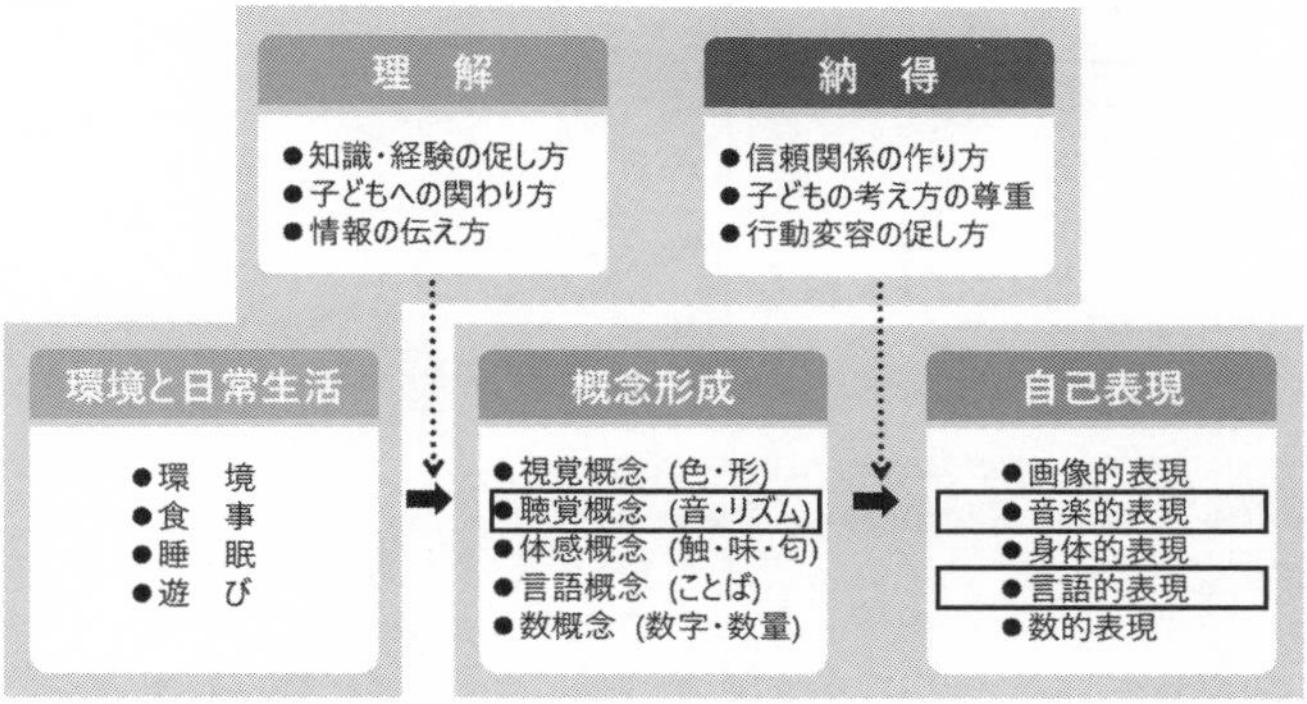

とみぃくんの場合は、【聴覚概念】が強みです。
聴覚で取り入れた情報を、【音楽的表現】や【言語的表現】で表すことが得意なようです。

他にもこんな様子が見られるかも

- □ 左右から聞こえる音に反応する様子が見られる
- □ 音の大小の違いに気づくことができる
- □ 音の高低の違いに気づくことができる
- □ 強いリズム、弱いリズムを認識することができる
- □ 速いリズム、遅いリズムを認識することができる
- □ 明るい音、暗い音に気づくことができる
- □ 不快な音を認識することができる

Q2. 聴覚概念を育てる関わりって？

材料による音の違いに気づかせるとよいでしょう
ペットボトルを使って、楽器をつくってみるとよいかもしれません

ペットボトルに
好きな物をいれて
みよっか
小石だと
どんな音が鳴るかな？
みんなで合わせて
演奏会を
してみよっか
楽器に名前を
つけてみよっか

活動①　伝承遊び「かごめかごめ」

⇒目隠しをしながら、「かごめかごめ」をしてみましょう
　お友達の声を当てるゲームをしてみてもよいかもしれません。
　注意深く声をきくことで「聴覚概念」も育つかもしれません。
　また、声の代わりに楽器などを使って当てっこゲームなどもできるでしょう。

活動②　虫の声に耳をかたむけてみよう

⇒秋になるとたくさんの虫の声が聞こえてきます。
　虫を観察しながら、どんな声がするか耳をかたむけてみましょう。
　図鑑で調べたりすることで、虫の知識が深まるかもしれません。
　色や動きにも注目させることで
　「視覚概念」や「体感概念」を育てることにもつながります。

活動③　料理をつくるとき、どんな音がする？

⇒料理をつくるときはいろんな音がします。
　包丁を使っているときの音やお鍋を使っているときの音…
　聞こえた音を言葉で表現させることで、
　「聴覚概念」と一緒に「言語概念」も伸びるかもしれません。

Q3. とみぃくんはどんな子に育つ？

雨の音の違いに気づいた経験や園での音をテーマにした遊びの経験から、音の違いに興味を持つようになりました。
お鍋やコップを集めて音を出して楽しむ姿が見られたり、小石をこすったり葉っぱを口につけたりして音を探す姿が見られるようになりました。

そのたびに、お家や園では
「この石は少し硬い音がするね！」
「別の葉っぱを吹いてみよっか！」
とさらに音に興味を持つように
声をかけました。

聴覚概念を活かして
将来はもしかしたら…

- 調律師
- サウンドクリエイター
- ミュージック・コピイスト
（写譜技術者）

3 感触の違いが気になる子
―あやちゃんのお話―

あやちゃんの１日・・・

あやちゃんは、いろいろな感触や匂いに興味津々です。
サテンの布を持ってきたり、
コットンの布を持ってきたりして、

この布はやわらかくてすき！

この布はつるつるしてすべっちゃう

手触りの違いを
１つ１つ教えてくれます。
また、季節や天気によって、

今日はお花の香りがするね

今日はお日様の香りがするね

と香りの違いに気づいたり
する様子が見られます。

Q1. あやちゃんはどんな子？

あやちゃん の CRAYON BOOK

体感概念とは…

子どもが見せる触覚、味覚、嗅覚を中心とした体感刺激に関する概念形成のこと

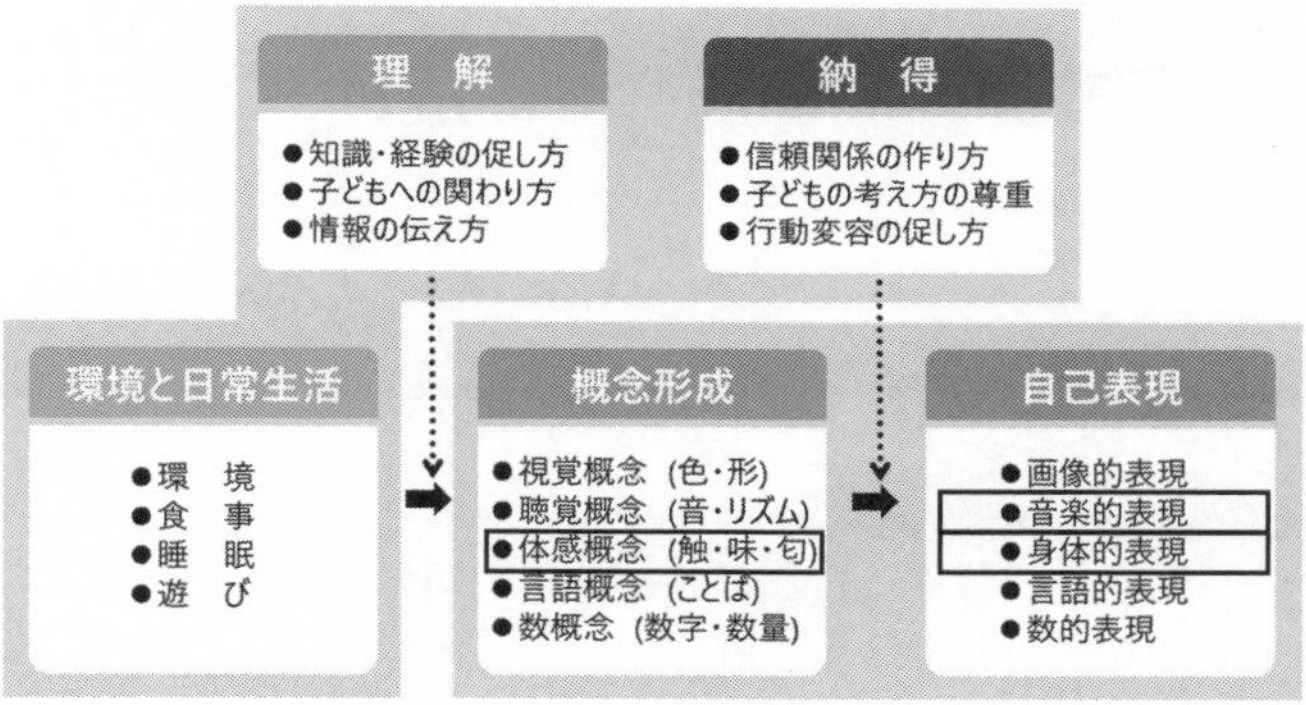

あやちゃんの場合は、【体感概念】が強みです。
体感で取り入れた情報を、【音楽的表現】や【身体的表現】で表すことが得意なようです。

他にもこんな様子が見られるかも

□ 触って、感触の違い・類似に気づくことができる
□ 指で押して、硬さ、柔らかさの違い・類似に気づくことができる
□ 重さ・軽さの違い・類似に気づくことができる
□ 暑い・寒いなどの違い・類似に気づくことができる
□ 味の違いを感じることができる
□ 様々な匂いを感じることができる

Q2. 体感概念を育てる関わりって？

感じたことや考えたことを動きで表現させてみるとよいでしょう
動物の絵本を読んだり、動物に関する歌を聞いてマネしてみましょう

カエルさんの動きを
マネしてみよっか
元気なミツバチさんの
マネしてみよっか
雨の日のカエルさんは
どんな気持ちかな？
きれいなお花を
見つけたとき、
ミツバチさんは
どんな様子かな？

活動①　動物リトミック

⇒身近な動物を観察することで、動物たちの動き方がわかるようになって、身体の動かし方を自分なりに工夫するかもしれません。
様々な布や道具を用意して、飾りつけてみてもいいかもしれません。

また、実際に動物たちを触ることができたときは、布の感触の違いにもこだわって選ばせるとよいでしょう。

「ウサギさんはふわふわしていたね！ この布はどんな感じがするかな？」と声をかけることで、より注意深く観察する様子が見られ、「体感概念」がより形成されるかもしれません。

活動②　新聞紙モデルになってみよう

⇒新聞紙をちぎったり、のりでぺたぺたと貼ってみたりして洋服をつくってみてもよいでしょう。
色を塗ってみたり、画用紙を使ってみたりすることで、「視覚概念」も一緒に育つかもしれません。

つくったお洋服を自分で着て「どんな動きをしたら可愛いかな？」と声をかけることで、モデルさんのマネをしてみてもよいかもしれません。

Q3. あやちゃんはどんな子に育つ？

あやちゃんは、たくさんの虫や動物たちを観察したことから、
動物たちの動きの違いに興味を持つようになりました。

そろり…そろり…と動いて
かたつむりのマネをしてみたり…
まるまって殻《から》に閉じこもっている
様子を表現する姿も見られました。
そのたびに、「みんなの前でも表現
してみよっか！」と他の子どもたち
の先生になってもらいます。

体感概念を活かして
将来はもしかしたら…

- アイドル
- ダンサー
- エスティシャン
- ジムトレーナー

4 言葉の違いが気になる子
―あいこちゃんのお話―

あいこちゃんの１日・・・

あいこちゃんは、
言葉の違いに興味津々です。
電車が大好きで、毎日図鑑を読み込んでは、

この電車は九州で走っているんだ！

この電車は１年に数回しか走らないの！

と、図鑑で得られた新しい知識を
教えてくれます。

夏休みになると、
図鑑を片手に
お父さんお母さんと一緒に
おじいちゃんおばあちゃんのいる
鹿児島へ電車の旅に出かけます。

そこで体験したことや
感じたことを先生にも
お話ししてくれるのです。

Q1. あいこちゃんはどんな子？

あいこちゃん の CRAYON BOOK

言語概念とは…

子どもが見せる、単語や文法を中心とした言語に関する概念形成のこと

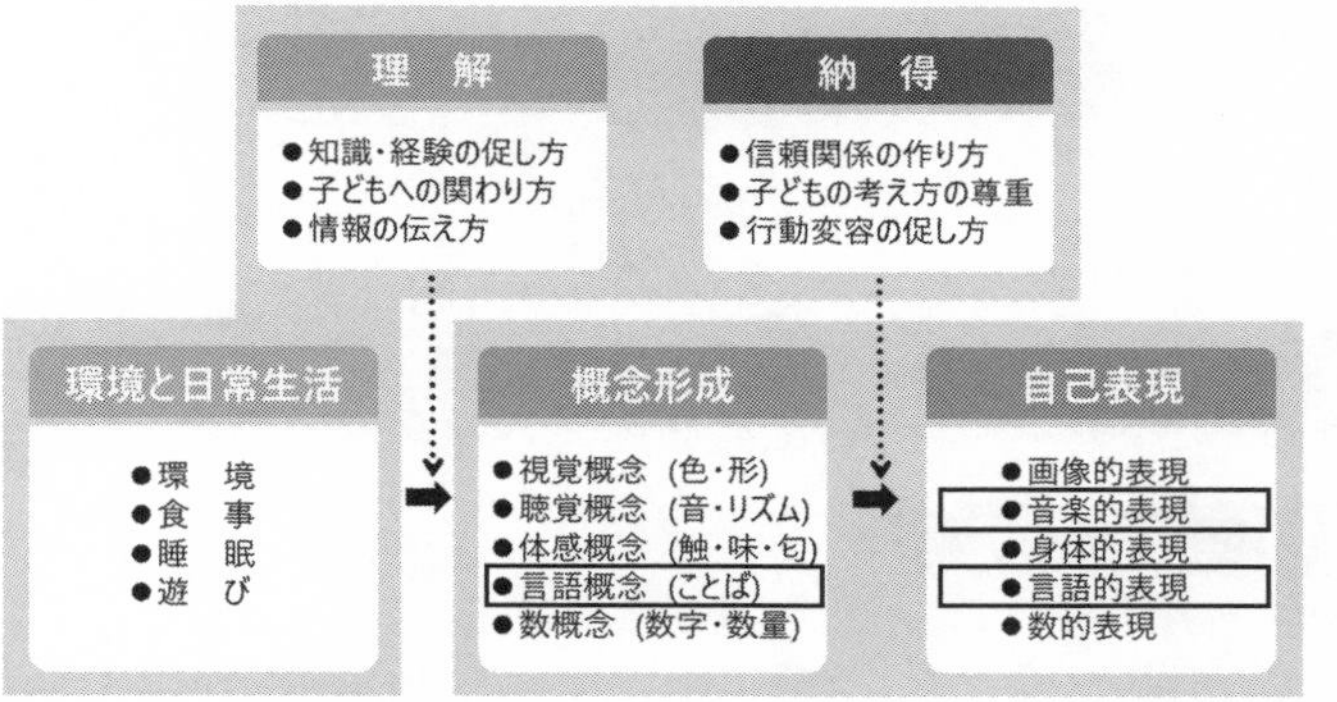

あいこちゃんの場合は、【言語概念】が強みです。
言語で取り入れた情報を、【音楽的表現】や【言語的表現】で表すことが得意なようです。

他にもこんな様子が見られるかも

- □ 上、下、左、右を理解し、言葉として使っている
- □ 朝、昼、夜を理解し、言葉として使っている
- □ 去年、今年、来年を理解し、言葉として使っている
- □ 曜日を理解し、言葉として使っている
- □ 動詞から名詞を連想できる（飲むもの→ジュース、お茶など）
- □ カテゴリー概念がわかる（りんごは果物、車は乗り物など）

Q2. 言語概念を育てる関わりって？

感じたことや考えたことを言葉で表現させてみるとよいでしょう
感想を聞いたり、子ども自身の言葉で説明させたりしてみましょう

朝は何を
食べたかな？
うさぎさんは
右にいるかな？
左にいるかな？
みかんは果物で
ぶどうの仲間だね！
去年はどんな活動を
したかな？

活動①　電車ごっこ

⇒段ボールを使ってお気に入りの電車を作ってみてはいかがでしょうか？ 電車の絵本を読みながら、電車が通る道を覚えてみるのもよいかもしれません。また、作った段ボール電車を活用して遊んでみるのもよいでしょう。
園の近くの駅を散歩した後に、園内を駅に見立てて回ってみる活動をしてみると、より具体的に駅名を覚えるかもしれません。
「次は○○駅だね、どんな駅だったかな？」と声かけをすることで、その駅にあるオブジェなどを教えてくれるかもしれません。
じゃんけん列車の活動をしてみるのもよいかもしれませんね。

活動②　「絵本の読み聞かせ」先生

⇒絵本を読むことが好きなら、先生の代わりに、絵本の読み聞かせをお願いしてみるとよいかもしれません。
最初は文字が少なく、読むのが難しくない絵本からはじめて、できたぶんだけ、しっかり褒めてあげるとよいでしょう。絵本の中に登場した動物のモノマネなどをすると、体感概念も一緒に育むことができます。

Q3. あいこちゃんはどんな子に育つ？

あいこちゃんは、
絵本の読み聞かせをしていくうちに、
車掌さんのアナウンスの特徴的な話し方に
興味を持つようになりました。

ぷっぷー！ しゅっぱーつ！
次ははかたえきー！
と、次の駅名を大きな声でみんなに教えてくれます。

後ろに友達をくっつけたり、
お気に入りの帽子をかぶったりなどして、
段ボールの電車を抱えては、園内をぐるぐる案内してくれます。

言語概念を活かして
将来はもしかしたら…

- **車掌**
- **アナウンサー**
- **脚本家**

5 数の違いが気になる子
ーみんちゃんのお話ー

みんちゃんの１日・・・

みんちゃんは、数の違いに興味津々です。
毎日毎日、お気に入りのうさぎくんと
お菓子やご飯をわけあいます。

うさぎくんのごはんよりたくさんあるよ

ウインナーをもう１つ食べたいな

おままごとの時も、
うさぎくんとの量の違いや数の違いに
気がついて、
先生に教えてくれたり、
足りない数を
要求したり
してくれます。

今日もうさぎくんを
抱えては、
大きさや数を比較して
首をかしげています。

Q1. みんちゃんはどんな子？

みんちゃん の CRAYON BOOK

数《すう》概念とは…

子どもが見せる、数や量の認識を中心とした数に関する概念形成のこと

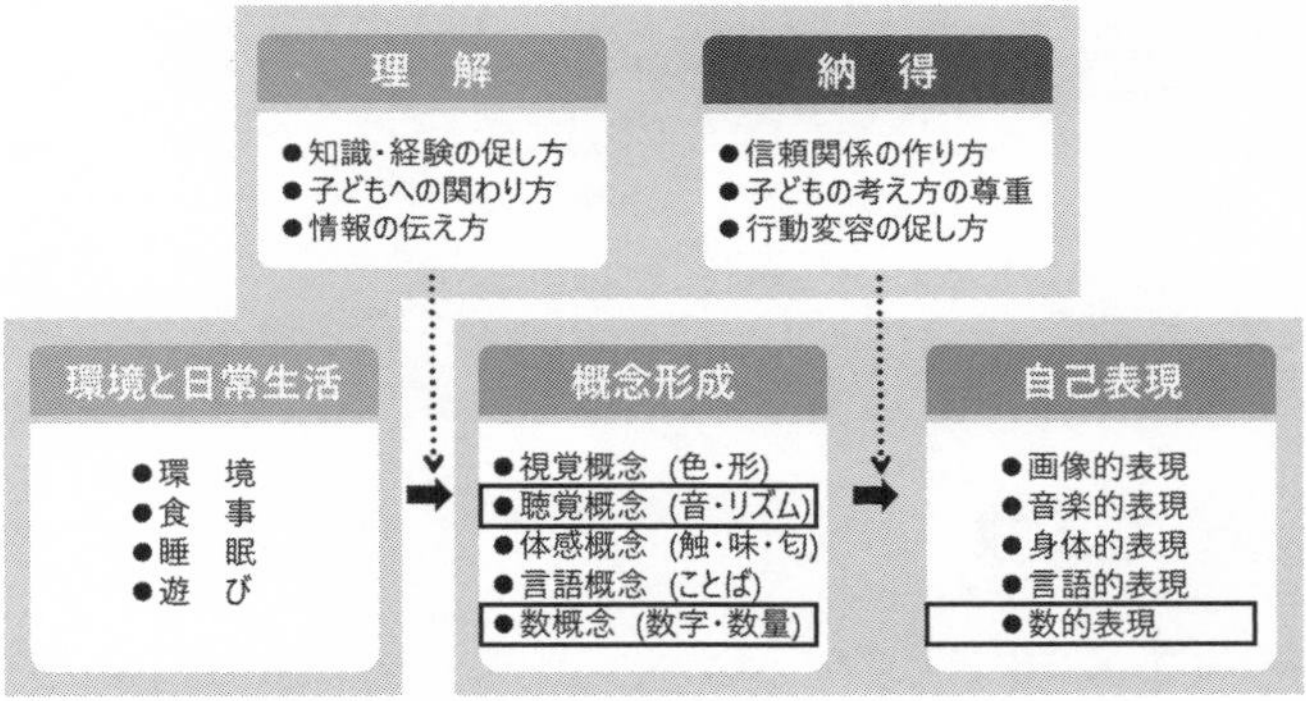

みんちゃんの場合は、特に【数概念】が強みです。
また【聴覚概念】も強みで、耳から取り入れた情報を【数的表現】で表すことが得意なようです。

他にもこんな様子が見られるかも

☐ 集まったものがいくつあるかを答えられる
☐ 数字の大小を比較することができる
☐ 数字の順序が理解できる
☐ 数字を見てすぐに読むことができる
☐ ごく簡単な足し算を解くことができる
☐ ものの長さの違いを比較することができる

Q2. 数概念を育てる関わりって？

日頃から**数と量を意識した声かけ**を行うとよいでしょう
数字を読んだり、数えたり、操作させたりしてみましょう

椅子とテーブル
合わせていくつある
かな？
うさぎくんのお耳は
いくつあるかな？
このぶどうは、
いくつあるかな？
今日は何月かな？
先生に教えてくれる？

活動①　七並べ

⇒トランプを使って数字遊びをしてみましょう。
トランプは、数字と個数が描かれているため、自然と「数字」と「数量」を一致させて覚えることができます。

数字が読めなくても、マークを声に出して一緒に数えるなどして並べていきましょう。

遊びの中で、「7 より 1 つ大きいと 8、1 つ小さいと 6 になるんだね」と声をかけることで、理解をより促すことができます。

ジャック、クイーン、キングは、子どもたちの理解度に合わせて、あらかじめ抜くか、入れておくか、選ぶといいかもしれません。

活動②　量《はか》り遊び「どっちが重いかな？」

⇒身の回りにあるものから 2 つ選んで、どちらが重たいか予想してみましょう。
実際に量《はか》りに乗せて答え合わせをすると、体で感じた重さを可視化することができるので、数概念とともに体感概念も育てることができます。

大きく見えて軽いものと小さく見えて重いものを比べてみるなど、ギャップを利用して遊んでみるのもいいかもしれません。

Q3. みんちゃんはどんな子に育つ？

みんちゃんは、
数や量に着目するようになったので、
日頃から数字と量に
よく気づくようになりました。
通園中に見かけた
アリさんの行列を数えてみたり…

「今日は昨日歩いていたアリさん
より少ないね」
と声をかけると、ますます数に
興味を持つようになりました。

数概念を活かして
将来はもしかしたら…

- **数学の先生**
- **宇宙飛行士**
- **データサイエンティスト**

6 お絵描きが好きな子
ーやえちゃんのお話ー

やえちゃんの１日・・・

やえちゃんはいつも、感じたことや考えたことを色や形を使って教えてくれます。
今日も紙と色鉛筆を持ってきてお絵描きをしています。
描いた絵を見せながら家族でおでかけに行った週末のことを話してくれました。

これがママ！これがパパ！
これは、どんぐり拾ってるところ

やえちゃんから見える景色を
色と形で１つ１つ教えてくれます。
また、太陽の色が緑だったり
目が三角だったり、
大人とは違った視点の
景色を見せてくれます。

やえちゃんには
こう見えているんだね、
きれいだね、と褒めてあげると
嬉しそうにしています。

Q1. やえちゃんはどんな子？

やえちゃん の CRAYON BOOK

画像的表現とは…

感じたことや考えたことを、色や形を活用して表現する頻度《ひんど》のこと

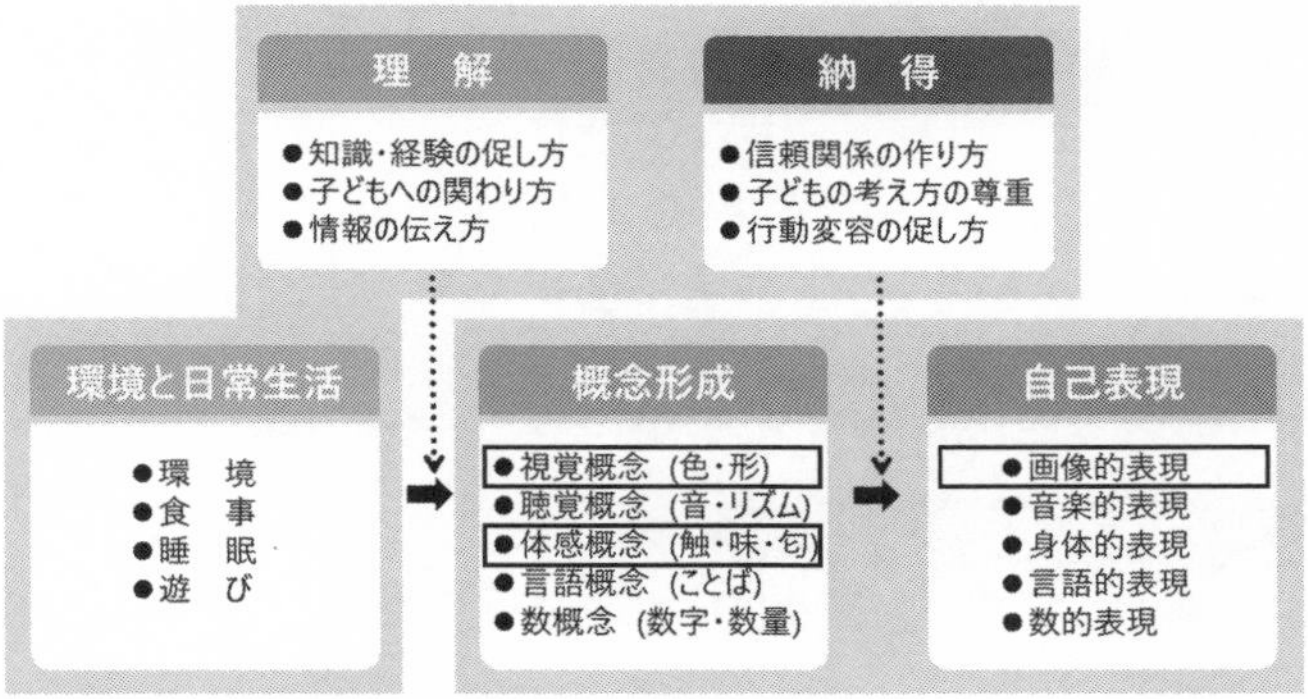

やえちゃんの場合は、【画像的表現】が強みです。
土台に【視覚概念】の強みがあるので、ものの見た目や感触に着目して【体感概念】も育んでみましょう。

他にもこんな様子が見られるかも

- □ ほしいものを表現するときに色を使う
- □ いくつかの色を組み合わせて表現しようとする
- □ 色相の違い・類似を表現している
- □ 子どもが描いた絵の中にストーリー性がある
- □ 身近にあるものを道具として活用し、絵を描こうとする
- □ 鑑賞を通して感じ取ったことを話そうとする

Q2. 画像的表現を育てる関わりって？

感じたことや考えたことを色や形で表現させたり、こちらから伝えたいことも色や形を使って伝えたりしてみるとよいでしょう

クレヨンと
色鉛筆とマーカー、
今日はどれを使う？
どんな色が好き？
先生は青色が好き
これは何を描いてるの？
先生に教えてくれる？
このお山は
どんな色を使う？

活動① 色水を使った色遊び

⇒食紅を溶かして遊び、作った色水を混ぜて色の変化を観察してみましょう。
子どもの感性にまかせて自由に混色遊びさせることが大切です。
「こういう色が作りたいけど作れない」など、遊びに行き詰まっている様子が見られたら適度にフォローするとよいでしょう。
また、無色透明の水を入れたペットボトルのふたの内側に、絵の具をつけておいて、ペットボトルを思いきり振ると色が変わるマジックを見せると、色に興味を持つきっかけになるかもしれません。

活動② 色さがし競争

⇒お題の色を決めて、そのお題の色をタッチして最初に戻ってきた子が勝ちというルールで遊んでみましょう。
カラフルな遊具がある場所で行うと、より楽しめます。さらに、色さがしに慣れてきたら、お題を「形」に変えてみるのもいいかもしれません。また、「感触」などに変えて「ふわふわしているもの」などと応用をきかせていくと体感概念も育てられます。

Q3. やえちゃんはどんな子に育つ？

やえちゃんは、いつもの生活や遊びの中で見るものの色や形の違いに興味を持つようになりました。

さんかくおにぎりよりまるいおにぎりがいい！
今日はピンクの服を着たい！
と、ほしいものを形や色で教えてくれます。
そのたびに、
「このりんごは丸いね。とっても赤いね。
おいしそうだね」
と、色や形を意識した声かけを
続けていきました。

画像的表現を活かして将来はもしかしたら…

- 芸術家
- 美容師
- アパレル店員
- パティシエ

7 オルゴールが好きな子
ーせいらちゃんのお話ー

せいらちゃんの１日・・・

せいらちゃんはいろいろな音に興味津々です。
音の出るおもちゃがせいらちゃんのお気に入りです。

おもちゃの音を声に出してマネしてみたり、
感じたことを音で表現したり、
聞こえる音に合わせてメロディーを口ずさんでみたり…

せいらちゃんにはどんな音が聞こえているでしょうか？
また、どんな言葉で表現してくれるのでしょうか…？

このオルゴールの音、キラキラしているね
朝は鳥さんの声がきこえるね

Q1. せいらちゃんはどんな子？

せいらちゃん の CRAYON BOOK

音楽的表現とは…

感じたことや考えたことを、歌や楽器を活用して表現する頻度のこと

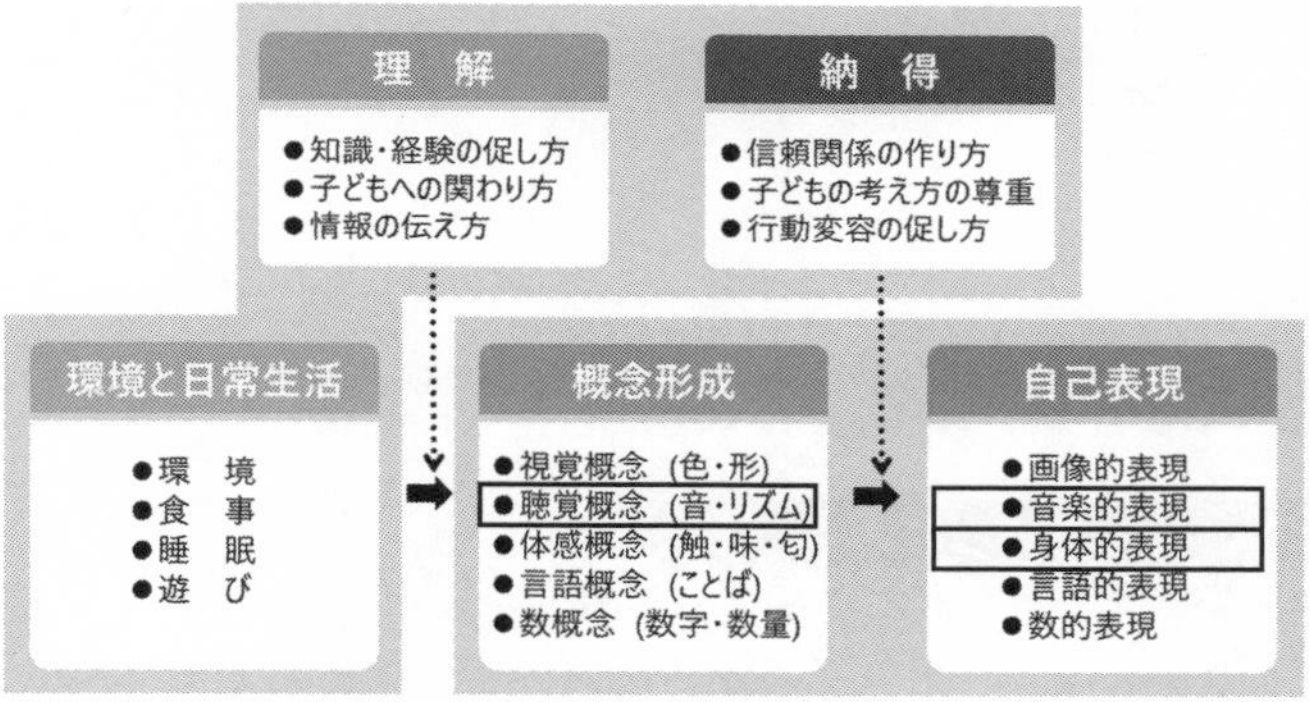

せいらちゃんの場合は、【音楽的表現】が強みです。
土台に【聴覚概念】の強みがあるので、音楽に合わせたリズム遊びで身体を動かすなど【身体的表現】も育んでみましょう。

他にもこんな様子が見られるかも

- □ 鼻歌を歌いながら身体を動かすことがある
- □ 先生や友達と一緒に歌ったり手遊びしたりする
- □ 絵本に出てきた動物などをイメージして鳴き声をマネしてなりきって遊ぶ
- □ 暗い曲や悲しい曲が流れたら動きが少なかったり、悲しい表情をしたりする

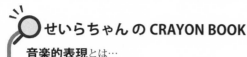

Q2. 音楽的表現を育てる関わりって？

感じたことや考えたことを**音で表現させたり**、
こちらから伝えたいことも**音を使って伝えたり**してみるとよいでしょう

お歌に合わせて
動いてみよう！
気持ちをピアノで
表現してみない？
この音楽が聞こえたら
帰る時間だよ
今あるもので楽器を
作ってみよっか

活動①　楽器を作ってみよう！

⇒園内にあるもの（たとえばどんぐりなど）を拾い集め、
様々な空き容器に入れて、量や形、大きさなどを工夫しながら、
音の違いを感じながら遊んでみましょう。
作り終わったらその作品を使って、
子どもたちが知っている音楽を聞かせ、
子どもたちの感性にまかせ自由に表現させると
おもしろいかもしれません。

活動②　手遊び歌

⇒いろいろな手遊び歌を歌いながら、
一緒に身体を動かしましょう。
手遊び歌を歌いながら手指や身体を動かすことで、
音楽的表現だけでなく
身体的表現を育むことができます。
自由な動きを子どもと一緒に楽しむことで、
信頼関係の構築にもつながるでしょう。
音楽を捉えて身体的表現との調和をはかる
活動として、リトミックも効果的です。

Q3. せいらちゃんはどんな子に育つ？

せいらちゃんはふだんから聞こえる様々な音に興味を持つようになりました。

「今日の風はぴゅーぴゅーって音がするね」

「昨日の風はひゅーひゅーしていたよ！」

と教えてくれます。

また、「お歌の先生する！」と言って、ミニピアノを使ってピアノを弾いてくれました。
「これはどんな様子なのかな？」と質問してみると、
「これはリスさんの嬉しい気持ちなの」と教えてくれるかもしれません。

音楽的表現を活かして将来はもしかしたら…

- 演奏者
- イベントプランナー
- 作曲家

8 おさんぽが好きな子
ーけいたろうくんのお話ー

けいたろうくんの１日・・・

けいたろうくんは感じたことや考えたことを
身体を使って教えてくれます。
さんぽに行くといろんなものを触ったり、
身体を動かして周りのものと
ふれあいます。

見つけたカブトムシがこんなに大きかったんだよ！

鳥さんみたいに空を飛んでみたい！

と感じたことや
考えたことを
ジェスチャーを交えて
お話ししてくれます。
また、
この動物はなんだと思う？
と動物のマネを
身体で表して遊んでいる様子も
見られます。

Q1. けいたろうくんはどんな子？

けいたろうくん の CRAYON BOOK

身体的表現とは…

感じたことや考えたことを、身体を活用して表現する頻度のこと

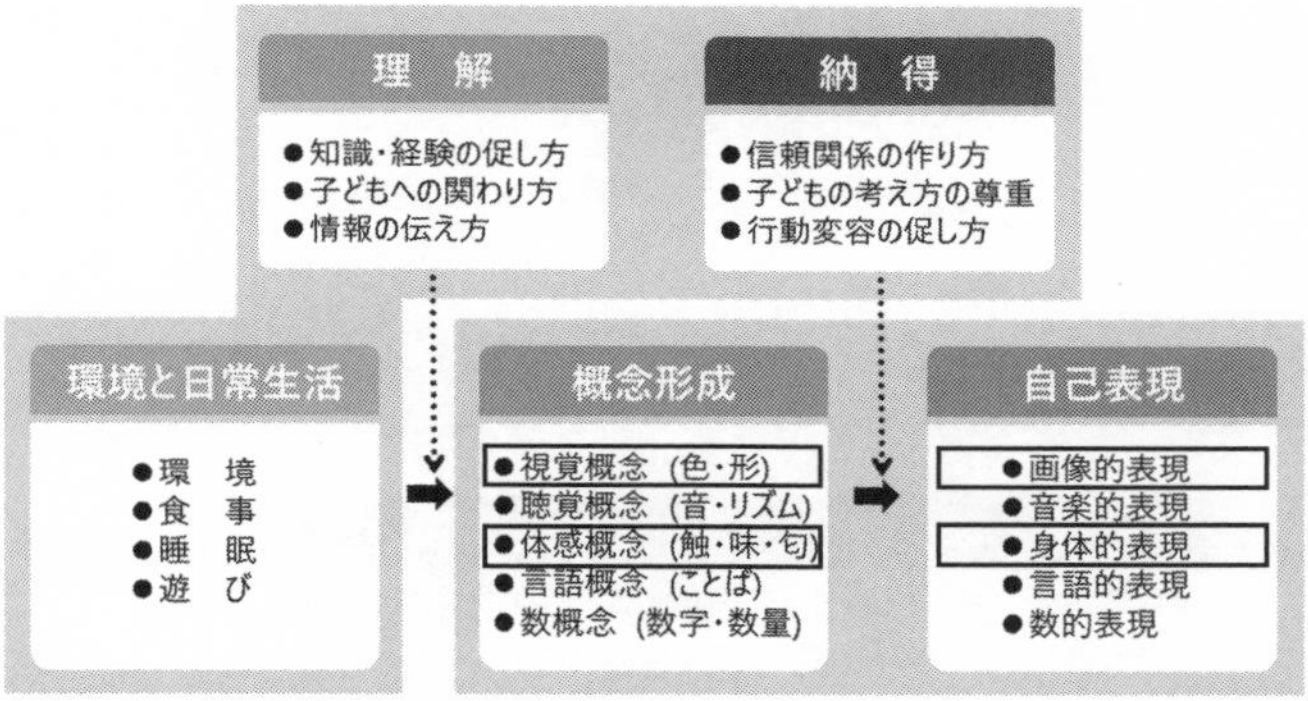

けいたろうくんの場合は、【身体的表現】が強みです。
土台に【体感概念】とあわせて【視覚概念】(形) の強みがあるので、見たものを捉えて描く【画像的表現】も育まれるかもしれません。

他にもこんな様子が見られるかも

☐ 味覚を用いて表現する
☐ 動物や植物を表現するときに多様な動きを用いる
☐ 他の子どもが思いつかないような表現をしている
☐ 大きい・小さい動きを使い分けて表現している
☐ 強い・弱い動きを使い分けて表現している

Q2. 身体的表現を育てる関わりって？

感じたことや考えたことを**身体で表現させたり**、
こちらから伝えたいことも**身体を使って伝えたり**してみるとよいでしょう

カエルさんは
どんな動きをするの？
公園まで競走しよう！
よーいどん！
大きいカエルさんは？
小さいカエルさんは？
ねこじゃらしで
こちょこちょ～！

活動①　身体を大きく動かしながらおままごと

⇒包丁で野菜を切る動作や、鍋の中身を混ぜる動作など、
ふだんの保護者や栄養士さんの動きを思い出すことで
視覚的イメージを身体で表現するイメージトレーニングにも
つながります。
また、「切るときのトントントン、鍋の音、グツグツグツ」
と音も交えながら表現を促すことで、
音楽的表現へのアプローチも期待できます。

活動②　いも掘り体験

⇒もしも可能であれば、種いもを植えるところから活動をしてみる
といいでしょう。
掘り出すときに踏ん張るなどといった
身体的な体験もありますが、
土の感触や、土を掘ったときに
生息している昆虫たちと触れ合うことも、
身体的表現の幅を広げる体験になります。
「土がふかふかだね」「おいもたくさんとれたね」
などの声かけを行うといいかもしれません。

Q3. けいたろうくんはどんな子に育つ？

けいたろうくんは、
ふだんからいろいろな人・動物の動きを観察するようになり、
それを身体で表現するようになりました。

ヘビのマネを身体をなめらかに使いながら表現したり、
おなかに詰めものをしてコブタさんを演じたり、
音楽に合わせて身体を動かすことも大好きです。

前で発表する機会を設けることで、
みんなのモデルになってもらうとよいかもしれませんね。

**身体的表現を活かして
将来はもしかしたら…**

- **動物カメラマン**
- **サッカー選手**
- **舞台俳優**
- **ジムトレーナー**

9 おしゃべりが好きな子
ーこうきくんのお話ー

こうきくんの１日・・・

こうきくんは、
お話をすることが大好きです。
園ではお家であったことを、
お家では園であったことを
楽しそうにいつもお話ししてくれます。

昨日、せいらちゃんと
泥あそびしたんだよ！ 楽しかった！

と、そのとき感じた気持ちを
言葉で表現することもとても上手
です。

また、考えていることを
言葉にすることが得意なので、
自分がしたいことがあるとき

ゼリー食べていい？

と、言葉にして伝えることができ
ます。

Q1. こうきくんはどんな子？

こうきくん の CRAYON BOOK

言語的表現とは…

感じたことや考えたことを、言葉を活用して表現する頻度のこと

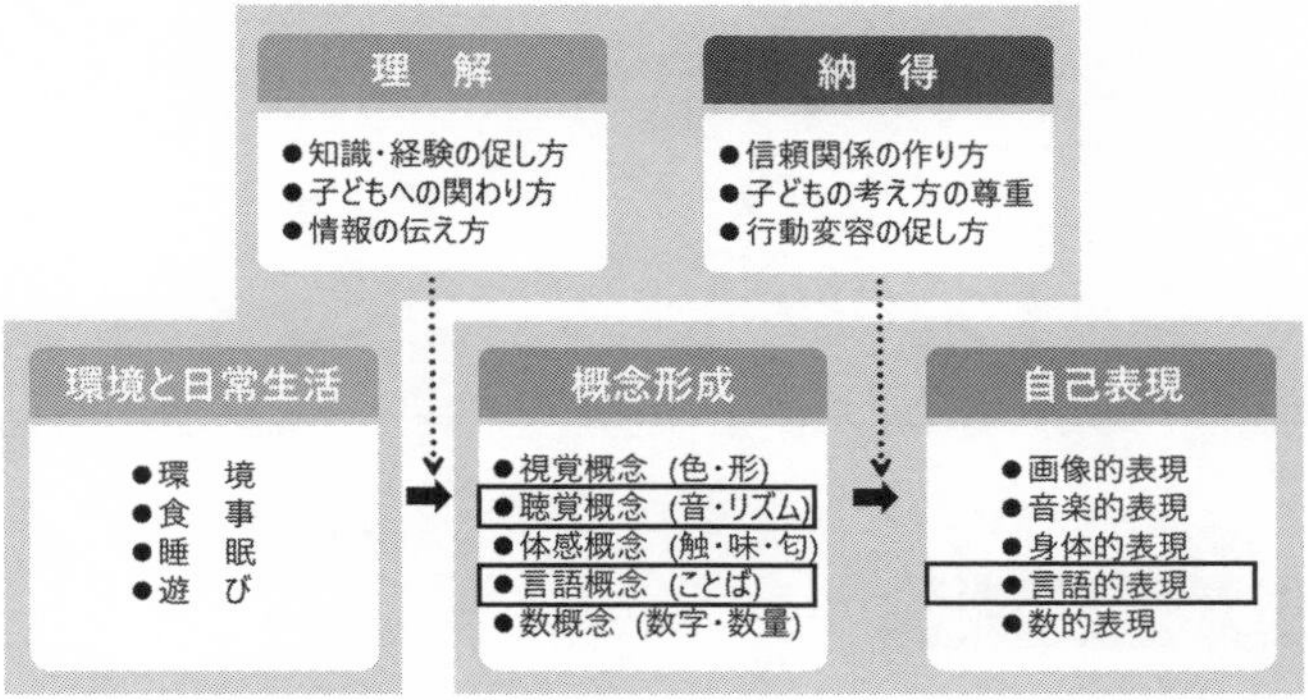

こうきくんの場合は、【言語的表現】が強みです。

土台に【聴覚概念】の強みがあるため、会話や遊びを通してたくさんの言葉に触れることで、【言語概念】を育んで表現を豊かにしていきましょう。

他にもこんな様子が見られるかも

□「〇〇しよう」など相手に提案する

□「いや」などの拒否する気持ちを表現する

□「どうして〇〇するの？」など疑問形でお話しする

□ 家であったことや園であったことなどについて、時系列で表現する

□ 架空《かくう》のものを想像し（お話づくりなど）、話の流れといったストーリーを表現している

Q2. 言語的表現を育てる関わりって？

感じたことや考えたことを**言葉で表現**させてみるとよいでしょう
5W1H*や共感を意識して会話してみましょう

いちばん好きな食べ物はなに？
嬉しかったんだね。なんで嬉しかったのかな？
いつ、誰とどこで遊んだのかな？
先生にも教えてくれるかな？

＊５Ｗ１Ｈ：「When（いつ）」「Where（どこで）」「Who（だれが）」
「What（なにを）」「Why（なぜ）」「How（どのように）」

活動●　連想ゲーム

⇒大人がお題を決めます。
例えば「白いものって何があるかな？」と問いかけることで、
「アイスクリーム」「雲」「ごはん」など
自由な発想を引き出します。

一つのお題から、様々なものを連想するため、
発想力を育むことができます。
連想しながらお絵描きをしてもよいでしょう。

お題を「丸い形のもの」や「ぴょんぴょんはねるもの」、
「触ると冷たいもの」など、
様々な方向性に変えていくだけで、
視覚概念・聴覚概念・体感概念を得意とする子ども
たちにもアプローチすることができます。
ぜひ様々なジャンルのお題を考えてみてください。

Q3. こうきくんはどんな子に育つ？

こうきくんはいろいろな人の言葉を聞いたり、やり取りを観察したりして、それを自分で表現するようになりました。
絵本やテレビで聞く言い回しや、
大人同士の会話で出てくる単語や言い回しにも反応して
ニュアンスをくみ取っています。
言葉の意味や使い方に興味が出てきて、

「○○ってどういう意味？」
と質問してきます。

一緒に調べながら、
例文やシチュエーションも合わせて
教えてあげるといいかもしれません。

言語的表現を活かして
将来はもしかしたら…

- カウンセラー
- アナウンサー
- 小説家
- 国語の先生

10 植物が好きな子
ーまゆちゃんのお話ー

まゆちゃんの１日・・・

まゆちゃんはいつも、数字に興味津々。大きさの違いにもすぐ気がつきます。

短い針が８になったよ！ 園に行かなきゃ！

いつも８時になったらお母さんに伝えて、
お家を出てから園に向かいます。

登園して最初にすることは、
お気に入りの植物の観察です。

昨日より大きくなった気がする！

１枚葉っぱが増えたよ！

と先生たちに植物の成長を数字や大きさを使って教えてくれます。

Q1. まゆちゃんはどんな子？

まゆちゃん の CRAYON BOOK

数的表現とは…

感じたことや考えたことを、数や量を活用して表現する頻度のこと

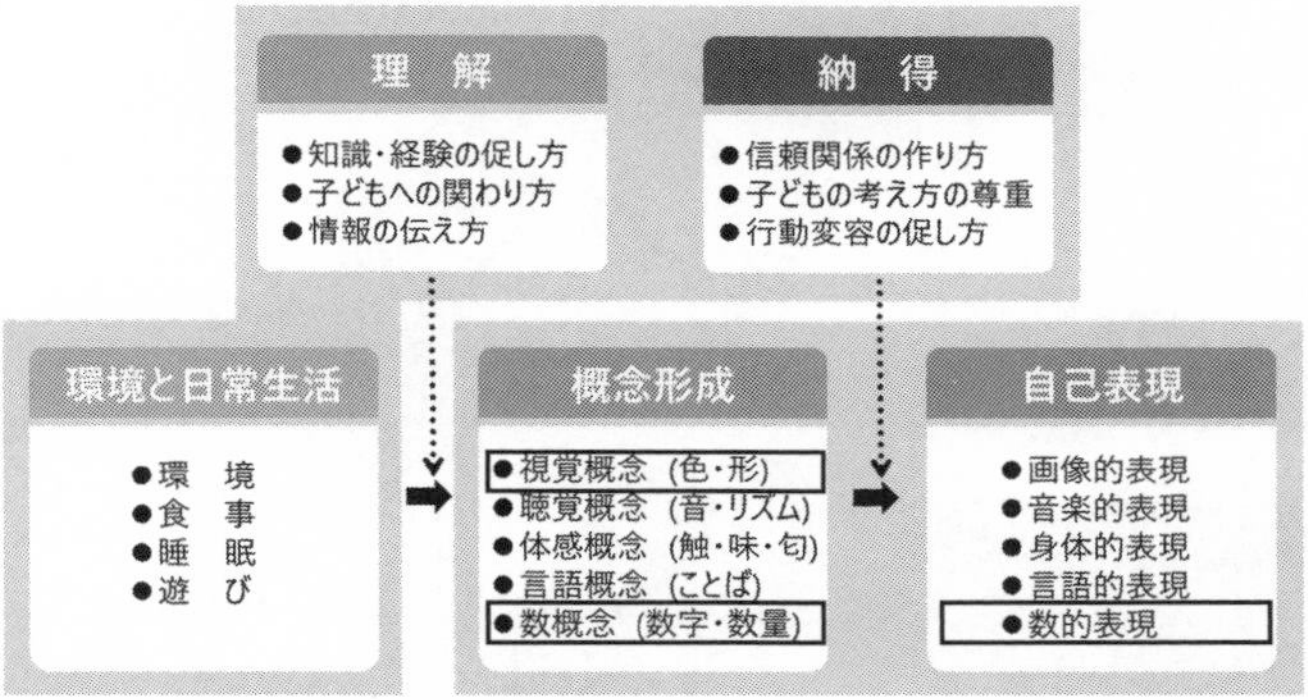

まゆちゃんの場合は、【数的表現】が強みです。
土台に【数概念】だけでなく【視覚概念】の強みがあるので、視覚情報を上手く使うことで【数概念】【数的表現】がより育まれるでしょう。

他にもこんな様子が見られるかも

- □ お菓子やおもちゃなどを均等に分けようとする
- □ ものの数を数えて不足を要求する
- □ ものを分類するときに、自分なりのルールをもって分類している
- □ ものの大きさを使って違い・類似を表現する
- □ 遊びや活動の中で計算する様子が見られる
- □ 会話の中で出てきた数字を計算する様子が見られる

Q2. 数的表現を育てる関わりって？

感じたことや考えたことを**数や量で表現**させてみるとよいでしょう
数や量を用いてコミュニケーションをとってみましょう

あと５回
数えたら帰ろうね
半分くれるの？
じゃあ先生のも半分あげる。
これで１個分だね
どっちが
大きいかな？
重いかな？
赤色の積み木と
青色の積み木
どっちが多いかな？

活動①　お店ごっこ

⇒コミュニケーションを楽しみながら「数量」を理解できる遊びです。
身近なものを使い、イメージをふくらませて遊ぶ「見立て遊び」によって想像力も鍛えることができます。

客役からの「〇〇を△個ください」という注文に応えていくことで、数的表現のコミュニケーションを育むことが期待できます。

通貨などを作って、値段を子どもたちに決めさせてもおもしろいかもしれません。

活動②　仲間分けゲーム

⇒多数の中からグルーピングをして数を認識するゲームです。
色の違うボールや積み木を集め、「何色が一番多いかな？」と、一緒に数えてみましょう。
お題を「色分け」でなく「形分け」にしたり、素材をアソートキャンデーにして
「〇〇ちゃんの好きな△味はいくつあるかな？」と様々に展開することができます。

Q3. まゆちゃんはどんな子に育つ？

まゆちゃんはいろいろな数や量を観察するようになり、
それを自身で表現するようになりました。
近所の人に「何歳？」と聞かれると、指を使って答えることができるようになりました。

また、お店ごっこをすることが大好きで、
お客さん役になって
「10個ください」と注文すると、
「10個はないです。
7個だったらあります！」
と数の量的順序を理解して、
過不足を計算している様子がうかがえます。

数的表現を活かして
将来はもしかしたら…

- システムエンジニア
- 宇宙飛行士
- 建築士
- 税理士

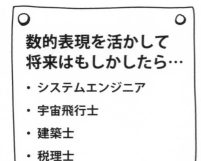

第４章

苦手克服、才能開花　子どもたちは　ここまで変わる！

1 ぼくはとってもきれい好き
―苦手なことは環境から変えていく―

体感概念UP　納得　遊び環境　2歳男の子

Before

2歳の男の子。言葉はとても上手で話すことが大好きです。しかし、少しでも服や靴下が濡れると着替えたがります。その他にも、芝や土の上などを裸足で歩くことも嫌がり、砂場での遊びは砂が手につくだけで手を洗ってしまいます。園内を裸足で歩いたり、水遊びは平気なのに、水しぶきが床についていると「なんか汚いんだけどな～」と言って避けて歩きます。園では様々な感覚遊びがありますが活動への参加を嫌がることもあります。

小麦粉粘土と食パンこねはできるようになったよ

4ヶ月後・・・

After

男の子の概念形成を把握しながら少しずつ感覚に慣らしていく取り組みによって、2歳児クラスの後半になると、いろいろなものに徐々に触れるようになりました。年度末の3月には、小麦粉粘土や食パンをこねる活動にも安心して参加できるようになりました。砂場では、他の子どもよりは手を洗う回数は多いですが、砂にも触ることができるようになっています。

大人の具体的な取り組み

できる遊び、できない遊びを観察すると、服や靴下などが汚れるような絵の具や砂場などは苦手で、お風呂のように体をきれいにする水遊びは楽しんでいる様子でした。もしかすると様々な感覚に触れる経験が少ないかもしれないのでは…？と考え、CRAYON BOOK の５つの領域のうち「環境と日常生活」「理解」「納得」領域（p210 ～）も参考にして、以下のことに気をつけて取り組みました。

- 砂遊びは最初は遠くから眺めてみるようにし、徐々に参加できるように、すぐに手が洗える専用バケツを用意しました。（納 2, 4:p250,251）
- スプーンやスコップなど直接触らなくてもよいような道具を準備しました。（遊 1, 納 4:p226,251）
- 年間を通して感触遊びを多く取り入れるようにしました。例えば、落ち葉の季節になると落ち葉に触れる遊びや、日常の活動の中で、絵具、寒天、片栗粉、小麦粉粘土、パンなど、様々な感覚に触れる機会をつくりました。（遊 1, 2, 9, 理 2:p226,228,229）

CRAYON BOOK の点数変化

子どもによって得意なこと、苦手なことはあります。でも先生たちが観察によってしっかり把握したうえで、無理やりにはさせないけれど、だからといって「させない」ではなく、「できるような環境」を整え子どもの納得を促しながらチャレンジする機会を与えていることが、苦手の克服と概念形成アップにつながったのかもしれません。

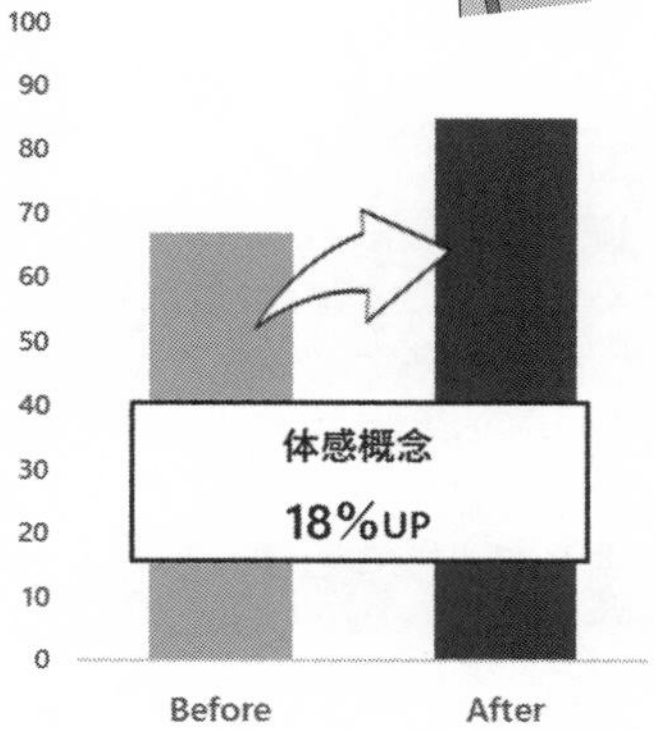

2 苦手な食べ物にチャレンジ
―匂い、舌触り、色、五感をフル活用―

味覚概念UP

納得

食事環境

1歳女の子

Before

1歳の女の子。園の給食では混ぜご飯や炊き込みご飯は食べられるのですが、なぜか白ご飯は食べられません。離乳食のときには食べていたのですが、固形物を食べるようになってから白ご飯が苦手になりました。ご飯以外は大好きで、焼きそばや焼き魚など濃い味のものが特に好きです。給食のときも白ご飯の日は、まずはおかずから食べるようです。一度大泣きして、白ご飯を食べない日もありました。

よく知らない味だけど…
食べてみるとおいしいな。

5ヶ月後・・・

After

白ご飯の量を減らして徐々に増やすという園の取り組みにより、食べることができなかったご飯を完食することができるようになりました。完食すると、先生達に「見てー」と食べ終わったことをアピールする様子も見られます。さらに、稲からお米を育てる活動の中では、自分で育てた白ご飯をむしゃむしゃ食べる様子が見られました。匂いをよく嗅ぐ様子も見られるようになりました。これからは、少しずつご飯の量を増やしながら、継続して白ご飯を食べられるようになることを目指していきます。

大人の具体的な取り組み

0歳児から入園した児童だったため、ミルクから離乳食、固形物への変化を園内で共有することができました。園内では、白ご飯を食べるときに大泣きしたり拒否する様子があり、連絡帳を通して保護者も家庭で悩んでいることがわかりました。そのため、食育も意識した取り組みとしてCRAYON BOOKの「食事」環境や、「理解」「納得」領域も参考にして、以下のことに気をつけて取り組みました。

- 白ご飯の量を半分の量にして、完食する経験（成功体験）を増やすようにしました。（納8, 10, 11:p252）
- 食育の中で、稲からお米を育てる活動を行い、稲を刈《か》ったり精米（玄米を瓶の中に入れて棒でついて外皮などを取る）したり、自分で育てた白ご飯を食べたりする経験を取り入れました。（食9, 理4, 納7:p218,229,252）
- 上級生（2歳児）のクラスの先輩たちへの憧《あこが》れがあったため、ご飯を完食した際に、上のクラスの子どもたちや先生達に褒めてもらうようにしました。（納7, 11:p252）

CRAYON BOOKの点数変化

乳幼児期の味覚概念の形成過程の中で濃い味に慣れてしまうと、薄い味のものをさける子どもがいます。今回の子どもは白ご飯だけが苦手でしたが、先生達の年間を通した取り組みによって「経験を増やす」ことが、苦手なものを食べる意欲につながったかもしれません。白ご飯ならではの独特な「匂い」と「甘味」を感じられるようになったことは、味覚概念形成の上で大きな成長です。

	Before	After
甘味	1点	5点
塩味	1点	1点
酸味	1点	1点
苦味	1点	1点
匂い	1点	5点
合計	5点	13点

3 どんな色が好き？ 黒！
―好きな色からいろんな景色が増えていく―

画像的表現UP

納得

遊び環境

１歳男の子

Before

１歳の男の子。言葉での表現がゆっくりで、言葉数は多くないものの、体を使って自分が思っていることを表現することが得意な様子です。色を使った遊びの活動では、腕や体を大きく使ったお絵描きやボディペインティングの活動が大好きなのですが、色の違いはまだわからないことや、色の名前はまだ覚えていない様子がありました。

3ヶ月後・・・

同じ色があること、
それは世紀の大発見！

After

園の活動の中で色を探す取り組みをすることで、身近なものの色と活動の中で覚えた色が一致していることに気づくようになりました。ある日、担任の先生と本児が同じ黒色の服を着ていると、近づいてきて先生の服を引っ張りながら自分の服を指差し、「おー！ おー！（同じ！）」としました。先生が「これ何色？」というと、黒いクレヨンを取り出してくるのです。言葉はまだ出ませんが、色の違いを理解している行動が増えるようになりました。

大人の具体的な取り組み

１歳児ということもあり、まだ言葉で上手に表現することができないため、子どもの行動から似ている色や違う色を理解しているかを観察することを意識しました。特に、お絵描きの活動の中で、体を使いながら活動することができるボディペインティングや、大きな画用紙に思いっきり描かせることで子どもの表現力を見るようにしました。また、CRAYON BOOK の「理解」「納得」領域も参考にして、以下のことに気をつけて取り組みました。

- お絵描きの際のクレヨンの色を工夫しました。子どもははっきりした色の方が見えるということを意識して、色の三原色を基本とした色（赤、青、緑、黄色、ピンク、水色、黒、白）のクレヨンを取り出し、子どもが選びやすいようにしました。（遊 1, 理 3, 視概 8, 納 8, 画表 7:p226,229,234,252,255）
- 色と言葉を合わせて覚えられるように、色カードやクレヨンを見せながら「これは何色？」と聞いて身近にあるもので同じ色がないか探すという「色探しゲーム」をしました。見つけると「赤だね」「黒だね」など、言葉を意識して教えるようにしました。（理 3,5,7,10, 納 1,7:p229,230,231,250,252）

CRAYON BOOK の点数変化

画像的表現の中でも、「ほしいものを表現するときに色を使う」という項目の点数が１点（まったくしていない）から４点（時々している）に点数がアップしていました。先生の「色の類似や違いに気づく」という意図を持った活動や子どもの様子を読み取ろうとする観察力が子どもの力を伸ばすきっかけになったと考えられます。

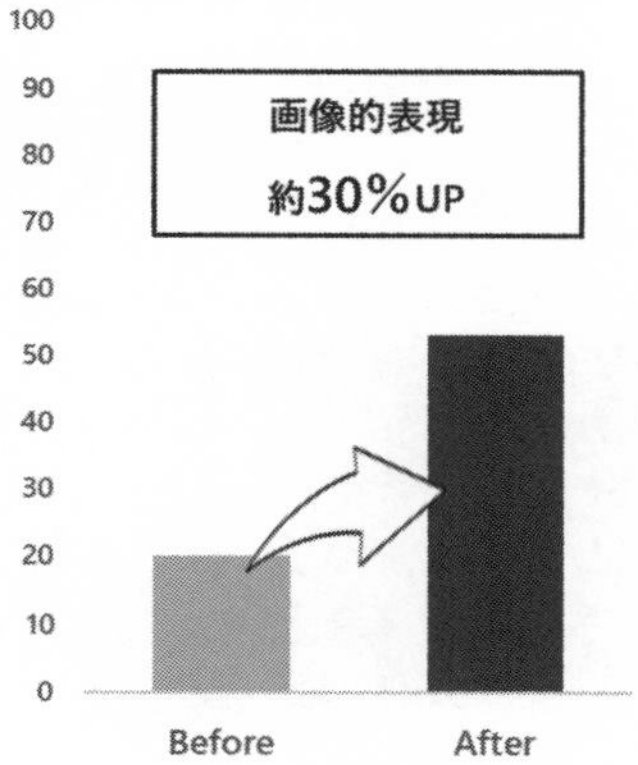

4 音楽は楽しいこと、かも…！

ー「できるかも…」と思えることが変わるきっかけー

音楽的表現UP

納得

2歳
男の子

Before

2歳の男の子。1歳のときに入園し、徐々に園になじむ様子がありました。2歳児クラスになると、クラスを引っ張る積極的な男の子になりました。おしゃべりも大好きで、何かの活動に取り組むと、集中して一気に終わらせるといったエネルギーいっぱいの子どもです。特に昆虫は大好きで、カブトムシの絵を描くときには、ものすごい集中力で取り組みます。しかし…音楽活動のときだけは、部屋の隅っこでみんなの様子を見ているだけだったのです。

6ヶ月後…

まだちょっぴり
恥ずかしいけど…
音楽って楽しいよね

After

音楽活動中に仲のよい友達が楽しそうにしている姿を見て、ある日突然音楽活動に参加するようになりました。自然と歌や楽器、身体を動かして歌うなど、音楽活動に参加するようになったのです。先生が思わず「上手!!」と声をかけると、みんなの前で褒められることが恥ずかしかったのか、ひゅっと隅っこに戻っていってしまうので、先生たちはそれ以降、静かに見守ることに徹しました。今では音楽活動にも積極的に取り組みます。

大人の具体的な取り組み

保護者に家の様子を聞き、家ではテレビの音楽に合わせて踊っているということから、音楽が嫌いなわけではなく、恥ずかしかったり、音楽活動やリズム活動に対して自信がなかったりするだけではないかと思いました。そこで、CRAYON BOOK の「理解」「納得」領域も参考にして、以下のことに気をつけて取り組みました。

- 音楽活動のときは、無理に活動はさせずに「見ているだけでいいからね」と声かけをして、見守りながら様子を観察しました。（納 2:p250）
- 音楽活動以外のふだんの活動の中で、得意なこと（お絵描きや昆虫のこと）を多く取り入れてみんなの前で褒めるようにしました。（納 5,7,11:p251,252）
- 保護者との情報共有の中で特に得意なことを伝えたところ、家の中での様子を保護者が教えてくれるようになり、子どもの様子に合わせた活動の計画を立てやすくなりました。（納 11:p252）

CRAYON BOOK の点数変化

無理やり参加させるのではなく、活動中は見守りつつ、他の活動の中で自信を育てることを蓄積していき、子どもが「もしかしたらできるかも…」と思えることを信じて待った先生方の関わりがあったからこそ、子どもが安心して表現しはじめたのかもしれません。先生方の「理解」と「納得」に基づく関わり方は子どもの主体性を育てることにつながっています。

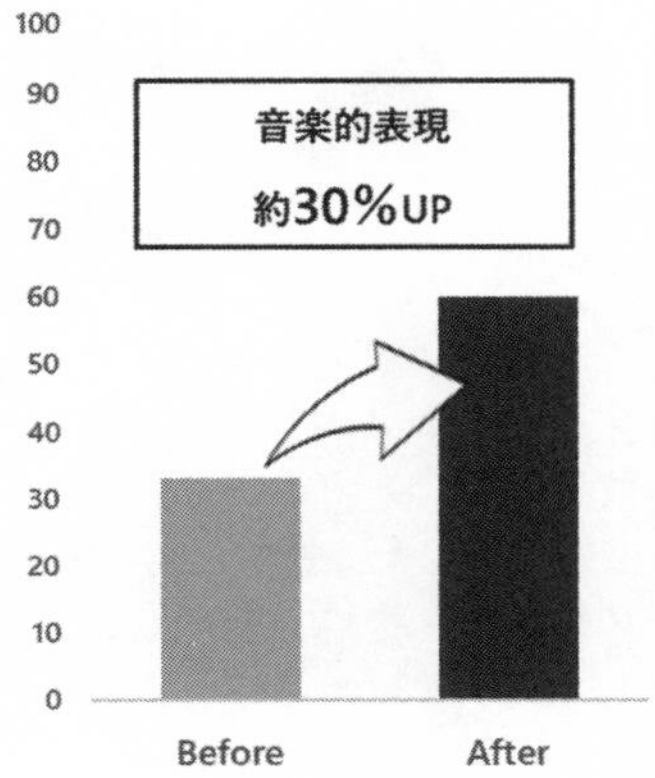

5 体で伝えて言葉が生まれる
ー保護者と先生の情報共有で表現力アップー

言語的表現UP　理解　納得　2歳男の子

Before

2歳の男の子。1歳のときの入園当初から言葉が少なく「じいじ」「ばあば」「まま」「にいに」など家族を呼びながら家に帰りたい様子を見せていました。登園も嫌がりお昼寝後もすぐ泣き、園に慣れるまでに時間がかかる様子。友達の泣く声や0歳児クラスの赤ちゃんたちの声を嫌がり、耳をふさぐ様子もありました。特に大きな音は苦手で、活動中は1人で外を見ていたり先生の声かけにもあまり反応がなかったりと、やりとりが少ない様子です。

6ヶ月後・・・

ジェスチャーと一緒に
言葉があると
すぐ覚えられたよ

After

園での取り組みや保護者の協力もあり、言葉でのコミュニケーションが少しずつできるようになりました。最初は言葉の意味が理解できなくても、先生のマネをしながら言葉を発して少しずつ理解するようになりました。先生に対しても「しぇんしぇ（先生）」と言って自分のジェスチャーと言葉で意思を伝えるなど、会話が増えていきました。友達とも追いかけっこをしたり、お医者さんごっこをしたり、身体を動かして相手を笑わせたりと、コミュニケーションを取ることが多くなり、園が楽しくなっている様子です。

大人の具体的な取り組み

保護者と園の様子や家の様子を情報交換する中で、自分より言葉が上手な人たち（小学生や中学生、大人など）と関わる機会が多く、本児が言葉で表現するチャンスが少ないということがわかりました。また、その中で「雷を怖がっている」「お祭りの太鼓の音でびっくりする」など大きな音への不安があることを保護者と先生で共有することができました。そこで、CRAYON BOOKの「理解」「納得」領域も参考にして、以下のことに気をつけて取り組みました。

・家でも園でも本児の話に耳を傾ける、待つことを意識した大人の関わりをするようにしました。（納 2, 4:p250,251）

・ジェスチャーと言葉（例:「おやつ」「たべる」や「てを」「あらう」など）を同時に伝えることで、まずは単語からゆっくり伝えるようにしました。（理 6,11:p230,231）

・大きな声、急に話しかけるなどしないように気をつけました。（納 2:p250）

CRAYON BOOKの点数変化

保護者と情報交換しながら、子どもの得意（ジェスチャー＋言葉）と苦手（大きな音）について、家と園での様子から総合的に把握できたことで、子どもが言葉を覚えられるような工夫がよりよいものになり、表現力アップにつながったと考えられます。

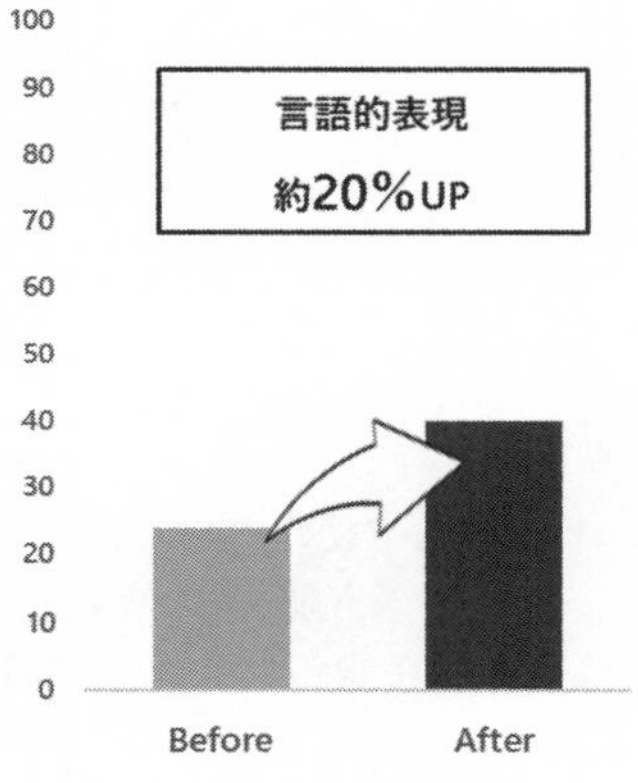

6 英語も日本語もお話好き
―どんなことでも興味を活かして言葉を伸ばす―

言語概念 UP

言語的表現 UP

遊び 環境

1歳 男の子

Before

1歳の男の子。1歳の頃から英語が大好きで、動画で ABC の歌やテレビなどで聞こえてくる英語の歌を歌う様子がありました。お昼寝のときも小さい声で「英語しゃべれるようになりたいな〜」と言っていました。しかし、経験したことのない感覚（触《さわ》ること、食感など）に関しては「知らないものには触りたくない」という様子で嫌がります。自分の世界観が強く、英語は好きなのですが日本語での表現が苦手で、嫌なときには泣いて表現することもありました。

1年6ヶ月後・・・

言葉を知ると
言いたいことが言えるし、
泣かなくていいよ！

After

当番活動の中で、英語での曜日や天気などを発表する時間をつくり、上手に発表すると周りから拍手がもらえるという経験を重ねることで、知らないことにもチャレンジするようになりました。苦手な感覚に関する活動（小麦粉を触る、水を触る、初めての食べ物も口にしてみるなど）にもチャレンジするようになり、嫌だと思っても泣かずになんとか伝えようとするようになりました。2歳の中頃になると大人顔負けのおしゃべりをするようになっています。

大人の具体的な取り組み

本児は、英語の音もすぐマネができたり、先生がピアノを少し間違えただけで気づいたりと、担任の先生がCRAYON BOOKを通した観察を通して、子どもの聴覚のするどさを見つけました。そういった本児の強みとCRAYON BOOKの「理解」「納得」領域も参考にして、日本語の言語概念や言語的表現を伸ばすために以下のことに気をつけて取り組みました。

- 子どもがクラスのみんなで楽しみながら言葉を覚えられるように、日本語と英語が両方記載されている子ども用の図鑑などを購入し、誰でもいつでも見られるようにしました。ABCカードも壁に貼りました。（遊1, 2, 3, 理3, 納7:p226,229,252）
- 絵本の読み聞かせの際に、『はらぺこあおむし』（エリック・カール,1969）など日本語と英語の両方で出版されている絵本を選び、先生も英語の発音を練習しながら、両方読み聞かせをして、クラスのみんなで日本語と英語を覚えるようにしました。（遊11, 納7:p228,252）
- 主に絵本に出てくる単語（天気や曜日など）を当番活動の中に取り入れ、みんなの前で発表して得意なことを活かしながら新しい経験にチャレンジできるような活動を増やしました。（遊5, 11, 理10, 納7:p227,228,231,252）

CRAYON BOOKの点数変化

園での１つの活動だけではなく、全体を見通しながら、活動の関連性をしっかり意識した担任の先生の取り組みが、苦手なことにもチャレンジするといった子どもの気持ちと行動を引き出したかもしれません。また、子どもの聴覚のするどさにも気づき、先生自身が発音をよくするために努力・チャレンジしたことが子どもに伝わったのかもしれません。

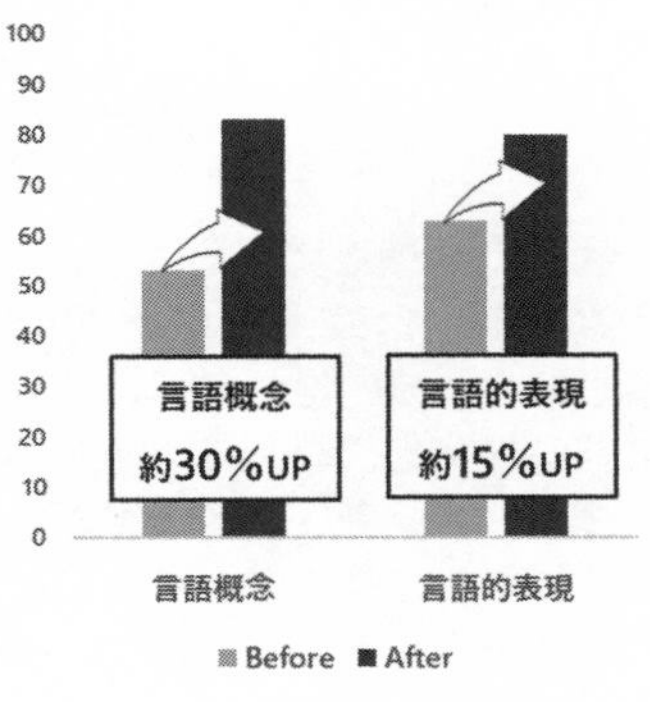

7 好奇心で遊びが学びに
ー園と家庭の連携で一貫した教育が実現ー

数概念UP　数的表現UP　遊び環境　2歳女の子

Before

　２歳の女の子。とにかく負けず嫌いで自分が一番じゃないと納得がいかず、友達を噛むなどのトラブルが多くありました。家の中でも納得がいかないと、お母さんを噛むことが多く、特にお母さんが家での対応に悩んでいる様子がありました。ときどき泣きながら先生に相談するということもあったそうです。しかし、好奇心旺盛で、新しいことを覚えて表現することが大好きでした。また、年下の子どもたちのお世話をすることも大好きでした。

9ヶ月後…

After

　園での経験が増えるにつれ、言葉も出てくるようになり、噛みつきが減りました。さらに､園での活動を通して発見したことや面白いこと、楽しいことを先生や友達に知らせながら、文字、数字、あらゆることに興味を抱き、積極的に取り組むようになりました。負けず嫌いもよい面として発揮され誰よりもたくさんのことを覚えていきます。２歳で数字を100まで言える、自分の名前（ひらがな）を読める、誰かに誰かを紹介するなど、楽しみながら学びの土台をつくっています。

大人の具体的な取り組み

友達を噛むといったトラブルがなぜ起こるのかを園で考えてみたところ、相手への伝え方がわからないからではないのかという結論に至りました。そうした本児のニーズを中心に家庭と取り組みを共有しながら、CRAYON BOOK の「理解」「納得」領域も参考にして、以下のことに気をつけて取り組みました。

- 子どもの言っている言葉、言おうとしている言葉に耳を傾けて、安心感を与える関わりを継続的に行うことで、信頼関係をつくるように意識しました。（納 2:p250）
- 保護者と連携をして、子どもの意見を聞くときに「どうしたいかな？どうやったらできるかな？」と聞いたり、人を噛むなどトラブルを起こす際には、何度も何度も「人を噛むのはいけないことだよ」と教えるなど、園と家庭で一貫した声かけをしました。（納 6:p251）
- CRAYON BOOK の概念形成を意識した環境構成や声かけを意識的に行い、家庭でも保護者がそれを実践しました。特に、園でも家庭でも興味のある数字やひらがなに関する絵本やおもちゃ、壁の貼り物、言葉かけの際にも「これを３人で分ける」など数字を意識したものを続けました。（遊 1, 5, 8, 納 10:p226,227,252）

CRAYON BOOK の点数変化

園の活動を家庭と共有し、家でもその活動を行ってみる、子どもの負けず嫌いという特徴を強みとして捉えるといった、一貫性のある乳幼児教育を行ったことが、特に数的表現を劇的に伸ばしたことにつながったでしょう。子どもが興味をもって積極的に取り組むことを大人がサポートする態勢がよい結果につながったのかもしれません。

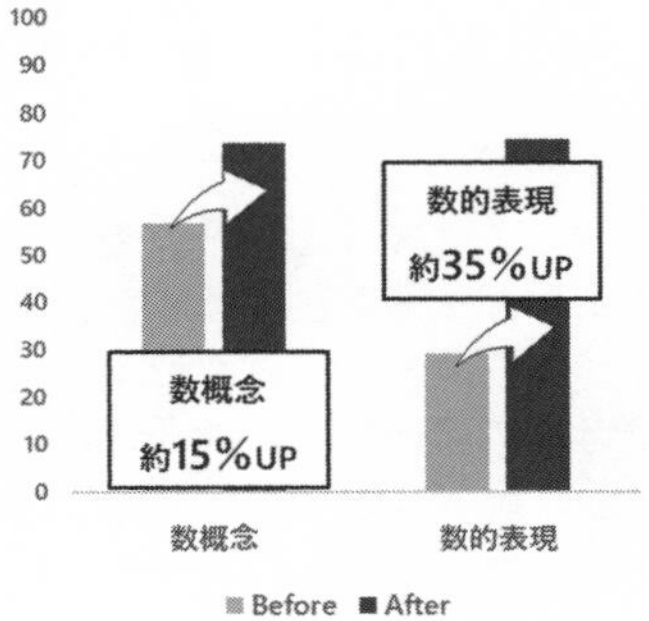

8 しっかり目で見てインプット
ー園内環境を整えることで言語概念アップー

視覚概念UP　言語概念UP　理解　2歳女の子

Before

2歳の女の子。0歳児の頃から登園していましたが、神経質で「この場所が安全なのかどうか」「この人はいい人かどうか」など、環境の変化が苦手な様子があり、ピリピリしたり、泣いたりと不安な様子もよく見られました。また、言葉や数には才能があるにもかかわらず、相手を傷つけるような発言があるなど、周りの友達とのコミュニケーションが苦手な様子が見られました。しかし、ものごとには自分で興味を持って取り組むことができます。

1年6ヶ月後・・・

ちょっとした壁のポスターが
才能発揮の材料なんだ

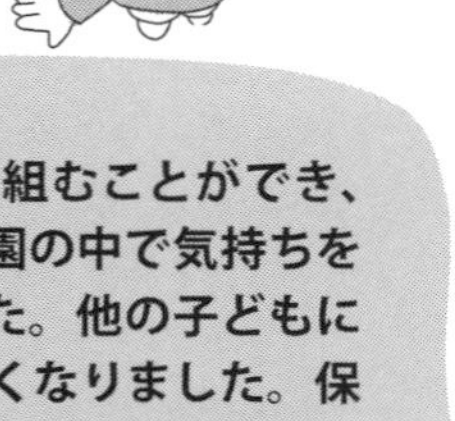

After

自分が興味を持ったことについて、じっくり取り組むことができ、さらに得意な言葉や数に関して褒められることで、園の中で気持ちを安定しながら活動することができるようになりました。他の子どもに対しても傷つけるようなコミュニケーションは少なくなりました。保護者にも子どもの才能を伝えたところ、とても喜び、習い事を始めてさらに強みを伸ばしていっている様子です。習い事の場所では、小学生のお兄ちゃんお姉ちゃんに負けない言葉と数の才能を発揮しているようです。

大人の具体的な取り組み

１歳頃から自分で絵本を持ってきて、興味を持って読んでいる様子が見られていたため、子どもが集中できる環境構成を心がけることと、CRAYON BOOK の「理解」「納得」領域も参考にして、以下のことに気をつけて取り組みました。

・壁にあいうえお表や 1~100 まで書かれた数字のポスターを貼って、子どもがいつでも見られるように工夫しました。（理 1:p229）
・文字を書くための道具として、鉛筆、マジックペン、クレヨン、大きい紙、小さい紙など様々な種類のものをそろえて、子どもが「書きたい」と思ったときにすぐに書ける環境をつくりました。（理 3:p229）
・帰りの会であいうえお表を見ながら、子どもの名前の最初の文字はどれだというクイズをすることで、自分の名前の文字の形を覚えるような活動をつづけました（理 5,8,10:p230,231）
・子どもが１人でじっくり遊びこめる環境を作ることで、子どもの知的好奇心が満たされる環境設定をしました。（納 2,5,10,11:p250,251,252）

CRAYON BOOK の点数変化

才能があるにもかかわらず、その才能がネガティブにはたらくことがあります。特に言葉の才能はときに人を傷つけることもあるため、そうならないように、子どもの不安定な気持ちにアプローチすることをねらって「強みを活かす」という活動を増やしたことがよい結果を生んだのかもしれません。

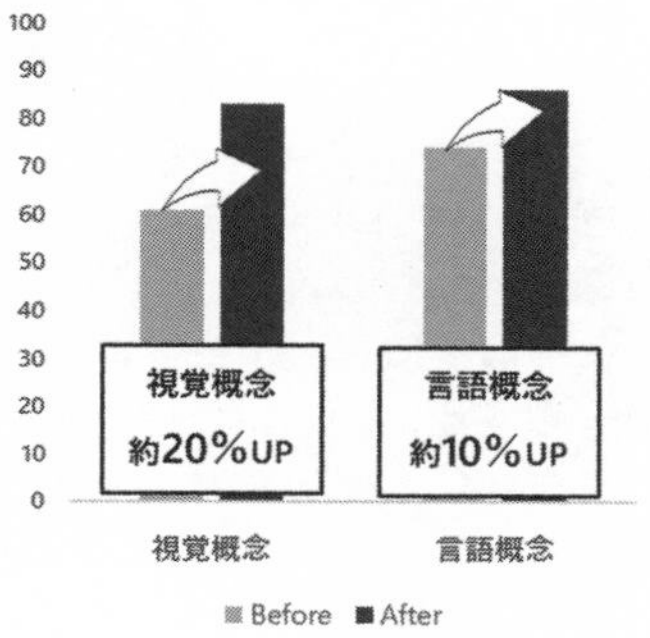

9 言葉も数字もおもしろい！
―強みを活かして伸びしろを伸ばす―

言語概念 UP

言語的表現 UP

数概念 UP

1歳 男の子

Before

1歳の男の子。常に笑顔ではあるのですが、何を考えているかがわかりづらく、泣きも怒りもしない、反応がない…と、意思疎通が難しい様子がありました。何かを表現する際には、言葉で表現するよりも指差しが多く、視覚的な情報に興味がある様子でした。両親も言葉の心配をしている様子でした。特に数字に興味を持っているようですが、数字は理解ができているのに、口に出して数えられない…数への強みがある一方で、言葉の伸びしろがある様子でした。

6ヶ月後…

好きなことと一緒だと
苦手なことも
楽しくできちゃった

After

園での取り組みの中で、徐々に言葉が増えていき、それに伴い友達との関わりも増えていくようになりました。視覚情報から入ってくるものを活かして、数字を20まで声に出して読めるようになったり、得意な数字を活かしたカレンダーで曜日を言えるようになったりと、数字を中心に言葉の世界が増えた様子です。色遊びも好きだったため、色は「あか」「あお」など基本的な名前以外にも、多くの色の名前を覚えるようになりました。

大人の具体的な取り組み

CRAYON BOOK を通して子どもの「視覚概念」の強みと数字への興味を持つことに先生が気づき、そこからアプローチすることとしました。特に園の物的環境の中で、目に見える場所を意識すると同時に CRAYON BOOK の「理解」「納得」領域も参考にして、以下のことに気をつけて取り組みました。

- 登園してすぐのところに日めくりカレンダーをかけ、登園したらすぐに「今日は○月○日○曜日」と声に出して読むようにしました。クラス全員の朝の活動の時にも、カレンダーを見ながら日にちを読み上げるようにしました。（理 5, 言概 6, 8, 数概 9:p230,243,248）
- 子どもの目を見て話すことを心がけ、子どもの知っている言葉を積極的に使うようにしました。（理 11, 納 2 :p231,250）
- 園の壁面などに数字やひらがなが書いてあるものを掲示して、子どもが興味を持ったときに一緒に読むようにしました。（理 10, 納 7:p231,252）
- 朝の会や園内の活動の際には、数字・色・文字など見て覚えられるものや、形に特化するような玩具を取り入れました。（ 納 7:p252）

CRAYON BOOK の点数変化

数字という子どもの強みを活かしつつ、言葉という苦手を補うような実践を行うことで、子どもが無理をしなくとも伸びしろをどんどん伸ばしていくことができたケースです。苦手が少なくなると人生がより豊かになるため、今後の教育を見据えた結果となっているかもしれません。

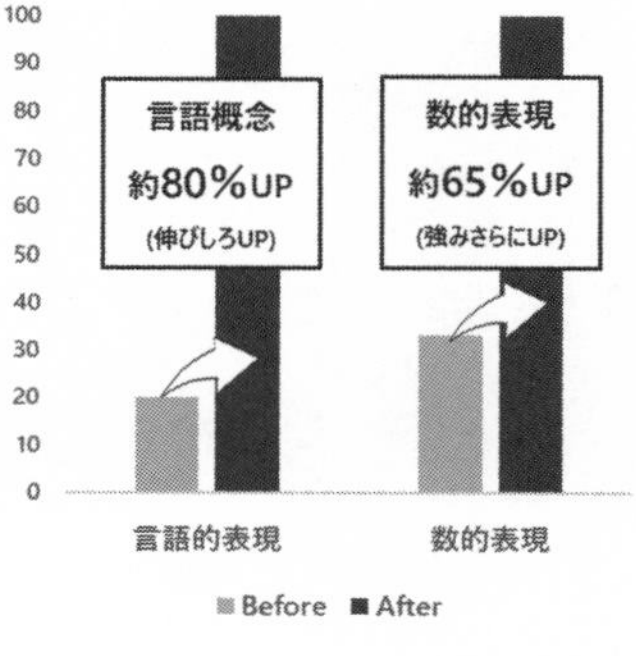

10 自分の考えを言えるように
―コロナ禍の新たな課題も工夫で乗り切る（1）―

言語概念
UP

言語的表現
UP

理解

2歳児クラス
10人

Before

2歳児クラスの10人。新型コロナウイルスの流行で、園の先生がほとんどマスクをすることから、言葉の獲得や表現がこれまでの子どもたちに比べて遅いように感じました。「いつもこの時期だったらこの歌は歌えていたのに…」そんな不安から、コロナ禍《か》での新たな課題である言葉の発達を克服するような実践をしようと考えました。1年間を通して日常生活や遊びなどの活動の中で言葉の獲得をめざしました。

CRAYON BOOK の点数変化

コロナ禍での子どもの「言語習得の課題」という、新しい課題を解決しようと、1年間を通して、言葉を意識して計画を立てた取り組みの成果が表れた事例です。子どもが興味を持って取り組めるように、季節を意識しながら同じ活動を行い変化を見たり、子どもの自己肯定感を上げるために、発表を取り入れたりと、活動同士が関連して、概念と表現が伸びた事例といえるでしょう。

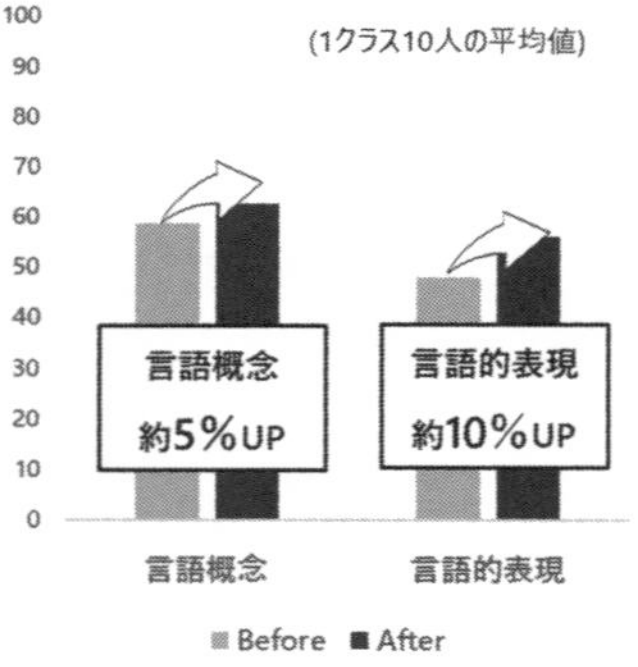

大人の具体的な取り組み

1．時間の流れを意識した言葉かけ

「今日の朝何食べた？」「ご飯のあとには何を食べた？」など、子どもが時間の流れを意識できるような言葉かけを工夫しました。また、朝の会で必ずカレンダーを見ながら今日は何月何日かを確認するようにしました。（理 10, 言概 6, 8:p231,243）

➡ カレンダーを見ていた子どもが１月にカレンダーをめくりながら、「2月になったら鬼がくる」「鬼が来て泣いた」など、過去の思い出とこれから起こる出来事をつなげて言葉で表現できるようになりました。

2．みんなの前で発表する経験を取り入れる

お当番活動の中では、今日あった出来事とそのときに感じた気持ちを、なるべく言語化するようにしました。言葉が出ない子どもには身体的に表現させたり、先生が言葉を言い換えたりしながら表現の方法を工夫するようにしました（理 5, 6, 7, 納 1, 2, 11:p230,250,252）

➡ 初めは、恥ずかしがる子どももいましたが、発表するとみんなから拍手がもらえるため、嫌がる子どもはいませんでした。言葉が出ない子どもでも、前に立ってニコニコし「今日は○○の活動が楽しかったですね」と先生が言うと「うん」と答えて拍手をもらって席に着きます。

3．年２回（7月七夕、1月新年）の願いごとを取り入れる活動

７月の活動では、初めての願いごとの活動となるため、絵本『みんなのおねがい』（ほるぷ出版 , 2019）を使用して、先生が「みんなのおねがい、なーに？」と問いかけながら活動をスタートしました。１月の活動も同じようにお願いごとを書くようにして、子どもの成長を見るようにしました。（理 4, 5, 6, 7, 納 7, 10:p229,230,252）

➡ 7月は 10 人中 6 人がお願いごとを言えました。恥ずかしくて答えられない子どもたちは保護者に代弁する形で書いてもらいました。1月には 10 人中 8 人がお願いごとを言えるようになり、「お花の国の王様になりたい」「アンパンマンのチーズになりたい」「ねぇねのぐちゃぐちゃ卵（スクランブルエッグ）食べたい」など好きなお願いごとを子どもの口から聞くことができました。

11 クラス全体で歌と言葉を
―コロナ禍の新たな課題も工夫で乗り切る（2）―

音楽的表現UP

言語的表現UP

数概念UP

2歳児クラス10人

Before

2022年度に2歳児クラスにいた子どもたちは、毎年見ている2歳児と比べて、言語的表現が少なく、発音も不明瞭《ふめいりょう》の子どもが多い様子です。朝の会や帰りの会、手遊びなどの際に歌の活動を取り入れますが、ほとんど歌う様子がありません。
0歳の頃からコロナで大人がマスクをしているため、口元が見えなかったから言葉が覚えられないのではないかと考え、歌いながら言葉を覚える活動を1年間を通して行いました。

10ヶ月後…

After

夏頃から取り入れた弾《はず》むようなテンポの音楽は、子どもの歌う意欲を引き出したように見えました。例えば、リズムに乗って身体を弾ませたり、音のマネをしたりと、曲に乗る子どもが増えました。また、秋以降はしっとりした音楽も加えて年間を通して活動を行うことで、園内で鼻歌を歌う子どもも出てきました。歌詞と絵本をあわせて歌う子どもが出てきたり、保護者から「家でも歌を歌うようになりました」との連絡もくるようになりました。

大人の具体的な取り組み

- 新型コロナウイルスの影響が落ち着いた頃から、クリアマスクに切り替えて口元が見えるようにしました。（理 1, 2:p229）
- 朝の会と帰りの会で歌を取り入れ、1番だけ歌うなど、例年よりも難易度をやさしくしました。また、歌詞に関係するイラストを作って歌と一緒に絵で覚えるように工夫しました。（理 1, 納 4,10:p229,251,252）
- 「くじらのとけい」や「とんぼのめがね」など、前奏（イントロ）が弾むような曲だと子どもたちが興味を持ち、身体を弾ませたり音のマネをする様子が見られたりしたため、夏頃までは弾む曲を中心に歌うようにしました。また、秋以降は、「うさぎうさぎ」「お正月」などゆっくりしたテンポの曲も取り入れ、弾む曲、ゆっくりの曲などテンポの違いを子どもが感じられるように選曲しました。（聴概 7,8,9, 納 7, 音表 3,4,6:p237,238,252,259）

CRAYON BOOK の点数変化

事例 10 と同様に、コロナ禍での「言葉の獲得」という新しい課題を解決するために、年間を通して歌を中心に言葉を覚えるという取り組みが、言語的表現を伸ばすことにつながったのかもしれません。イラストと一緒に覚えるといった「言葉の具体化」や、歌のリズムやテンポに強弱をつけて、言葉のイメージをつくっていく、という選曲や歌う際の工夫が、成果につながったといえるでしょう。

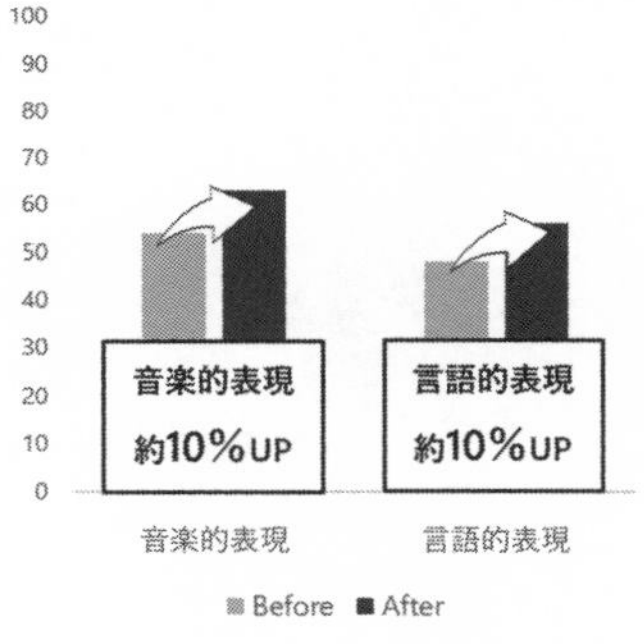

第５章

CRAYONでみる活動実践！

実践事例の見方

CRAYON プロジェクトのモデル園では、
日々たくさんの素敵な事例が集まっていますが、
その中からほんの一部を紹介します。
ぜひ園やご家庭でも参考にしてみてください。

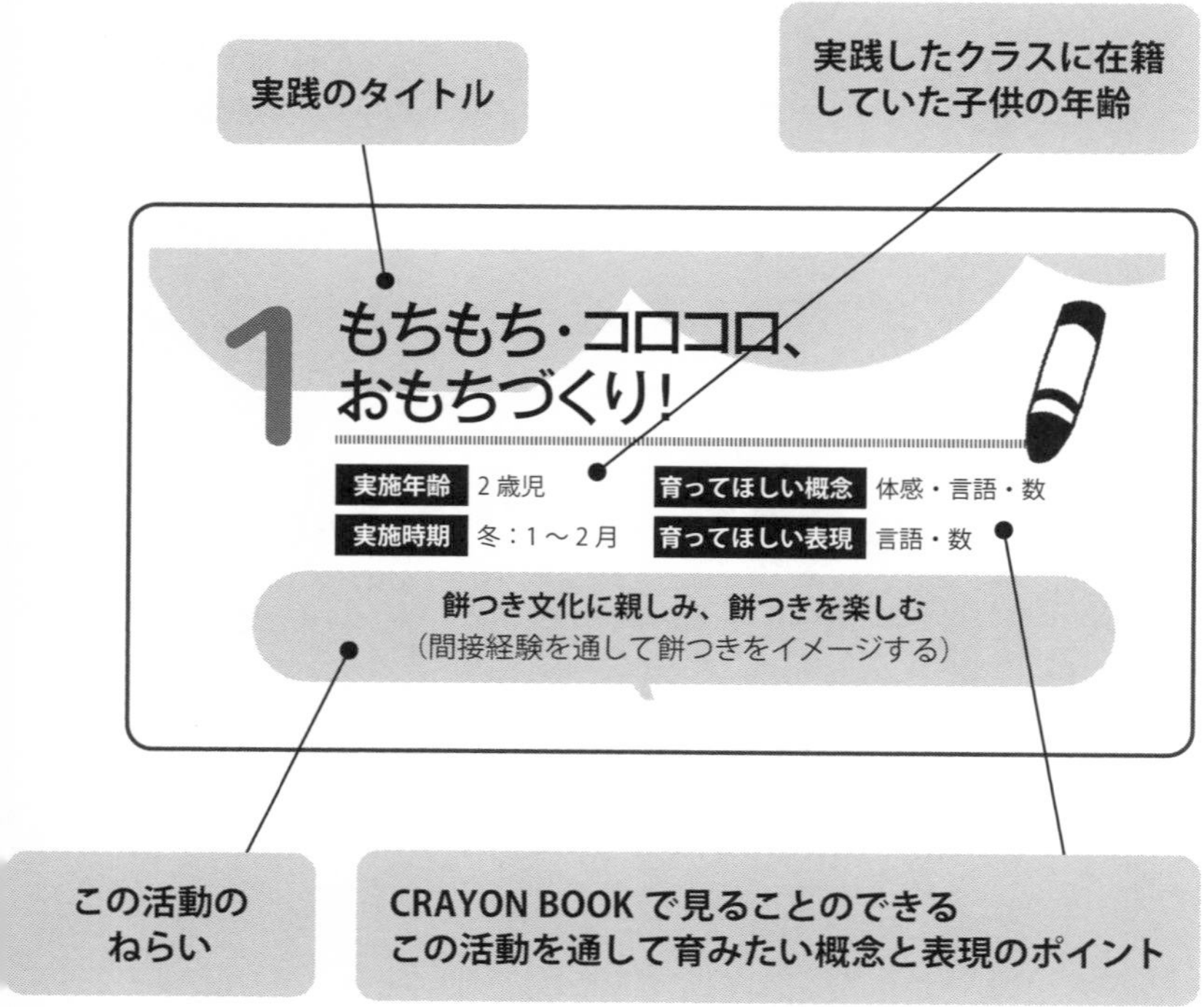

◆ **ヒント**
準備物や子どもの発言・様子、大人の関わりと関連しています。

活動の中で育みたい学びのポイントになるので、ぜひ概念や表現を振り返りながら事例を見てみてください。

◆ ヒント

同じものが準備できない場合は代替品を準備するなど、「何」を用意するかよりも、活動のねらいと育みたい視点から「何のために」用意するかが大事になります。

「一言アドバイス」で準備物の意図が書かれていたりします。

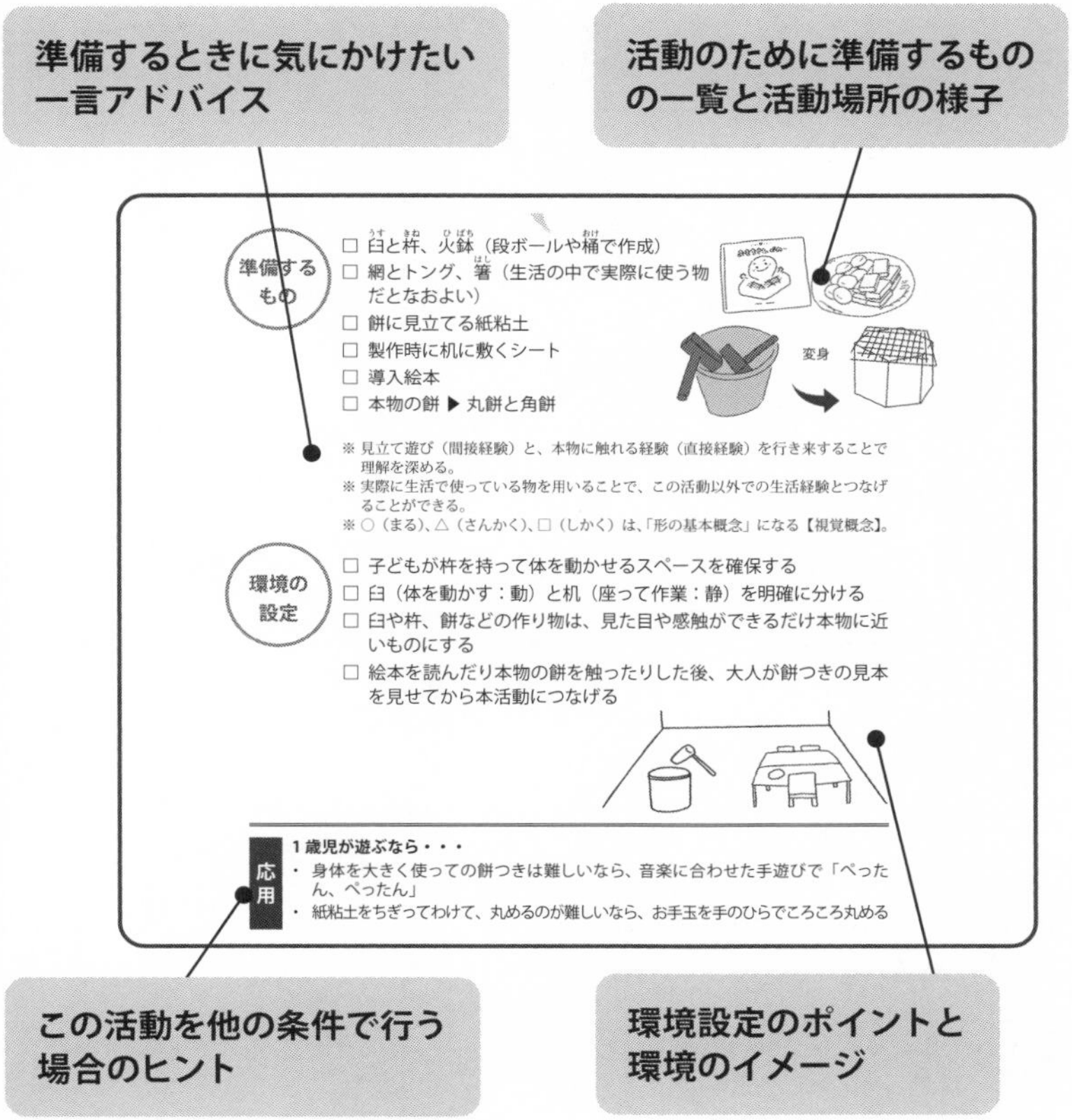

準備するもの

□ 臼《うす》と杵《きね》、火鉢《ひばち》（段ボールや桶《おけ》で作成）
□ 網とトング、箸《はし》（生活の中で実際に使う物だとなおよい）
□ 餅に見立てる紙粘土
□ 製作時に机に敷くシート
□ 導入絵本
□ 本物の餅 ▶ 丸餅と角餅

※ 見立て遊び（間接経験）と、本物に触れる経験（直接経験）を行き来することで理解を深める。
※ 実際に生活で使っている物を用いることで、この活動以外での生活経験とつなげることができる。
※ ○（まる）、△（さんかく）、□（しかく）は、「形の基本概念」になる【視覚概念】。

環境の設定

□ 子どもが杵を持って体を動かせるスペースを確保する
□ 臼（体を動かす：動）と机（座って作業：静）を明確に分ける
□ 臼や杵、餅などの作り物は、見た目や感触ができるだけ本物に近いものにする
□ 絵本を読んだり本物の餅を触ったりした後、大人が餅つきの見本を見せてから本活動につなげる

応用

1 歳児が遊ぶなら・・・
・ 身体を大きく使っての餅つきは難しいなら、音楽に合わせた手遊びで「ぺったん、ぺったん」
・ 紙粘土をちぎってわけて、丸めるのが難しいなら、お手玉を手のひらでころころ丸める

◆ ヒント

子どもの年齢や季節などによってできることは違ってきますが、
方法を少し変えるだけで同じねらいの活動ができます。

◆ ヒント

子どもの様子から何の概念・表現が見られているだろうか？
大人の声かけで何の概念・表現を促しているだろうか？
という視点で見てみましょう。

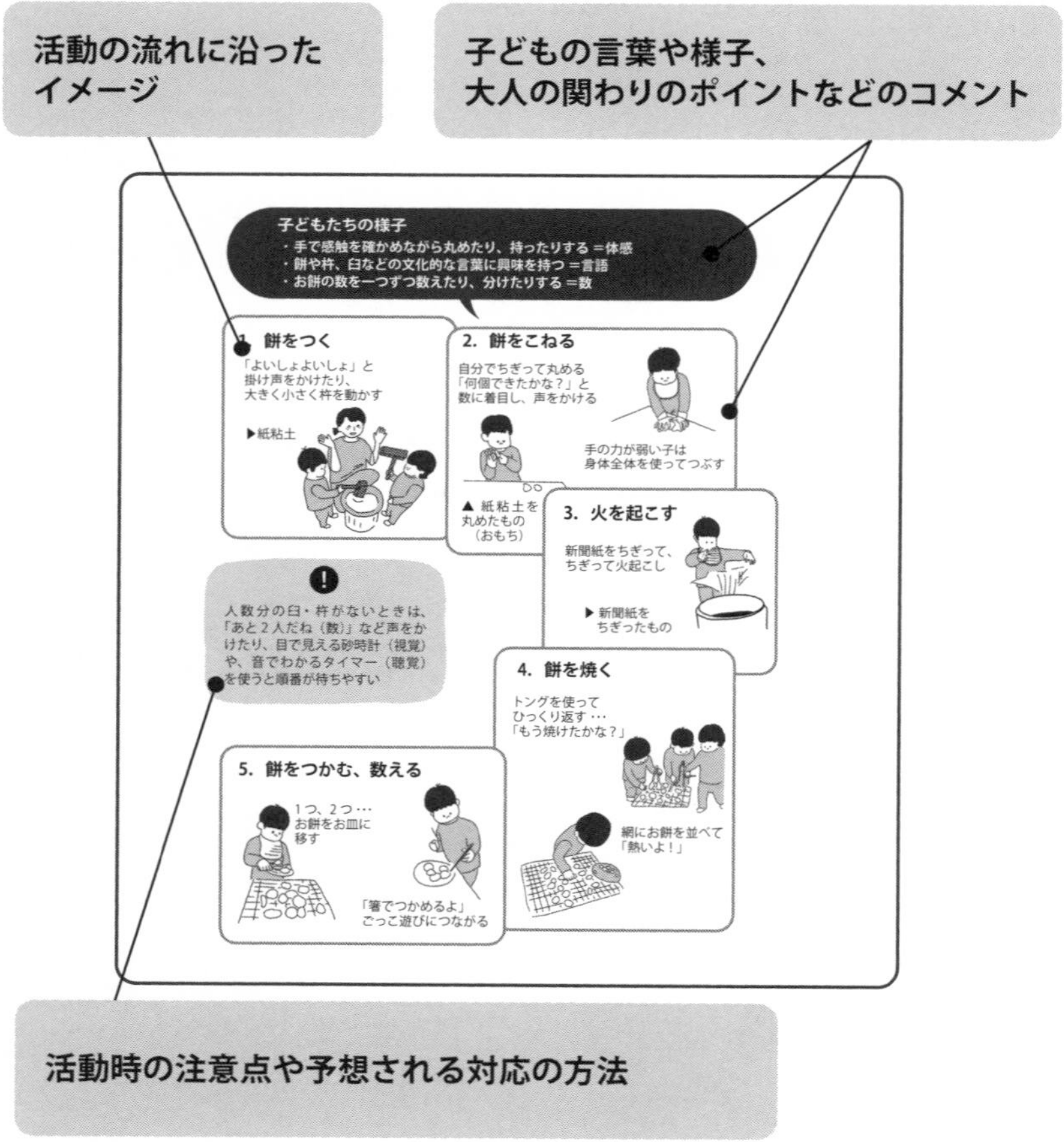
活動の流れに沿ったイメージ
子どもの言葉や様子、大人の関わりのポイントなどのコメント
子どもたちの様子
・手で感触を確かめながら丸めたり、持ったりする =体感
・餅や杵、臼などの文化的な言葉に興味を持つ =言語
・お餅の数を一つずつ数えたり、分けたりする =数
1. 餅をつく
「よいしょよいしょ」と掛け声をかけたり、大きく小さく杵を動かす
▶紙粘土
2. 餅をこねる
自分でちぎって丸める「何個できたかな？」と数に着目し、声をかける
手の力が弱い子は身体全体を使ってつぶす
▲ 紙粘土を丸めたもの（おもち）
3. 火を起こす
新聞紙をちぎって、ちぎって火起こし
▶ 新聞紙をちぎったもの
人数分の臼・杵がないときは、「あと2人だね（数）」など声をかけたり、目で見える砂時計（視覚）や、音でわかるタイマー（聴覚）を使うと順番が待ちやすい
4. 餅を焼く
トングを使ってひっくり返す…「もう焼けたかな？」
網にお餅を並べて「熱いよ！」
5. 餅をつかむ、数える
1つ、2つ…お餅をお皿に移す
「箸でつかめるよ」ごっこ遊びにつながる
活動時の注意点や予想される対応の方法

◆ ヒント

活動の安全性を確保することはもちろんのこと、
子どもの概念形成の育ちに合わせた対応の方法がポイントにもなります。

◆ヒント

毎日が新しいことだらけの子どもたちは覚えることがいっぱい…
活動を1回で完結させずに、何回も経験できたり、前に経験したこととつながることで、より学びが深まります。

発展

活動をつなげてみると・・・

- 紙粘土が固くなっていることを触って確かめる
  ▶　柔らかいと硬いを感じる（体感）
- おやつに豆腐白玉ぜんざいを食べる（食育）

この活動の前後につながる活動の案

1 もちもち・コロコロ、おもちづくり！

実施年齢 2歳児　**育ってほしい概念** 体感・言語・数

実施時期 冬：1～2月　**育ってほしい表現** 言語・数

餅つき文化に親しみ、餅つきを楽しむ
（間接経験を通して餅つきをイメージする）

準備するもの

- □ 臼《うす》と杵《きね》、火鉢《ひばち》（段ボールや桶《おけ》で作成）
- □ 網とトング、箸《はし》（生活の中で実際に使う物だとなおよい）
- □ 餅に見立てる紙粘土
- □ 製作時に机に敷くシート
- □ 導入絵本
- □ 本物の餅 ▶ 丸餅と角餅

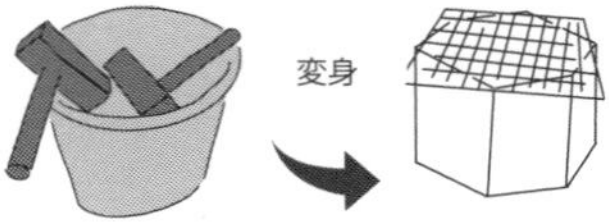

※ 見立て遊び（間接経験）と、本物に触れる経験（直接経験）を行き来することで理解を深める。
※ 実際に生活で使っている物を用いることで、この活動以外での生活経験とつなげることができる。
※ ○（まる）、△（さんかく）、□（しかく）は、「形の基本概念」になる【視覚概念】。

環境の設定

- □ 子どもが杵を持って体を動かせるスペースを確保する
- □ 臼（体を動かす：動）と机（座って作業：静）を明確に分ける
- □ 臼や杵、餅などの作り物は、見た目や感触ができるだけ本物に近いものにする
- □ 絵本を読んだり本物の餅を触ったりした後、大人が餅つきの見本を見せてから本活動につなげる

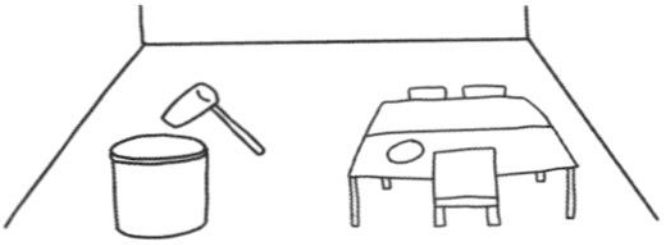

応用

1歳児が遊ぶなら・・・
- 身体を大きく使っての餅つきは難しいなら、音楽に合わせた手遊びで「ぺったん、ぺったん」
- 紙粘土をちぎってわけて、丸めるのが難しいなら、お手玉を手のひらでころころ丸める

子どもたちの様子

- 手で感触を確かめながら丸めたり、持ったりする ＝体感
- 餅や杵、臼などの文化的な言葉に興味を持つ ＝言語
- お餅の数を一つずつ数えたり、分けたりする ＝数

1. 餅をつく

「よいしょよいしょ」と
掛け声をかけたり、
大きく小さく杵を動かす

▶紙粘土

2. 餅をこねる

自分でちぎって丸める
「何個できたかな？」と
数に着目し、声をかける

手の力が弱い子は
身体全体を使ってつぶす

▲ 紙粘土を
丸めたもの
（おもち）

3. 火を起こす

新聞紙をちぎって、
ちぎって火起こし

▶ 新聞紙を
ちぎったもの

!

人数分の臼・杵がないときは、「あと 2 人だね（数）」など声をかけたり、目で見える砂時計（視覚）や、音でわかるタイマー（聴覚）を使うと順番が待ちやすい

4. 餅を焼く

トングを使って
ひっくり返す・・・
「もう焼けたかな？」

網にお餅を並べて
「熱いよ！」

5. 餅をつかむ、数える

1つ、2つ・・・
お餅をお皿に
移す

「箸でつかめるよ」
ごっこ遊びにつながる

発展

活動をつなげてみると・・・

- 紙粘土が固くなっていることを触って確かめる
  ▶　柔らかいと硬いを感じる（体感）
- おやつに豆腐白玉ぜんざいを食べる（食育）

2 カラーセロファン遊び

実施年齢 1歳児　**育ってほしい概念** 視覚・言語

実施時期 春・秋　**育ってほしい表現** 画像

＊活動の実施時期は、子どもが触る窓が熱くなる真夏や冷たくなる真冬を避けて、柔らかな陽ざしが入る春分や秋分前後の時期がよいでしょう。

色の変化や光を使って楽しむ

準備するもの

- □ 赤や青、緑、黄色などのカラーセロファン（丸や三角、四角などの形に切る）
- □ 霧吹き
- □ タオル
- □ 導入絵本

※ 視機能の発達から、原色を用いたほうが認識しやすい。赤、青、緑は『光の三原色』。

※ 基本の形（○、△、□）を用意することで、すでに知っている形の名前を言ったり、形を組み合わせたりすることができる。

環境の設定

- □ 陽が当たる場所（セロファンの色が透けてよく見える場所）
- □ 陽が当たる時間帯や天気（予備日を設定しておくとよい）
- □ 採光の観点や衛生面から、事前に窓ガラスをきれいに拭いておく
- □ 子どもが触っても動かないように、必ず窓は施錠しておく

応用

0歳児が遊ぶなら・・・

・ 事前に貼っておくことで、色が床に映っている様子に気づき、触れてみようとすることで不思議に気づくことができる

子どもたちの様子

- 窓に貼るセロファンを色や形を用いて選ぶ ＝画像
- 先生の声かけに反応して霧吹きを使ったり、窓や床を見る ＝言語
- セロファンの色つきの影や、自分の影に気づく ＝視覚

1. 好きな色を選ぶ

色を知って好きな色や形を選ぶ。「これがいい」の発言には、色や形で表現するように促す

▶色の絵本

2. 霧吹きで水をかける

霧吹きの持ち方や握り方を援助しながらやってみる
「やりたい！」と意欲的

3. セロファンを貼る

「くっついた！」
反対に水がついていない所はくっつかないことにも気づく

！

貼ることよりも、はがすことや丸めることに興味を持って集中して遊んでいる子どもがいたら、セロファンの感触【体感】や音【聴覚】への気づきを促してもよい

4. 観察する

色や形を観察したり、
箱などを使ってつかまえようとしたりする様子が見られる

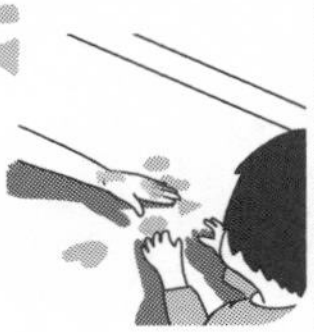

「見てみて」
不思議に感じて色をつかもうとする

さらに・・・影に気づく！

影に気づいて、足で踏んでみる
自分の影で隠れて、残念がる

発展

活動をつなげてみると・・・

- カラーセロファンを使った望遠鏡づくりや、トンボのメガネの製作につなげ、戸外での光や色を使っての遊びに発展することができる

3 泥あそび

実施年齢 2歳児　**育ってほしい概念** 視覚・体感・言語

実施時期 夏（水遊びの時期）　**育ってほしい表現** 言語

土粘土の感触を味わう
（水を加えることでの変化を感じる：硬さ、柔らかさ）

準備するもの

- □ 土 ▶ 黒い畑の土と、赤土
- □ タライ
- □ ペットボトル
- □ プリン容器やスプーン
- □ ビニールシート

※ 思いきり遊べるように、事前に活動を保護者に伝えて汚れてもよい服を用意してもらう。
※ 水はけのよい黒土とドロドロになる赤土を比較することで、色や感触の違いを楽しめる。
※ 土は近隣の農家の協力でいただいたり、ホームセンターで購入したりして入手できる。

環境の設定

- □ 他の子どもたちの様子を感じたり、見たりするなど遊びが展開できるようにする
- □ 感触の違い、変化に気づけるような素材や材料を用意する
- □ 手洗い、着替えなどの動線を事前に考え、活動がスムーズに行えるようにする

応用

3～4歳児が遊ぶなら・・・

- ・お団子を作って、様々な形の違い（視覚・数）や並べる、数える（数概念）につなげる
- ・ごっこ遊びをしながら、友達とのつながりを深めて言語的表現の向上につなげる

子どもたちの様子

・乾いた土と濡れた土の感触の違いに気づく ＝体感
・黒土と赤土の色の違いに気づく ＝視覚
・自分の気持ちやしたいこと（要求）、土の様子を言葉にする ＝言語

1. 土の観察

「どんな色をしているかな？」

水を入れて、

「さっきの色と少し違うね」

「触ったらどんな気持ちかな？」

と感覚を刺激してみよう

水を加える前の土の感触はべたべた
砂場の砂との感触の違いに気づく

2. 感触あそび

水を加えることで
感触が変わる
「気持ちいい」
「冷たい」
「おもしろい」
と感触を楽しむ

3. 色の違いを楽しむ

「わぁ真っ黒！」
「赤くなったね」

4. 気づいたこと、感じたことを共有する

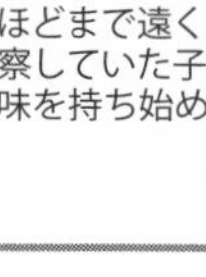

「僕の宝物」と言って
大切そうに
自宅へ持ち帰る

「ぼくも入れてー」と
先ほどまで遠くで
観察していた子も
興味を持ち始める

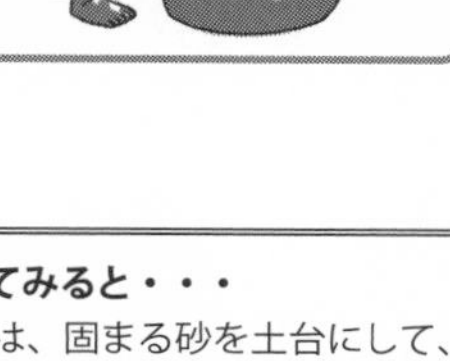

!

感触が苦手な子がいる場合には、無理に参加させずに、活動を見るだけでもよい。色の違いや見える感触の違い（トロトロなど）に気づかせる。

発展

活動をつなげてみると・・・

・ 実りの秋には、固まる砂を土台にして、みんなで集めた木の実を飾ったケーキ作り

4 グルグル丸を描こう

実施年齢 2歳児　**育ってほしい概念** 視覚・体感・言語

実施時期 夏：7~8月　**育ってほしい表現** 画像・身体・言語

扇風機の動きや、涼しさを知る
クレヨンの重ね描きを楽しむ

準備するもの

□ 扇風機
□ クレヨン ▶ 色を選んで準備しておく
□ 扇風機が描かれた画用紙
□ 丸シール

※ クレヨンを箱ごと渡さず、1色ずつ紙コップにまとめて入れるなど色別に準備することで、子どもが選択しやすくなる（大人も子どもの選択がわかりやすい）。
※ 黒や茶のクレヨンは、色の重なりなどがわかりにくくなったり、「風」を感じる活動の意図が薄れがちになるので、この活動ではあえて除いておくとよい。

環境の設定

□ 扇風機の中に指を入れないように気をつける
　＝先生が持つハンディタイプだと安全に気をつけやすい
□ 身体を動かすときは広い場所で行う
□ 作品を展示する場所を確保しておく

応用

夏以外の季節で遊ぶなら・・・

・ 洗濯機のぐるぐるやジューサーのぐるぐる（ミックスジュース）など、題材を変えてみる

子どもたちの様子

- 身体の全体や一部でプロペラの動きを表現する＝身体
- ボタン（シール）の色と風（クレヨン）の色を合わせる＝視覚・画像
- 風を感じて、先生にも風を当てようとする＝体感・言語

1. 風を感じる

「気持ちいい」風を感じている
風の強さの強弱をつけると
さらに風を理解できるかも

◀ハンディタイプの扇風機

2. 羽根や風を表現する（身体）

天井のシーリングファンを見て
身体で表現する
シーリングファンがなくても、
似たようなプロペラの動画
（ファンや風力発電機など）を
見ながらでもよい

3. 羽根や風を表現する（画像）

「水色のボタンを押して」
「水色の風が吹くよ」と
水色のシールを
押しながら
水色のクレヨンを
グルグル描く

プロペラの動きを
イメージして
グルグル描き
「グルグルたくさん
描いたから
すごい風が来るね」

!

ひとりに1つ、自分が選んだクレヨンや丸シールなどを入れるお皿があることで、無くしたり取り合いになったりしにくくなる。

4. ごっこあそび

「先生きもちいい？」

スイッチを押して風を当ててくれてる

どのボタンを
押したのかによって、

「涼しいね〜！」

「少し寒いね〜！」

と反応を変えてみよう

発展

活動をつなげてみると・・・

- うちわを作ろう　▶　風の強さや弱さ、涼しさなどの違いを感じる（体感）

5 貝殻《かいがら》の形を知って遊ぼう

実施年齢 2歳児　**育ってほしい概念** 視覚・聴覚・体感・言語・数
実施時期 夏（海遊びの時期）　**育ってほしい表現** 言語・数

貝殻の形を知る
並べたり、数を数えたりする

準備するもの

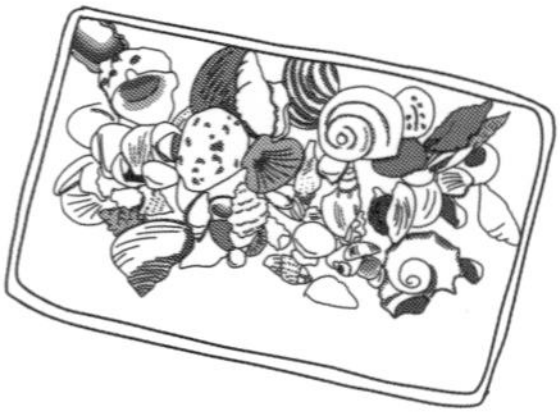

- □ 本物の貝殻
- □ 貝殻の写真（図鑑のコピーも可）
- □ スコップ
- □ 回収用の入れ物

※ 貝殻を照らし合わせるために、写真資料はバラバラにして取り合いにならないよう複数セット準備するとよい（＝直接経験と間接経験）。
※ 様々な種類の貝殻があればあるほど、色や形、大きさ（長さ）、重さ、感触などを経験できる。

環境の設定

- □ 子どもたちがケガをしそうな貝殻は取り除いておく
- □ 割れたらすぐ片づけられる準備をしておき、大人だけの共有にとどめず子どもにも事前に伝える
- □ 取り合いにならないよう、十分な数の貝殻を準備したり、人数分に分けるためのお皿を用意したりする

応用

3～5歳児が遊ぶなら・・・
- 種類で分別する（カテゴリー）▶数を数える、大きさ順に並べる（数）
- 図鑑で名前を調べる（言語）
- 紙粘土でペン立て製作など、貝殻の形を生かした製作をする

子どもたちの様子

- 感触や音、色、形、匂いなどから貝殻とは何か知る＝すべての概念
- 写真と本物を比べる ＝視覚・数（大きさ）
- 貝殻に触れて感じたことやわかったことを言葉で表現する ＝言語

1. 貝の大きさくらべ

おなじ形の貝を
見つけて合わせる

本物と写真を
見比べる

2. 貝を五感で感じる

耳や口（唇）、鼻を使って
五感で貝を感じる

「ぼーって
音がする」

「ざらざらする」
唇にあてて

「海の匂い
がする」

3. 作品を作る

粘土と貝殻を
かけ合わせて
作品作り
後に宝物になる

不思議な生き物の
ような物を創り出す
感性豊かな
子どもを発見

!

乳幼児期の触覚は口や指先が敏感なために口をつけたりする可能性が高く、鼻をつけて匂いを嗅いだり、耳につけて音を聞いたりするので、きれいに洗い乾燥させておく（衛生面への配慮）

4. 海とつなげる

海の写真を
そっと置いておくと…
中から、
貝殻を見つけ出す

発展

活動保護者にを伝えてみると・・・

- 遊んでいる様子をドキュメンテーション（写真記録）として保護者の目につくところに飾る
- 貝殻遊びの楽しさや学びの視点を保護者と共有でき、海での遊び方のヒントになる

6 トマトに色を塗ろう

実施年齢 2歳児　**育ってほしい概念** 視覚・言語

実施時期 夏：7～8月　**育ってほしい表現** 画像

＊活動の実施時期は、題材にする食材の旬の時期に行うと、食べる活動（食育）につなげやすくなるでしょう。

大きな紙に絵の具を広げて塗《ぬ》る楽しさを知る
色の明暗に気づく

準備するもの

- □ トマトを描いた大判用紙（2枚重ね）
- □ ブルーシート
- □ 筆と水入れ
- □ 絵の具▶ 彩度の違う「赤」数種類
- □ 導入絵本

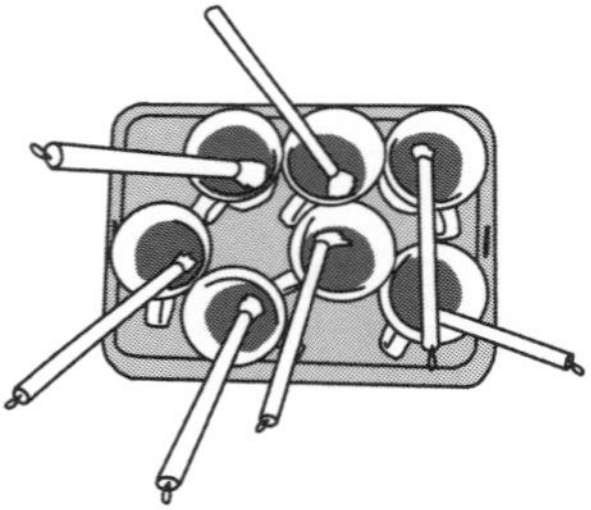

※ 思いきり遊べるように、事前に活動を保護者に伝えて汚れてもよい服を用意してもらう。
※ 色を塗り重ねるので、下に染みないように大判用紙を2枚以上重ねるとよい。
※ 同じ「赤」でも、鮮やかな赤から灰色がかった赤まで、彩度に違いがあることに気づきを促す。

!

汚れるのが嫌いな子もいるためバケツやタオルなど用意しすぐに拭き取れるようにしておく（汚れても大丈夫だという安心感を与える）

環境の設定

- □ 事前の食育活動の中で、トマトの実物に触れてから本活動につなげる
- □ 手洗い、着替えなどの動線を事前に考え活動がスムーズに行えるようにする
- □ 作品を展示する場所をあらかじめ確保しておく

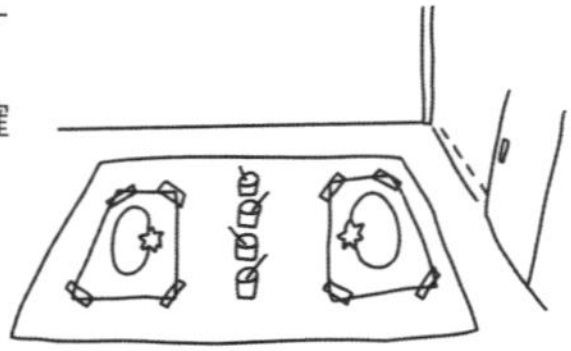

応用

4～5歳児が遊ぶなら・・・
- ・ プランターでトマトを育てる活動からつなげる
- ・ 成長の様子を観察する：色や形、大きさ、葉や実の数など（視覚・数）
- ・ トマトができた数をカレンダーに記入する（数）

子どもたちの様子

- 「赤」の彩度の違いに気づいて塗り分ける ＝視覚・画像
- 色の選択や、友だちと交換したいときに言葉で伝える ＝言語
- <スイカ>クレヨンが水彩絵具をはじく表現に気がつく ＝画像

1. 赤色くらべ

濃い赤、薄い赤、
緑みの赤、黄みの赤、青みの赤…
様々な赤色を作って、どの赤色が好きか話し合ってみる

▶ 色水

2. スイカの観察

スイカを観察してみる
「色はどう？」
「どんな形かな？」
「種は何個あるかな？」

2. トマトの色塗り

「こっちの赤がいい」など、色の彩度の違い・類似に気づいて選ぶ様子が見られた

筆を使ってダイナミックに！

友だちと交換したり
新しい赤色をつくってもらったり

3. スイカの色塗り

▲ スイカの写真や絵

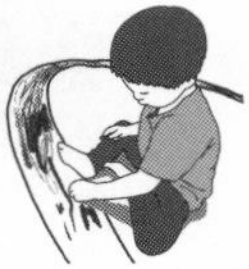

絵具がはじく
特性を知るために
下書きをしたうえでクレヨンで
種や皮を描く

色はなんでもよい。
青でも緑でも
感じたように塗る

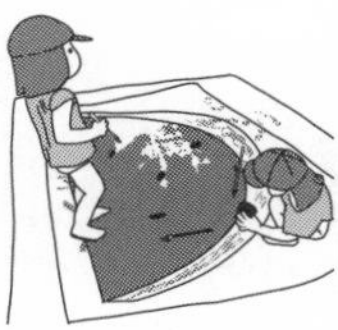

クレヨンの部分は
絵具をはじくことに
気がつく

3. トマトの鑑賞

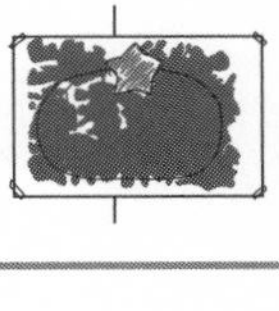

大きなトマトを
壁に掲示

トマトを見て、
喜びを身体で
表現する子も

発展

活動をつなげてみると・・・

- 壁に飾ったトマトやスイカに、クワガタや虫を作って貼りつけることができる

7 りぼんあそび

実施年齢 1歳児　**育ってほしい概念** 視覚・体感・言語

実施時期 年中　**育ってほしい表現** 身体

リズムに合わせて体を動かす
動きの速さをコントロールしたり、体のバランスをとる
体を使って上下、前後、強弱などの理解につなげる

準備するもの

□ 手作りリボン（新聞紙を細長く丸めリボンをつけたもの）

□ CDやピアノなど

※リボンが破れたときのために人数より多めにリボンを作っておく

※音を大きくしたり小さくしたり、また、速くしたり遅くしたりできる音源を使うとよい

環境の設定

□ 子ども達が動き回れるように十分なスペースを確保する

□ 走るとほこりが立つので、窓を開けて換気を十分に行う

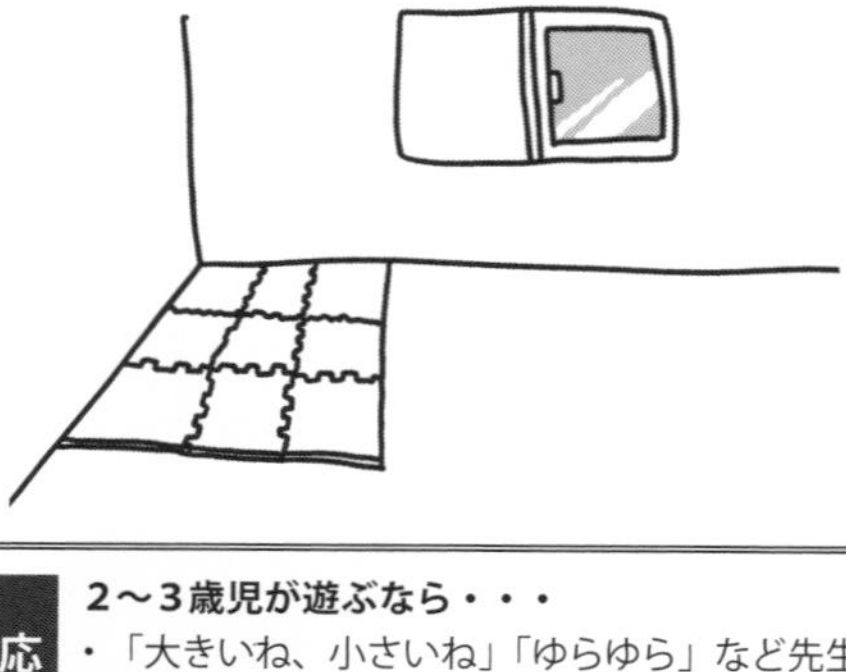

！ 興奮して友達とぶつかったり転んだりしないよう注意する

応用

2～3歳児が遊ぶなら・・・

- 「大きいね、小さいね」「ゆらゆら」など先生の声かけを減らし、音だけの反応を見てみる
- 左右や前後など、方向を示す言葉を意識的に使う

子どもたちの様子

- 先生の動きを見ながら、マネして動こうとする ＝視覚・身体
- 動きに緩急《かんきゅう》や大小をつけたり、自由に動いたりする ＝身体
- 身体を動かしながら左右などの方向を表す言葉を知る ＝言語

1. りぼんに触れる

リボンに触れてみよう！

「つるつるする」
「ざらざらする」
とリボンの感触を言葉で表現する

2. まねっこ動き

先生の動きをマネして動いてみる

「ゆらゆら」
左右に体を動かす

3. 動きに緩急をつける

ゆっくり動いてみる

大きく
動いてみたり・・・

ストップ！ ぴたっ！

小さく
動いてみたり・・・

音楽に合わせて
自由に動いてみる

発展

活動をつなげてみると・・・

- 日常生活の中で、落ち着いて行動する場面で「ゆっくり」動いたり、前後や左右などに動いたりするときに言葉だけでなく遊びの活動を思い出させると行動を促しやすい

8 色に触れてみる

実施年齢 0歳児　**育ってほしい概念** 視覚・体感
実施時期 年中　**育ってほしい表現** ―

基本的な色、形を見分ける

準備するもの

- □ 色画用紙でつくった形
  ▶○・△・□
- □ ビニールテープとカラーブロック
  ▶赤・黄・青

※ 基本の形（○、△、□）、基本の色（赤、青）と黄色などに限定し、あまり多くの形や色にしない。
※ まだ視力もピントも弱いので、はっきりとした色が見やすく、形は子どもが両手で輪郭を確かめながら触れるくらい大きめに作る。

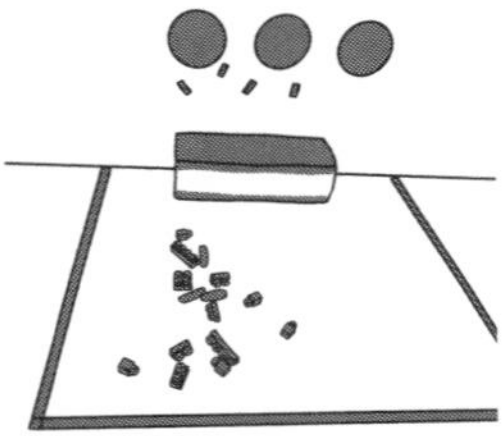

環境の設定

- □ 床や壁にビニールテープを貼って、それぞれの色で区画を分ける
- □ 子どもの目線の高さに形を貼る
- □ それぞれの色の区画の中に、同じ色のカラーブロックと入れ物を置く
- □ 本活動に入る前に、形と色の名前一つ一つを子どもと確認したり、区画で遊ぶときは同じ色のブロックを使うなどのルールを確認したりしておく

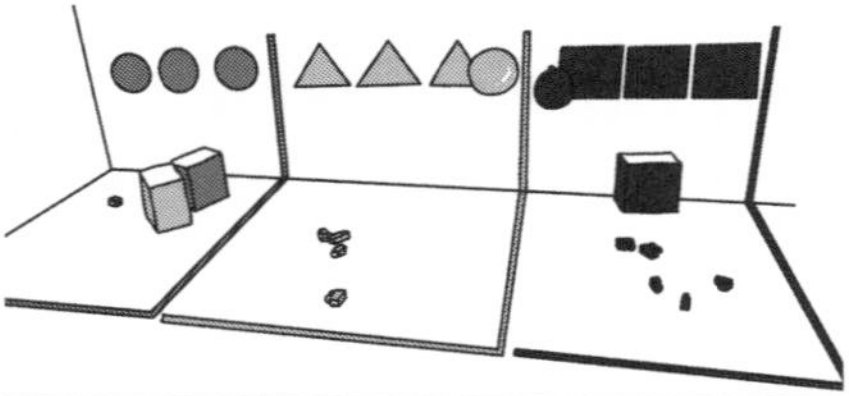

応用

2～3歳児が遊ぶなら・・・
・ 色集め、色探し、色鬼などの、「色」でルールを決めた遊びを行う

子どもたちの様子
- 触ったり踏んだりして、様々な感触を経験する ＝体感
- 好きな感触や嫌いな感触を知り、触り比べる ＝体感
- 感じたことを言葉で表現しようとする ＝言語

触覚は口や指先から始まり、特に０歳時期は手に取ったものを口に運んで確認するため、おもちゃはきれいに洗い消毒しておく（衛生面への配慮）

1. 色に触れる

赤、青、黄色のコーナーで
それぞれの色を見たり、
直接触れたりする

2. 色の違いを考える

別の色のコーナーに
移動するときは
今いるコーナーの色の
玩具を置いていくよう
にする

赤のおもちゃを
「赤に持って行ってね」
とお願いすると
考えている様子が見られる

3. 色の名前を知る

色の名前を伝えると
「あ…」と
マネて発話しようとする

「そうだね、あかいろだね」
と共感を示しながら
正しい言葉を伝える

4. 箱に色分けをしてみる

色別の箱を置いて
同じ色の玩具を入れる

お片づけの
練習にもなる

発展

活動をつなげてみると・・・
- 色の認識ができているかを判断できるように色別の箱を用意し、色分けする様子を見られる活動へ…

9 色々な素材の感触を楽しむ

実施年齢 0歳児　**育ってほしい概念** 聴覚・体感

実施時期 年中　**育ってほしい表現** 言語

様々な感触を経験して、触り比べる

準備するもの

- □ スポンジ、緩衝材《かんしょう》、人工芝（様々な感触のものを用意する）
- □ 足ふきマット 、けが防止のマット
- □ 圧縮袋

※ 圧縮袋の中に、「スポンジなど」を1袋につき1種類ずつ詰めておく。
※ 中のものの感触がわかるようにするためと、子どもが踏んでもバランスを取りやすいように圧縮袋の空気は適度に抜いておく。

環境の設定

- □ 子どもが思いきり遊べる空間を十分に確保する
- □ 子どもの目線の高さを考えて、興味関心が刺激される視野の範囲内で環境を設定する
- □ 事前に全面マットを敷いておくなど、バランスを崩してもケガのないようにしておく
- □ 大人が積極的に触って安全性を見せるとともに、子どもと感覚を共有しながらリアクションする

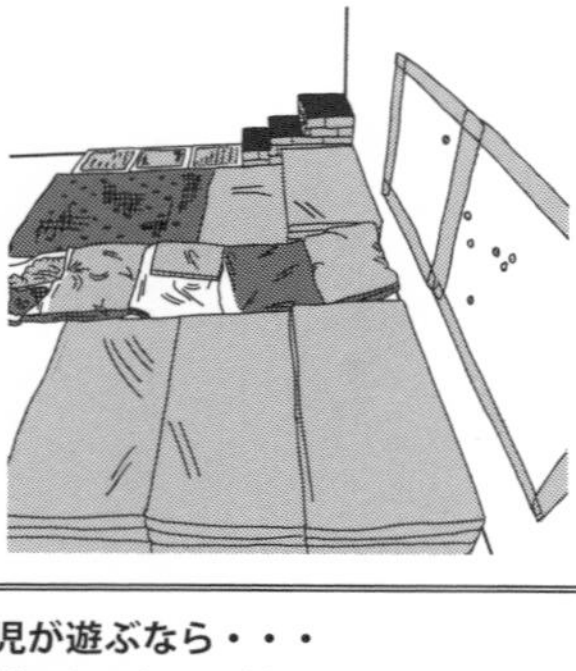

！
無理に触れさせようとするのではなく自分から「やってみよう」「楽しそうだな」と思えるように、触れたときには褒めるなど自信につなげる

応用

低月齢児が遊ぶなら・・・

・ 目の前のものを手で触れるように、様々な感触シートを立てるなど環境を工夫する

子どもたちの様子
- 触ったり踏んだりして、様々な感触を経験する ＝体感
- 好きな感触や嫌いな感触を知り、触り比べる ＝体感
- 感じたことを言葉で表現しようとする ＝言語

1. お気に入りの感触を見つける

いろいろな感触に
挑戦してみる
「どれが好きかな？」
と聞いてみたり
触る時間が長いものが
お気に入り

挑戦することが
苦手な子どもは
無理に参加させずに、
他の子たちを見守る

2. 感触の違いを確かめる

「こっちはふにふにする！」
「さっきのはチクチクした！」
と感触の違いに
気づいていく様子…

低月齢児も
目線の高さで
触れやすいように
環境設定を工夫

3. 感触を全身で感じてみる

「チクチクは嫌だな・・・」
と手で触りながら
心の声・・・

苦手な感触にも
果敢に挑戦
「すごいね！」

手を使って
感触を確認しながら
伝い歩き

うまくバランスを
取りながら歩く

※ すぐに補助できるよう近くに控えておく

発展

活動をつなげてみると・・・
- 透明な圧縮袋での活動から、色つきの袋に変え、中身が見えないようにして感触の経験から類似に気づいていくような活動へ

10 おにぎりを作ろう

実施年齢	0～3 歳児	**育ってほしい概念**	視覚・体感・言語・数
実施時期	秋：9~10 月	**育ってほしい表現**	言語・数

0 歳…米に触れる。つまむ、握るなど手の動き、感覚を知る
1 歳…スナップボタンを止める、感触や形の変化に気づく
2~3 歳…数に触れる、具材の種類分けをする

準備するもの

- □ 稲穂、白米 、ご飯をラップに包む
- □ ペットボトルとおにぎりに見立てた紙粘土（0 歳児）
- □ フェルトで作ったおにぎり（1 歳児）
- □ 折り紙で作ったおにぎり（2 歳児）
- □ 導入絵本

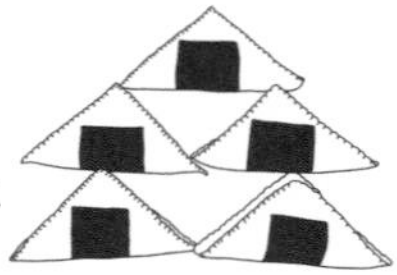

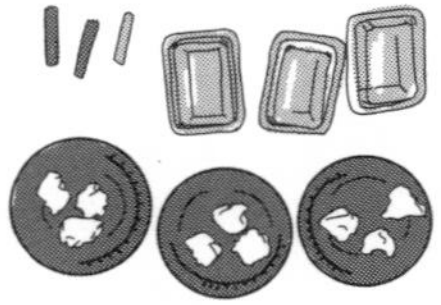

環境の設定

- □ お店屋さんごっこ風で環境を設定
- □ 絵本コーナーなどを用意して、お米に興味を持ってもらえるようにする

応用

4～5歳児が遊ぶなら・・・

・ 苗から育て、稲の収穫や実際におにぎりを握ったりなど成長過程を観察する

子どもたちの様子

・稲と米、ご飯の関係を知る ＝言語
・感触や色形、匂い、味などから稲、米、ご飯を知る ＝視覚・体感
・おにぎりの形や大小、カウントなど数に触れる ＝視覚・数

1. お米に触れる

もみ殻をむいて
「固い」「お豆みたい」
と自分が知っている
ものに例えてみる

稲がお米になり、みんな
が食べているご飯に
なることを伝える

2. お米とご飯の感触の違いを確かめる

つまんだり、握ってみる
「ぱらぱらしているね」
「白いね」

▲お米

▼ご飯（ラップおにぎり）

丸や三角に形を変えたり、
子どもに握らせて
食べてみる

0 歳児さんは・・・

←ボトルにお米をつまんで入れる
→おにぎりに見立てた紙粘土を丸める

低月齢児も見せると
目で追ったり触ろうとする

1 歳児さんは・・・

スナップボタンで
四角から三角へ…
形の変化に気づく

2~3 歳児さんは・・・

おにぎり屋さんごっこで
指差しして数えて
数字で要求する

うめ、こんぶ、鮭、ウインナー…
いろいろな具材があると
なかま合わせやカテゴリー分け
につながる

!

ペットボトルにお米を入れる、粘土を丸める、スナップボタンを止めるなどの細かい作業は、はじめは一人では難しいので先生が手を添えて動作を伝えていく

発展

活動をつなげてみると・・・

・ままごと遊び、お店屋さんごっこなどごっこ遊びにつながる

11 実りの秋の果物狩り

実施年齢 0～2歳児　**育ってほしい概念** 視覚・体感・言語・数

実施時期 秋：9~10月　**育ってほしい表現** 言語・数

0歳…貼る、はがす、入れるなど手の動き、感覚を知る
1歳…貼る、はがす、果物の名前を知る
2歳…数に触れる、果物の種類分けをする

準備するもの

- □ 木（OPPテープで保護する）
- □ 果物（折り紙→ラミネート）
- □ 収穫バッグ（1～2歳児）
- □ 動物のお口ボックス（0歳児：段ボールで製作）
- □ 果物の写真

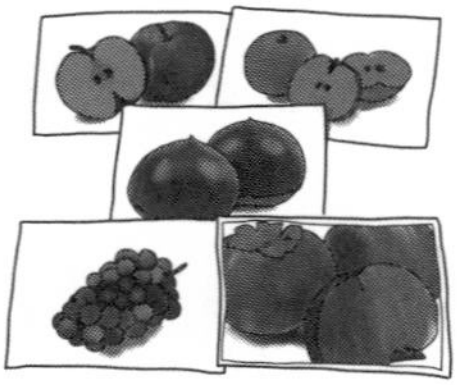

※ 果物のラミネートは角がとがらないように丸く切っておく
※ 木から果物をもぐ（間接経験）を通して、果物は木になるものだという知識の土台をつくる

環境の設定

- □ 子どもの手の届く高さと、届きにくい高さに果物を貼りつけることで、子ども自身に考える伸びしろを残す
- □ 果物狩りまで行く道のりにマットなどで登ったりジャンプしたりする山道を作る
- □ 果物の種類別に木の幹やつるなどを作ることで、ブドウは木ではなくつるに実っている実際の様子をできるだけ表現する

応用

秋以外の季節で遊ぶなら・・・
・ いちご狩り（春）など旬に合わせた題材
3～5歳児が遊ぶなら・・・
・ 種類が多いきのこ狩りなど図鑑を使う題材

子どもたちの様子

- 秋（季節）の果物の名前を知る ＝言語
- 果物狩りでほしい果物を色や形、名前で表す ＝視覚・言語
- 年齢に合わせたバッグやボックスを活用して指先を動かす ＝体感

1. 秋の果物紹介

秋の果物を知る
絵本やイラストを活用すると
イメージがつきやすい

2. 果物狩りごっこ

山道に見立てた
マットや台の上を
進んで、進んで…

さぁ、果物狩りへ
でかけよう！

年齢に合わせた
収穫バッグを用意▶

1歳児は貼り剥がしが
できる
2歳児はめくって果物
を入れる

高い所の果物は
どうやって採れるかな？
背伸びしたり、
ジャンプしたり、
先生に抱っこして
もらったり

0歳児さんは…

指先を使って
自分で果物を
はがせるかな？

採ってきた果物を
りすのお口に入れる
先生が「おいしい！」
と声かけをする

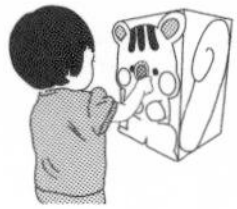

1歳児さんは…

採った果物を自分の
バッグに貼る
先生が「この果物はな
んて言うの？」
と果物の名前を聞く

もぐもぐ
もぐもぐ…
「ぶどうおい
しいね」

2歳児さんは…

果物を仲間で分けて、まと
めたり、縦に並べたり、触
りながら数を数える

発展

活動をつなげてみると・・・

- 収穫した果物を広げてのごっこ遊び、仲間分けや数え遊びを楽しむ
- 給食で果物狩りをした果物を食べて、「なんて名前だったかな？」「お味はどう？」と聞いてみる

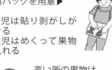

Column

変化は大人から！　体験者の声

すごいなと思ったのは私立、公立いろいろなところから来ている先生たちの真ん中にCRAYON BOOKがあることで保育の軸がしっかりしてまとまっている。職員同士が自分の経験や価値観を押しつけあうことで意見がぶつかることもあったが、CRAYONがあることで、同じ方向を向いて保育ができていると思う。そして結果的に子どもたちも落ち着いている。（保育士、30代）

保育の知識のない状態でのスタートだったので、どういうことに気をつけて子どもを見たらよいのかわかりやすい教科書のような存在でした。言い回しの難しい保育所保育指針を噛み砕いてわかりやすくしたCRAYONの説明は、その理解に役立ったと思います。

（2021年度保育士試験合格、30代）

保育士と目的が同じで話し合いがしやすく、着地点が見つけやすかった。CRAYONがなかったときよりも、“こんな食材を知ってほしい”“味わってほしい”という目的を組み立てやすく、個人的には栄養士にとっても素敵なツールになると思います。

（管理栄養士、30代）

子どもたちの今の姿を見ることができて、関わり方や活動につなげることができる。CRAYON を意識して子どもに関わることで、数概念など子どもが得られることがたくさんあると感じた。

（保育士＜２年目＞、20 代）

どの視点からどのような取り組みがよいのか（食育など）職員同士で話して考えるようになり、職員全体で協力して CRAYON へ取り組むことでより質の高い活動ができ、若手の成長が感じられた。子どもたちの日々の成長と職員のチームワークを実感することができ幸せでした！

（園長・保育士、40 代）

「理解」と「納得」の考え方は、子どもだけでなく大人にも言えることだと思いました。仕事場で自分の価値観を押しつけていないか？信頼関係を築けているか？ 相手の意見に耳を傾けて、よい聞き手になることがこれからの課題であると感じました。

（副主任・保育士、50 代）

私は２歳児クラスの担当だったため、特に数概念を意識した声かけや問いかけをしていきました。だんだん数字を読んだり、物の個数を数えることができるようになると、喜びを子ども達と共有し達成感を感じることができ、子どもの成長につながっていると感じられるのがよかったと思います。

（保育士＜４年目＞、20 代）

子どもの心と身体の成長をCRAYONの理論や実践を考慮することで、園生活が充実した時間となっています。また、食育では、毎回実物を見て、匂い、色、触ったりして楽しむことができています。子ども達の表情や言葉、態度が、保育士の言葉かけと共に、子ども達の中でいろいろな知識となるだけでなく、「食べる」大切さを知って給食への楽しみにつながっていると思います。

（調理師 兼 保育士、60代）

多動だなと思っていた子も、身体表現や体感概念が強みだと気づくことができた。扉の開け閉めを繰り返していたことも、「カチャ」の音に聞き入っているのかな？（→聴覚概念）、閉まる感触を楽しんでいるのかな？（→体感概念）と、子どもの行動に対する見方が変わった。

（副主任・保育士、30代）

取材協力：CRAYONプロジェクト・モデル園『紬木保育園』他
株式会社紬～つむぎ～が運営する企業主導型保育園（2022年現在）。
岡田直美園長は『CRAYON』プロジェクトの立ち上げメンバーであり、保育にも科学を取り入れることで専門性の高い教育の提供に力を入れている園。

韓《ハン》の

講義の時間

CRAYONの5つの領域と項目から、子どもの強みを伸ばし乳幼児教育の方向性を示す

●環境と日常生活

環境　食事　睡眠　遊び

●理解

知識・経験の促し方　子どもへの関わり方　情報の伝え方

●納得

信頼関係の作り方　子どもの考え方の尊重　行動変容の促し方

●概念形成

視覚概念　聴覚概念　体感概念　言語概念　数概念

●自己表現

画像的表現　音楽的表現　身体的表現　言語的表現　数的表現

韓《ハン》先生

時間割と学習のめあて	
1時間目 環境と日常生活	・子どもにとって必要な環境を知る。 ・どうして環境設定が必要なのかわかる。
2時間目 理解・納得	・理解とは何か、納得とは何かについて知る。 ・「教育的関わり」の大人の役割がわかる。
3時間目 概念形成	・概念形成とは何か、その重要性がわかる。 ・視覚／聴覚／体感／言語／数の概念について知る。
4時間目 自己表現	・自己表現と才能との関わりについて知る。 ・画像的／音楽的／身体的／言語的／数的な表現について知る。

講義の時間　環境と日常生活

必要な環境を整える

環境と日常生活の基本

子どもを取り巻く「環境」は様々です。
CRAYONでは、特に自然や文化と関わる「日常生活」の環境、
心身の成長に必要不可欠な「食事」と「睡眠」、
子どもの学びである「遊び」環境に着目しました。

CRAYONの項目は、保育所保育指針（平成29年／2017年）[1]の「人的環境、施設や遊具などの物的環境、自然や社会の事象がある」という基本的な保育環境と、幼稚園教育要領（平成29年）「遊びは、心身の調和のとれた発達の基礎を培《つちか》う重要な学習である」という乳幼児教育の基本をベースにしています。その上で、乳幼児期に必要とされる環境の根拠を世界中の先行研究や日本の公的な報告書など様々な文献を参考にすることで、論理的に項目を作成しました。

人間は遺伝によって多くのことを受け継ぎますが、同時に取り巻く環境からの影響も大きく受けています。同じ遺伝子を持つ一卵性《いちらんせい》双生児《そうせいじ》であっても、生育環境や食事の嗜好《しこう》、それぞれの興味のあるものが違うと、まったく同じ成長は見られません。環境が、身長・体重、視力などの身体的な発達や、手先の器用さ、身体の動かし方などの新しい機能の獲得《かくとく》、そして”概念形成”に関係してくるのです。

❶ 人類の歴史的な影響

□人類が進化の中で獲得してきた遺伝的な要素　例：二足歩行
□環境との相互作用で獲得してきた能力　例：文字や数字
□行動や思考の特徴など　例：想像（神や法など）の共有

哲学者であるジョニー・トムソンは、著書『Mini Philosophy』[2)] の中で、人間の柔軟性について以下のように述べていました。

> 人間の脳は一番大きいわけでも一番効率がよいわけでもないが、 動物の世界で発達期間が一番長い。
> そのおかげで、人間は驚くほど精神的柔軟性を得ることができた。
> 我々人間は、ほぼすべての環境に適応でき、どういう社会・環境の中でも生きていく方法を模索し覚えることができる。

目の前の子どもたちも、❶人類の歴史の影響を受けた大きな流れの中で生まれ、❷周囲の社会文化に適応しようとしながら生きる力を獲得していきます。だからこそ、子どもの成長にとってよりよい環境づくりは、歴史的・文化的な視点で考えることも大切になります。

❷ 社会文化の影響

□家庭から広がっていく子どもの世界（社会）の変化
□子どもを取り巻く社会状況の変化

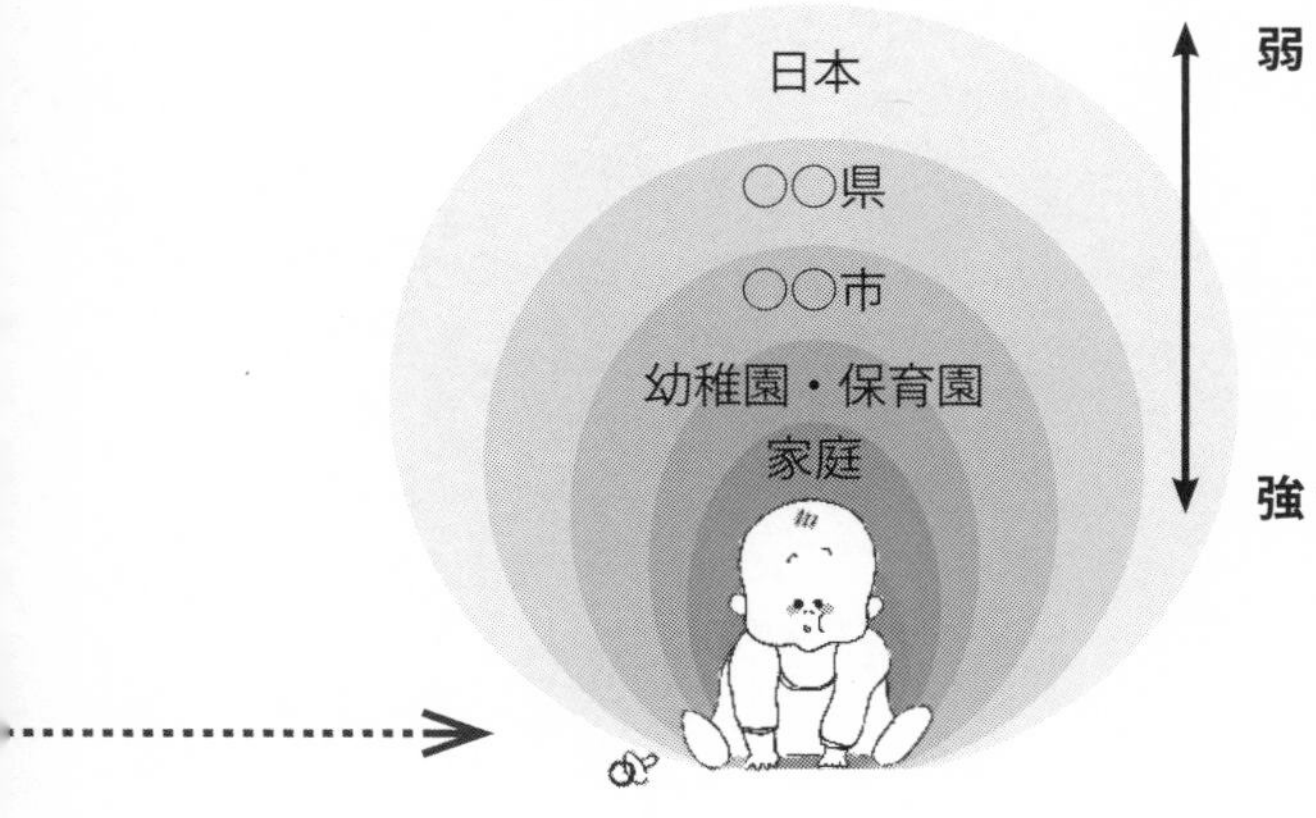

環境

自然環境との関わりによる
人間の脳の発達や文化の発達
という考えに基づき、
幼稚園や保育園における
園内の施設環境の設定に関すること。

- □ 園内外で十分に身体を動かせる場所を確保する項目
- □ 集団から離れて一人になれる空間を確保する項目
- □ 自然（採光・換気時）との関わりに関する項目
- □ 子ども用に作られた施設空間に関する項目
- □ 施設内の壁面装飾のねらいに関する項目
- □ 文化や季節を感じる項目

園の環境構成が意図的に（＝目的と理由を持って）作られることで、子どもだけでなく先生や保護者などの大人にとって、教育効果が高い活動につながりやすくなります。また、子どもたちが大きくなったら、学校生活や社会生活に適応できる力が求められますが、乳幼児期の日本の文化や歴史を踏まえた環境はその力の土台にもなるでしょう。

心地よい自然を
感じられる環境
大きな声で
歌える環境
子どもが自分で
活動できる環境
安全性が
確保されている
環境
静かに絵本が
読める環境
子どもたちが過ごす園
文化や季節を感じる環境づくり
季節を感じることが
できる園庭環境
文化的な活動に
参加できる環境

環境

環境には、自分ではどうしようもできない環境と工夫次第で変えられる環境があります。前者には、施設の広さや設備、園外環境など、よりよくするためには時間や費用、自治体単位での取り組みが必要な環境があげられるでしょう。そこで、まずは目の前の工夫できることから少しずつ環境を見つめ直し、子どもたちの周りの環境を変えていくことから始めることをおすすめします。中でも、『**壁面装飾（壁に限らず、園内のすべての展示及び掲示物を含む）**』は取り組みやすく、かつ効果が高い環境設定の一つです。子どもや大人の目に映る一つ一つの装飾は、目的をもって設置されることで様々な仕掛けになるのです。

1つめは、**″子どもが直接装飾に触れたり見たりすることで概念を育む仕掛け″**です。装飾によって視覚、聴覚、体感（味覚・嗅覚・触覚）を刺激したり、日常的に言葉や数字に触れる機会をつくったりしてみましょう。常設の装飾だけでなく、季節や行事を感じられる装飾があることで、文化的な概念も育まれます。

2つめに、**″子どもが手順をマネしたり、行動のヒントにしたりすることで自発性を促す仕掛け″**です。日常的な活動手順や玩具の遊び方などの情報が装飾を通していつでも確認できると、子ども自ら行動したり挑戦したりするきっかけになります。また、子どもに関わる大人にとっても、子どもがどこでつまずいているのかを把握しやすくなりますし、次の行動の見通しを持たせるために装飾を活用することもできるでしょう。

3つめは、**″子どもと保護者のコミュニケーションを促す仕掛け″**

です。送迎の短い時間でも、壁面装飾によって様々な情報を保護者に知らせることができます。特に、子どもの作品や活動の記録写真などが見えるところに飾られていると、園でのできごとや成長が伝わるでしょう。特に、褒める場面が増えると子どもの自信にもつながります。

4つめには、**”先生（園）から保護者に子育てのヒントになる情報を伝える仕掛け”**があります。子どもたちのためにどんな目的で何をしているのかという教育的な視点を家庭と共有することは、保護者にとっての子育てサポートにもなります。また、園と家庭で一貫した関わりが生まれると、子どもにとっても安定した環境になるでしょう。

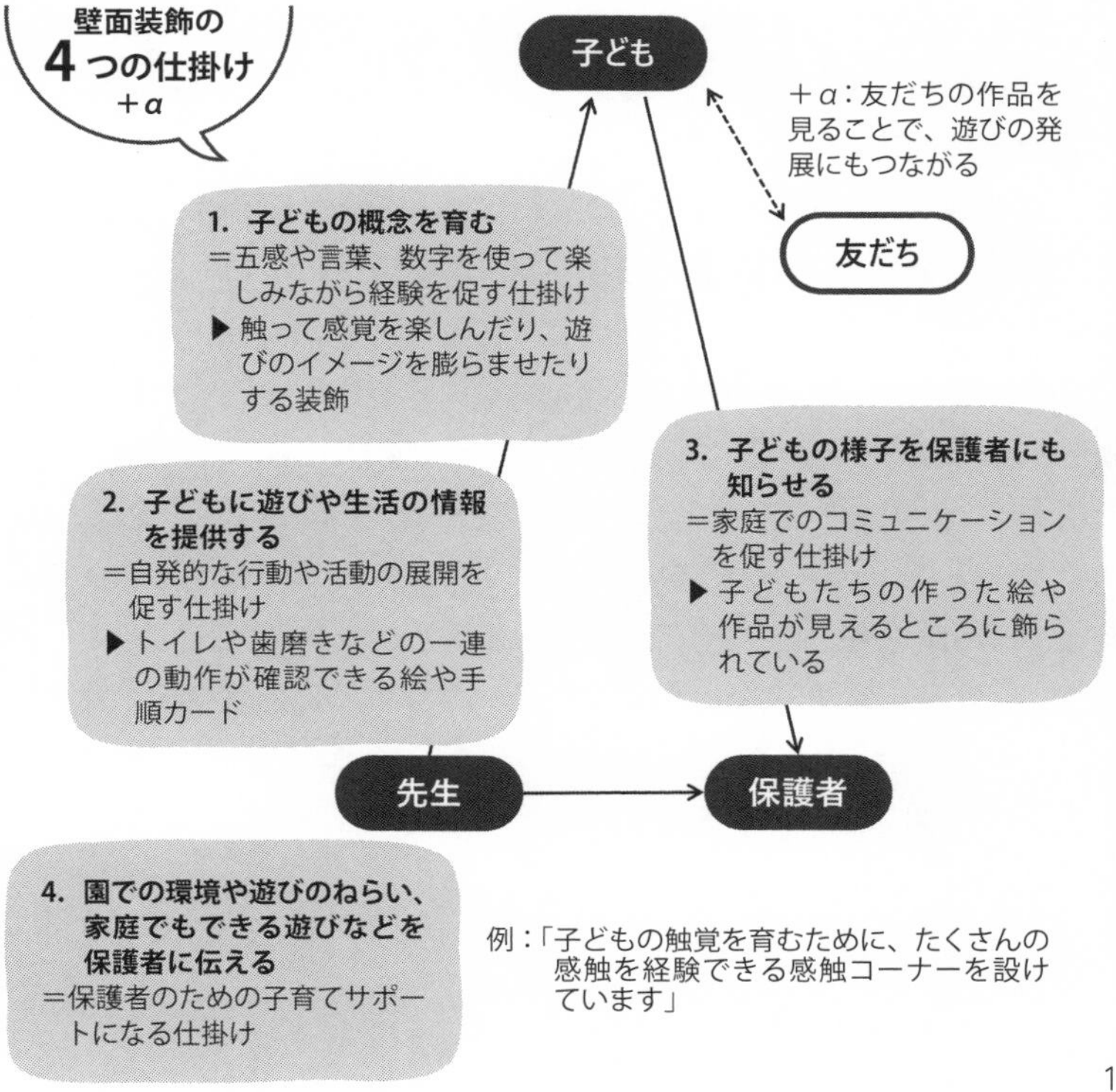

壁面装飾の
4つの仕掛け
＋α
子ども
＋α：友だちの作品を見ることで、遊びの発展にもつながる
友だち
1. 子どもの概念を育む
＝五感や言葉、数字を使って楽しみながら経験を促す仕掛け
▶触って感覚を楽しんだり、遊びのイメージを膨らませたりする装飾
2. 子どもに遊びや生活の情報を提供する
＝自発的な行動や活動の展開を促す仕掛け
▶トイレや歯磨きなどの一連の動作が確認できる絵や手順カード
3. 子どもの様子を保護者にも知らせる
＝家庭でのコミュニケーションを促す仕掛け
▶子どもたちの作った絵や作品が見えるところに飾られている
先生
保護者
4. 園での環境や遊びのねらい、家庭でもできる遊びなどを保護者に伝える
＝保護者のための子育てサポートになる仕掛け
例：「子どもの触覚を育むために、たくさんの感触を経験できる感触コーナーを設けています」

講義の時間　環境と日常生活

食事

**子どもの成長発達に必要な食事や
間食、水分補給を行う中で、
それを通した人間関係の形成や
五感を育むこと。**

- □ **生理的なリズムを実感できるようになるための項目**
- □ **自然の恵みや文化を感じる工夫に関する項目**
- □ **食具に関する項目**
- □ **食を通した他者とのコミュニケーションに関する項目**
- □ **食物の栽培や収穫に関する項目**

子どもにとっての食事は、身体が成長するためのエネルギーであり、心を満たして人格の形成に影響を与える大切なものです。食育基本法[3]においても、「子どもたちが豊かな人間性をはぐくみ、生きる力を身につけていくためには、何よりも『食』が重要である。（中略）様々な経験を通じて『食』に関する知識と『食』を選択する力を習得し、健全な食生活を実践することができる人間を育てる食育を推進することが求められている」とされていますので、子どもの生涯を通した健康な生活の基礎として乳幼児期の食事について考えてみましょう。

農林水産省

＼『食育ピクトグラム』と CRAYON／

1 みんなで楽しく食べよう

楽しい雰囲気の共有で、
人間関係をつくる。
楽しいと苦手なものにも
チャレンジしやすい。

2 朝ごはんを食べよう

家庭との情報交換や、
子どもの様子から把握。
生理的なリズムを整え、
将来の生活習慣をつくる。

3 バランスよく食べよう

食事をつくる人と関わることで、「食事のバランス」が考えられていることと、保護者への感謝を促す。

4 太りすぎない やせすぎない

生活習慣病予防の
健康的な食生活には、
素材の味を楽しめる
味覚を育てる。

5 よくかんで食べよう

口腔機能は食べること、話すことに影響する。
発達に合わせた食具、噛みやすい固さ・大きさの献立にする。

6 手を洗おう

衛生面としての手洗いや
消毒などの安全に食べる
知識を持ち、自立する。

7 災害にそなえよう

非常食は、自然災害が
多い日本の特色の一つ。
訓練などで体験することが、防災意識にもつながる。

8 食べ残しをなくそう

おなかいっぱい、味や感触が苦手、食具を上手く使えない、気分が落ち込んでいるなど、食が進まない背景を探る。

9 産地を応援しよう

食べ物の産地を知ること、
地域の農業者と関わることは、食への興味関心を促す。

10 食・農の体験をしよう

食物の栽培収穫などの体験は、苦手なものでも食べるなど食への意識を高める。
また、食物の成長過程の観察は大きな学びになる。

11 和食文化を伝えよう

日本の伝統料理や郷土料理を経験を通して文化を知る。
旬から四季を感じたり、他国料理と比べたりする。

12 食育を推進しよう

「食育」は味覚・嗅覚だけでなく視覚や聴覚、触覚を育み、食を通して言葉を学び、生活に根差した数を使う生きた教材になる。

※農林水産省「食育ピクトグラム及び食育マーク利用規約」に基づき使用 [4)]

食事

日本の食育については、特に農林水産省が中心となって推進しています。2022年3月には、『第4次食育推進基本計画』[5]において健康な食生活とその基盤となる持続可能な環境が大事であるとして、3つの「わ」を支える食育の推進が示されました。

食事は生きていく上で健康な心と体をつくるために欠かせない営《いとな》みであり、子どもの頃の食事環境は大人が思っている以上に大切な健康な食習慣の基礎をつくります。特に食習慣の中でも「食わず嫌い」は、大人になったときの食事の選択肢や食を通したコミュニケーションを狭めることにもつながるでしょう。実は、食わず嫌いとは、馴染《なじ》みのない食材を食べる前から躊躇《ちゅうちょ》する「Food neophobia（フード・ネオフォビア：食品新規性恐怖症）」と呼ばれる摂食行動の一つとされます。そして、この食わず嫌いが大人の生活習慣病のリスクを高めることを、フィンランドを中心とした研究が明らかにしています[6]。そのため、食わず嫌いを少なくする関わりとして、子どもの頃に美味しいや楽しい、褒められて嬉しいなど、初めて出会う食材とのポジティブな経験を意識してみましょう。

持続可能な食を支える3つの「わ」＝『環境の輪』・『人の輪』・『和食文化の輪』

食を通して環境や自然を意識することが『環境の輪』とされています。自分たちが食べる食材がどのようにしてご飯（料理）になるのか一連の関係性を知ることで、食への興味や食材である植物や動物への興味を促します。これは、就学後の理科や社会問題への関心につながるかもしれません。

食を通して人の関わりを意識することが『人の輪』です。農林水産省は、農産漁村の生産者への感謝や理解を促しています。加えて、孤食《こしょく》や黙食《もくしょく》のようにコミュニケーションのない環境では、食事が楽しめない（つらい）時間になる可能性もあります。そのため、人と一緒に食べることも大事な輪です。

最後に、地域文化が反映される『和食文化の輪』です。目的とされる、日本の和食文化の継承という側面ももちろん大切です。さらに、食を通して様々な文化に触れることで、文化や地域性などへの興味・関心や理解を促すきっかけになるでしょう。

乳幼児期の食のポイント

健康を意識する

食わず嫌いで、
生活習慣病のリスクも上がる⁉

初めての食材に躊躇するのは自然なことです。特に最初が嫌な経験になると食べたくなくなるため、ファーストコンタクトがよい経験になるよう心がけてみましょう。
苦手な食材も、一口食べて褒められた経験は「よい経験」として残ります。

食文化を知る

国や地域の文化に触れて、
文化理解のきっかけに。

日本の行事食や地域のご当地食材など、食が文化や地域への興味・関心に結びつくこともあります。
世界中の様々な料理を楽しみながら国や文化を知ることは、食を通してグローバルな視点や多様性の理解の土台の一つになるでしょう。

人との関わりを楽しむ

生きるために欠かせない食事だからこそ、
楽しく食べることが重要！

特に、1人で食べること（＝孤食）は栄養不足になりやすいだけでなく、心の成長にも影響が……。
人と一緒に食べること（＝共食）で食事の質がよくなったり、精神面での安定や生活意欲につながるとされています。

自然の食材を意識する

自然の恵みに感謝。自然の学びに感謝。

調理される前の食材を知ることは、食や命についての関心を促します。
さらに、自分で栽培・収穫することで、食物の成長をじっくり観察する機会が生まれ、色や形、大きさ、数の類似や比較（＝視覚・数）などに触れる優秀な教材にもなります。

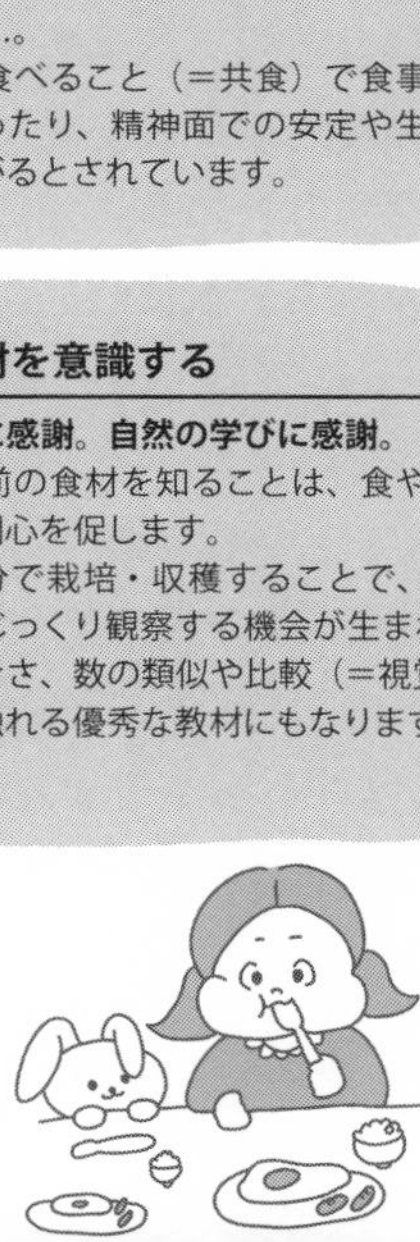

睡眠

**子どもの成長・発達にとって重要な
生理機能が脳によって脳のために
営まれる状態を示し、
睡眠、寝室環境、寝具の3要素から成り立つ。
特に寝室環境では、湿温度、光、音が
三大要素となっている。**

- □ 就寝前の精神沈静化に関する項目
- □ 寝室環境（湿温度・光・音）に関する項目
- □ 就寝時の事故防止に関する項目
- □ 寝具などの衛生面に関する項目
- □ 家庭での就寝時間の把握を促す項目

睡眠は、身体と脳の疲れをとる大切な時間であり、日中元気に活動するために必要です。特に、乳幼児期は1日24時間という体内時計を確立する時期なので、月齢によって必要な睡眠時間や睡眠の間隔、回数が異なるとされています。子どもは自分で睡眠時間を調整することはできません。可能であれば、家庭での睡眠時間を把握した上で、園での午睡《ひるね》時間を調整したり、夜間の睡眠を促したりしてみましょう。

ライフステージで必要な睡眠時間も変わる！

個人差はありますが、推奨される睡眠時間の長さがあります。

睡眠不足だけでなく寝過ぎることも、体内のリズムを乱すことにつながるため、「よい習慣づくり」が大切です。特に乳幼児期は、日中の睡眠環境や食事や遊び（活動）がリズムをつくります。

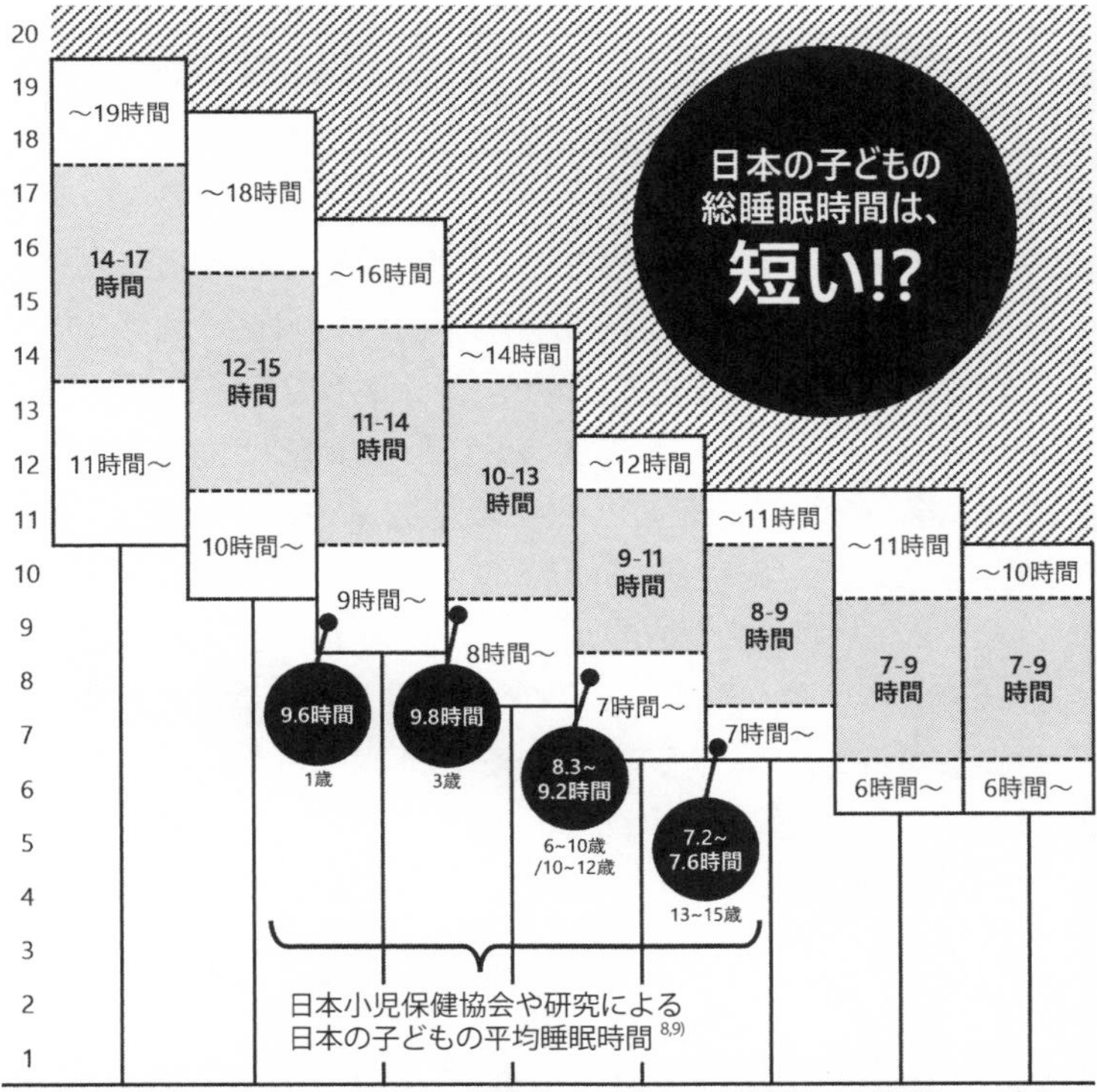

推奨される睡眠時間（▨）と、その前後にある一部の人にとっては適切な睡眠時間（□）の図。これより寝不足になったり、寝過ぎたりすることは推奨しないとされています。

※ National Sleep Foundation, Hirshkowitz ら (2015) に基づいて作成[7]。

睡眠

どうして人は眠らなければならないのでしょうか？ 特に子どもにとって、睡眠は食事と同じくらい成長に欠かせないものとされています。

睡眠には身体の疲れをとるというイメージが強いですが、本当は、“脳の働きを保つため”という役割の方が大事になります。睡眠中に、脳の働きを保つ休息を取ることでシナプス（※）の働きが守られ、さらに海馬《かいば》を中心とする記憶に関する働きは眠りの間に行われていることがわかっています[10)]。

毎日が新しいことばかりの子どもは、日中の学びや経験を自分のものにするためにも、『記憶の整理・固定』が行われる睡眠が不可欠です。「（いつ）クリスマスに、（どこで）保育園で、（何）サンタさんに会った！」という日記のようなエピソード記憶や、「ボールは転がる」「夏は暑い」など物事の意味や事実関係などの意味記憶に代表される“情報の記憶”。そして、何をどうしたら上手くいくかという手続きを記憶することで技術を身につける“身体の記憶”[11)]。プロスポーツ選手は「考えるより先に身体が動く」と言いますが、日々の反復練習と睡眠によって記憶が整理・固定されることで、考える時間が極端に短くなっている（＝最効率化されている）という、脳の働きなのです。

また、睡眠中には身体を守る作用がいくつも働いており、睡眠不足によってその働きが乱れると日常生活によくない影響がみられるようになります。

◆ **メラトニン：**生活リズムをつくり、睡眠の質を向上させます。正しい生活リズムは抗酸化・抗炎症《えんしょう》作用を生み、アレルギー疾患《しっかん》の予防・改善にも有効とされています[12)]。自然な睡眠のバランスを整えるため、通称「睡眠ホルモン」とも言われます。

◆**成長ホルモン：**子どもにとって最も大切な、骨格や筋肉、臓器の成長を促進させる成長促進作用があります。また、成長期を過ぎた大人にとっても、炭水化物や脂肪に対する代謝作用が重要となります[13]。

◆**セロトニン：**感情を安定させる作用がある神経伝達物質です。多すぎるとキレやすいなど暴力的になったり、反対に少なすぎると気分の落ち込みや活動低下など抑うつ的になったりします[14]。

※乳幼児期におけるシナプスの特徴と、大切さについては〈Column 子どもの脳では、取捨選択が行われている！〉（p182）をご覧ください。

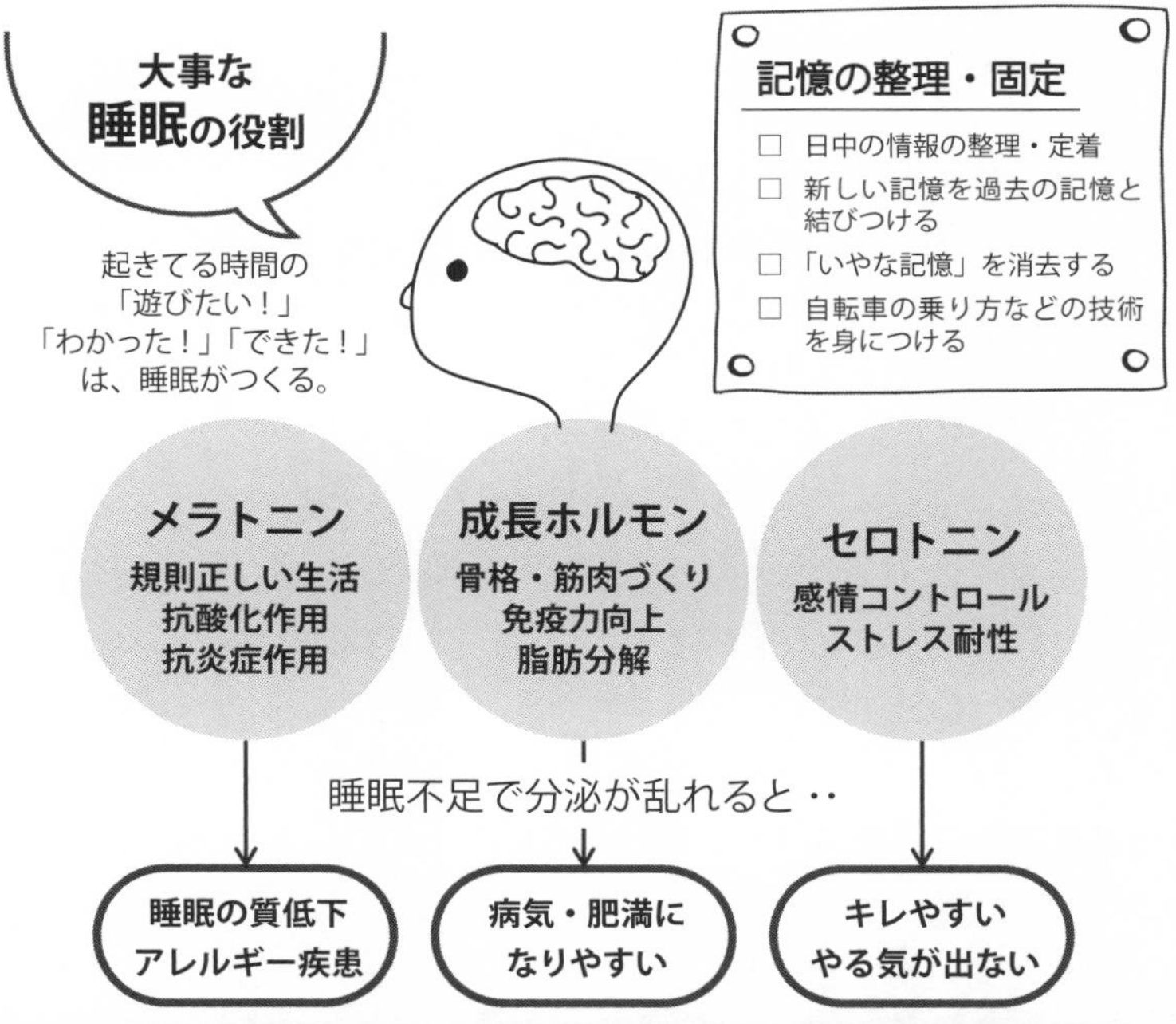

習慣作りが大事。運転時の睡眠不足は、飲酒に相当！

米運輸省高速道路交通安全局（NHTSA）の調査データ[15]を全米自動車協会（AAA）交通安全財団が分析した結果、7時間睡眠が推奨される大人の場合、4~5時間の睡眠だと自動車事故のリスクが4倍以上上！

講義の時間　環境と日常生活

遊び

定められた時間、
空間の範囲内で行われる
自発的な行為もしくは活動。

- □ **複数の遊びが選択できる環境に関する項目**
- □ **様々な種類や数の遊具や道具、素材に関する項目**
- □ **片づけやすい環境に関する項目**
- □ **生活経験と関わる項目**

子どもにとって『遊び＝学び』となるように、大人がしっかりとねらいを持って関わることが乳幼児教育において重要になります。はじめは、子どもが取り組みやすいよう、興味・関心を持つ身近な環境が出発点になるでしょう。そこから、子どもが遊びを発展させたり生活経験と結びつけたりする（＝学びを活かす）には、大人の環境設定とねらいを持った言葉かけなどの関わりが必要であり、その関わりこそが乳幼児教育の専門性であるとも言えます。

乳幼児期の子どもにとっての学びは、見るもの、聞くもの、触るものすべてが「これは何？」の対象で、一つ一つ理解していくことで概念を形成していきます。子どもの興味・関心を見つけて大人が教育的に関わることで、遊びを通して物事への理解を深めたり自己表現を促したりしていきましょう。

保育所保育指針[1)]
—第1章総則（抜粋）

保育における養護とは、子どもの生命の保持及び情緒の安定を図るために保育士等が行う援助や関わりであり、保育所における保育は、養護及び教育を一体的に行うことをその特性とするものである。

幼稚園教育要領[16)]
—第1章総則（抜粋）

幼児の自発的な活動としての遊びは、心身の調和のとれた発達の基礎を培う重要な学習であることを考慮して、遊びを通しての指導を中心として第2章に示すねらいが総合的に達成されるようにすること。

乳幼児期の遊びは、学び

子ども把握

年齢の特徴や
子どもの興味・関心
は何（どこ）？

遊びの計画

どんな遊びが
あるかな？
できるかな？

学びのねらい

遊びの中で
どんな力を
育む？

遊び

子どもの柔軟で自由な発想に驚かされることも少なくない、遊びの場面。その発想はどのように生まれるのでしょうか？　また、どのようにしたら引き出せるのでしょうか？

乳幼児期における『遊び』は、身近な環境との関わりの中で生まれる興味・関心を出発点として、子ども（遊び手）の自発性に支えられて展開していくとされています[17)]。また、子どもはその遊びによる経験を通して様々な知識や能力を獲得していくことから、この時期の遊びとは“学びそのもの”と言われるのです。

それでは、遊びの環境の中にぽんと入れられた子どもに対して、まったく大人が関わらないとどうなるでしょうか？当たり前のことですが、人は自分が知っていることしか知りません。子どもも、自分が知っている遊び方をする、自分が知っているものに関わろうとすることで、だんだんと同じ遊びを繰り返して停滞（＝パターン化）していきます。そうなると、次第に飽きて面白くなくなってしまうのです[17)]。

子どもが遊び込む（学び込む）ための、遊びの出発点となる子どもの自発性は、子どもが何を選択するかによって見ることができるでしょう。**子どもが興味を持っているのは、色？ 形？ 音？ 文字？数字？ それとも感触？ 一方で、まだ子どもが気づいていない興味の伸びしろは、どこだろうか？**

選択肢が多ければ多いほど、遊びは様々な方向に展開し、学びが深まります。**自分の持つ選択肢を増やして、備えられた能力を社会の中で実現させるためにも、子どもは大人の関わりによる教育を必要としているのです。**大人が遊びを学びの視点で捉えることで、「様々な興味・関心を促す環境をつくる」「展開を深める選択肢としての言葉かけを考える」「子どもを導く学びの目標を立てる」という、乳幼児教育としての関わりが自然と生まれるのです。

子どもの発想は選択肢の土台となる“概念形成”の豊かさ（量と質）によって広げられ、子どもが新しい“自己表現”の方法を知ることで才能として見られるようになる、と考えているのがCRAYONです。子どもの遊びの世界を丁寧《ていねい》に広げながら、新しい学びを増やしていくことは大人にしかできません。未来に花開くかもしれない才能の芽を、遊びを通してたくさんつくってあげましょう。

大人が関わる遊びの発展

子どもはまだ、「知らない」ことがたくさん！

知っていることだけで遊ぶとパターン化して停滞しやすいため、子どもに任せっぱなし（＝放任）では遊びに飽きてしまいます。
大人の少しの声かけで、遊びを発展させてあげると**概念形成**や**才能発掘**につながります。

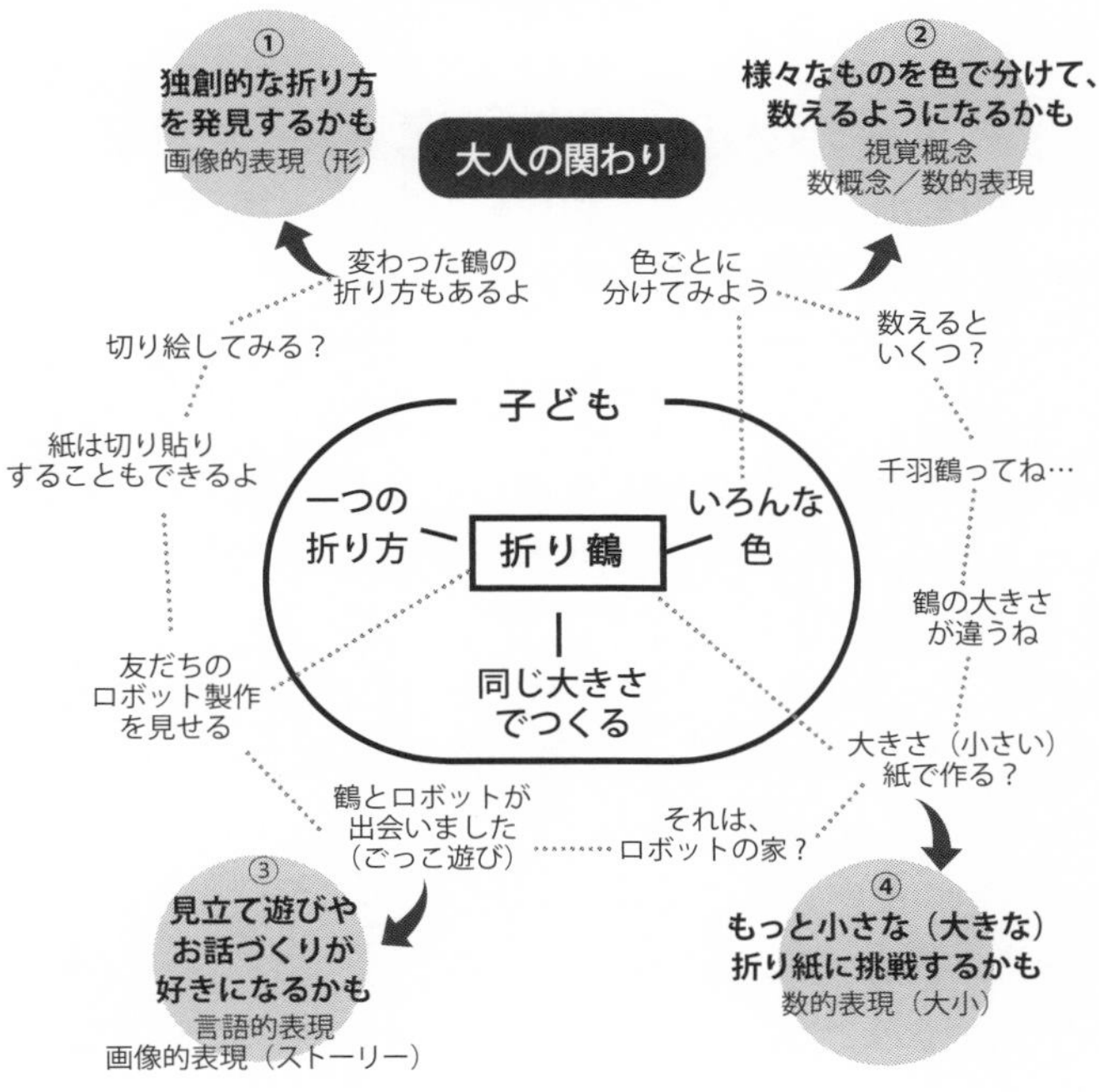

講義の時間　理解、納得

子どもとの対話を大事にする

理解と納得の大切さ

「理解」は、知識と経験から、
「納得」は、信頼と安心から。
CRAYON では大人の働きかけにより子どもが理解すること、
そして納得して行動することを大切にしています。

私たち大人も初めての情報を得たとき、「なるほど」や「そうか！」などと口では言いながらも、実は理解した気になっているだけのときもあります。しっかり理解ができている状態と、その気になっている状態では何が違うのでしょうか。もしも、理解できているならば、自分の言葉で説明できたり（現在）、もともと知っている情報とつなげて考えることができたり（過去）、さらにはまだわからないことも推論をして予測ができたり（未来）という深い思考が見られるでしょう。

情報とは、知識であり経験です。ここでいう知識とは、事実や出来事、そして概念などの言語化ができる情報とします。そして経験とは、自分が覚えていなかったり言語化できなかったりするけれど、直接体験した身体が覚えている情報です。**子どもの『理解』を促すことで、知識や経験を基にして『概念形成』が促されるのです**。

しかし、「言いたいことは理解した、しかし納得はできない」ということもありませんか？ 言いたいことを理屈《りくつ》や定義、科学的根拠……などのより確からしい言葉に言い換えてみても構いません。どれも、理解できるけれど納得はできないという状態ですが、この差は何でしょうか。

実は、客観的な情報だけを受け取る『理解』のプロセスとは異なり、**『納得』には相手との関係性、そのときの自分の感情や周囲の環境から受ける刺激、自分の信念などとても主観的なプロセスが関係している**からなのです[18,19]。言われたことに納得することで積極的に行動できたり、納得しやすい相手とは信頼関係が築かれていることが多いため、自分らしく振る舞うことができたりするでしょう。**子どもの『納得』を促すことは、その子らしい『自己表現』を促すことにつながります。**

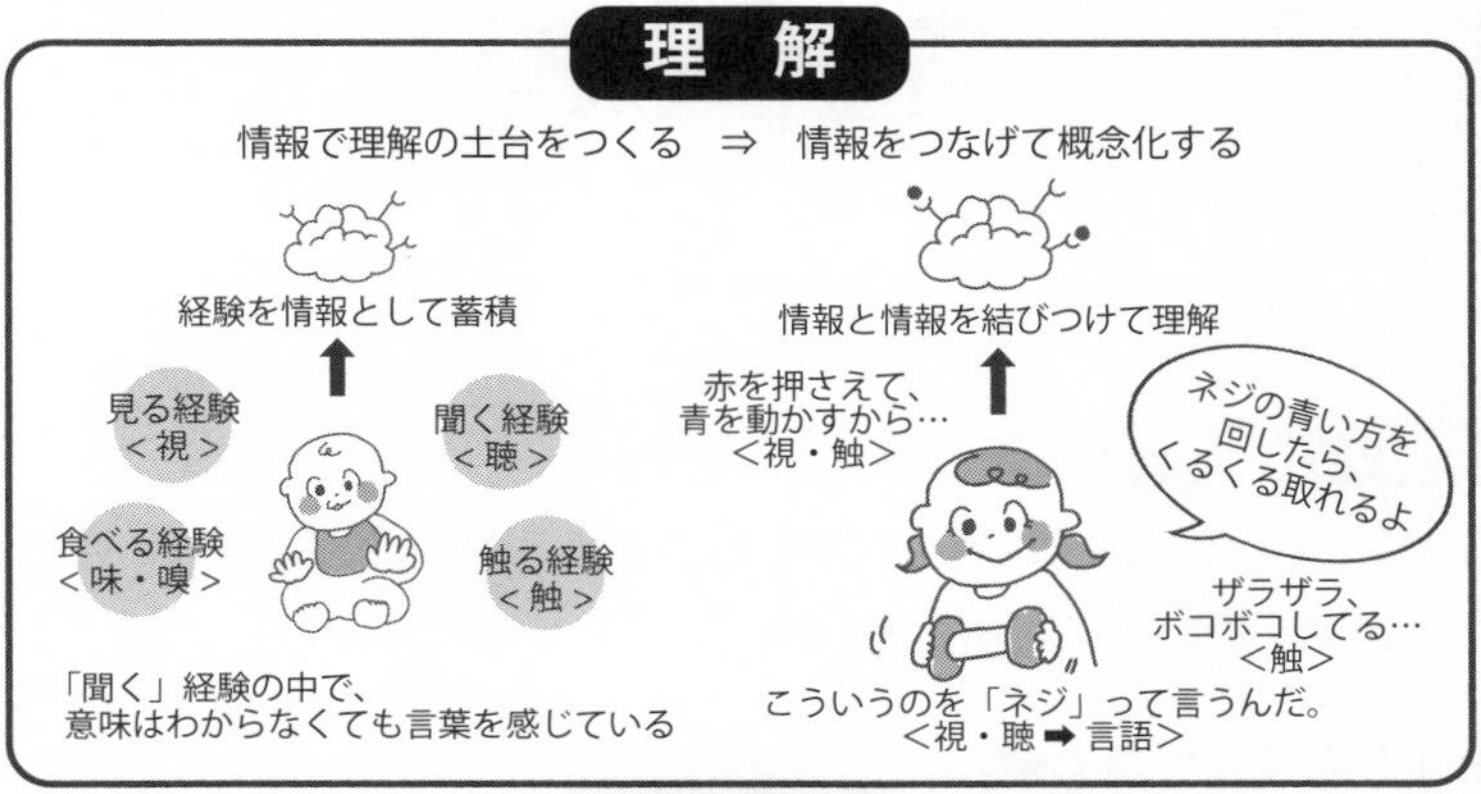

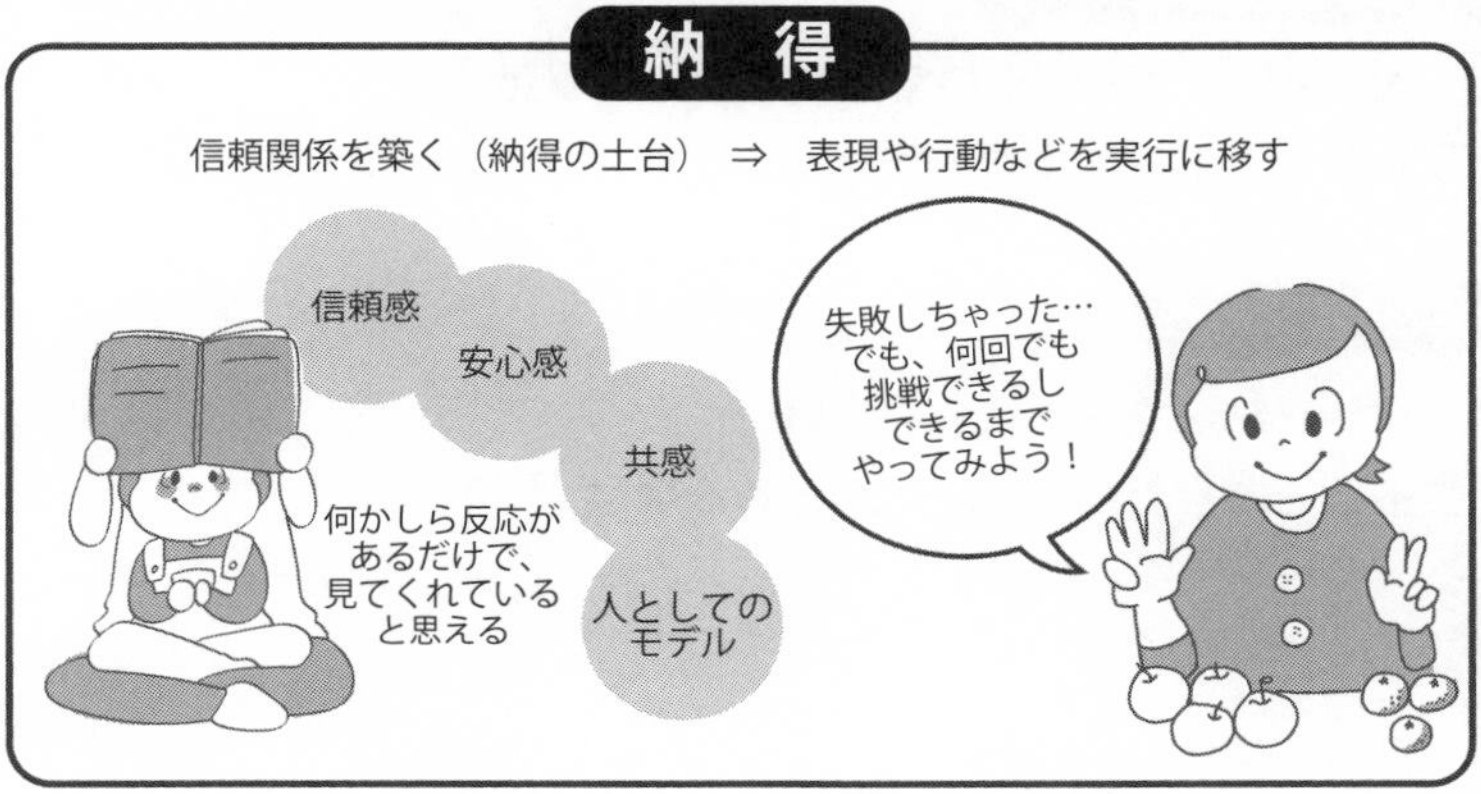

理解

子どもが獲得した新しい情報が、
その人の中に蓄積されている情報（知識と経験）と
つながることにより生じる人間の意識活動である。
また、理解の程度は、蓄積された情報（知識と経験）
の量と質により決まり、
納得を介して行動の変容につながる。

知識・経験の促し方

□ 知識と経験（情報）を得る機会の項目

□ 地域文化に触れる機会の項目

子どもへの関わり方

□ 聞き手として子どもの言葉を引き出す項目

□ 言語化のモデルになる項目

情報の伝え方

□ 情報を関連づけて伝える項目

□ 子どもに合わせて情報を調整する項目

郵 便 は が き

切手をお貼りください。

102-0071

東京都千代田区富士見
一―二―十一
KAWADAフラッツ一階

さくら舎 行

住 所	〒 都道府県		
フリガナ		年齢	歳
氏 名			
		性別	男 女
TEL	( )		
E-Mail			

さくら舎ウェブサイト www.sakurasha.com

愛読者カード

ご購読ありがとうございました。今後の参考とさせていただきますので、ご協力をお願いいたします。また、新刊案内等をお送りさせていただくことがあります。

【1】本のタイトルをお書きください。

【2】この本を何でお知りになりましたか。

1.書店で実物を見て　2.新聞広告（　　　新聞）
3.書評で（　　　）　4.図書館・図書室で　5.人にすすめられて
6.インターネット　7.その他（　　　）

【3】お買い求めになった理由をお聞かせください。

1.タイトルにひかれて　2.テーマやジャンルに興味があるので
3.著者が好きだから　4.カバーデザインがよかったから
5.その他（　　　）

【4】お買い求めの店名を教えてください。

【5】本書についてのご意見、ご感想をお聞かせください。

●ご記入のご感想を、広告等、本のPRに使わせていただいてもよろしいですか。
□に✓をご記入ください。　□ 実名で可　□ 匿名で可　□ 不可

❶ 情報の質が、子どもの知識の質になる

知識は、見聞きするだけでなく実際に自分が経験することで理解が深まると言われています[20)]。最初は子どもにとってただの音でしかない言葉に、意味をくっつけて概念形成を促すには、「知識」と「経験」のどちらも同じくらいに大切です。0 歳から身体の発達は進んでいるので、五感を刺激する経験は情報として蓄積されています。

「うみ」という言葉を聞いて、海に入って遊んだ経験がある子どもは海の景色だけでなく、磯《いそ》のにおいや海水のしょっぱさなどの感覚を思い出したり、連想して魚を思い浮かべたりするかもしれません。まだ海遊びの経験がない子は、先に「う・み」という音の言葉があることを知って、実際に海に行ったときに「これが、うみ（海）なんだ！」と理解することができます。

知識と経験は相互に関係しあうことで、理解を高めていくため、**子どもの活動を考えるときも「知識＋経験」をセットで考えると情報の質が高くなる**でしょう。「うみ」という言葉だけでなく、音源や小豆《あずき》とザルで波の音を聴いたり、海岸の砂や貝殻《かいがら》（※下記注）などを触ったり・嗅いだり、海の生き物の絵本や図鑑を見たり、海水と同じ濃度の塩水をなめてみたりといった、海を五感で間接的に経験する活動も理解を深めることができます。

波の音
ざざーん…
ざざーざざ…

貝殻の感触
ざらざら、
ゴツゴツ

海の味
塩からい！
しょっぱい！

（※注）自然の物を子どもたちに見せたいとき。
海・川・山から石や砂、植物、貝殻、流木などを持って帰りたいときは、『海岸法、河川法、森林法（国土交通省）や自然公園法（環境省）』などの法律、またそれぞれの自治体条例を確認しましょう。

講義の時間　理解、納得

理解

❷ 言語化することで理解が深まる

誰かに何かを説明しようとして言葉が出ないときや、自分の考えがまとまらないとき、「ゆっくりでいいよ」や「もしかして、こう言いたいの？」と一言かけられるだけで気持ちが楽になりませんか？　子どもはそもそも知っていることが少ないので、まだ一人で情報を整理して考えたり、自分の経験とのつながりを見つけたりすることは大人より難しいものです。そんなときこそ、聞き手に説明する状況をつくって会話を続けることで、理解が促されるとされています[21)]。

大人は、子どもが今持っている情報をつなげたり、整理したりすることをサポートする「聞き手」になりましょう。聞き手といっても受け身ではなく、子どもの最終的な言語化を導くための意図的な関わりが必要です。はしゃぎすぎて落ち着けなくなった子どもに対して「とっても嬉しいのね」と、その子の感情に寄り添った言葉をかけて気づきを促す、欲しい物の名前だけを言う子どもに対してすぐに渡さず「この玩具が欲しいの？」と聞き返すなど、大人が子どもの思考の隙間《すきま》を埋める言葉かけを行います。

Q. 親子のコミュニケーションの中で、
「理解」を促しているポイントを考えてみましょう。

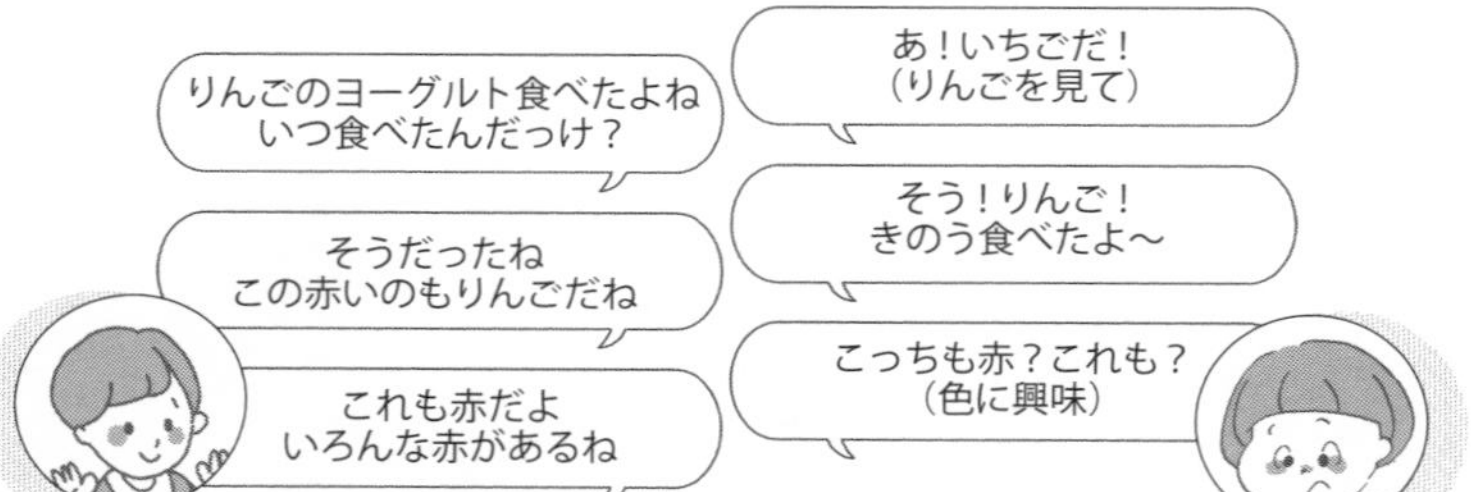
あ！いちごだ！
（りんごを見て）
りんごのヨーグルト食べたよね
いつ食べたんだっけ？
そう！りんご！
きのう食べたよ～
そうだったね
この赤いのもりんごだね
こっちも赤？これも？
（色に興味）
これも赤だよ
いろんな赤があるね

❸ 情報は単体ではなく、関連づけて記憶している

物語のさし絵で文章のイメージを促す、箇条書きで情報に見通しを持たせる、活動のはじまりの音楽で集中する、イベントで季節を感じる……など、情報は単体ではなく視覚的・聴覚的効果を活用したり生活経験とつなげたりしてみましょう。また、朝の会に1日の流れを確認するなど活動（情報）の予測をつけられることで、より細かい内容まで理解することができるようになるとも言われています[22,23]。

一方で、失敗した感覚や感情（怖い、痛い、嫌だ）も経験と関連づけて残るため、そういった経験がある子どもは、もう一度挑戦することに他の子より勇気が必要かもしれません。**同じ活動をする場合でも、子どもの経験や気持ちに合わせて関わることも大事になってきます。**

＼ 大人の姿は、子どもの憧れになる ／

小学校の学習指導要領でも取り上げられている「聞くこと」は、相手の意図をくみ取るコミュニケーション能力や活動への集中力につながっています。しかし、SNSなどによる自分主体のコミュニケーションの増加や、情報があふれていることによる時短・簡略視聴などの社会的な風潮などの背景もあり、子どもの「聞く力の低下」に警鐘《けいしょう》が鳴らされています[24]。

「聞き手」を育成するための教育方法については様々ありますが、なによりもまずは、大人が子どもの手本となって「よい聞き手」の姿を見せることが教育の第一歩になるでしょう。自分の言葉に耳を傾けて対応してくれている大人の姿勢や態度を、子どもが身をもって経験することが、いつか大きくなったときの姿勢や態度のきっかけになるかもしれません。

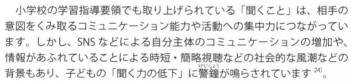

納得

理解された情報が他者と相互に
影響し合う中で
構築される信頼関係と
融合した場合に生じる、
より主観的な意識活動である。
納得は流動的なものであり、
行動の変容を促すものである。

信頼関係の作り方

□ 子どもを受け止める態度に関する項目
□ 子どもの模範になる態度に関する項目

子どもの考え方の尊重

□ 子どもの考えに寄り添う態度に関する項目
□ 子どもの人権を尊重する項目

行動変容の促し方

□ 子どもが行動を変える手助けをする項目
□ 子どもに成功体験を味わわせる項目

❶ 信頼関係は、子どもが大人の言葉を受け止める窓

大人であっても子どもであっても、納得するかしないかはそのときの本人の気持ちが大きく関係してきます。様々な事実（情報）をどのように受け止めるかは、受け手側の状態によるもので、自分の感情や周囲の環境から受ける刺激、自分の信念、そして相手との関係性が影響していると言われています[18,19]。

その中で、感情や環境からの刺激の受け方、自分の信念は受け手の内側にあるものですが、信頼関係は受け手と関わり手をつなぐものです。つまり、関わり手が意識して働きかけることでよりよい信頼関係が築かれれば､納得にいたるための最初のポイントである､『言葉を受け止める窓』が広くなると考えています。信頼関係がまだ十分でなければ、窓は少ししか開いていないため、同じ言葉でも受け手に届いていないかもしれません。**子どもとの信頼関係を築くことは、大人の言葉を子どもに届けるための土台になる**のです。

信頼とは、自分のことを裏切らないという相手への期待感や安心感から築かれるとされています[25]。**子どもに、「聞いているよ」「見ているよ」と態度で示したり、自分は大事にされていると思える言葉かけをしたりすること**が、信頼関係を築く関わりになるでしょう。

十分な信頼関係が
築けている
まだ信頼関係が
十分ではない…
さらに、
子どもの内面
の状況にもよる…
感情
環境からの刺激
自分の信念

納得

❷ 子どもの考えを尊重した上で、「教える」ということ

言葉が届いただけでは、まだまだ納得には至りません。受け手は、感情や周囲の環境による刺激の受け方、自分の信念などを基準にして、言葉を受け止めるかどうかを判断します。これらは、とても個人的なものなので一人一人違いますし、一人の人間として尊重すべき価値観でもあります。

まずは大人が、子どもが大切にしていることや苦手なこと、思っていること・考えていることなどを認めることが、子どもの考えを尊重することにつながります。その上で、教えなければならない社会的なルール（法・道徳・倫理など）や伝えたいこと、経験させたいことなどを促すと、いったん自分の基準も認められているので、新しい価値観も受け入れやすくなるでしょう。

「子どもの人権」という言葉を聞いたことがあるでしょう。実は、子どもならではの権利だけでなく、子どもが大人と同じように“ひとりの人間”として持つ様々な権利が認められたのは、1989 年の『子どもの権利条約（児童の権利に関する条約）』からです。さらに、日本がその人権条約を受け入れたのは 1994 年なので、今からたった 30 年ほど前になります[26)]。特に、乳幼児期の子どもたちに自分の権利を主張する力はないので、大人がしっかりと保障していかなければなりません。

四原則「子どもの権利条約」

● 差別がない
子ども自身や親の人種や国籍、性、意見、障がい、経済状況などどんな理由でも差別されない。

● 子どもにとって最もよい
子どもに関することが決められ、行われるときは、「その子どもにとって最もよいことは何か」を第一に考える。

● 命を守られ成長できる
命が守られ、もって生まれた能力を十分に伸ばして成長できるよう、医療、教育、生活への支援などを受けることができる。

●意見を言って参加できる
子どもは自分に関係のある事柄について自由に意見を表すことができ、大人はその意見を子どもの発達に応じて十分に考慮する。

納得

❸ 納得は、前に進む原動力！

人は納得することで、自分から動くことができると言われています。自分の意思や行動、姿勢などに表れ、その結果も自分事として受け入れられるようになります。自分事になると、成功体験の充実感や達成感、満足感はそのまま自信になり、もし失敗しても自分を振り返って反省することができるでしょう[18,19]。

反対に、理不尽さを感じたり報酬《ほうしゅう》に釣られたりすることで、納得できなかった（しなかった）行動の結果についてはどう感じるでしょうか？　他人事と感じたままでは、達成した成果への喜びも少なく、失敗したときには不満が残ります[18]。**『納得』することは、自主的で自立的な行動や、「やってみよう！」という意欲につながる**のです。

しかし、子どもが新しい行動を起こすためには、さらにもう一歩大人の手助けを必要としています。それは、目に見えるゴールや行動のヒントを示されたり、チャレンジできる環境が整えられていたり、そして成功体験を味わえることだったりします。子どもに芽生えた「やってみよう！」という気持ちを後押しし、のびのびとした行動や表現を促していきましょう。

▼　ごほうびは「成功体験」

できた！／嬉しい！／楽しい！
ポジティブな感情経験が、
難しいことにもチャレンジする
モチベーションにもなる。

▼　選択肢がある

自分で選ぶ主体性と、選んだ事への責任感から積極的に取り組むし、諦めにくい。

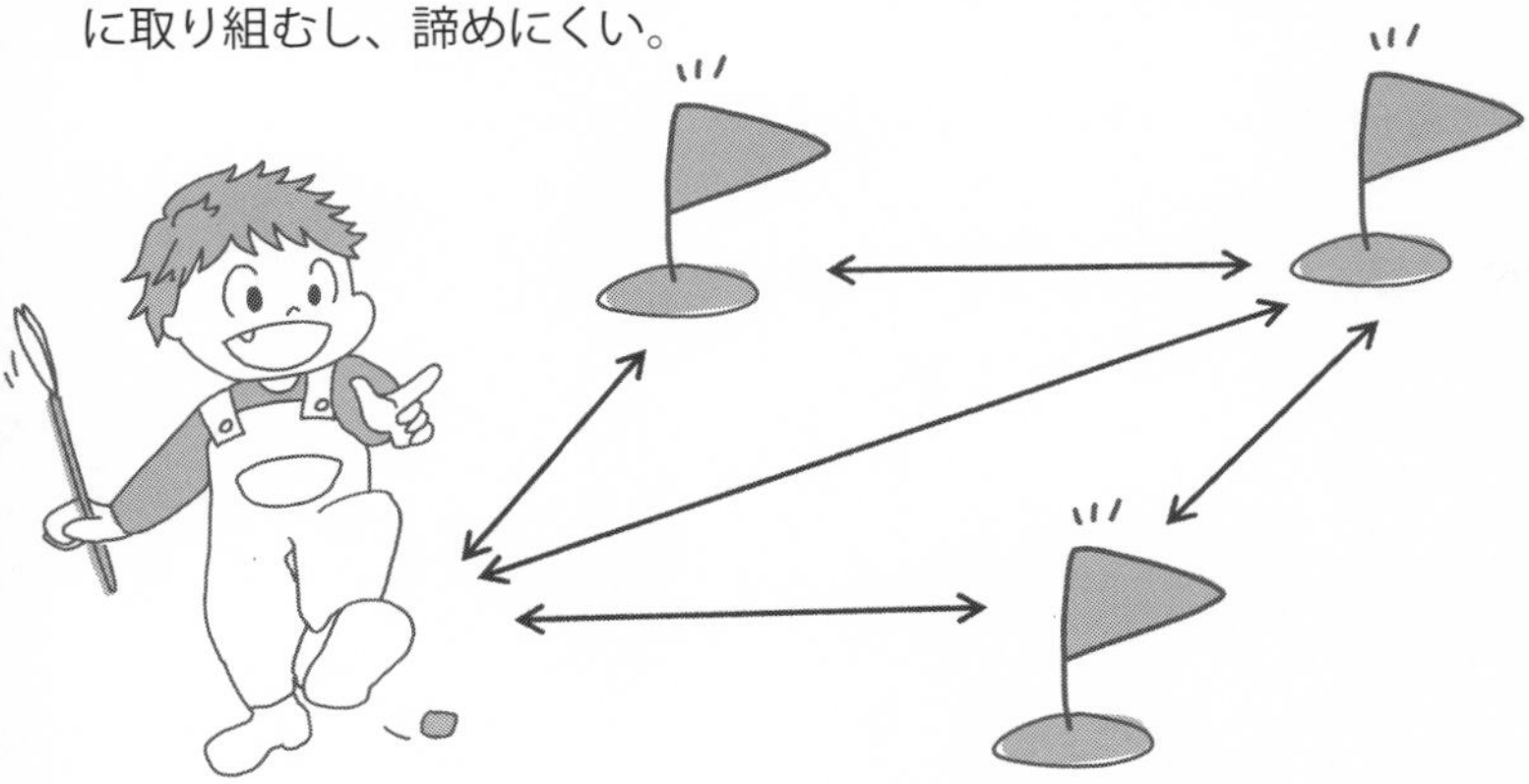

▲　何回でもできる

成功したことを繰り返せば、身体が覚えて (身につく)、失敗してもまた挑戦できるという安心感にもなる。

▲　目に見える目標・目的

時間や回数、量など具体的であるほど、子どもも成果がわかりやすく、大人も褒めやすい。

講義の時間　概念形成

子どもの成長を見つめる
概念形成の重要性

学びとなる新しい知識や経験を深めていくための情報は、
様々な〝概念〟を組み合わせることで得られます。
CRAYONでは、特に子どもたちの五感や、言語や数字などの記号
といった土台となる概念の形成に着目しました。

概念 を **形成** する。

概念
- 物事への理解
- 定義や意味内容
- イメージ

形成
- 形づくること
- まとめること
- 整えること

『概念形成』とは、「○○とはこういうもの（こと）である」と理解（学習）していくこと

子どもは、生まれてから見聞きしたものや触ったものなどの「物」や、経験したり感じたりしたこと、約束事などの「事」について、一つ一つそれが何であるかを日々学んで成長しています。すべての物事には「○○とはこういうもの（こと）である」という名前と意味がつけられていますが、それは大人が教えなければ知り得ることができないため、乳幼児教育においてとても重要な観点が『概念形成』になるのです。

そして、様々な概念は、子どもたちが感じる感覚刺激、いわゆる

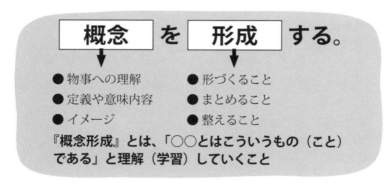

五感と呼ばれる視覚・聴覚・触覚・嗅覚・味覚を通じて認識・記憶した情報がもとになります。加えて、**社会の中で生きていくための必須概念が言語と数量の概念**です。

概念形成とは、すべての物事に対して「○○とはこういうもの（こと）である」と理解（学習）していくことです。これを、CRAYONでは感覚刺激の経験を通じて、事象の共通性を思考によってとらえ、具体物を抽象《ちゅうしょう》化して学習するプロセスであると定義しました。

初めて、りんごに触れた子どもを例に考えてみましょう。この子が、赤くて柔らかいボールで遊んだ経験があった場合、①赤や丸のような視覚的な共通性や大きさの共通性をとらえるかもしれません。また、②似ているけれど食べられるという点や、“ボール”ではなく“りんご”と呼ばれている点が違うことに気づくかもしれません。①のような共通点や②のような新しい情報（違い）を理解していくことで、この子はりんごの概念を形成することができるのです。

具体物

➡ 子どもが受けた感覚刺激と理解した概念

▼感覚刺激	ボールとの共通点がある？	ボールとの違いがある？
視覚（色・形）	赤い・丸い	—
触覚	—	固い
味覚	—	甘い（食べられる）
視覚＋触覚（大きさ）	同じ大きさ	—
視覚＋聴覚（言語）	—	「りんご」

抽象化

これは赤くて丸いし、大きさもボールに似てるけど、固くて食べると甘い”りんご”というものなんだ！

講義の時間　概念形成

CRAYONの『概念形成』は、「視覚概念」「聴覚概念」「体感概念」「言語概念」「数概念」の５つで構成されています。子どもの五感については、視覚と聴覚、体感（触覚・嗅覚・味覚）の３つに区分される、VAK（Visual、Auditory、Kinesthetic）モデル[27)]を参考にしました。

人がこれらの感覚を使って様々な情報を認識したり、さらに複数の感覚を一緒に使ったりして運動機能を育んでいくことは、感覚統合とも呼ばれており、子どもが自分の体の使い方を理解していくだけでなく、触れたものの力加減や距離感など対象との関わり方なども学んでいくと言われています[27)]。

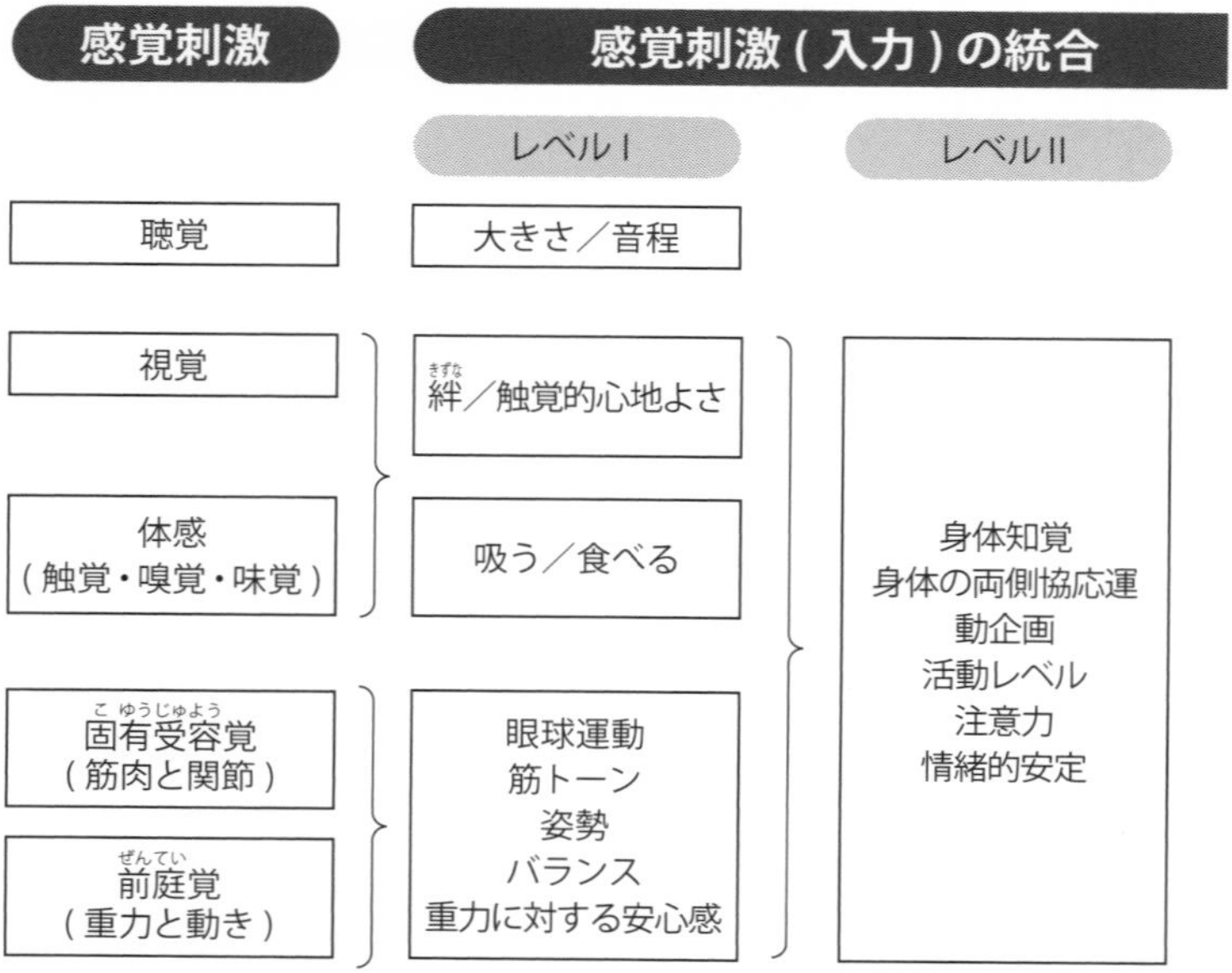

また、視覚や聴覚、体感を使いながら、言葉や数量なども理解することができるようになります。言葉を使ったコミュニケーションは、子どもたちがこれから社会で生きていくために必要不可欠な力です。特に、数量の理解からはじまる理数系能力は、これから特に重要とされる問題解決に求められる数学的・科学的な方法や思考につながる力です。乳幼児期の基礎的な概念が、大人になってからのコミュニケーション力や理数系能力の土台になるため、この時期に言語や数量の概念を形成することは教育の重要な役割になると考えました。

獲得を目指すもの

レベルIII

リズム・拍子感
▼
話し言葉
ー
言語（文字・数字）

目と手の協調
視知覚
目的的活動
▼
大きさ・形状・重さ・動きの認識

集中力
組織力
自尊心
自己制御
自信
学習能力
抽象的思考や推論能力
身体と脳の特殊化

※参考：小林ら（2014）「図１感覚およびその統合と最終産物」を基にして作成[27-31]

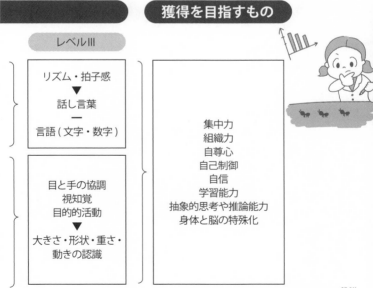

Column

子どもの脳では、取捨選択が行われている！

スイスの心理学者ジャン・ピアジェは、「乳幼児の脳は、統計的推論機械のようだ」と表したことで児童認知発達分野に革命を起こしたと言われています。彼の考え以前では、乳幼児の脳は空《から》の器《うつわ》であるから大人が知識を詰めていく必要があるとされていました。しかし、脳の仕組みが解明されるにつれて、ピアジェの仮説が正しいと証明されたのです。

実は、0～2歳の時期にはすでに視覚・聴覚・触覚を通して重要な情報を判別しており、その脳の仕組みは観察による反復で強化されて固定化する、『刈り込み』という現象が起きていることがわかりました。

生まれたばかりの脳は未熟でありながらも盛んにシナプスを形成し、この時期に限っては大人よりも密度が高いとされています。この状態から、周囲の環境や大人の関わりなどの刺激を受けて必要な回路を取捨選択することで、必要な回路は強化しつつも必要でないと判断した回路はなくなっていくのです（＝刈り込み）。そしてなんと、10歳頃には生後8ヶ月のほぼ半分にまで減少し、その後大人になって老化による減少が始まるまでほぼ一定を維持するそうです。

子どもの頃に行われる脳の『刈り込み』という取捨選択は、その後の神経回路の量と質にも影響するため、乳幼児期の教育的刺激がとても大事になります。しかしながら、自分には将来どんな能力が必要で、今何をしたらよいかは子どもにはわかりません。また、置かれた環境によくも悪くも柔軟に適応することができるため、その環境の中で「必要なことを強化」し、「必要でない技能は捨て」ながら成長していきます。

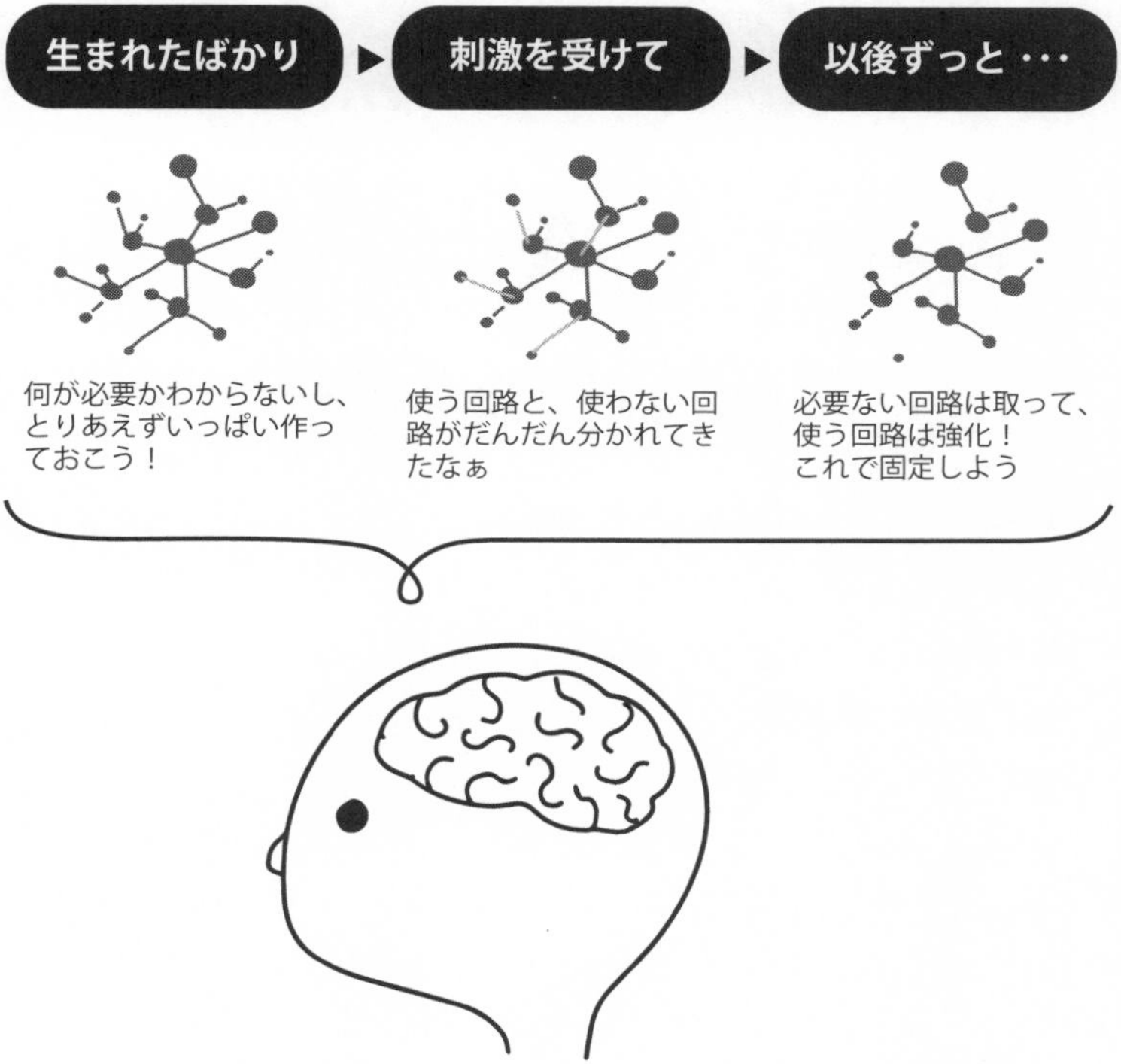
生まれたばかり
刺激を受けて
以後ずっと…
何が必要かわからないし、とりあえずいっぱい作っておこう！
使う回路と、使わない回路がだんだん分かれてきたなぁ
必要ない回路は取って、使う回路は強化！これで固定しよう

だからこそ、私たち大人が子どもの将来を見据えて環境を整え、意識して必要な教育的刺激を与える関わりをしていきましょう。何気ない日々のできごとでも、一つ一つが子どもの脳を刺激して、概念形成や自己表現の力を育んでいるのです。

シナプスの刈り込みのメカニズム
渡邉貴樹・上阪直史・狩野方伸（2016）
生後発達期の小脳におけるシナプス刈り込みのメカニズム
Journal of Japanese Biochemical Society, 88（5）, 621-629. doi:10.14952/SEIKAGAKU.2016.880621

視覚概念

**子どもが見せる、
色の 3 属性、線や形の違い・類似などの
視覚に関する概念形成の程度**

- □ 人の顔や表情の認識に関する項目
- □ 周囲の状況の認識に関する項目
- □ 絵や絵本などへの興味・関心に関する項目
- □ 色の性質に関する項目
- □ 形の性質に関する項目

視覚とは、視力や視野、コントラスト感度、光覚、色覚、両眼視機能などの視機能の働きによる感覚のことです。また、視覚的に知覚する力は「視知覚」とされ、形や物を知覚するために必要な概念（線の長さや傾きなど）も視覚によって理解します[32]。

視機能は、真っ暗な胎内《たいない》から出ないと刺激自体を受け取ることができないため、出生時に初めて光を感じてから機能の発達がしばらく続きますが、最も大きな発達を遂げるのは最初の 1 年間と言われています。また、ものをはっきり見ることに関する視力は、生後半年までに急速に発達し、おおよそ 10 歳ごろまでゆるやかに発達していきます[33]。【視覚概念】の領域では、**乳幼児期に著《いちじる》しく発達する視覚機能に沿って、得られる情報からどの程度概念が育まれているか**を子どもの様子から観察します。

どうして、視覚概念が大事なのか？

「形」がわかる

- **平面のものの形がわかる（二次元）**
  ➡ デザイン感覚や数学的な図形操作につながる。
- **立体のものの形がわかる（三次元）**
  ➡ 面を積んだり、丸を転がしたりといったものの性質の理解につながる。
- **文字の形がわかる**
  ➡ 読み書きの力や、言葉の理解につながる。
- **輪郭《りんかく》や空間がわかる**
  ➡ 自分の身体やものを操作する、器用さにつながる。

「色」がわかる

- **色の変化に気づく**
  ➡ 人の顔色の変化や、食べ物の色の変化（新鮮さや調理の程度）などの理解につながる。
- **色による特徴や意味に気づく**
  ➡ 暖色・寒色、膨張色・収縮色、ハレーションなどの色の印象を操作する力（デザイン感覚）につながる。
- **危険なものに気づく**
  ➡ 標識（止まれ、この先危険など）や自然の警告色（毒々しい色のカエルなど）、熱い金属や濡れた道路などの理解につながる。

講義の時間　概念形成

聴覚概念

**子どもが見せる、
音の大きさ、高さ、強さ、定位などの
聴覚に関する概念形成の程度**

□ 音の聞こえの方向に関する項目
□ 音の大きさや高さへの気づきに関する項目
□ 音のリズムや音程など音楽的要素に関する項目
□ 複数の音で構成された音への気づきに関する項目

聴覚とは、振動を感知して音を知る機能です。聴力検査などで確認できる聴覚は、空気や骨を伝う物理的な振動によって音を捉える「伝《でん》音《おん》系」と言われ、神経細胞によって音の強さや周波数を分析する「感《かん》音《おん》系」と区別されています。聴覚的な刺激を受けたとき、人はその音から大きく分けて「言葉」「音楽」「環境音」「空間」を知覚することで認知し、そして理解するとされています。耳は顔の左右に対であるため、一つの音が聞こえる時間や圧の差で音の方向がわかることで、レベルの高い“空間認知能力”の基礎にもなるのです[34)]。

振動によって伝わる情報を捉える聴覚は、羊水《ようすい》の中にいる胎児《たいじ》の頃から機能すると言われており、生まれてすぐの生後1ヶ月未満でも突然の物音への反応が見られ、その後の環境や人との関わりの中で音の意味を理解していきます[33,35)]。【聴覚概念】の領域では、**聴覚から得られる情報から特に音全般や音楽的な概念が育まれているか**を子どもの様子から観察します。

どうして、聴覚概念が大事なのか？

「音」がわかる

- **耳で音をとらえる（伝音系）**
  ➡ いわゆる「きこえ」と言われ、身の回りの様々な音声をキャッチできる土台になる。
- **神経で音をとらえる（感音系）**
  ➡ 音の大小、高低、強弱、周波数などは、音の意味を分析する土台として時間や空間の理解につながる。
- **音楽的な感性を育む**
  ➡ 楽音の旋律、リズム、ハーモニーの三要素につながる。
- **音の身体や心への影響を知る**
  ➡ 音楽で楽しんだりリラックスしたり（感情誘導）、音楽のテンポを上げて速く歩いたり（行動誘導）、音を上手に使う力につながる。

「声」がわかる

- **人の声だとわかる**
  ➡ 楽音や環境音、動物の鳴き声と、人の話し声を区別できる。
- **声の特徴や意味に気づく**
  ➡ 言葉によるコミュニケーションの要素の一つ。声に暖かさや冷たさを感じたり、安心や緊張などの状態、喜怒哀楽など感情の理解につながる[36]。

講義の時間　概念形成

体感概念

触覚、味覚、嗅覚を中心とした体感刺激に関する概念形成の程度

□ 触って感じる感触への気づきに関する項目
□ 固さや重さ、温度、形の違いへの気づきに関する項目
□ 5 つの基本味に関する項目
□ 匂いを感じることに関する項目

CRAYON における体感とは、触覚、味覚、嗅覚の３つです。触覚は皮膚《ひふ》感覚への刺激から、温度や痛み、かゆみ、触れたものの細かな質感や特徴を伝えます。

また、深部感覚と言われる触覚もあり、位置や動き、力、重さなどを感じ取ることで、自分の身体を操る姿勢や運動にも関連していきます[37,38]。味覚は舌の味蕾《みらい》によって甘味・塩味・酸味・苦味・うまみの５つの基本の味を感じ分けることであり、嗅覚は空気中のにおい成分を鼻の内側の粘膜《ねんまく》で感じることです[39]。私たちが“味（風味）”を感じ分ける際には、舌で感じる情報が 5%・嗅覚が 95%であり､おもな情報は鼻から入ってくるという神経生理学者もいます[40]。

【体感概念】の領域では、**触ったり・食べたり・嗅《か》いだりすることで感覚を通じて共通点や違いを感じ分けている子どもの様子から概念が育まれているか**を観察します。

どうして、体感概念が大事なのか？

「触覚」

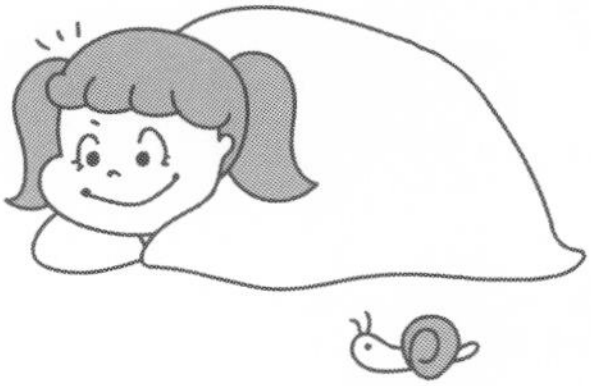

● **本能的な防衛反応**
➡原始的な機能で、生まれた直後から生命維持や危険察知のためにみられる。

● **触り分けるはたらき**
➡感触や大きさ、形を触って識別できると、見えていなくても目的のものを取り出せたり、見ただけでおおよその予測ができたりする力につながる。

● **自分の身体の動かし方を知る**
➡自分の身体の輪郭と外界との境目や、身体の中の感覚による重力との関係性が、自分の身体を上手く動かす（使う）ことにつながる。いわゆる、「運動神経がよい」や「器用」、「疲れにくい」身体づくりの土台になる。

「味覚・嗅覚」

● **味や風味を感じ分ける、気づく**
➡心身の健康のために、身体によいものを食べたり、楽しく食べたりすることにつながる。

五味	信号の役割
甘味	エネルギー源の糖の存在
塩味	体液バランスのミネラルの存在
酸味	腐敗や未熟な食材の存在
苦味	毒の存在
うまみ	身体をつくるタンパク質の存在

触覚も味覚も、経験不足が抵抗感（苦手意識）につながる！

触覚過敏やフードネオフォビア（食品新規性恐怖症）は、初めての経験（未知の物）に対する恐怖心からくる本能的な反応だとされています。安心できる環境の中で少しずつ慣れていくと、将来の苦手が少なくなるかもしれません。

講義の時間　概念形成

言語概念

**子どもが見せる、
単語や文法を中心とした
言語に関する概念形成の程度**

- □ 人の声かけへの反応を見る項目
- □ 挨拶《あいさつ》や身の回りのモノの名前の理解に関する項目
- □ 語彙《ごい》同士の関係性の理解に関する項目
- □ 過去・未来など時間の流れに関する項目
- □ 対象との関係性で変わる言葉に関する項目

言語の獲得《かくとく》は、特に概念形成とコミュニケーションに深く結びついていることが知られています。言葉を獲得する前から、子どもは自分が関わる実物（対象）との関係性によって食べられるモノや転がるモノ、同じ色や形のモノなど感覚的な概念が形成されています。そこに、言語というラベルを獲得することで、もともと知っていた意味に言葉がくっついて、コミュニケーションの手段を得ることができると言われています[41)]。また、言葉があることで自分が関わる対象が今目の前になくても、過去や未来、さらには架空《かくう》のモノやコトを表すことができるようになったり、他者の行動や自分との関係を表すことができるようになります。

【言語概念】の領域では、**大人や周りの子どもの声を言葉として認識している様子や、モノやコトには意味と名前があり状況や文脈に沿って言葉を使う様子から概念が育まれているか**を観察します。

言語概念は、意味理解が大事！

子どもによって言葉が出るのに早い、遅いはあるでしょう。しかし本当に重要なのは、**意味のある言葉が出てくる以前から「言語概念」を形成する観点で大人が子どもに関わる**ことです。

言語概念を形成する関わりのはじまりは、子どもが表情や仕草、行動で表す意思をくみ取ることになります。**子どもが感じている感情（快・不快をはじめ、喜怒哀楽など）や、子どもが五感を通じて感じている感覚（見聞きするモノ、触るモノなど）**に、大人が子どもに寄り添ってそれらと結びついた言葉をかけながらコミュニケーションを行ってみましょう。「あー、うー」など子どもの言葉そのものに意味はなくても、大人が反応することで会話のはじまりにもなります。また、「これは○○というモノ」だったり、「こんな時はこう言う」「こう言われたらこうする」など、**モノやコトに言葉がラベリングされていくことで、言語概念が育まれていきます。**

概念形成に必要な語彙

※『幼児・児童の概念形成と言語』(国立国語研究所 , 1982) より .[41]

機能語
- **文形成に必要な機能を果たす助詞、接続詞**

関係語
- **空間、時間、量的関係を示す語彙**
  ➡ 上下や縦横、ななめ、朝昼夜など

範疇語《はんちゅう》
- **上位、下位、種類を示す語彙**
  ➡ 野菜は食べ物、犬は動物にカテゴリー化されるなど

日常概念語
- **科学概念形成の基礎となる日常概念語**
  ➡ モノの大きい・小さいや、気温の暑い・寒いなど

Column

言語を獲得した人類だが、文字には学びが必要

CRAYON でも、五感と同じくらい大事だと考えている【言語概念】ですが、今の私たちの言語のもとになる考え方やコミュニケーションの方法は、7万年前から3万年前の「認知革命」によって登場したと言われています[42]。ここでの言語とは、日本語や韓国語といったバリエーションの一つではありません。

＼ 言語が持つ『4つの性質』 ／

分離性：DISCRETENESS 一つ一つの音や単語が意味を持ち、さらに組み合わせることで新しい意味を持つ	**文　法**：GRAMMAR 音や単語の並び方に意味があり、それらをどのように並べるかを定めたルールがある
生産性：PRODUCTIVITY 言語を使うことで、無数の表現を行うことができ、新しい意味を創造・理解することができる	**超越性**：DISPLACEMENT 時間や場所を超えて、「今、目の前にあるもの」以外についても表現できる

鳥の鳴き声やゴリラのドラミング動作などの単体で表すコミュニケーションと違って、音声や文字、動作を＜意味＞と結びつけて記号化した、人類独自の複雑な言語コミュニケーションのことです。動物も言語を持っているという考え方もありますが、ミシェル・ビショップは「言語とは『4つの性質』を持ち、そのすべてを備えて

いることが人類の言語の特徴である」と言っています[43)]。多くの生物が今を生きるための話をする中、人類だけが夢を語り、法をつくれば嘘もつき、見えないものを信じることができるのです。

デイビッド・イーグルマンは、生まれてすぐに走ることができるなどの生物的な強みと引き換えに、人類の脳は生まれてからの環境刺激に対して柔軟に対応する方を選択したと言います。この柔軟性が、人類の言語の柔軟性にもつながっているかもしれません。しかし、面白いことに脳の構造自体は20万年前とそれほど変わっていないとも言われています[44)]。

また、そもそも記号の一つである文字が誕生したのは5000～6000年前でしかありません。実は人間の脳は、まだ文字を読む特別な領域を持っていないそうです。昔から使っている、形を見分ける「視覚」と音を聴き分ける「聴覚」という別々の領域を上手く使っているだけだと言われています。そのうえで、日本では音を記号にしたひらがなとカタカナ、そして音と意味を記号にした漢字の３つの記号を持っています。さらに、文字が持つイメージによっても使い分けているので、難しい言語の一つになっているのです[45)]。

「勉強しないと文字を読めない」なんて、当たり前に思うかもしれません。私も、大学生のときの語学留学で日本語を習得しました。しかし、生活や遊びの何気ない場面で子どもと関わるとき、**①私たち大人が当たり前に使っている言葉一つ一つが未知の情報であること、②意識しなくても文字を自然と覚えられるような生物的能力（＝生まれつきの力）は持っていないこと**、を押さえた関わりが言語概念を育むのです。

講義の時間　概念形成

数概念

子どもが見せる、数や量の認識に関する概念形成の程度

□ **大まかな数量の変化への気づきに関する項目**
□ **大きさや長さなど量の比較に関する項目**
□ **数字記号の読み方と意味に関する項目**
□ **順序数の理解に関する項目**
□ **簡単な数の操作に関する項目**

乳幼児期の数概念については、全米数学教師評議会及び全米数学諮問《しもん》委員会が、未就学児における初期の数学能力の12の鍵を示しました[46)]。また、スーザンらは初期の数学スキルが将来の理数系能力を左右するとして、①カウント（枠の中の数量の把握）、②簡単な演算（足し算と引き算）、③10進法、④測定とデータ（数量の比較）、⑤形（平面と立体）、の5つのスキルに整理しました[47)]。これらのスキルの獲得は単なる学校教育の早期教育ではなく、これまでの様々な数学教育の研究から、数学とは生きた実践であり、遊びや生活の中で自発的に数学を探したり活用したりすることで身につくものであることが言われています[48)]。

【数概念】の領域では、**子どもが生活や遊びの中で数量の変化に興味を示したり、数字を使おうとしたりする様子から概念が育まれているか**を観察します。

数概念も、意味理解が大事！

乳幼児期における数概念の形成は、生活や遊びの中での「数量経験」がとても大事になってきます。五感を通じて経験できる視覚や聴覚、体感といった概念や、日頃のコミュニケーションの中で経験できる言語概念とも違い、**特に就学前の子どもは大人が「数量」を意識しなければ意外と経験の機会が少ない**ことに気がつくでしょう。

例えば、机上にりんごが何個かあって平等に分けたいとき、大人でも「6個」という数を数えてからでないと分けることができません。このように、数概念には測定の目的が関係しています。これは、**数がそもそも生活の中から生まれた道具**であり、「数は測定から生ずる（McLellan & Dewey, 1895）」という言葉もあるほどです[49]。

さらに、子どもの数概念の形成は直線上にあるわけではなく、子どもの様々な概念形成とひらめきが複雑に関係しているため、**問題解決と推論といったプロセスの中で形成されるべきだ**という報告もあります[48]。

推論（＝推《お》し量《はか》って、論ずる）とは、まだわかっていないことについて、今わかっている事実や状況から予測することです。子どものうちから、「ドーナツが3つあるね、1つ食べたらいくつになる？」や「オクラを切ったらお星様が出てきたね、また同じように切ったらどんな形かな？」など、身近な経験の中で簡単な予測させる経験を積み重ねることが、数概念の土台を育み、将来的な理数系科目への苦手意識を少なくするかもしれません。

講義の時間　自己表現

感じたこと、考えたことを表す

自己表現から才能発掘

子どもたちは、日々感じたことや考えたこと伝えたいことを
自分なりの言葉や身振り、手段で表現しています。
CRAYON では、子どもたちが見せてくれる表現の様子から、
才能を発掘して育むことを目的としています。

才能とは何でしょうか？　スウェーデンの心理学者のアンダース・エリクソンが、30 年以上の研究を経て一つの真実を導きだしています[50)]。それは、**「今のところ人間の能力に限界は見つかっておらず、生まれながらの天才は存在しない。超一流との分かれ目は練習時間と練習の質だけである」**という、後天的な努力の重要性でした。身長や骨格などの生まれ持った遺伝的な身体的特徴はあっても、様々な才能を開花させたトッププレイヤーに共通する遺伝的な要素はないため、生まれつき才能に恵まれている人はいないことを明らかにしたのです。そして、特に歴史と伝統がある分野において成功者となる彼らに共通する、努力の方法（＝限界的練習法）も見つけました。また、質の高い練習によって最も大きな影響を受けるのは”脳”であり、才能に関係した脳の変化が能力の正体だということもわかりました。

エリクソンが提示した「超一流」になるための努力の方法は、自分が何を目指したいのかを具体的にイメージして、今の自分とのギャップを埋めるためにインプットとアウトプットを集中して繰り返すという、いたってシンプルな方法です。そして、方法論に加えて独力の限界があることから、**「理論と教師」**の必要性を強調しています。

この「超一流」になるための努力の方法とは、一握りの成功者のための特別な考え方なのでしょうか？　実は乳幼児教育において、**子どもの才能を伸ばすための大人の関わりに通じるヒント**になっていると思いました。

CRAYON プロジェクトにおいて乳幼児期から考える「才能発掘」とは、何も特別なことを指しているだけではありません。**子どたちは一人の例外なく、一人一人がたくさんの才能の種を持っています。その種から芽が出て、花が開くことを「表現＝才能」としています。**その花が大輪の花になるか小さくとも花開くかが、エリクソンのいう「超一流」になるかどうかの違いにはなるでしょう。

しかし、CRAYON では、子どもが持つ種を種のままにせず、様々な種からたくさんの花を開かせることによって、子どもたちの将来の選択肢を広げることができると考えています。

CRAYON BOOK では、まだ伸びしろがある項目がこれからの成長の可能性でもあります。そのため、項目の内容を保育活動や大人の関わりのねらいとすることで、自ずと環境作りや声かけにも理論的な根拠が得られるでしょう。**子どもたちが才能を開くための努力を、大人の関わりによって自然とサポートする。これが「才能発掘」**です。

	「超一流」になるための努力の方法		才能を伸ばす乳幼児期の大人の関わり
①	具体的な理想の姿をイメージすることができる	▶	子どもの成長の姿を具体的にイメージできる
②	理想の姿と、今の自分とのギャップを知る	▶	今の子どもの強みとこれからの成長の伸びしろを知る
③	ギャップを埋めるためのインプットとアウトプットを行い、フィードバックする	▶	子どもに知識や経験の機会を与えて表現を促し、子ども自身の気づきや成功をフィードバックする
④	集中して③を繰り返すことができる環境をつくる	▶	子どもが集中して活動に取り組み、何回でも挑戦できる環境をつくる
⑤	具体的な理想の姿をイメージすることができる	▶	具体的な理想の姿をイメージすることができる
	＋		＋
	・体系化された理論と練習法を正しく学ぶこと ・適した教師を選ぶこと ・モチベーションを把握し、コントロールすること		・理論を知り、ねらいを持った活動を設定すること ・大人の関わりによって、子どもの興味関心を促しモチベーションをコントロールしてあげること

画像的表現

感じたことや考えたことを、
色や形を活用して表現する頻度《ひんど》

□ **色の性質を活用した表現の項目**
□ **形の性質を活用した表現の項目**
□ **描画《びょうが》技法を活用した表現の項目**
□ **鑑賞による表現の項目**

視覚や触覚などから色や形を認識することができるようになると、生活や遊びの中で子どもの様々な表現に画像的な特徴が見られてくるようになるでしょう。例えば、好きな色や気になった形にこだわるかもしれません。絵を描くときに、見たものそっくりに描く才能もあれば、想像を広げて描く才能もあります。また、鑑賞ひとつとっても、感じたことを話す子もいれば、マネしたい子、その絵からさらにひらめきを得て自分の絵を描こうとする子など、表現の方法はたくさんあります。

同じ環境の中で同じ活動をしても、感動したり興味を持ったりするところが違えば、見えているものも違います。それは、子どもが見たり触ったりしてきたものや、技法などの『経験』と、色や形についてどこまで理解しているかという『概念形成』の違いです。

【画像的表現】の領域では、**色や形の知識や表現技法など子どもの選択肢を増やすことで、もっと自由な画像的表現を楽しむ力**を育みます。

画像的表現につながる、3 つの視点

基本色・多彩な色

- **基本の色から少しずつ**
  ➡ 混色やパステルカラーなどの淡い色は、最初は違いがわかりにくいものです。まずは、赤や青、黄といった一般的に使われやすく乳児（※ 4 ヶ月以降）でも見分けられる基本の色から使ってみましょう[51]。
- **混色で、色彩・彩度・明度**
  ➡ 色が均一に混ざる画材（絵具・色砂・粘土など）を使って、混色を体験してみましょう。

形の特徴を知る

- **基本の形を組み合わせる**
  ➡ ○（まる）、△（さんかく）、□（しかく）だけで、様々なものを表現できます。生活の中で形を探してみたり、3 つの形だけで貼り絵をしたりしてみましょう。
- **三次元になったときの特徴**
  ➡ ブロックやボールなど立体だと、とがった角や、積み上げたり転がったりなどの特徴を体験できます。その経験が丸い物が転がる動きを示す線などに見られるでしょう。

大きさの違い

- **そっくりに描く才能**
  ➡ 大きさを見比べることで、大小や遠近を正確に表す子どももいます。
- **子どもの興味・関心のヒント**
  ➡ 好きだったり興味がある物は大きく、苦手だったり関心が薄い物は小さく描かれているかもしれません。手がかりにしてみましょう。

音楽的表現

感じたことや考えたことを、
歌や楽器を活用して表現する頻度

- □ **歌唱表現に関する項目**
- □ **演奏表現に関する項目**
- □ **音に対する身体表現に関する項目**
- □ **音やリズムをまねる表現の項目**
- □ **音楽的な意味合いを理解した表現の項目**

音楽の三大要素は、旋律《せんりつ》（メロディ）、リズム、ハーモニーとされています。歌唱や演奏の場面にとどまらず、日常的場面での子どもの様々な表現として音楽的な特徴が見られてくるようになるでしょう。ふとした瞬間に歌を口ずさむ、音に合わせて自然と体が揺れる、数えるときに指で叩いてリズムをとるなど、子どもたちにとっても無意識の音楽が生活の中に表れてきます。人は生まれながら音楽と親しむ土台を持っており、特に人とリズムを合わせることは対人関係やコミュニケーションに関わる重要な表現力だと言われています[52)]。

【音楽的表現】の領域では、**子どもたちの音楽家としての芸術的才能だけでなく、音楽で気分を上げたり落ち着かせたり、リズムを合わせてコミュニケーションをとったりなどの将来的な生活の質（＝ QOL）を高める土台となる力**を育みます。

音楽的表現につながる、3つの視点

歌う

- **自分の思いのまま歌う**
  ➡ 歌うことの心地よさを味わうことが、楽しさや音楽への親しみにつながります。
- **大人と一緒に歌う**
  ➡ お手本にするためによく聴いて、旋律やリズムをまねできるチャンスになります。言葉の響きを感じることで、言語的な経験にもなるでしょう。

奏《かな》でる

- **リズムを取ることを楽しむ**
  ➡ 音に合わせて楽器を演奏したり、身近な物を叩《たた》いたりするときに、リズムを取ることを楽しみます。カウントを取り入れると、合わせたりずらしたりしやすくなるでしょう。
- **音の違いを感じることを楽しむ**
  ➡ 楽器や叩く物の素材の違いによって、自分が奏でる音の違いを楽しみます。独自のオノマトペなどの表現（言語）や、音の違いから物の硬さ（触覚）に興味を持つことにつながるかもしれません。

身体を動かす

- **自然に身体を動かす**
  ➡ 遊びや活動の中で促された動きではなく、聞こえてくる音に対して自然と身体が動いている様子が見られるでしょう。
- **活動の中で身体を動かす**
  ➡ 決まった動きをするダンスや、演劇やものまねといった演じる動きなど、何か目的を持って音に合わせた動きをする場面です。

講義の時間　自己表現

身体的表現

感じたことや考えたことを、身体を活用して表現する頻度

□ 味覚的表現の項目
□ ジェスチャー表現の項目
□ 身体の一部や全部を使った表現の頻度に関する項目
□ 身体の様々な使い方に関する項目

身体の感覚である味覚と嗅覚、触覚の３つの感覚を土台にして、子どもの様々な表現に身体的な特徴が見られてくるようになるでしょう。いろんな味に親しみ味覚概念が育まれると、食事の時間以外でも、いちごの絵本を読みながら「もぐもぐ、あまーい！　美味しいよ？」と教えてくれる子どももいます。体感概念のページ（p188）で紹介したように、触覚は自分の身体を知って、上手に動かすことに関係した感覚でもあります。身体を使った表現の一つであるジェスチャーは、意味のある言葉が出てくる以前の子どもや習得中の子どもにとって、特に大切なコミュニケーション手段です。大人がジェスチャーを使うことで、子どもの目を引くだけでなく言葉だけの関わりより学びが多くなったという研究もあります[53)]。

【身体的表現】の領域では、**子どもが自分の身体を理解することを促し、自分の身体に直接触れる物や食べる物への表現力や、自分の身体が無意識に感じている平衡《へいこう》感覚や筋肉をうまく操って表現する力（ジェスチャーやダンスなど）**を育みます。

身体的表現につながる、3 つの視点

空間を認識する

- **ブロック遊び**
  ➡ 上や下、内や外、近い／遠い、右や左などを、ブロックを動かしたり積んだりしながら「位置関係」について教えていきましょう。
- **自分の身体を中心に動かす**
  ➡「右に曲がるよ」と言いながら歩く方向を変えたり、旗揚げゲームで右手と左手を使いながら理解を深めましょう。

表現を比べる

- **反対の動きを極端に表現してみる**
  ➡「大きい／小さい」「遅い／速い」「なめらか／カクカク」など反対の動きを、大人のマネをして体験してみましょう。
- **「〜よりも」など相対的に比べる**
  ➡ 2 つ以上のものを並べて、どっちがより○○なのか比べてみましょう。比較を理解すると「さっきより速く」や「もっと大きく」などの表現にもつながるでしょう。

順番を数える

- **3 つ以上を比べて順番をつける**
  ➡ 何かの基準で比べて並べると、順序になります。1 番目、2 番目、3 番目……といった一般的な順序をつけてみましょう。
- **カウントしながら身体を動かす**
  ➡ カウントしながら動くと、動きの速さを変えたり、動くときと動かないときなどのルールを決めたりすることもできます。

講義の時間　自己表現

言語的表現

感じたことや考えたことを、言語を活用して表現する頻度

□ **自己の主張に関する表現の項目**
□ **過去の出来事を言葉で表現する項目**
□ **未来の出来事を言葉で表現する項目**
□ **仮定や架空《かくう》の出来事を言葉で表現する項目**

大人が子どもの言いたいことを理解しようとし、表現ができる環境を整えることで、子どもの言語的な特徴が見られてくるようになるでしょう。母語《ぼご》は特に、「教え」からではなく生活の中での言葉のやりとりから獲得することが言われています。大人が子どもと1対1で、推論しながら丁寧に対話を成立させることが、言語的な表現方法を一つ一つ学ぶ足場になるのだそうです[54)]。

乳児の頃はただの音声でありながら、単語の意味（定義）を直接教えられなくても、周囲の大人を一番のモデルにすることで"言葉"として状況に合わせた使い方を見せるようになります[55)]。語彙《ごい》が増えてくると、2語文や3語文などの言葉同士をくっつけた表現も出てくるでしょう。はじめは、見えている物の名前や生活環境でよく耳にする挨拶などから、自分の気持ちや作り話などの見えないものも言葉で表現するようになります。

【言語的表現】の領域では、**遊びや生活の中で言葉を使って自分が言いたいことを主張する力**を育みます。

言語の環境、モデルとなる関わり手

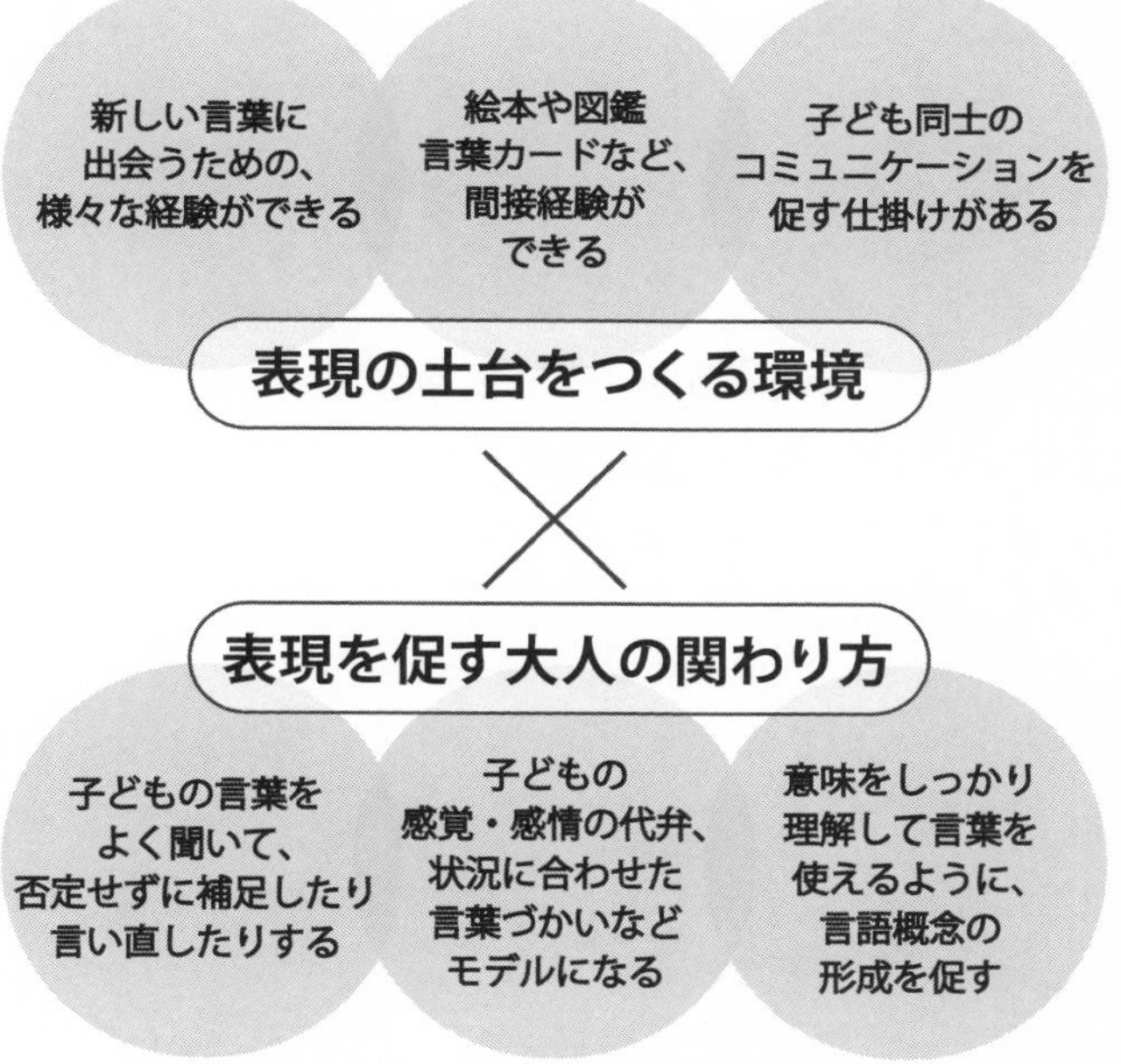
新しい言葉に
出会うための、
様々な経験ができる
絵本や図鑑
言葉カードなど、
間接経験が
できる
子ども同士の
コミュニケーションを
促す仕掛けがある
表現の土台をつくる環境
表現を促す大人の関わり方
子どもの言葉を
よく聞いて、
否定せずに補足したり
言い直したりする
子どもの
感覚・感情の代弁、
状況に合わせた
言葉づかいなど
モデルになる
意味をしっかり
理解して言葉を
使えるように、
言語概念の
形成を促す

※加藤ら（2015）「幼児期の言葉の獲得～幼児期の発達特性と幼稚園での教育～」の内容を参考にして作成[54)]

言語概念が少なくても、言語的表現が見られる!?

CRAYONの【言語的表現】は、子どもが今覚えている言葉を使って積極的に表現しようとする様子を見ています。そのため、語彙は少なくても一生懸命言葉で伝えようとする子どももいれば、知っている単語は多いけれど表現自体は少ない子どももいます。前者は、語彙を豊富にすることで表現に具体性や広がりが見られるかもしれません。後者は知識を認めて自信を持つと表現が増えてくるかもしれませんし、反対にコミュニケーションのモデルを見せて社会性を育む方向で関わるという選択肢もあります。

数的表現

感じたことや考えたことを、数や量を活用して表現する頻度

- □ **大まかな数量の変化への気づきに関する項目**
- □ **大きさや長さなど量の比較に関する項目**
- □ **数字記号の理解に関する項目**
- □ **順序としての数の理解に関する項目**

数概念のページ（p194）で紹介したように、「**数学とは生きた実践**」と言われています。数字を読むことだけでなく、子どもが好きな物をより多く集めたり、より大きい方を選んだりすることも含めて、子どもの表現に数的な特徴が見られるようになるでしょう。はじめは、実際に見えている物の量や密度を手がかりに、それから数字の概念を理解することで数字という記号を手がかりに考えることができるようになってきます。

また、数字は順番を表すこともでき、順番を待つことや時間に合わせて行動することなど、理数系能力だけでなく社会的ルールを身につけることにもつながります。さらに、数量で表すと、頑張ったことが目に見えて自信や達成感を感じやすかったり、「あと１つ食べてみようか」など目標が具体的にわかればやる気につながりやすかったりするでしょう。

【数的表現】の領域では、**数字が生活に根ざしていることを実感して、物事を正確に捉えたり、解決の方法として数を活用したりする力**を育みます。

「なんで数学を学ぶの？」は、乳幼児から

私たち大人も、数学によって支えられ、数学によって発展していることをついつい忘れがちです。特に、医療技術やインフラ技術、情報技術は、現代の安全・安心な先進的社会の中心となっています。しかし、2022年全国学力テスト調査[56]では、「将来、理科や科学技術に関係する職業に就きたいか」との問いに肯定的に答えたのは小学6年が26.7%、中学3年が22.6%でした。このような、『理系離れ』は数学の意義や必要性を実感できていないためではないかとして、「薬の服用にともなう変化」といった、学習者（※中学生）にとって身近で具体的な題材を教材にする研究[57]も進められているのです。

大好きなバナナをいっぱい食べたい！

同じ重さのバナナの置き方を工夫して、「どうしてそれを選んだの？」と聞いたところ…

かわいいチューリップ自分でつくりたい！

番号をつけた手順カードをつくったら、一人でチューリップを折れるようになった。

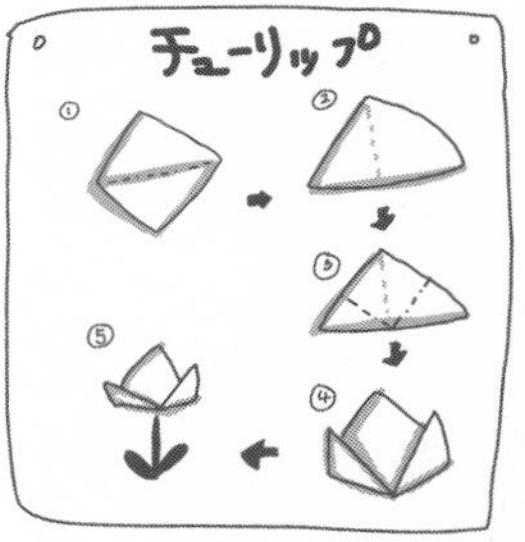

がんばって育てた植物の成長が嬉しい！

- どのくらい成長したかな？ ➡ 比較する
- どれだけの実ができたかな？ ➡ 数える、比較する
- 煮たり、焼いたり、潰したり…食べられるのはどのくらい？ ➡ 量の変化

まとめ — 才能発掘&サポートのチェックポイント

① CRAYON 項目一覧
② CRAYON 実践記録簿〈写真記録用〉
③ CRAYON 実践記録〈年度計画〉

① CRAYON 項目一覧―5つの領域と項目について

「環境と日常生活」「理解」「概念形成」「納得」「自己表現」の5つの領域と項目です。各項目は、一人一人の子どもの強み・才能を発見し伸ばしていく視点、苦手克服をサポートする視点につながります（○印は CRYAON BOOK の各バージョンに対応している項目を表す）。大人が同じ視点を共有・理解して子育てにあたることで、子どもの様々な能力を育み、子育てに関わるすべての人が同じ視点になることができます。環境や大人の関わり、子どもの育ちを語り合うきっかけとして参考にしてみてください。

●環境と日常生活

【環境】：環 1 ～ 14
【食事】：食 1 ～ 10
【睡眠】：睡 1 ～ 12
【遊び】：遊 1 ～ 11

●理解

【知識・経験の促し方】：理 1 ～ 4
【子どもへの関わり方】：理 5 ～ 8
【情報の伝え方】：理 9 ～ 12

●概念形成

【視覚概念】：視概 1 ～ 14
【聴覚概念】：聴概 1 ～ 12
【体感概念】：体概 1 ～ 11
【言語概念】：言概 1 ～ 16
【数概念】：数概 1 ～ 13

●納得

【信頼関係の作り方】：納 1 ～ 3
【子どもの考え方の尊重】：納 4 ～ 6
【行動変容の促し方】：納 7 ～ 11

●自己表現

【画像的表現】：画表 1 ～ 21
【音楽的表現】：音表 1 ～ 12
【身体的表現】：身表 1 ～ 13
【言語的表現】：言表 1 ～ 13
【数的表現】：数表 1 ～ 11

＊ 3 ～ 5 歳の項目数です。0 歳及び 1 ～ 2 歳は、各領域の項目数が異なります。

①CRAYON項目：環境

環境と日常生活	理解	概念形成	納得	自己表現
▼				
環境	食事	睡眠	遊び	

子どもが過ごす施設環境について、厚生労働省が『待機児童解消に向けた児童福祉施設最低基準に係る留意事項等について』を示しています。その中で、特に満２歳以上の幼児を入所させる保育所は屋外遊戯《ゆうぎ》場を設けることとされ、屋外遊戯場に代わるべき公園、広場、寺社境内などが保育所の付近にあれば、これを屋外遊戯場に代えて差し支えないともされています[1)]。

		0歳	1-2歳	3-5歳
環1	近くに公園・広場・寺社境内など屋外活動ができる環境がある	-	○	○

施設の中にいても、子どもが外界と関わることができるか意識してみましょう。換気や採光は、衛生面や快適さだけでなく、子どもの目線に窓があることで園外に興味を持ちやすい環境になり、子ども自身の世界を広げたり、自然の流れや社会の様子を知るきっかけになったりするでしょう[2)]。

また、施設の設備を直接変えることが難しい場合、代わりとなる工夫をすることも環境設定です。例えば、子どもがふだん過ごしている部屋から外を見ることができなければ、おんぶや抱っこで外を眺《なが》める時間をつくったり、必ず安全を確保した上で大人がいるときだけ登って外を見ることができる段差などを置いたりすることが考えられます。

		0歳	1-2歳	3-5歳
環2	子どもの目線の高さにあった窓になっている	○ 環1	○	○
環3	窓の自然光で過ごすことができる	○ 環2	○	○
環4	自然換気や空気循環の調整ができる	○ 環3	○	○

園内外の装飾を定期的に見直すことで、子どもや保護者などにとって必要なものだけを掲示することができます。さらに、園内の過剰《かじょう》な装飾を控えることで、園外に興味を持ちやすいともされています[2)]。例えば、子どもの年齢的な成長発達の時期に合っているのか？ 季節やイベントに合っているのか？ なぜあるのかわからないような装飾がないか？ 期限が切れた掲示物が残っていないか？ などが観察のポイントになります。

➡ 装飾が過剰であるかどうかを考えるときには、次の項目からの「子どもの育ちを促す目的を持った装飾」以外の環境を見てみましょう。

		0歳	1-2歳	3-5歳
環5	園内外の掲示物などが過剰な装飾にならないようにしている	○ 環4	○	○

施設の壁面装飾には、その壁面を担当する大人が季節などの環境や子どもの状態に応じて合わせて、意識的に変えていく専門性が求められるとされています[3)]。なかでも、子どもの育ちを促す目的を持った装飾には、子どもの概念形成を促すために触覚や視覚を使った直

接的な経験を増やす装飾があります。年齢的な成長発達や子どもたちの概念形成の様子、興味・関心などに合わせることで、自ら関わっていくような環境づくりになります。

また、子どもたちの作品も、園内装飾の一部です。自分の作品が飾られると嬉《うれ》しいだけでなく、他の子どもの作品を見る機会にもなるため、多様な表現があることを知ったりマネしたりするきっかけになるでしょう。

さらに、遊びや生活のなかでの動作を促す指示的な装飾もあります。イラストを見ながらマネしたり、文字を読んで動いたり、数字の順番に従ったりすることが、自発的な行動につながるでしょう。また、社会的なルールの理解や自立を促すときにも、指示的な装飾は、大人の声かけなどの関わりを視覚的にサポートします。

		0歳	1-2歳	3-5歳
環6	触って感触を楽しんだり、遊びのイメージをふくらませたりするための装飾がある	○ 環5	○	○
環7	子どもたちの作った絵や作品が見えるところに飾られている	-	○	○
環8	トイレや歯磨きなどの一連の動作が確認できる絵や手順カードがある	-	○	○

子どもの生活的自立は様々ですが、特に衣服の着脱から排泄《はいせつ》までの一連の動作は最も基本的な自立とされています。この自立を促す環境を整えて導くことを、「トイレットトレーニング」とも言います。子どもの身体の大きさや子どもができることに合わせて、便器や個室（大きさ・広さ）などの環境を整えましょう。

また、はじめは大人の手助けや見守りが必要不可欠ですが、徐々に、一人で利用できる環境であることや、プライバシーに配慮する環境であることが望ましいとされています[4)]。

		0 歳	1-2 歳	3-5 歳
環 9	排泄や着脱自立を促す子ども用トイレが設置されている	-	○	○

屋内の遊戯室などの身体を大きく動かす遊びのためのスペースは、子どもが十分動き回れる広さを確保すること、そして、屋外の運動環境としては園庭があることが望ましいとされています[4)]。しかし、園庭を持たない施設や、猛暑や積雪などの理由で外遊びを行うことが難しいこともありますので、その場合は代わりとなる環境を整えることも必要になってきます。

近隣の屋外活動ができる環境（環 1）を積極的に活用したり、屋内に十分に身体を動かせる広さのスペースが必要なとき一時的に確保できるか確認したりしてみましょう。

		0 歳	1-2 歳	3-5 歳
環 10	室内または室外に、子どもたちが身体を動かして遊べる空間がある	○ 環 6	○	○
環 11	子どもが思いっきり走り回り、追いかけっこやかくれ遊びができるような園庭（それに準ずる環境）がある	-	○	○

まとめ ― 才能発掘&サポートのチェックポイント

子どもたちにとっても、好きなことに黙々《もくもく》と取り組みたいときや静かに絵本を読みたいときなどに、大人に見守られながら一人で過ごすことができる環境が必要です。また、子どもが興奮しすぎたり、けんかになったりするなど、一時的に集団から離れて落ち着きたいときのスペースとしても活用することができます。

		0 歳	1-2 歳	3-5 歳
環 12	一人で絵本を読んだり、おもちゃで遊んだりできる空間がある	-	○	○

最後に、自然や文化的な経験を促す環境の設計です。年中行事とは、正月や七夕《たなばた》、クリスマスなど毎年特定の時期に行われる行事やイベントです。季節や 1 年の流れを感じることができ、文化理解のきっかけにもなるでしょう。また、伝承的な遊びには、身体を使った遊び（鬼ごっこ）や道具を使った遊び（あやとりやおはじき）、言葉や歌を使った遊び（かるた、わらべうた）など、あらゆる要素を含んだ簡単な遊びが多くあります[5)]。

また、季節を感じさせる園内の装飾は、子どもの育ちを促す目的を持った装飾の一つでもあります。特に、四季のある日本において季節の移り変わりに気づくと同時に、その季節にあった過ごし方を学んでいくことができるでしょう。

		0 歳	1-2 歳	3-5 歳
環 13	年中行事に関わる伝承的な遊び・活動を取り入れている	-	○	○
環 14	季節にふさわしいおもちゃや装飾がある	○ 環 7	○	○

①CRAYON項目：食事

環境と日常生活	理解	概念形成	納得	自己表現
▼				
環境	**食事**	睡眠	遊び	

食事は、満腹感と満足感を得ることで体と心を満たし、子どもが日常生活や遊びなどの日々の活動に取り組むための十分なエネルギーを蓄《たくわ》えるものであり、低年齢であるほど生活に占める食事の割合は大きいとされています。特に間食（おやつ）は、三度の食事では補いきれない「エネルギー、栄養素、水分補給の場」でもあります[6)]。また、お腹が空くという生理的なリズムを実感することも食事の大切な役割です。できれば家庭での食事状況を把握することとあわせて、施設での午前のおやつや昼食、午後のおやつなど、食事時間という観点で一日全体を見通してみましょう[7)]。

		0歳	1-2歳	3-5歳
食1	**1日の食事と間食（おやつ）を子どもが規則的にとっている**	○	○	○
食2	**食事や間食以外の時間にも、水分補給を行っている**	○	○	○

食事や間食は、五感を豊かにする経験を積み重ねる絶好の機会にもなります。子どもたち自らが食事に関わることで豊かな感覚が培《つちか》われるような環境づくりのヒントは、周囲の大人が自らの感受性も豊かにすることだと言われています[7)]。感受性を豊かにするためにも、大人自身が食事を楽しむことはもちろんですが、CRAYON の概念形成（p178 ～）や、自己表現にある五感（視覚・聴覚・触覚・

味覚・嗅覚）に関する項目を通して今の食事環境を見てみましょう。

		0 歳	1-2 歳	3-5 歳
食 3	食事や間食は、音、におい、感触、味など感覚（食べ物の柔らかさ、固さなども含める）を育てるための工夫がされている	○	○	○

望ましいとされている食態度の一つに、自然の恵みに感謝する気持ちを育むことがあげられています[7]。住んでいる地域の食文化の特色や季節の違いによる食べ物の旬《しゅん》に触れる機会を設けることで、子どもにとって身近な自然を感じる経験になるでしょう。特に、自然の素材の味（薄味）を感じ分けることで、繊細《せんさい》な味覚を鍛《きた》えることができると言われています[8]。

「理解」の領域にも、「子どもが地域文化に触れる機会をつくっていますか」という項目があります。食を通した文化理解という側面を意識してみましょう。

		0 歳	1-2 歳	3-5 歳
食 4	食事や間食は、地域の特色を感じられるような工夫がされている	○	○	○
食 5	食事や間食は、季節（旬）が感じられるような工夫がされている	○	○	○

食事や間食において様々な食具を使う機会があると、道具の使い方を知って自分で食べ方を選択することで自立にもつながります。その際に、子どもの安心感や大人との基本的な信頼関係をもとにして、達成感や満足感を味わいながら自分への自信を高めていくことが重要となると言われています[6]。

また、人は生まれてすぐ手を使って握ることはできますので、手づかみ食べという方法で食事をすることができます。大人が行う食事の介助も、子どもが自分自身の方法で食べるにはどのようにしたらよいかという教育的な視点で関わることが重要になるでしょう。

		0歳	1-2歳	3-5歳
食6	**食事中や間食中は、様々な食具を使って食べている 例：手づかみ、スプーン、フォーク、箸など**	○	○	○

食事を通して周囲の人と一緒に楽しむことで、人間関係が広がると言われています。特に食べることの美味しさや楽しさを共有しながらコミュニケーションを行うことで、子どもの精神的な安定や社会的な成長・発達が促されます[6)]。苦手な食べ物でも周りが美味しそうに食べている姿を見て食べてみたり、味の概念が形成されていくことでいろんな味の表現をしたりと、環境によって行動も促されるでしょう。

		0歳	1-2歳	3-5歳
食7	**食事中や間食中は、周りの人とコミュニケーションを取ることができる環境になっている ※周りの人とは、同年齢・異年齢の他の子どもや保育士、調理員、栄養士、地域の人などを含む**	○	○	○

子どもが食事をつくる人(保護者や調理員、管理栄養士など)の顔を見ることができるよう工夫したり、食べ物の生産者と関わる場を設けたりすることで、食事をつくる人が身近であることを認識する機会になります[6)]。食事への感謝や興味・関心を促すだけでなく、食事をつくる人との信頼関係を築くことにもつながるでしょう。

まとめ ―才能発掘＆サポートのチェックポイント

		0歳	1-2歳	3-5歳
食8	食事や間食をつくる人（生産者や調理員、栄養士など）と関わる機会がある	-	○	○

食を通じて素材に興味や関心を持つ機会を設けることで、好きな物をより美味しく感じたり、苦手な食べ物を食べられるようになったりします。実際に食べる前に、野菜を直接見たり、嗅《か》いだり、触ったりする活動を行うことで、子どもたちの野菜を食べる意欲が高まったというおもしろい研究もあります[9)]。

子どもの舌は大人よりも敏感であったり、はじめて食べるものに嫌悪《けんお》感を感じたり（＝フードネオフォビア）することで、苦手な食べ物があるのは当たり前です。しかし、反対に好きな食べ物や食べられるようになった食べ物が増えていくのも、子どもの成長の楽しみの一つでしょう。苦手な食べ物を遠ざける前に、食事以外の場面で素材に触れる機会を作ることが、ある日食べられるようになるきっかけをつくるかもしれません。

また、食物を栽培《さいばい》したり、収穫したりする活動は、他の様々な活動とつなげることが重要だとされています。収穫した素材を五感で感じる時間を設ける、素材の絵を描いたり野菜スタンプを作ったりする工作活動をする、さらにその日の給食やおやつで調理されたものを食べるなど、子どもにとって連続した学びとなるよう構成してみましょう[6)]。

		0歳	1-2歳	3-5歳
食9	食物を栽培したり、収穫したりする活動を行っている	-	○	○

食べ物は直接体の中に入るものであるため、食事の中で大人が子

どもの安全を確保し、子どもが手洗いや消毒などの衛生観念を学ぶ機会であることを意識するとよいでしょう。

		0歳	1-2歳	3-5歳
食10	手洗いや消毒などの衛生面に配慮している	○ 食8	○	○

① CRAYON項目：睡眠

環境と日常生活	理解	概念形成	納得	自己表現
▼				
環境	食事	**睡眠**	遊び	

よい睡眠のための環境には、寝る場所の環境づくりだけでなく、身体を寝るための状態にもっていく雰囲気づくりも大切になってきます。特に、就寝の1時間ほど前から、ストレスを感じたり興奮したりするような刺激を避けるだけでも、気持ちが落ち着きます。さらに、穏やかな自然風景の映像を見たり、適度なストレッチをしたりすることで心身のリラクゼーションが促されるでしょう[10)]。

		0歳	1-2歳	3-5歳
睡1	**就寝前はリラックスできるように静かな音楽を流すなど、子どもが沈静化できるような環境になっている**	○	○	○

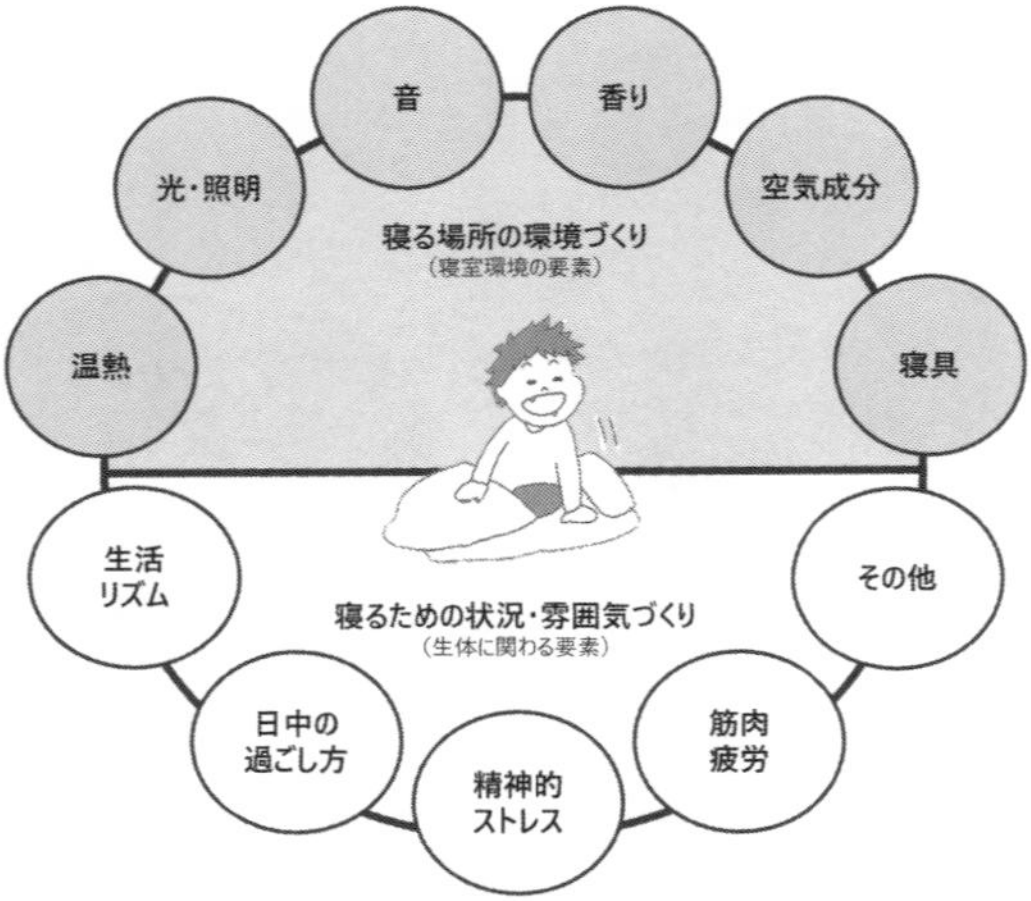

参考：北堂（2005）「図1睡眠に影響を与える因子（p.194）」[10)]

寝る場所の環境づくりのうち寝室環境のポイントとして、CRAYONでは温湿度と光、音の３要素としました（p158 〜）。厚生労働省の『健康づくりのための睡眠指針 2014』[11]でも、寝室環境の温湿度と光、音については下記の基準が推奨されています。また、「知識を持って、季節の変化を考慮し、空調、寝具、寝衣により温熱環境を整え、覚醒《かくせい》作用のある光や騒音を適正化し、適切な睡眠環境を保つ工夫をすることが重要である」とされているように、外の環境を変えることはできなくても、施設の中でできる工夫を考えてみましょう。

▶ 不眠や睡眠時の覚醒が増加するとされる、45 〜 55dB 以下になるようにしましょう。一方で、まったくの無音など感覚刺激が極端に少ないと、物音などの些細《ささい》な刺激が気になったり、不安や緊張が高まることが報告されています。

〈補足〉具体的には、静かな事務所や図書館程度の音環境（45 〜 55dB 程度）です。WHO が 2019 年に発表した『Environmental noise guidelines for the European Region（欧州地域の環境騒音ガイドライン）』では、夜間の騒音を車で 45dB 以上、鉄道で 44dB 以上、航空機で 40dB 以上の場合と定義しています[12]。

▶ 室内の温度については高すぎても低すぎてもよくないとされていますが、寝具などで調整して寝るときの身体近くの温度が 33℃前後になっていれば、室温自体が 13 〜 29℃程度でも睡眠の質的低下はみられないようです。

▶ 入眠前に普通の室内よりも明るい光の下で数十分過ごすだけでも、光の覚醒作用や体内時計を介《かい》したリズムを遅らせる作用のために、入眠が妨《さまた》げられます。また、室内の明るさで光の質について検討した研究では、明るさが同じでも、青白い光や白っぽい光（白昼色や昼光色）は、白熱電球のような暖色系の光（電球色や温白色）と比べて、覚醒作用が強いことが指摘されています。

〈補足〉具体的には、就寝前は 100 ～ 200 ルクス程度の柔らかな明るさで活動すること、また就寝直前では電球色（3000K）で暗めにすること（30 ルクス＝間接照明程度）が望ましく、睡眠中はさらに室内を暗くすること（0.3 ～ 1 ルクス＝月明かりから夕闇程度）が推奨されるとされています[10)]。

参考：厚生労働省『健康づくりのための睡眠指針 2014』[11)]

		0 歳	1-2 歳	3-5 歳
睡 2	就寝前や就寝中は外部の騒音（車や電車の騒音）などの音が少ない環境になっている	○	○	○
睡 3	就寝前や就寝中は、子どもが暑くて汗をかかない、寒くて体を縮こまらせないなど、就寝環境に適した温度になっている	○	○	○
睡 4	就寝前や起床後は柔らかい明るさに設定し、就寝中は暗闇よりもやや明るい環境になっている 例：就寝前は柔らかな明るさ (目安:100 ～ 200 ルクス) で、就寝中は暗闇よりもやや明るい (0.3 ～ 1 ルクス)	○	○	○

睡眠中は、子どもの事故にも気をつける必要があります。無意識のうちに事故につながるようなものが近くにないかや、子どもの変化に大人がすぐに気がつけるかという視点で環境を見直してみましょう。

睡眠中に乳幼児が死亡する原因には、乳幼児突然死症候群（SIDS: Sudden Infant Death Syndrome）という病気のほか、窒息《ちっそく》などによる事故があります。医学上の理由でうつぶせ寝を勧められている場合以外、特に 1 歳になるまでは子どもの顔が見える仰向《あおむ》けに寝かせる方が SIDS の発生率が低く、窒息事故を防ぐのにも有効とされています[13,14)]。

		0歳	1-2歳	3-5歳
睡5	仰向けに寝かせている（医師からうつぶせ寝を勧められている場合以外）	○	○	○
睡6	就寝中は、窒息や誤飲がないよう、ひも状のもの（よだれかけ、ふとんカバーの内側のひも）などが子どもの周囲にない環境になっている	○	○	○
睡7	子どもの呼吸・表情の変化や、顔色などいつでも確認できる環境である	○	○	○

昼寝が必要ない年長児や、寝つけない子どもが過ごせることができるスペースを設けることが望ましいとされています[4)]。

		0歳	1-2歳	3-5歳
睡8	お昼寝をする子どもとしない子どもが過ごせるスペースを分けている	○	○	○

寝室環境として室内の温湿度を調整することに加えて、季節や気温にあった寝具を用いることで快適な睡眠環境を整えることができます（「睡3」参照）。また、感染症予防としても、定期的に乾燥させて寝具を衛生的に保ち、個人用の寝具を使用する方が望ましいとされています[15)]。

		0歳	1-2歳	3-5歳
睡9	寝具は個人用の寝具を用いている	○	○	○
睡10	寝具は季節や気温に合ったものを用いている	○	○	○
睡11	寝具は洗濯や干すなどして衛生面に配慮している	○	○	○

まとめ ―才能発掘＆サポートのチェックポイント

子どもは成長発達にともない睡眠・覚醒パターンが変化していくため、年齢（月齢）に合わせた睡眠時間の調整が見られます。昨今、共働き家庭が多くなり、子どもの就寝時間も保護者の帰宅時間に影響を受けていると考えられています[16)]ので、家庭と連携を取りながら把握することでより質の高い睡眠環境を整えることができるでしょう。具体的な子どもの１日の推奨睡眠時間については、「ライフステージで必要な睡眠時間も変わる！」（p159 ～）を参照してください。

		0歳	1-2歳	3-5歳
睡 12	家庭での就寝時間を把握した上でお昼寝の時間を決めている ※ 6~23 ヶ月は 13 時間程度／ 2~3 歳は 12 時間程度／ 3~5 歳は 11 時間程度	○	○	○

①CRAYON項目：遊び

環境と日常生活	理解	概念形成	納得	自己表現
環境	食事	睡眠	**遊び**	

遊び環境を整えるうえで、玩具や道具などの物的な環境づくりは必要不可欠です。その際に、目的とねらいをもってどのような物をどのくらい用意するかを決めましょう。

最低限想定される子どもの遊びを妨げないように、子どもたちが不安がったり緊張したりしないくらいの十分な種類や数の物を用意します。さらに、それぞれの遊びの間に関連性を見いだしたり、これまでの生活経験と関わらせたりすることができるようなものがよいとされています[17,18]。

また、子どもの頃の遊び経験の違いが、遊び観や生活経験の違いにも関わるようです。遊びと生活経験を結びつけることで生活力や余暇《よか》などの社会性も育まれるでしょう[19]。

折り紙やクレヨンなどは子ども全員が一度に活動できる程度にあるとよいでしょうが、数が少なくなる知育玩具などは順番を守ったり譲《ゆず》り合ったりするための社会性を学ぶ機会として活用してみましょう。

まとめ ―才能発掘＆サポートのチェックポイント

		0歳	1-2歳	3-5歳
遊1	様々な種類の遊びを行えるよう、十分な種類の玩具や道具、素材を用意し、子どもが自ら選ぶことができる	○	○	○
遊2	子どもが生活経験と結びつけて遊べるような遊具や玩具の素材、道具が用意されている	-	○	○
遊3	子どもが興味を持ったときに途中から遊びに加われるよう、十分な数の遊具や玩具が用意されている	-	○	○

様々な種類の遊びを行えるよう、十分な種類と数の遊具や道具、素材を用意したら、それらの中から子どもが自ら選んで、さらに片づけができるよう環境的な工夫をすることが望ましいとされています[17,18]。例えば、玩具や道具の定位置を決めたら、目印写真やイラストで示したり、言葉を覚える頃には写真と文字、年長さんは文字だけなど成長に合わせて変えていくとよいでしょう。

		0歳	1-2歳	3-5歳
遊4	玩具や道具の場所が決められており、子どもが同じ場所に片づけられるようにしている	-	○	○

子どもの主体的な活動としての遊びは、様々なことが興味・関心のきっかけとなって展開していくことがあります。絵本を読んだり、歌を歌ったり、感触遊びや言葉遊び、数遊びをしたりすることができる環境に、子どもが自ら関わっていくことができたり、周囲の友達や大人と関わっていくことができる環境を整えましょう。子どもたちが遊びながら他の子どもの遊びの様子を感じたり、見たりできるように棚やコーナーを設置することで、子どもたちはお互いに刺激を受けながら遊びを発展させていくことができます[4]。

子どもが友達の様子を観察しマネしたり、一緒に遊ぶ喜びを味わったりすることで社会性を育み、さらに子ども同士で創造力を発揮しながら長時間にわたって組織的な遊びを豊かに展開していくことにもつながります[17,18]。

また、「遊びの質」を高めるのは大人の適切な関わりが必要であるとされています。大人が子どもとともに一緒に遊びながら、遊びのねらいや教育的な成果をくみ取り、子どもの自発性や達成感を重視して遊びを展開していくための関わりをしていきましょう[20]。

		0歳	1-2歳	3-5歳
遊5	保育者が一方的に選択して与えるのではなく、子どもの主体的な活動としての遊びが展開できる	○ 遊2	○	○
遊6	子どもたちが遊びながら他の子どもの遊びの様子を感じたり見たりするなど遊びが展開できるよう環境に配慮している	○	○	○
遊7	事例の遊び（○○ごっこ、○○遊び）だけではなく、子どもの特徴や好みに応じて、自由に遊びを選択できるように配慮している	-	○	○
遊8	子どもと一緒に遊ぶなど、保育者もいろいろな遊びを楽しむようにしている	○ 遊3	○	○

まとめ ― 才能発掘＆サポートのチェックポイント

遊びを支える大人の関わりの一つとして、遊びを行事計画に位置づけることがあります。行事を計画的に行うことで、活動の目的と子どもの成長の変化を捉えながら、環境や関わり方、目標などを検討していくことにも役立ちます[21)]。また、年中行事に関わる活動であれば、子どもと一緒にカレンダーなどを見ながら行事までの見通しを持たせることで、時間の流れや季節を感じる生活経験にもなるでしょう。

		0歳	1-2歳	3-5歳
遊9	遊びを行事の計画に位置づけている 例:季節に合った遊びなど（プール、節分の豆まきなど）	○ 遊4	○	○

幼児期において、周りの子どもたちと仲間関係を築けるような遊びができることは、その後の人間関係の形成の基礎にもなるといわれています。特に、集団遊びなどは明確な遊びのルールを設けて参加しやすくするなどの工夫を行ってみましょう[22)]。

活動の成果を展示したり、遊びの途中でも作品を一時的に保管したり、他の子どもの表現に触れられるよう配慮し、表現する過程を大切にして自己表現を楽しめるように工夫しましょう[17,18)]。「○○を見せたい」という子どもの思いに沿って、観客席を作ったり、集合時に見せる機会を作ることによって、「～で見せるから練習しよう」というような意欲にもつながるでしょう[21)]。

		0歳	1-2歳	3-5歳
遊10	子ども同士が、コミュニケーションを取り合うような遊びの設定（人数・ルール・場所）を行っている	-	○	○
遊11	それぞれの取り組みをクラス全体で共有していく場面を作っている	-	-	○

①CRAYON項目：理解

環境と日常生活	**理解**	概念形成	納得	自己表現
知識・経験の促し方	子どもへの関わり方	情報の伝え方		

「知識・経験の促し方」とは、子どもの理解が促進されるように、質・量ともに情報を増やすことをさします。

言葉の意味や新しい概念を理解するときは、見るだけではなく実際に行動する行為・経験が必要であると言われています[23)]。子どもの理解を促すためにも、知識とあわせて様々な「経験」ができるような機会を設けてみましょう。

		0歳	1-2歳	3-5歳
理1	子どもに豊かな間接的な経験の機会を作っていますか 例：絵本、物語を使用した読み聞かせ活動やビデオなどの視聴覚教材の使用	○	○	○
理2	子どもの感覚に触れる経験の機会を作っていますか 例：様々な食品（食材や調理方法）を食べ親しむ経験や雨の音、虫の音を直接聞く経験	○	○	○
理3	子どもにとって必要なものをそろえて遊び場を提供していますか 例：身近な生活用品や玩具、絵本や遊具などをそろえている	○	○	○
理4	子どもが地域文化に触れる機会を作っていますか 例：伝統文化や地域の行事への参加、地域の人々（高齢者・外国人など）との関わりなど	-	○	○

まとめ ―才能発掘＆サポートのチェックポイント

環境と日常生活	**理解**	概念形成	納得	自己表現

知識・経験の促し方	**子どもへの関わり方**	情報の伝え方

「子どもへの関わり方」とは、子どもの中にある情報をつなげたり整理したりすることで理解を促進させることをさします。

新しい情報は、子どもがすでに知っている情報との関わりを意識させることで理解を促したり、深めたりすることができます[24)]。また、子どもが話し手になって聞き手である大人に説明するという関わり、さらにその繰り返しが理解の程度を高めると考えられていますので[25)]、子どもの言葉を引き出す関わりを意識してみましょう。

		0歳	1-2歳	3-5歳
理5	子どもがわかったことを子ども自身の言葉で説明させていますか 例：大人がすぐに意見を言わずに、子どもに考えさせる時間を十分に与えているなど	-	-	○
理6	子どもの言いたいことがわかりづらいとき、適切な言葉で言い換えたり、聞き直したりしていますか 例：はしゃいで感情を表現していない子どもに「嬉しいね」という言葉をかける	-	○ 理5	○
理7	子どもが自ら考えるような言葉かけをしていますか 例：子どもに着替えをさせる際に、「どうやったらうまくはけるようになるかな？」と言葉をかける	-	○ 理6	○
理8	子どもに具体的なものさし（形、色、大きさ、量など）を使って説明していますか 例：「リスのマスクは小さいけれど、カバのマスクは大きいよね」などの言葉をかける	-	○ 理7	○

環境と日常生活	**理解**	概念形成	納得	自己表現

▼

知識・経験の促し方	子どもへの関わり方	**情報の伝え方**

「情報の伝え方」とは、理解させたい情報を子どもたちに与える前に整理・調整することで理解を促進させることをさします。

子どもに新しい情報を与えるときも、子どもが理解しやすい形に加工することができます。例えば、情報の量や順序が予測できたり、心身の状態や場面に合わせて受け取りやすい配慮がされたりすることで、より細かい内容を理解できるようになるとされています[24)]ので、子どもの目線で提示する情報の形を工夫してみましょう。

		0歳	1-2歳	3-5歳
理9	**子どもに情報を与えるときに、見通しを持たせていますか 例：今日の一日の流れを確認して活動に入る**	-	○ **理8**	○
理10	**子どもに情報を与えるときに、子どもの身の回りの生活とつながる話題にしていますか 例：クリスマスが近いから、サンタさんにお手紙を書く活動をする**	-	○ **理9**	○
理11	**子どもに情報を与えるときに、子どもがふだん使っているイメージしやすい言葉を使っていますか**	-	○ **理10**	○
理12	**子どもの心身の状態や場面に合わせて、声色と態度を変えていますか 例：静かな場所では、小さい声でひそひそ話すこと**	-	○ **理11**	○

①CRAYON項目：視覚概念

環境と日常生活	理解	概念形成	納得	自己表現
視覚概念	聴覚概念	体感概念	言語概念	数概念

視力が未発達な新生児の頃からでも、人の顔を好んで選ぶことができることがわかっています[26]。０歳児から、人の顔を見て反応する様子を観察してみましょう。

		0歳	1-2歳	3-5歳
視概1	人の顔を覚えることができる	○	○	○

乳幼児は関わる大人の表情や行動をマネることが知られており、マネることで相手の表情や行動の意味を探るとも言われています[27]。周囲の人だけでなく、写真や絵本のイラストなどの表情に対して反応している様子を観察してみましょう。

		0歳	1-2歳	3-5歳
視概2	人の顔を見て表情を読み取って反応する	○	○	○
視概3	周囲の行動を見て動くことができる	-	-	○

視覚刺激への反応としてわかりやすいのは、絵に反応する様子でしょう。特に、幼児期には食べ物の絵によく反応すると言われています[28)]。壁面装飾への反応や、絵本を用いた活動や場面で見られる子どもの興味・関心などの様子を観察してみましょう。

絵本に描かれている物で自分の知っている物を確かめたり、登場人物の表情を読み取ったりすることから、3歳前後で物語の世界に入り込む様子が見られてくる子もいるでしょう[28)]。

		0歳	1-2歳	3-5歳
視概4	絵（図）に反応して行動をする 例：手洗いの絵カードを見て手を洗う	-	○ 視概3	○
視概5	子どもが絵本を見たり、読んだりしている	○ 視概3	○ 視概4	○
視概6	絵本の世界の物語に感情移入する	-	-	○

絵を模倣《もほう》して描くことは、創造性を育む要素の一つであり、子ども同士のコミュニケーションにもなっています。特に、自分らしく描く（創造する）ためにも、まずは材料となる情報を蓄積することが必要であり、模倣したことを基礎にして変えていくことで創造が生まれてくるでしょう[29)]。形の基本となる○や△、□などの特徴も、まずはマネすることで概念が形成されていきます。

		0歳	1-2歳	3-5歳
視概7	絵を模倣して描くことができる	-	-	○

まとめ ―才能発掘＆サポートのチェックポイント

視覚情報として物を見るとき、私たちは特に形と色、そして明暗を見ています。

色の性質はさらに、色相、彩度、明度の３つで表すことができ、色によって輪郭（形）を把握したり、立体的に感じたり（明暗）することができます。

▶ 色相とは色の種類のことで、赤や青などの色味の違いのことです。いろいろな色を知っていたり、色の違いに気づいたりする様子を観察してみましょう。

▶ 彩度とは色の鮮やかさのことです。パキッとした鮮やかなビビッドカラーなどの高い彩度の色から、白が混じった淡いペールカラーやぼやけたグレイッシュカラーなどの低い彩度の色があります。

▶ 明度とは色の明るさのことです。光の加減の違いで見られるような、白っぽくなる高い明度の色（明るい色）から、黒っぽくなる低い明度の色（暗い色）があります。

参考：『色彩学概説』（千々岩 , 2001）[30)]

		0歳	1-2歳	3-5歳
視概8	色の色相の違い・類似に気づくことができる	-	-	○
視概9	色の彩度の違い・類似に気づくことができる	-	-	○
視概10	色の明度の違い・類似に気づくことができる	-	-	○

絵を描くときに下書きとして輪郭《りんかく》線を描いてから色を塗ることもありますし、輪郭線だけの線画、逆に輪郭線をわざと強調した画などもあります[31)]。また、視覚情報としては、画だけでなく掲示物などの文字もあるでしょう。それらの線の太さや細さによって子どもが受ける印象も違うかもしれませんし、描画活動などのときに線の太さを使い分けることにつながるかもしれません。

		0 歳	1-2 歳	3-5 歳
視概 11	線の細さや太さの違い・類似に気づくことができる	-	-	○

視機能の発達にともなって、生後５～６ヶ月であっても形を見分けることができ、３歳頃にマークや乗り物を見分けられると言われています。また、基本的な図形には、○や□、△などがありますが、はめ型や線画カードなどの活動では１歳９ヶ月頃から合わせられる数が増えたり、子どもなりの言葉で表現したりするようになってくるでしょう[32,33)]。

積み木遊びや形ごとの仲間集め、形をもとにした見立て遊びなど、形に着目した活動の中で、子どもの様子を観察してみましょう。

		0 歳	1-2 歳	3-5 歳
視概 12	物の形の違い・類似に気づくことができる	-	-	○
視概 13	三角・丸・四角の形がわかる	-	-	○
視概 14	三角・丸・四角の特性がわかる 例：○は丸いから転がるよ、△はとがっているね	-	-	○

①CRAYON項目：聴覚概念

環境と日常生活	理解	概念形成	納得	自己表現
視覚概念	聴覚概念	体感概念	言語概念	数概念

聴覚とは、音の周波数、高さ、強さ、音色、定位を処理する能力であり、その質として方向や大きさ、高さや音色などがあるとされています[34]。また、感覚的に音を聞いたり、情緒《じょうちょ》的に感じる音もありますが、それらは「音楽」として音色や、リズム、速度、旋律、強弱、音の重なり、和音の響き、音階、調、拍、フレーズなどの要素で見ることができます[34,35]。

方向は、左右から聞こえてくる音に反応する様子を観察してみましょう。また、子どもの近くで聞こえる音への反応や、外の車の音など遠くから聞こえてくる音への反応も見てみましょう。

		0歳	1-2歳	3-5歳
聴概1	右から聞こえる音に反応することができる	○	○	○
聴概2	左から聞こえる音に反応することができる	○	○	○
聴概3	近くから聞こえる音に反応することができる	○	○	○
聴概4	遠くから聞こえる音に反応することができる	○	○	○

聞こえてくる大きい音や小さい音に対する反応や対応の様子、そして活動場面に合わせて大きい声や小さい声を使い分けている様子を観察してみましょう。

音の高さの認識については、音楽的な音階の高低を聞き分けることだけでなく、ふだんの生活の中で聞こえてくる声色（怒っている低い声、楽しんでいる高い声など）なども含みます。

		0 歳	1-2 歳	3-5 歳
聴概 5	**音の大小を認識することができる**	-	○	○
聴概 6	**音の高低を認識することができる**	-	-	○

アクセントがはっきりした強いリズムやアクセントの弱いリズムの違いを感じたり、マネしたりする様子は、音楽活動の中で見られるかもしれません。また、リズムには速い、遅いといったテンポがあります。テンポに合わせて歌ったり、活動したりする子どもたちの様子を観察してみましょう。

		0 歳	1-2 歳	3-5 歳
聴概 7	**強いリズム、弱いリズム（音の強弱）を認識することができる**	-	-	○
聴概 8	**速いリズム（テンポ）、遅いリズム（テンポ）を認識することができる**	-	-	○

まとめ ―才能発掘＆サポートのチェックポイント

音の組み合わせである音程の印象について、明るさ（うきうき、わくわく、はずむような）や暗さ（暗くなる、怖い、静か）を感じているかを、子どもたちの感想や表情、行動などから観察してみましょう。

不協和音などの調和が取れていない音程について、その違いに気づいて嫌な顔や不安な顔をする子どももいるでしょう。不協和音の基準は明確ではなく、また旋律の中で効果的に使われる音楽もあるため、音楽的才能のきっかけになることもあるかもしれません。

		0歳	1-2歳	3-5歳
聴概9	明るい音、暗い音など、音程を認識することができる	-	-	○
聴概10	不協和音や音の間違えなどの不快な音を認識することができる	-	-	○

特に音楽に興味・関心が高い子どもなどは絶対音感（absolute pitch：AP）の習得の可能性の一つとしても観察してみるとよいでしょう[36)]。

		0歳	1-2歳	3-5歳
聴概11	2音で構成された和音を聞き取ることができる 例：ドとミなど	-	-	○
聴概12	3音で構成された和音を聞き取ることができる 例：ドとミとソなど	-	-	○

①CRAYON項目：体感概念

環境と日常生活	理解	**概念形成**	納得	自己表現
		▼		
視覚概念	聴覚概念	**体感概念**	言語概念	数概念

五感の一つである触覚は、生後すぐの新生児でも発達しています。身体的な感覚器官を使って、触り心地・肌触りなどの感触、硬さ、重さ、形の違い（大小などを含めた）、温度などを触って認識することができるようになります[37)]。

あえて、様々な感触に触れる機会をつくることや感覚の名前を教えることで、子どもが感触によって違いを感じたり、興味・関心を持ったりする様子を観察してみましょう。また、ものの形や大小など、見たものの情報や印象（視覚情報）がなければわからないことも、触覚の経験が多くなるほど、見えなくてもわかるようになってきます[37)]。

		0歳	1-2歳	3-5歳
体概1	触って、感触の違い・類似に気づくことができる	○	○	○
体概2	指で押して、硬さ、柔らかさの違い・類似に気づくことができる	-	○	○
体概3	掌《てのひら》に載せたり持ち上げたりして重さ、軽さの違い・類似に気づくことができる	-	○	○
体概4	輪郭をたどって、形の違い・類似に気づくことができる	-	-	○
体概5	季節の違いを感じて、暑い、寒いなどの違い・類似を感じることができる	-	○ 体概4	○

まとめ ―才能発掘＆サポートのチェックポイント

食べることにおいしさや喜びを感じることは、生きるために重要な感覚でもあります。子どもも、給食や間食などで食べ物の味を感じるときに、好きな食べ物や嫌いな食べ物について「おいしい」「まずい」という快や不快だけでなく、味覚を感じ分けるようになってきます[38,39]。

味覚には、大きく分けて５つの基本味（甘・塩・酸・苦・うまみ）があります。それぞれに身体に必要な栄養素に反応していますので、将来の健康にも関係してくる感覚でもあります。食事場面での子どもの様子を観察したり、感覚が育つことで食べ物の絵を見るだけで「これあまいよ」という様子や「苦そうだから、やだ」と予想する様子を見てみましょう[38,39]。

		0歳	1-2歳	3-5歳
体概6	果物や蒸しパンなどを食べたときに、甘味を感じることができる	-	○ 体概5	○
体概7	醤油や塩などを食べたときに、塩味を感じることができる	-	○ 体概6	○
体概8	酢や梅干し、レモンなどを食べたときに、酸味を感じることができる	-	○ 体概7	○
体概9	ピーマンなどの苦い食べ物を食べたときに、苦みを感じることができる	-	○ 体概8	○
体概10	昆布だし、かつお節を食べたときに、うまみを感じることができる 例：味噌汁を食べたときに「しょっぱいけどおいしい」 梅干しを食べたときに「酸っぱいけどおいしい」 どこがおいしいの？と聞いたときに「わからないけど、なんかおいしい」と答えるなど	-	-	○

食事中の匂いだけでなく、人の匂いや寝るときの布団の匂い、お散歩中の空気や花の匂いなどに興味・関心を持っている様子を観察してみましょう。

		0歳	1-2歳	3-5歳
体概 11	様々な匂いを感じることができる 例：焦《こ》げたにおいや花の匂いなど	-	○ 体概 9	○

①CRAYON項目：言語概念

環境と日常生活	理解	**概念形成**	納得	自己表現
視覚概念	聴覚概念	体感概念	**言語概念**	数概念

【0 歳】【1～2歳】

まだ意味のある言葉が見られない0歳や1～2歳の子どもでも、周囲の言葉を聞いて反応する様子が見られます。名前を呼ばれて振り返ったり、「ダメ」と言われて動きを止めたり、朝の挨拶には「おはよう」と使い分けたり、また日常の中でよく見るものについてものの名前を覚えて指さしや言葉で教えてくれたりします。

		0 歳	1-2 歳
言概 1	大人からの声かけに反応して行動することができる 例：ダメと言われて止まる、バイバイと言われて手を振るなど	○	○
言概 2	日常の挨拶ができる	-	○
言概 3	身の回りにあるものの名前を覚えることができる	-	○

【3～5歳】

子どもたちは、日々様々な言葉を聞いたり使ったりしながら覚えて、語彙を増やしていきます。そのときに、言葉の意味を理解して使えているかを確認してみましょう。

3～5歳では、たくさんある言葉の中から、特に国立国語研究所が「概念形成に必要な語彙」としてまとめた視点を中心に項目をつくっています[40-42]。

子どもが自分を中心に方向を指して言葉を使っていたり、ものや人の場所や位置などをわかって言葉を使っていたりする様子を観察してみましょう。 →**「関係語」**[40]（p191 参照）

言概 1	**上、下を理解し、言葉として使っている**
言概 2	**たて、よこ、ななめを理解し、言葉として使っている**
言概 3	**右、左を理解し、言葉として使っている**
言概 4	**前、後ろを理解し、言葉として使っている**

日々の流れを表す言葉もたくさんあります。1 日の時間の流れを分ける言葉から、1 日ごと、1 年ごとの過去や未来を表す言葉、1 週間の曜日や 1 年の季節のサイクルを表す言葉を日頃から意識して使いながら、子どもの様子を観察してみましょう。→**「関係語」**[40]

言概 5	**朝、昼、夜を理解し、言葉として使っている**
言概 6	**一昨日《おととい》、昨日、今日、明日、明後日《あさって》を理解し、言葉として使っている**
言概 7	**一昨年《おととし》、去年、今年、来年、再来年を理解し、言葉として使っている**
言概 8	**曜日を理解し、言葉として使っている（日、月、火、水、木、金、土）**
言概 9	**季節を理解し、言葉として使っている（春、夏、秋、冬）**

まとめ ―才能発掘＆サポートのチェックポイント

何か一つの形容詞を覚えるときに、反対の意味を表す言葉を一緒に覚えると語彙も広がります。色の〈明るい／暗い〉や、音の〈高い／低い〉、気温の〈暑い／寒い〉など、概念形成の基礎にもなります。日常生活や遊びの中で、一方の言葉が見られたときに反対の意味の言葉を教えたり、聞いてみたりしながら理解しているかどうか見てみましょう。 **→「日常概念語」**[40]（p191 参照）

言概 10	対《つい》の形容詞が理解できる 例：「大きい／小さい」「多い／少ない」「太い／細い」「広い／狭い」「高い／低い」「暑い／寒い」など

名詞になるものの意味や特性、使い方、動きなどのイメージができていれば、動詞から名詞を思い浮かべることができるでしょう。例えば、「ジュースとお茶、どっちを飲みたい？」と選択させる経験などが、「何を飲みたい？」だけで「ジュース」を思い浮かべるようになります。 **→「機能語」**[40]（p191 参照）

言概 11	動詞から名詞を連想できる 例：飲むもの→ジュース、お茶を連想する、切るもの→はさみ、包丁を連想するなど

概念は、カテゴリー化されて言葉として表現されるという特徴があります。消防車は車の仲間であってさらに乗り物の仲間、りんごは果物の仲間……というように、共通性や違いを理解しながら分類していきます。 **→「範疇語」**[40]（p191 参照）

言概 12	カテゴリー概念がわかる 例：りんごは果物、車は乗り物など

言葉を話し始めると、語彙が増えるだけではなく文章を使って関係性を表すようになります。コミュニケーションの中で、主語や述語、助詞の組み合わせを理解して使っている様子や、「～された」「～させた」「もし～なら」などの表現を用いる様子が見られるか着目してみましょう。 **→「機能語」**[40]

言概 13	主語と述語と助詞の組み合わせが理解できる 例：「～が～する」「～が～を～する」「～に～がいる（ある）」「～は～を～に～する」など
言概 14	受動態の表現を理解し、言葉として使っている 例：「怒る→怒られる」「ほめる→ほめられる」など
言概 15	使役《しえき》の表現を理解し、言葉として使っている 例：「知る→知らせる」「泣く→泣かせる」など
言概 16	仮定の表現を理解し、言葉として使っている 例：「もし～だったら」など

①CRAYON項目：数概念

環境と日常生活	理解	概念形成	納得	自己表現
視覚概念	聴覚概念	体感概念	言語概念	数概念

【0歳】

数の概念が芽生える以前から、ものが増えたり消えたりする「変化」を不思議に思う感覚や、指さしや指文字などで数を見ることが、経験として蓄積されていくでしょう。それらの経験を通して、子どもが数や数量、図形などに興味・関心を持つ感覚を養っていきます[43]。ある研究では、生後半年程度で数の変化に気づくことや、12ヶ月前後の乳児は少なくとも3個までの数の違いを認識していることが明らかになっています[44-46]。

数概1	目の前で起きた数の変化に反応することができる

【1～2歳】

子どもが、数字の名前と数字（＝アラビア数字）を結びつけることを学び始めると、1歳6ヶ月頃から最初の数字（1や2）をわかりはじめて、およそ25％は4歳になるまでに1から9の数字がわかるようになると言われています[47]。

数概1	1から10までの数字を読むことができる

　また、ものの大きさや長さの違いについては、様々なものを直接触ったり、重ねて比べたりするなどの視覚情報と触覚情報を合わせた経験から理解していきます。

数概 2	ものの大きさの違いがわかる
数概 3	ものの長さの違いがわかる

【3～5歳】

　子どもの初期の数学スキルには以下があるとされ、アラビア数字の理解と数学的な操作方法の理解をもとにして、数字の大小や数字の順序の比較もできるようになります。これらの数概念の基礎になるスキルを幼児期に育むことが、就学後の算数や数学といったより高度な学習を理解することにつながります。

- 数え方の順序：言葉による数え方
- 少量の正確な数量比較：集合の比較
- 数値単語と正確な数量の結びつき：1対1対応、0から9までの整数、サビタイジング（1つずつ数えなくてもひと目でいくつあるかわかること、即座に認識すること）
- 数値の操作による、数量の操作
- ストーリー問題、文章題

参考：子どもの初期の数学スキル[47)]

まとめ ―才能発掘＆サポートのチェックポイント

特に、言葉による数え方と、数と量の結びつきを理解することで見られる様子。

数概 1	ものの集まりを見て、1 つずつ数えられる
数概 2	集まったものがいくつあるかを答えられる
数概 3	違う形の集まりの中から、特定の形の数を数えられる
数概 4	5 つ以下の集まりは数えなくても答えることができる

特に、数字への理解が進むにつれて見られる、比較や順序の様子。

数概 5	数字の大小を比較することができる
数概 6	ものの集まりの大小を比較することができる
数概 7	数字の順序が理解できる
数概 8	100 まで順番に数えることができる

特に、アラビア数字の形と言葉による数え方を理解することで見られる様子。

数概 9	数字を見てすぐに読むことができる

特に、数値を操作することで数量が操作できることを理解して、具体物を思い浮かべた簡単な計算や数字だけでの計算（足し算：合わせたらいくつ？）が見られる様子。

数概 10	ごく簡単な文章題を解くことができる 例：文章や口頭で言われたことについて数えて答えることができる 「りんご 1 つと 1 つ～合わせたら～？」ただし、具体物の使用は含まない
数概 11	ごく簡単な足し算を解くことができる 例：数字と数字の操作　1+1 など

長さや大きさの比較は、3～7歳で急速に成長している傾向が見られているようです。大きさや長さの大きさを比較することは、量概念になります。理数系の量概念は、距離や面積、体積などの具体的なものから、温度や圧力、熱、電気など抽象的なものにも発展していきます。子どもの就学後の科学教育の土台になるでしょう[48)]。

数概 12	**ものの大きさの違いを比較することができる**
数概 13	**ものの長さの違いを比較することができる**

まとめ ―才能発掘＆サポートのチェックポイント

①CRAYON項目：納得

環境と日常生活	理解	概念形成	**納得**	自己表現

▼

信頼関係の作り方	子どもの考え方の尊重	行動変容の促し方

「信頼関係の作り方」とは、子どもとの信頼関係を作ることによって、大人が与える情報を受け止めてもらえるようにして納得を促すことをさします。

納得することは、物事への理解だけでなく感情的にも受け入れた状態であり、関わり手との信頼関係の中で生み出されるとされています[49]。子どもとの信頼関係を築くためにも、子どもを安心させる関わりを意識してみましょう。

		0 歳	1-2 歳	3-5 歳
納 1	子どもの言っている言葉を繰り返すなど、子どもの発言に耳を傾けていますか 例：子どもが「ワンワン」と言ったとき、「ワンワンだね。しっぽフリフリしているね」と言葉を返す	○	○	○
納 2	子どもに対して安心感を与えるような接し方をしていますか 例：優しい言葉かけを心がける	○	○	○
納 3	大人が子どもに対して模範的な言動をしていますか 例：大人から積極的に挨拶をする、丁寧な言葉づかいをするなど	○	○	○

環境と日常生活	理解	概念形成	**納得**	自己表現

▼

信頼関係の作り方	**子どもの考え方の尊重**	行動変容の促し方

「子どもの考え方の尊重」とは、子どもの考え方を読み取って必要な情報かを判断し、納得を促すことをさします。

子どもにも子どもなりの考えや思いがあります。それらを認めたうえで、子どもにとってよりよい行動変容を促していく関わりを行ってみましょう。子ども自身うまく説明できないこともありますので、子どもの考えに寄り添い対応することで納得しやすくなるでしょう。

		0 歳	1-2 歳	3-5 歳
納 4	子どもが苦手なことを無理にさせないようにしていますか 例：発表が苦手な子どもに無理にみんなの前で発表させることはしない	-	○	○
納 5	子どもに何かを教えるときに、子どもが大切にしていることを意識しながら説明していますか 例：子どもが友達のおもちゃを奪ったときに「あなたの大事にしているおもちゃを取られたらどう思う？」と問いかける	-	○	○
納 6	子どもの言動の修正・強化を図るときに、子どもの主張や気持ちをありのままに認めたうえで説明していますか 例：「その考えいいね」など子どもを認める言葉をかけている	-	○	○

まとめ ―才能発掘＆サポートのチェックポイント

環境と日常生活	理解	概念形成	納得	自己表現
信頼関係の作り方	子どもの考え方の尊重	行動変容の促し方		

「行動変容の促し方」とは、子どもが納得して行動を変えていくときにその手助けをしたり、道しるべを設けたりすることをさします 。

納得することは、行動に移すための原動力になり、また行動の結果を自分のこととして受け止めることができると言われています[50,51]。しかし、子どものうちはまだ、納得しても具体的にどうすればよいのかわからなかったり、初めてのことに不安を感じたりするため、大人が行動のためのきっかけやヒントを与える関わりをしてみましょう。

		0歳	1-2歳	3-5歳
納7	子どもの興味・関心のある内容と結びつけて取り組ませていますか 例：好きなキャラクターのスプーンでご飯を食べる	-	○	○
納8	子どもに行動変容を促すときに、具体的な目標を立てて行動させていますか 例：お母さんの手伝いをする→「今日はお皿洗いをしようか」	-	○	○
納9	子どもに行動変容を促すときに、いくつか選択肢を挙げていますか 例：歯磨きしたくない子を納得させるために「このテレビ見てからやる？ お母さんとやる？」と言う	-	○	○
納10	子どもに行動変容を促すときに、何回も繰り返して体験させていますか 例：自分で片づけができるように繰り返し体験させて考えさせるようにする	-	○	○
納11	子どもに充実感や満足感を味わわせるようなはたらきかけをしていますか 例：子どもが工作したものを飾ったりする	-	○	○

①CRAYON項目：画像的表現

環境と日常生活	理解	概念形成	納得	自己表現
画像的表現	音楽的表現	身体的表現	言語的表現	数的表現

子どもの色の概念を育むことによって、日常生活の中にある様々な色をその概念と一致させながら、子どもが話す言葉（赤い花、青い服など）にも表現として見られるかもしれません。

乳幼児期の絵を描く活動では、まずは自分の動きが痕跡《こんせき》（絵）として残る過程に興味を覚えて、何かを線で表現するために色（がつく道具）を使いはじめると言われています。そこから、色の違いを理解するにつれて、色を使い分けたり色彩を楽しんだりするようになります。また、実際の色とは異なっていても、好きな物を好きな色で、反対に嫌いな物を嫌いな色でなど感情とともに描く様子も見られるでしょう[52)]。

絵の具などの色を重ねる活動、光を重ねる活動などで様々な色と出会います。活動内容の設定や実際の関わりの場面において、それぞれの「原色」とその混色を知っておくことで子どもたちが見せる表現活動を深めたり広めたりすることができるでしょう[53)]。

▶絵の具の三原色（CMY）：シアン・マゼンタ・イエロー
▶光の三原色（RGB）：レッド・グリーン・ブルー

まとめ ― 才能発掘＆サポートのチェックポイント

色の概念を土台にして、絵画の基礎的な表現方法を知ることで、子どもは自分の考えや思い(イメージ)を表現することができるようになっていきます。クレパスやクレヨンなどで重ね塗りや混色をしたり、就学以降でもよく使用される水彩絵具を用いた基本的な技法(濃淡《のうたん》、にじみ、ぼかしなど)を体験したりしてみましょう[54)]。

また、実際に絵に描く以前の活動の中で、色水を混ぜて観察する様子、カラーセロハンを重ねたり光に透かしたりする様子なども見てみましょう。

		1-2 歳	3-5 歳
画表 1	欲しいものを表現するときに色を使う	○	○
画表 2	いくつかの色を組み合わせて表現しようとする	-	○
画表 3	いくつかの色を重ねて表現しようとする	-	○
画表 4	いくつかの色を混ぜて表現しようとする	-	○
画表 5	色をにじませて表現しようとする	-	○
画表 6	色をぼかして表現しようとする	-	○

色の性質は、色相、彩度、明度の３つで表すことができ、子どもの概念を育むことで､表現にも見られてくるでしょう。その際に、大人が基本的な色の知識を持っておくことで、子どもの表現に気づいたり、子どもが表現したいことをサポートしたりすることができます。

➡ 色相、彩度、明度については、『視覚概念』（p234）を見てみましょう。

		1-2 歳	3-5 歳
画表 7	**色相の違い・類似を表現している**	-	○
画表 8	**色の彩度の違い・類似を表現している**	-	○
画表 9	**色の明度の違い・類似を表現している**	-	○

子どもの形の概念を育むことによって、日常生活の中にある様々な形をその概念と一致させながら、子どもが話す言葉（四角い窓、丸い月など）にも表現として見られるかもしれません。

形は○や△、□という基本を理解しながら発展していきます。特に絵を描く活動において、3 歳頃まではその中でも○（円、丸など）の形での表現が多く見られることが特徴的です。そこから、□（真四角、長方形など）に広がり、さらに△（三角）へと発展していくとされています[52]。

		1-2 歳	3-5 歳
画表 10	**欲しいものを表現するときに形を使う**	○ **画表 2**	○
画表 11	**いくつかの形を組み合わせて表現しようとする**	○ **画表 3**	○

まとめ ―才能発掘＆サポートのチェックポイント

画像的表現が積極的に見られる子どもは、生活経験のイメージを絵を通して表したり、何かを観察したことからイメージを広げて表したりするでしょう。そして、それらによって蓄えられたイメージをもとにして、物語や空想、想像なども生まれてきます[55]。

特に、3歳から4歳の子どもは、言語概念が育まれて語彙が増えるに伴い、自分の描いた絵について想像力を結びつけて語る様子が見られたりします。そこからさらに、具体的で明確なテーマがあったり解釈をしたりするようになることからも、言葉ではなく絵という表現方法によって自分の考えや思いを表している様子を観察してみましょう[52]。

		1-2歳	3-5歳
画表 12	子どもが描いた絵の中にストーリー性がある	-	○
画表 13	子どもが描いた絵の説明を求めると、ストーリー性がある	-	○
画表 14	線、形、色を使って動きを表現している	-	○

『小学校学習指導要領解説 図画工作編』に、低学年の児童の様子として、自分の身近な材料に興味・関心を持つことや、いろいろな材料の感じに気づくことなどがあげられています[56]。

いろいろな材料とは、絵を描くための道具であったり素材であったりします。就学前の子どもでも、身近なものに興味・関心を持って活用しようとしたり、それらの違いを活用しようとしたりする様子がすでに見られるかもしれません。

		1-2 歳	3-5 歳
画表 15	身近にあるものを道具として活用し、絵を描こうとする	-	○
画表 16	身近にあるものを素材として活用し、絵を描こうとする	-	○
画表 17	道具の違いを活用して絵を描こうとする	-	○
画表 18	素材の違いを活用して絵を描こうとする	-	○

同じく、『小学校学習指導要領解説 図画工作編』に、低学年の児童の様子として、自分たちの作品などを鑑賞する活動を通して楽しく見ることや、自分が感じたことを話したり、友達の話を聞いたりするなどして、形や色、表し方のおもしろさ、材料の感じに気づくことがあげられています[56)]。就学前の子どもでも、鑑賞を通して感じたこと、考えたこと、思ったことを話そうとする様子や、自分の表現活動の中で表そうとする様子がすでに見られるかもしれません。

		1-2 歳	3-5 歳
画表 19	鑑賞を通して感じ取ったことを話そうとする	-	○
画表 20	鑑賞を通して同じような色を再現しようとする	-	○
画表 21	鑑賞を通して感じ取ったことを絵で表現しようとする	-	○

①CRAYON項目：音楽的表現

環境と日常生活	理解	概念形成	納得	**自己表現**
				▼
画像的表現	**音楽的表現**	身体的表現	言語的表現	数的表現

子どもの聴覚的な概念を育むことによって、音楽に親しむ土台ができます。その中で、子どもが思いのままに歌うことで心地よさを味わうことが、自分の思いや考え、気持ちを表現する楽しさとなると言われています[17,57]。

音楽活動だけでなく、日常生活や音楽以外の遊びの場面でも、ふと思いついたときに歌っている様子を観察してみましょう。

		1-2 歳	3-5 歳
音表 1	**思いついたときに歌いだす**	○	○

子どもの音楽的な表現は、音楽と身体の動きや言葉と身体の動きのように､融合されて見られることがあります。遊びとしての動き(＝手遊びやわらべうたなど）やダンスとしての動き（＝振りつけのある動き)、劇などを演じる動きの表現、さらには日常の中でもたくさんの動きの表現があるとされています[57,58]。

特に、日常の中での動きとしては、身体を「動かしている」様子だけではなく「動いてしまっている」という音への自然な反応も合わせて[59]、子どもの表現が見られないか観察してみましょう。

		1-2歳	3-5歳
音表 2	鼻歌を歌いながら体を動かすことがある	○	○
音表 3	園やお店などで流れている音楽に合わせて体を動かしている	○	○
音表 4	歌を歌う活動の際に自然に体を動かしている	○	○
音表 5	先生や友達と一緒に歌ったり手遊びしたりする	○	○

音への自然な反応とあわせて、“音を制御《せいぎょ》して味わう”という音やリズムに対する興味と喜びが出てきます。およそ1歳半頃から自分の動きを音楽のリズムに合わせ始める模倣的な様子が見られ、さらに遊びの中で周りの要素から新しい音楽的なものを形成していくと言われています[60)]。

大人が楽しむ姿を見せながら、子どもが簡単なリズム楽器を使って遊んだり、興味のある音やリズムをマネしようとしたりする様子を観察してみましょう。また、音楽活動に限らず、工作中に空き箱を叩《たた》いたり、戸外遊びでいろいろな素材の音を叩き比べたりといった遊びの中での音楽的表現も見られるかもしれません[17,57)]。

		1-2歳	3-5歳
音表 6	リズムに合わせて体を動かして遊ぶ	○	○
音表 7	簡単なリズム楽器（タンバリンや鈴、ピアノなど）を使って遊ぶ　※下記参照	○	○
音表 8	楽器に触れながら、演奏しながら動いている	-	○
音表 9	絵本に出てきた動物などをイメージして鳴き声をマネしたりなりきって遊ぶ	○ 音表 8	○
音表 10	身の回りの物を使って音を出して遊ぶ 例：木の枝や空き缶を使って太鼓に見立てて音を出すなど	○ 音表 9	○

※ピアノは鍵盤楽器ですが、この時期の子どもにとってはリズムを感じながら音を鳴らして楽しめる楽器と言えるでしょう

まとめ ― 才能発掘＆サポートのチェックポイント

『小学校学習指導要領解説 音楽編』に、低学年の児童の様子として、曲想と歌詞の表す情景や気持ちと関わりについて気づくことが挙げられています。曲想とは、その音楽の雰囲気や表情、味わいのことであり、子どもが感じ取った曲想をもとにして、リズムや旋律、歌詞の表す情景や気持ちに目を向けさせることが大切だとされています[35]。

音楽演奏から感じる「楽しい」や「悲しい」という基本的な感情は、4~5 歳前後で読み取ることができたり、さらにテンポやアーティキュレーション（＝音の強弱や表情）を変えて歌い分けたりすることが言われています[61]。就学前の子どもでも、歌詞の意味を理解することは難しくても、音楽の音の雰囲気を感じた感情表現が子どもの動きを通して見られるかもしれません。

		1-2 歳	3-5 歳
音表 11	弾《はず》むような楽しい音楽が流れているときにスキップや跳《は》ねたりする	○ 音表10	○
音表 12	暗い曲や悲しい曲が流れたら動きが少なくなったり、悲しい表情をしたりする	-	○

①CRAYON項目：身体的表現

環境と日常生活	理解	概念形成	納得	**自己表現**
画像的表現	音楽的表現	**身体的表現**	言語的表現	数的表現

考えたことや感じたことを伝える方法に、身体の動きとして表す身振りやジェスチャーがあります。意味のある言葉と一緒に見られることもありますが、多くは言葉がなかったり曖昧《あいまい》な言葉と合わせて表れたりします。ジェスチャーゲームといった遊びはもちろん、身振りやジェスチャーは子どもが何かを伝えようとして自然に見られることが多いため、日常生活の中でも観察してみましょう。

子どもの最初のジェスチャーとしては、初めての環境の中の物を指して周りの大人や友達と関わろうとして行う、指さしや手渡し、提示などの指示的身振りが見られるでしょう。場面や映像を伝えようとするジェスチャーも、①自分がまるでブランコに乗っているかのように振る舞う自分中心（主観的）の視点と、②身体の前でブランコのミニチュアを描くように表現する客観的な視点の２つに分けられ、子どもに多く見られるのは「①自分中心（主観的）の視点でのジェスチャー」であると言われています[62)]。

そこから、様々な概念が豊かになって細部まで伝えられるようになったり、子どもが聞き手を意識してより効果的に伝えようしたりすることで、だんだんと「②客観的視点のジェスチャー」も見られ始めると考えられています[63]。

まとめ ― 才能発掘＆サポートのチェックポイント

		1-2 歳	3-5 歳
身表 1	ジェスチャーを用いて表現する	○	○

体感概念の味覚や嗅覚を通して、自分が感じたことを表すのも身体的表現です。

様々な食材や料理に触れて、味（甘・塩・苦・酸・うまみ）と見た目やにおい、食感などを意識して味わうことで、子どもなりの表現が引き出されるでしょう[64]。

また、感覚的な味わいの語彙が増えることで、見たり聞いたり、触ったりといった味覚以外の感覚から味やにおいの記憶が思い出されることもあります。子どもの表現も、甘いという味も「前に食べたももみたいに甘い」など、子どもの中に蓄積された記憶と一緒に言葉を導くことで表現する力が高まるでしょう[65]。

		1-2 歳	3-5 歳
身表 2	味覚を用いて表現する 例：絵本に出てきたりんごに「甘そう！」と表現する	○	○

体感概念の触覚が育まれることで、触ることから子どもたちは自分の身体の輪郭を知ったり、身体の動きや力加減を知ったりしていきます。すると、子どもは自分の身体の動きを操るようになり、様々な表現が見られるでしょう。

子どもの身体的な表現は、まず身体をどのくらい動かせるかという運動機能としての発達に支えられます。歩く、走る、跳ねる、這《は》う、転がる――など表現の中で複数の動きが見られないか観察してみましょう。また、しゃがんだり身体を揺らしたりする全身運動だけでなく、手を叩く、足を鳴らす、頭を振るなど部分的な動きで表現することもあるでしょう。加えて、子ども自身の知識や経験によって育まれる、豊かな感受性や柔軟な思考といった創造力が表現のイメージをふくらませます[66]。子どもの興味・関心や生活経験の違いによって、個性的な表現として見られるかもしれません。

		1-2 歳	3-5 歳
身表 3	**表現するときに、多様な動きを用いる**	-	○
身表 4	**表現するときに、身体の一部を使った動きと全身を使った動きを使い分けて表現する**	-	○
身表 5	**他の子どもが思いつかないような表現をしている**	-	○

子どもが自分の思い通りに身体を動かせるようになると、様々な動きを試したり繰り返したりして自分なりの動きを発見するでしょう。さらに、大人が具体的な動きのイメージを強調する言葉かけを行うことで、子どもの動きそのものを充実させていくとともに、独自のイメージをふくらませることにもつながると言われています[67]。

動きの表現は様々あります。そのため、身体表現のなかでも舞踊（ダンス）の表現動作の特徴を整理した研究などを参考にして、子どもが見せる様子として表れやすい視点をまとめました。動きの印象は人によって違っており感覚的なものですが、動作そのものは、速さ（時間）や身体の形（空間形態）、力強さなどから観察することができるでしょう[68]。

まとめ ―才能発掘＆サポートのチェックポイント

		1-2 歳	3-5 歳
身表 6	なめらかさ／アクセントを使い分けて表現している	-	○
身表 7	規則正しい／不規則な動きを使い分けて表現している	-	○
身表 8	ゆっくりした／スピードがある動きを使い分けて表現している	-	○
身表 9	直線的／曲線的な動きを使い分けて表現している	-	○
身表 10	大きい／小さい動きを使い分けて表現している	-	○
身表 11	バランスのとれた／アンバランスな動きを使い分けて表現している	-	○
身表 12	持続的／急変的な動きを使い分けて表現している	-	○
身表 13	強い／弱い動きを使い分けて表現している	-	○

①CRAYON項目：言語的表現

環境と日常生活	理解	概念形成	納得	**自己表現**
画像的表現	音楽的表現	身体的表現	**言語的表現**	数的表現

【1～2歳】

言語の育ちは個人差が大きいとされていますが、まだ意味のある言語を発していない乳幼児期から言語概念の基盤はできていきます。直接言葉をかけられたり、言語コミュニケーションを行う人々と一緒に過ごしたりする経験によって、言語概念が育まれ、子どもからも言葉による表現が見られてくるでしょう。意味のある言葉を発してからは、子どもが見ている世界を大人が言語化し、代弁していくことで概念を共有しながら語彙が増えていきます。そして、平均的に３語以上をつなげて文を話すのは３歳前後と言われています[69)]。

子どもが経験する言語活動は、ほとんどが大人の関わりがあって進みます。子ども同士の会話では、それぞれが言いたいことを言うだけのこともあり、大人のヒントや通訳によってコミュニケーションを成り立たせることが成功体験として残るでしょう。適切な表現を知る機会であることに加えて、伝わる喜びは言語的表現への意欲を促すことにもつながります[70)]。

積極的な表現活動や、豊かな表現力が支えられることで、この時期からでも２語文や３語文、そして文として話す様子が見られるかもしれません。

まとめ —才能発掘＆サポートのチェックポイント

言表 1	遊びの中で言葉を使ってコミュニケーションを取ろうとする 例：どうぞ。ちょうだい。ありがとうなど
言表 2	自分の気持ちを言葉で表現しようとする 例：きれいだね。うれしいなど
言表 3	2 語文の会話をしようとする

【3～5歳】

子どもは保育所や幼稚園など集団の中に入ることによって、社会的な場面で自分の行動を調整する(適応する)ことを学んでいきます。その際、協力によって遊びを展開させていく場合と、取り合いなどの葛藤《かっとう》が生まれる場合とがありますが、このような子ども同士の関係性の中で社会言語の習得が促されると言われています[70)]。

自分の欲求や気持ちを言葉で伝えたり、相手に問いかけたりする自己主張としての言葉の表現が見られないか観察してみましょう。

言表 1	「○○しよう」など相手に提案する
言表 2	「○○して」など相手に依頼する
言表 3	「○○していい？」など相手の許可を求める
言表 4	「いや」などの拒否する気持ちを表現する
言表 5	「だめ」など相手の行為を止めようとする
言表 6	「どうして○○するの？」など疑問形で抗議する
言表 7	抗議することによって、自分の現状を間接的に伝える 例：「ご飯食べなさい」、「(お腹いっぱいだから) ご飯食べない !!」 「これ貸してあげて」、「(大事なものだから) やだ !!」

子どもが自分の経験を語るとき、大人との会話に支えられて語る内容が発展していきます。聞き手となる大人が子どもの言葉から推論することで、おおよそ子どもの言いたいことがわかることも多いでしょう。しかしそこで、あえて代弁したり質問などで子どもから言葉を引き出したりするなど実際に言語化を促すことで、子どもの考える力（推論能力）を育む機会にもなります。

4 歳頃から物事を連続して述べることが増えて、さらに時間的な流れと結びつけて語るようになってくるでしょう。さらに 5 歳頃になると、出来事の因果《いんが》関係の結びつきや、そのときの自分の気持ちとの結びつきも見られるようになると言われています [71]。

『小学校学習指導要領解説 国語編』には、低学年において言葉には自分が経験したことを表現したり伝える働きがあることに気づくことが求められています [72]。物事の細かい内容だけでなく、時系列や気持ちと結びつけることでより具体的に伝えることができるので、就学前から意識して育んでいきましょう。

言表 8	**過去の出来事（家であったことや、園であったことなど）について、時系列で表現する**
言表 9	**過去の出来事（家であったことや、園であったことなど）について、そのときに感じた気持ちを表現する**
言表 10	**未来の出来事（次にすること）について、時間の流れを理解して順序立てて表現する**
言表 11	**未来の出来事（次にすること）について、それについて感じた気持ちを表現する**

乳幼児期の子どもの多くが触れる架空《かくう》のもの（フィクショナルストーリー）は、絵本でしょう。絵本には、物語の主軸となるストーリーがあり、物語を構成する時間的、空間的な枠組み、そして物語の中

心から外れた周辺要素があるとされています[73]。そのため、絵本の読み聞かせは、子どもにとって生活場面や現実に制限されない想像性を育む機会でもあり、ストーリーの流れや物語を豊かにする多様な語彙や言語的表現に触れる経験にもなります[69]。

また、ごっこ遊びなど架空のものを想像して発展していく遊びでは、自分のイメージを遊び相手に共有するために、言葉が重要な役割を果たします[74]。

『小学校学習指導要領解説 国語編』でも、低学年において簡単な物語を書く活動などがあります[72]。話し言葉と書き言葉という違いはありますが、就学前から見られる想像的表現が、物語の内容を豊かにするでしょう。

言表 12	**架空のものを想像し（お話づくりなど）、話の流れといったストーリーを表現している**
言表 13	**架空のものを想像し（お話づくりなど）、状況設定（役割、ものの見立て）などのイメージを具体的に表現している**

① CRAYON項目：数的表現

環境と日常生活	理解	概念形成	納得	**自己表現**
画像的表現	音楽的表現	身体的表現	言語的表現	**数的表現**

【1～2歳】

3歳以降の、より具体的な数的表現が見られる以前にも、数や量への興味・関心や楽しさを感じて自発的な表現が見られるかもしれません[75)]。数字や数量への正しい概念形成を促す関わりを行いながら、子どもの数的な表現に気づいてアドバイスを行うような声かけをしつつ、様子を観察しましょう。

数表 1	**遊びや活動の中で数を数える様子が見られる** **例：回数を数えたり、人数を数えるなど**
数表 2	**ものの大きさや長さを使って表現する** **例：大きい人形を親に見立ててままごとをするなど**

【3～5歳】

数字や数と量の対応などの数概念が育まれることで、遊びの中の必要にかられる場面で子どもが自発的に計算する様子が見られてくるでしょう。「合わせる（加算、足す）」「なくなる（減算、引く）」「分ける（除算、割る）」といった言葉の意味と計算方法を理解して、具体物を操作する様子を観察してみましょう[75)]。

子どもたちにものを配らせて分ける場面をつくったり、「いくつ必要？」など考えさせたりすることで表現する機会を与えることができます。

まとめ —才能発掘＆サポートのチェックポイント

数表 1	おかしやおもちゃなどを均等に分けようとする
数表 2	ものの数を数えて不足を要求する

いくつかの数えられるものの集まりは、ひと目見ただけで認識できるようになります（サビタイジング）[76)]。すると、２つや３つ、５つずつなどのまとまった数で数える術を経験的に身につけ、数え方の幅が広がるでしょう。

数表 3	ものの数をいろいろな方法で数えようとする 例：10 個のあめ玉を数えるときに、2・4・6… で数えたり、5 つのまとまりが 2 つと数えたりする

数の表現の中でも、時間や順番はより抽象《ちゅうしょう》的な数の認識になります。自分の順番を数えながら待つ場面では、数の順序だけではありません。例えば、4 回までというルールを決めたとき、3 回まで終わった友達に対して「あと１回だよ」という計算する様子も見られるかもしれません[75)]。また、数を活用して社会的なルールを理解することにもつながります。

数表 4	時間や順番を数えながら待つ

ものを分けるには、特徴を見分ける視覚概念やカテゴリー化する言語概念などの育ちも関係してきます。子どもも自分の知識と経験から自分なりのルールをもって分類したり、分類することで数の法則に気づきを得る可能性があります。

例えば、植物の葉っぱの数や花びらの数などは３の倍数だったり、葉の配置で有名なフィボナッチ数や黄金比などの考え方だったりも、数学的なルールに則《のっと》っています[77]。

数表 5	ものを分類するときに、自分なりのルールをもって分類している 例：色の種類や形の違いを、重さに分類するなど

大きさや長さ、重さを比較する量概念が育まれることで、体感的に認識した量的な違いや類似を表現する様子が見られるでしょう。

長さと大きさの比較の方法には、ただ見比べて判断するものから、近づけて見比べる、実際に触ったりそろえたりした上で見比べたりする様子などが見られます[48]。見ただけで比べるのが難しい場合には、実際にそろえたり重ねたりする方法を教えることで、自分から比較しようとする様子が表れるかもしれません。反対に、見ただけで比べることができる場合は、視覚的な数量把握が得意でしょう。

数表 6	ものの大きさを使って違い・類似を表現する
数表 7	ものの長さを使って違い・類似を表現する
数表 8	ものの重さを使って違い・類似を表現する

子どもが実生活と数に意味のあるつながりを感じるには、日常生活や遊びの中で具体的な数の経験と、それを表現する機会を必要としています[78]。

『小学校学習指導要領解説 算数編』では、算数・数学の問題発見・解決の過程として、①「日常生活や社会の事象を数理的に捉え、数学的に表現・処理し、問題を解決し、解決過程を振り返り得られた結果の意味を考察する」ことと、②「数学の事象について統合的・発展的に捉えて新たな問題を設定し、数学的に処理し、問題を解決し、解決過程を振り返って概念を形成したり体系化したりする」ことの２つの過程が相互に関わり合って展開するとしています[79)]。

特に小学校では前者の内容が多いとされていますが、就学前の子どもたちでも日常生活や遊びの中で簡単な数的表現や数量的な問題解決の様子を見ることができるでしょう。

数表 9	もののの集まりの大きさを認識して好ましい大きさを選ぶことができる 例：短い方の列を見分けて、並ぼうとする
数表 10	遊びや活動の中で計算する様子が見られる 例：ゲームの点数など
数表 11	会話の中で出てきた数字を計算する様子が見られる 例：大人同士の会話で「３人いたけど２人帰っちゃったね」と話したときに、子どもが「じゃあ一人ぼっちだ」と言うなど

②CRAYON 実践記録簿〈写真記録用〉

作成日		作成者		実践記録 No.	
実施後記録		記録者	□同上		

CRAYON 実践記録簿〈写真記録用〉

①	プログラム名		
②	対象年齢		
③	CRAYON BOOK と関連する目的（プログラムで着目する領域にチェック(☑)する）		
	環境と日常生活	□環境　□食事　□睡眠　□遊び	
	概念形成	□視覚概念　□聴覚概念　□体感概念　□言語概念　□数概念	
	自己表現	□画像的表現　□音楽的表現　□身体的表現　□言語的表現　□数的表現	
	理　解	□知識・経験の促し方　□子どもへの関わり方　□情報の伝え方	
	納　得	□信頼関係の作り方　□子どもの考え方の尊重　□行動変容の促し方	
④	活動のねらい 概念に基づいたねらいであること		
⑤	環境設定のポイント 目的に沿った環境であること	□写真 ※ある☑	
⑥	準備物	□写真 ※ある☑	
⑦	他年齢で行う際のポイント		
⑧	活動の繋がり　前		
	後		
⑨	実施日	（　□午前・□午後　）	
⑩	活動計画と実施記録（実施後に「実施後コメント」に振り返りや反省点を記録する）		

活動の手順	活動時に共有するポイント 保育者視点・関わりのポイント・注意点 目的の概念を促すための声掛け　など	実施後コメント

！

活動の記録を写真とともに記録することで、たくさんのすばらしい活動を「次につながる形」で残すことができます。写真は、子どもの様子はもちろん環境や準備物もセットで撮っておきましょう。

＜実践記録簿の目的＞
❶ 活動の前に計画を作成して、実施するメンバー全員で活動の目的やポイント、注意点などの「共有」ができます
❷ 活動後に、良かった点や反省点などのコメントを加えると、次に実施するときの参考資料として「残すこと」ができま

作成日	2022 年 5 月 15 日	作成者	内山　つむぎ	実践記録 No.	記載例
実施後記録	2022 年 5 月 16 日	記録者	武久　なぎさ　　□同上		

CRAYON 実践記録簿〈写真記録用〉

① プログラム名	カタツムリづくり
② 対象年齢	1 歳児
③ CRAYON BOOK と関連する目的（プログラムで着目する領域にチェック(☑)する）	
環境と日常生活	□環境　□食事　□睡眠　☑遊び
概念形成	□視覚概念　□聴覚概念　☑体感概念　□言語概念　☑数概念
自己表現	☑画像的表現　□音楽的表現　□身体的表現　□言語的表現　☑数的表現
理　解	☑知識・経験の促し方　☑子どもへの関わり方　☑情報の伝え方
納　得	☑信頼関係の作り方　☑子どもの考え方の尊重　☑行動変容の促し方
④ 活動のねらい 概念に基づいたねらいであること	・梅雨という季節感を意識する（文化） ・新聞紙と絵の具の感覚に親しむ（体感・画像） ・大きさの違いに気づく（数）
⑤ 環境設定のポイント 目的に沿った環境であること	☑写真 ※ある☑ ・丸めた新聞紙や絵具の感触を十分に味わえるように時間をとる。 ・大きいカタツムリと小さいカタツムリを並べて展示し、大きさの違いに気づけるようにする。
⑥ 準備物	☑写真 ※ある☑ ・絵本『あめぽったん』 ・カタツムリ(小)＝画用紙(胴と殻の形に切っておく)、カラーペン、丸シール、モール 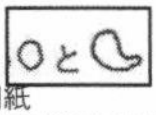 ・カタツムリ(大)＝絵具、画用紙(白と黒の丸型)、新聞紙
⑦ 他年齢で行う際のポイント	・0 歳児・・・渦巻は保育士が描いても良い ・2 歳児・・・はさみを使える子は、画用紙を切るところから始めても良い。
⑧ 活動の繋がり　前	実物または図鑑でカタツムリをよく見て、どんないきものなのかを知る。
⑧ 活動の繋がり　後	夏になったら大きいカタツムリの新聞紙をくずして、感触遊びに繋げる。
⑨ 実施日	2022 年 5 月 16 日　　（☑午前・□午後）

⑩ 活動計画と実施記録（実施後、「実施後コメント」に振り返りを記録する）

活動の手順	活動時に共有するポイント 保育者視点・関わりのポイント・注意点 目的の概念を促すための声掛け　など	実施後コメント 良かった点・反省点　など
1. 導入 ・絵本『あめぽったん』を読み聞かせる。 ・絵本の中のカタツムリをよく見る。 **2. 小さいカタツムリづくり** ・殻の画用紙に好きな色のカラーペンで渦巻を描く。 ・白い丸シールに、黒い丸シールを重ねて目にする。 ・モールでつなげて保育士が仕上げる。 **3. 大きいカタツムリづくり** ・殻に見立ててぐるぐる巻いた新聞紙に絵具で色をつける。 ・保育士が目をつける。 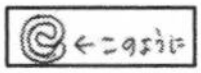 **4. 作品を飾る**	(1) 日本では 1 年のうちに雨が多い季節を「梅雨」と言うことを伝える。 (2) まだ渦巻が描けない子もいるので自由に描いても良い。 (3) ・新聞紙を触って感触への気づきや楽しさを促す。 ・手で絵具を触って感触を楽しみながら色をつけるが、苦手な子は筆やビニル越しなどでも良い。 (4) 作成した大小のカタツムリを並べて飾り、大きさの違いへの気づきを促す。 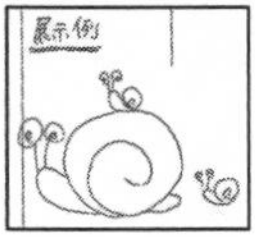	(1) 雨を見て喃語を発していた。 (3) 新聞紙のかたさが十分でなく、触ると少し潰れてしまったので、もっと量を増やしてよいだろう。 (4) ・大小のカタツムリだけでなく、小さいカタツムリ同士で大きさの比較をする様子も見られた。 ・できたカタツムリをくしゃくしゃにしたり口にいれたりするので、扱いを丁寧に教えていく。

紙出しした上から、イラストやコメントなどを自由に手書きで書き込んでも OK

③CRAYON 実践記録〈年度計画〉

● 4月の活動

No.	活動名	ねらい	概念形成				
			視覚	聴覚	体感	言語	数
1	ダンゴムシを作る	ダンゴムシに触れたり関心をもち、製作することを楽しむ	○			○	○
2	ちょうちょになってみよう	ちょうちょになって表現することを楽しむ	○	○		○	
3	フラワーペーパーで遊ぼう	指先を使って、フラワーペーパーをはがす力を育てる	○			○	
4	大きな紙にクレヨンで描く	のびのびと線遊びを楽しむ	○			○	○
5	平均台の上を歩く	牛乳パックで作った平均台の上を体のバランスをとりながら歩く	○			○	
6	タケノコを作る	三角の形やのりの使い方を知る	○			○	○
7	フラワーペーパーをのりではる（こいのぼり）	フラワーペーパーの紙の手触りを知る	○		○	○	
8	タケノコに触れる	タケノコの大小の違いを知る	○		○	○	○
9	スナップエンドウに触れる	絹さやとグリーンピースの違いを知る	○		○	○	○

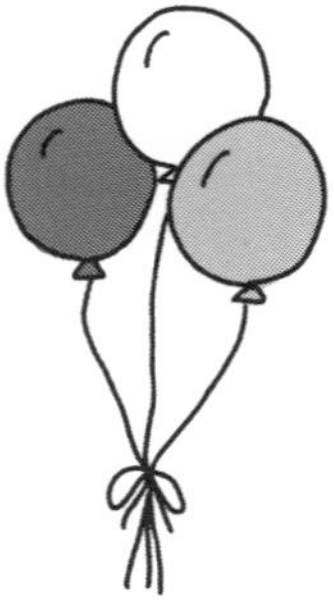

●5月の活動

No.	活動名	ねらい	概念形成				
			視覚	聴覚	体感	言語	数
1	しかけのある紙にクレヨンで描く	丸・三角・四角の形の名前を知る	○			○	○
2	カメを観察する	カメに興味をもち、動きを表現する	○			○	
3	カメを作る	絵の具の混色（黄色・青）を知り、色の変化に気づく	○			○	
4	ままごと遊びをする	緩衝材の感触や友達と遊ぶ楽しさを知る	○		○	○	
5	粘土遊びをする	粘土の硬さ・柔らかさの言葉を知り、粘土で作る楽しさを味わう	○		○	○	
6	シール遊びを楽しむ	しかけのある紙に並べたり、集めたり表現することを楽しむ	○			○	○
7	太鼓橋を渡る	体のバランスをとりながら、運動遊びを楽しむ	○			○	
8	シュレッダー遊びを楽しむ	シュレッダーにかけた紙で、体全体を使って、感触遊びを楽しむ	○		○	○	○
9	ストローを入れて遊ぶ	ストローの長い・短いという言葉を知り、長さを比べたりする	○			○	○
10	つなを使って遊ぶ	つなの上をジャンプしたり、跳ねたりする力を育てる	○			○	
11	カエル・オタマジャクシを観察する	カエルに触れたり、動きを見たりして表現する	○			○	
12	絵の具遊びを楽しむ	三原色の色の変化に気づき、ダイナミックに描くことを楽しむ	○		○	○	
13	キャベツに触れる	キャベツの感触や重みを知る	○		○	○	○
14	ソラマメに触れる	ソラマメの形や数を知る	○		○	○	○

●6月の活動

No.	活動名	ねらい	概念形成				
			視覚	聴覚	体感	言語	数
1	カエルのお面を作る	混色の色の変化を知り、タンポで色を広げることを楽しむ	○			○	
2	手作り歯ブラシで虫バイキンを取り除く	歯の大切さを知り、手作り歯ブラシで体全体を使う	○			○	
3	カタツムリを作る	カタツムリの動きを見たり表現し、作る楽しさを味わう	○			○	
4	傘にペイントをする	絵の具を塗ったり線を描いたりして楽しむ	○			○	
5	傘を持って歩く（晴れの日）	傘の持ち方を知り、色の明暗を感じる	○		○	○	
6	傘を持って歩く（雨の日）	雨の音や長靴の音など様々な音に気づく	○	○	○	○	
7	水風船で遊ぶ	水の音や風船の重さや感触を知る	○		○	○	○
8	絵の具で雨を描く	筆を上から下へ動かし、絵の具遊びを楽しむ	○			○	
9	あじさいで遊ぶ	あじさいの匂いや花に触れたりする	○		○		○
10	あじさいを作る	カラーセロファンの感触を味わう	○		○	○	
11	カエルになろう	音の強弱・フレーズを経験したり、カエルを自由に表現する	○	○		○	
12	洗濯バサミで遊ぶ	指先を使って、洗濯バサミをつないで長さを知る	○			○	○
13	七夕飾りを作る（フィンガーペイント）	のりと絵の具を混ぜた感触を味わい、ダイナミックに表現することを楽しむ	○		○	○	
14	七夕飾りを作る（三角・四角つなぎ）	丸・三角・四角の形を知り、つなげていくことを楽しむ	○			○	○
15	梅の実に触れる	梅の数を数えたり、酸味を味わう	○		○	○	○

● 7月の活動

No.	活動名	ねらい	概念形成				
			視覚	聴覚	体感	言語	数
1	夏野菜を収穫する	夏野菜の成長に興味をもち、収穫することを喜ぶ	○		○	○	
2	野菜の洗濯バサミで遊ぶ	指先を使って、洗濯バサミをつないで長さを知る	○			○	○
3	七夕まつりを楽しむ	運動遊びや七夕給食を通じて、七夕に関心をもつ	○	○	○		
4	ひまわりを観察する	花の名前や大きさ、色を見たりして関心をもつ	○		○	○	○
5	ザリガニを観察する	ザリガニの動きや図鑑を見て、興味を深める	○		○	○	
6	トマトに触れる	トマトを切った時の形を知る	○		○	○	○
7	色水遊びをする（ジュース屋さんごっこ遊び）	色の名前や混ぜた色に気づき、友達と一緒に遊ぶことを楽しむ	○			○	
8	トウモロコシに触れる	トウモロコシの感触やつぶの色を知る	○		○	○	○
9	泥遊びを楽しむ	砂や泥の感触の違いを知り、ダイナミックに遊ぶ	○		○	○	○
10	スイカに触れる	スイカの形や重みを知る	○		○	○	○
11	泡遊びを楽しむ	泡の変化の不思議に気づき、感触を楽しむ	○		○	○	
12	氷遊びを楽しむ	氷の冷たさを知り、溶ける様子を見る	○		○	○	
13	スイカを描く	赤色の明暗に気づき、大きなスイカを友達と描く	○		○	○	
14	片栗粉で遊ぶ	片栗粉の粉の変化に気づき、感触を味わう	○		○	○	○
15	箱の中の野菜を当てる	夏野菜に触れて、匂いや感触を味わう	○		○	○	○
16	扇風機をまわしてみよう	扇風機の動きを身体で表現したり、クレヨンを使って描くことを楽しむ	○		○	○	

●8月の活動

No.	活動名	ねらい	概念形成				
			視覚	聴覚	体感	言語	数
1	セミやセミの抜け殻に触れる	セミに触れたり、鳴き声を聞く	○	○		○	○
2	寒天遊びをする	寒天遊びの柔らかさ、潰した時の感触を知る	○		○	○	
3	クワガタを作る	クワガタの動きや図鑑を見たりして、興味を深める	○		○	○	○
4	洗濯ごっこ遊びをする	泡の中で洗濯する楽しさや、友達と一緒に遊ぶ楽しさを知る	○		○	○	
5	水風船で遊ぶ	水風船の感触や冷たさ、大小の重みを比べる	○	○	○	○	○
6	ゴーヤに触れる	ゴーヤの感触や苦味を知る	○		○	○	○
7	夏野菜のスタンピング遊びをする	夏野菜のおなか（断面）を見たり、スタンピングして写る形を楽しむ	○		○	○	
8	ひまわりの種で遊ぶ	ひまわりの種を収穫し、形や大きさを知る	○	○	○	○	○
9	洗濯機をまわそう（クレヨン遊び）	洗濯機がまわる音を聞いたり、クレヨンを使って手首をまわして描く	○	○		○	○
10	貝殻で遊ぶ	貝殻の形を知り、集めたり並べたりする	○	○	○	○	○
11	魚のシールをはる	水槽の中の魚や図鑑を見て、興味をもつ	○			○	○
12	うちわを作る	滲んでできる不思議な形を知る	○			○	○
13	うちわで遊ぶ	風の強弱を知り、身体表現を楽しむ	○		○	○	○
14	氷で遊ぶ	色つき氷でのびのびと絵を描く	○		○	○	
15	寒天遊びを楽しむ	寒天の柔らかさや混色の変化を楽しむ	○		○	○	
16	アイスクリーム屋さんごっこをする	友達や先生と一緒に遊ぶ楽しさを知る	○			○	○
17	夏祭りを楽しむ	夏祭りの雰囲気を味わい、楽しく食事する	○			○	○

● 9月の活動

No.	活動名	ねらい	概念形成				
			視覚	聴覚	体感	言語	数
1	ハスイモの葉で遊ぶ	ハスイモという名前を知り、持って歩くことを楽しむ	○		○	○	○
2	デカルコマニー遊びをする	混ざった絵の具の色や形の変化を知る	○		○	○	
3	星形のシールをはる	大きなビニール袋にシールを自由にはる	○			○	
4	つなげたビニール袋で遊ぶ	友達や先生と一緒に、動かしたりすることを楽しむ	○			○	○
5	トンボのメガネで遊ぶ	歌を歌ったりして、トンボに関心をもたせる	○	○		○	
6	紙粘土で遊ぶ	お月見のことに関心をもち、粘土を丸める方法を知る	○		○	○	○
7	サツマイモの型押し遊びをする	サツマイモへの関心をもち、型押しする楽しさを知る	○		○	○	○
8	秋の虫を観察する	秋の虫に触れたり、動く様子に興味をもつ	○	○	○	○	
9	金魚を探して遊ぶ	隠れている魚を見つけたり、数字に関心をもつ	○			○	○
10	ぶどうに触れる	ぶどうの形や数を数える	○		○	○	○
11	キノコに触れる	キノコの名前を知り、形の違いに気づく	○		○	○	○
12	果物に触れる	秋の果物の手触りや匂いなどを知る	○		○	○	○
13	果物狩りごっこをする	秋の果物を探して、友達とごっこ遊びを楽しむ	○		○	○	○

● 10月の活動

No.	活動名	ねらい	概念形成				
			視覚	聴覚	体感	言語	数
1	染め紙遊びをする	好きな色を選び、絵の具の広がる変化を見る	○			○	
2	秋の花を飾る	秋の花の名前を知り、オアシスにさす感触を楽しむ	○		○	○	○
3	スナップ遊びをする	指先の力を使って、つなげる楽しさを味わう	○			○	○
4	秋の木の実拾いをする	ドングリや松ぼっくりを集めたりして、興味をもつ	○		○	○	○
5	サツマイモほりをする	サツマイモの大きさ・重さを比べたりして収穫するものを選ぶ	○		○	○	○
6	おにぎり作りをする	稲に触れたりして、食事に感謝の気持ちをもつ	○		○	○	○
7	おにぎり屋さんごっこをする	お買い物ごっこをする中で、数に関心を持たせて楽しむ	○			○	
8	サツマイモをつぶす	サツマイモの大小の重さを感じる	○		○	○	
9	ままごと遊びをする	木の実を使って、友達と一緒に遊ぶ楽しさを知る	○			○	
10	秋の葉を拾う	葉の形や色の違いに気づき、集めることを楽しむ	○			○	○
11	おばけを作る	絵の具のタンポ遊びを楽しみ、色の変化を言葉で伝える	○			○	
12	紙粘土で遊ぶ	木の実などを使って、お弁当作りを楽しむ	○		○	○	
13	秋の葉で遊ぶ	秋の葉に触れたり、落ちてくる様子を見る	○		○	○	○
14	遠足ごっこ遊びをする	お弁当を包んだり、友達と関わって遊ぶ	○		○	○	
15	カボチャに触れる	カボチャの感触や切った形を知る	○		○	○	○
16	カボチャに触れる2	わらべ歌遊びを歌ったり、カボチャの重さを感じる	○		○	○	○

● 11 月の活動

No.	活動名	ねらい	概念形成				
			視覚	聴覚	体感	言語	数
1	ハサミで紙を切る	ハサミの使い方やハサミで切る楽しさを知る	○			○	
2	ミノムシを作る	ミノムシを観察し興味をもち、カラフルなミノムシを作る	○			○	○
3	バスごっこ遊びをする	曲に合わせたり、身体を動かすことを楽しむ	○	○		○	
4	ドングリで遊ぶ	ドングリを転がしたり、友達と仲よく遊ぶ	○			○	○
5	パン粉遊びをする	パン粉の感触を味わい、見立てて遊ぶ	○	○	○	○	○
6	消防車ごっこ遊びをする	消防車に乗って、興味を広げる	○	○		○	
7	切り干し大根に触れる	切り干し大根の名前を知り、感覚を味わう	○		○	○	
8	みかんに触れる	みかんの数を数えたり、カテゴリーを知る	○		○	○	○
9	秋の葉を拾う	秋の葉の形や色の違いに気づき、集めることを楽しむ	○		○	○	○
10	フクロウを作る	フクロウの名前や図鑑でイメージをふくらませる	○		○	○	
11	ままごと遊びをする2	箸を使って、つかむことを喜ぶ	○		○	○	
12	しっぽ取り遊びをする	約束やルールを知って、友達と関わって遊ぶ楽しさを知る	○			○	

まとめ ―才能発掘＆サポートのチェックポイント

● 12 月の活動

No.	活動名	ねらい	概念形成				
			視覚	聴覚	体感	言語	数
1	かぶを収穫する	かぶを引っ張ったりして、収穫することを喜ぶ	○		○	○	○
2	大きなかぶごっこ遊びをする	いろいろな動物になって、身体を動かす	○	○		○	○
3	トイレットペーパーで遊ぶ	トイレットペーパーの感触や集めたり、投げたりして遊ぶ	○		○	○	○
4	椅子取りゲーム遊びをする	ゲーム遊びをしながら、友達との関わりを広げる	○	○		○	○
5	ボタン止め遊びをする	指先を使って、つなげて長くすることを楽しむ	○		○	○	○
6	ツリーを作る	大きさの違う三角を知り、ツリーを製作する	○			○	○
7	ゆずに触れる	ゆずの形や酸味を感じる	○		○	○	○
8	クリスマスケーキを作る	いろいろな素材を使い、イメージを広げる	○		○	○	
9	お風呂屋さんごっこをする	友達と関わり、一緒に遊ぶ楽しさを知る	○		○	○	

● 1月の活動

No.	活動名	ねらい	概念形成				
			視覚	聴覚	体感	言語	数
1	かるた遊びをする	簡単なかるたに興味をもち、文字に関心をもたせる	○			○	○
2	すごろく遊びをする	順番を待ったり、サイコロを転がしたりして、数に興味をもつ	○			○	○
3	七草に触れる	七草の名前や由来を知る	○		○	○	○
4	こまを回して遊ぶ	いろいろな物を回して、動きを楽しむ	○			○	
5	たこを飛ばして遊ぶ	走ったり風が吹いたりすると、たこが揚がることを知る	○			○	
6	ブロッコリーに触れる	ブロッコリーの形や成長した変化に気づく	○		○	○	○
7	白菜に触れる	白菜の重みや切った形を知る	○		○	○	○
8	おもちつき遊びをする	音を楽しんだり、丸めたりすることを喜ぶ	○	○	○	○	
9	おもちを焼いて食べる	おもちの数を数えたり、友達と関わって遊ぶことを喜ぶ	○		○	○	○
10	鬼のお面を作る	好きな色を選んで、混色を楽しむ	○			○	
11	鬼のお面を作る２	鬼の顔のパーツを書いて貼ったりし、パーツの位置がわかる	○			○	
12	だるまさんを転がして遊ぶ	下へ転がる動きを楽しみ、順番を守って遊ぶ	○			○	○
13	ボウリング遊びをする	倒れた数を先生と一緒に数え、転がすことを楽しむ	○			○	○

●2月の活動

No.	活動名	ねらい	概念形成				
			視覚	聴覚	体感	言語	数
1	ぐるぐる鬼さんごっこをする	音楽を聞いたり、歌を歌ったりし、先生と追いかけっこを楽しむ	○	○		○	
2	雪だるまを作る	細かくちぎったりし、指先を動かす	○			○	○
3	豚汁を作る	豚汁の中に入っている食材を知り、ハサミを使うことを喜ぶ	○			○	
4	ビーズを通して遊ぶ	指先を使って、ひもに長く通すことを喜ぶ	○			○	○
5	豚汁を作る２	切った野菜にのりを広げて、１枚ずつはる	○			○	
6	はなっこりーに触れる	はなっこりーの名前や味を知る	○		○	○	
7	お医者さんごっこをする	友達と会話をしながら、一緒に遊ぶ楽しさを知る	○		○		
8	スタンピング遊びをする	冬野菜の名前を知り、絵の具で写った形の違いに気づく	○		○	○	
9	お寿司屋さんごっこをする	にぎり寿司を作ったり、友達とごっこ遊びを楽しむ	○			○	○
10	ひな形を作る	ひな祭りの話を聞いて関心をもつ	○			○	
11	忍者ごっこ遊びをする	友達と一緒に身体を動かすことを楽しむ	○			○	
12	楽器遊びをする	テンポの違いや強さの違いを知り、手作り楽器で遊ぶ	○	○		○	

● 3月の活動

No.	活動名	ねらい	概念形成				
			視覚	聴覚	体感	言語	数
1	公園に散歩に行く	交通ルールを知り、春の訪れを感じる	○			○	
2	タンポポを作る	ハサミの使い方を知り、線の上を切ることを楽しむ	○			○	○
3	作品集の表紙を作る(はらぺこあおむし)	丸をつなげて、形で表現する	○			○	○
4	カレーライスを作る	ハサミやのりを使って、製作遊びを楽しむ	○			○	
5	縄を使って遊ぶ	体のバランスをとりながら、体を動かす	○			○	
6	オアシスに花を生ける	春の花の名前を知り、オアシスにさす感触を楽しむ	○		○	○	○
7	パン屋さんごっこをする	パンの名前を知り、パンを買いに行くことを喜ぶ	○			○	○
8	パンを作る	小麦粉（米粉）の感触や分けることを知る	○		○	○	○

参考・引用文献

▶第 1 章

1. Robyn C. Miranda, Donald W. Schaffner（2016）Longer Contact Times Increase Cross-Contamination of Enterobacter aerogenes from Surfaces to Food. *Applied and Environmental Microbiology*, 2016 Oct. doi: 10.1128/AEM.01838-16

▶第 2 章

1. 厚生労働省（2017）保育所保育指針〈平成 29 年 3 月改正〉.
2. 厚生労働省（2018）保育所保育指針解説〈平成 30 年 2 月〉.
3. 文部科学省（2017）幼稚園教育要領〈平成 29 年 3 月〉.
4. 文部科学省（2018）幼稚園教育要領解説〈平成 30 年 2 月〉.
5. 内閣府・文部科学省・厚生労働省（2017）幼保連携型認定こども園 教育・保育要領〈平成 29 年 3 月〉.
6. 内閣府・文部科学省・厚生労働省（2018）幼保連携型認定こども園 教育・保育要領解説〈平成 30 年 3 月〉.

▶韓《ハン》の講義の時間

1. 厚生労働省（2017）保育所保育指針〈平成 29 年 3 月改正〉.
2. Jonny Thomson（2021）Mini Philosophy: A Small Book of Big Ideas. Wildfire.
3. 農林水産省 . 食育基本法（平成 17 年 6 月 17 日法律第 63 号）
4. 農林水産省 . 食育ピクトグラム及び食育マークのご案内 . https://www.maff.go.jp/j/syokuiku/pictgram/index.html#pg_1（最終閲覧 : 2023/6/2）
5. 農林水産省（2021）第 4 次食育推進基本計画〈令和 3 年 3 月〉.
6. Heikki V Sarin, Nele Taba, Krista Fischer, Tonu Esko, Noora Kanerva, Leena Moilanen, Juha Saltevo, Anni Joensuu, Katja Borodulin, Satu Männistö, Kati Kristiansson & Markus Perola（2019）Food neophobia associates with poorer dietary quality, metabolic risk factors, and increased disease outcome risk in population-based cohorts in a metabolomics study. *The American Journal of Clinical Nutrition*, 110（1）, 233-245. doi: 10.1093/ajcn/nqz100
7. Hirshkowitz M, Whiton K, Albert SM, Alessi C, Bruni O, DonCarlos L, Hazen N, Herman J, Katz ES, Kheirandish-Gozal L, Neubauer DN, O'Donnell AE, Ohayon M, Peever J, Rawding R, Sachdeva RC, Setters B, Vitiello MV, Ware JC & Adams Hillard PJ（2015）National Sleep Foundation's sleep time duration recommendations: methodology and results summary. *Sleep Health*, 1（1）, 40-43. doi: 10.1016/j.sleh.2014.12.010.
8. 日本小児保健協会 . 子どもの睡眠に関する提言 . http://plaza.umin.ac.jp/~jschild/com/011112.html（最終閲覧 : 2023/6/2）

9. Takeshima, M., Ohta, H., Hosoya, T., Okada, M., Iida, Y., Moriwaki, A., Takahashi, H., Kamio, Y. & Mishima, K（2021）Association between sleep habits/disorders and emotional/behavioral problems among Japanese children. *Scientific Reports*, 11(1), 11438. doi: 10.1038/s41598-021-91050-4
10. 三池輝久（2014）『子どもの夜ふかし 脳への脅威』. 集英社 , 東京 .
11. 前田多章 . 第 1 回「睡眠と記憶について／基本的な睡眠とは」https://www.konan-u.ac.jp/special/vol_1.html（最終閲覧 : 2023/6/2）
12. 本間あや（2021）アレルギーと睡眠を制御する体内時計 . 日鼻誌 , 60（1）, 101-102.
13. 諏訪城三（1974）成長ホルモン . 高分子 , 23(10), 718-722.doi: 10.1295/kobunshi.23.718
14. Carver CS, Johnson SL & Joormann J（2009）Two-Mode Models of Self-Regulation as a Tool for Conceptualizing Effects of the Serotonin System in Normal Behavior and Diverse Disorders. *Curr Dir Psychol Sci*, 18（4）, 195-199. doi: 10.1111/j.1467-8721.2009.01635.x.
15. AAA Foundation for Traffic Safety（2016）Acute Sleep Deprivation and Risk of Motor Vehicle Crash Involvement (December 2016).（記事：NEWS ROOM（2016）Missing 1-2 Hours of Sleep Doubles Crash Risk: AAA Foundation study reveals the dangers of getting less than seven hours of sleep. 2016.12.6. URL: https://newsroom.aaa.com/2016/12/missing-1-2-hours-sleep-doubles-crash-risk/（最終閲覧：2023/7/24））
16. 文部科学省（2017）幼稚園教育要領〈平成 29 年 3 月〉.
17. 河邉貴子（2014）幼児教育に求められる「遊びの質」とは何か . これからの幼児教育（ベネッセ総合研究所）, 夏 , 2-5.
18. 平松琢弥（2007）ビジネスコミュニケーションとは . 文学部論叢（コミュニケーション情報学科篇）, 95, 87-119.
19. 今井芳枝・雄西智恵美・坂東孝枝（2016）納得の概念分析— 国内文献レビュー —. 日本看護研究学会雑誌 , 39（2）, 73-85. doi: 10.15065/jjsnr.20151214008
20. 粟津俊二・鈴木明夫（2011）行為経験による英語不定代名詞の理解の促進 . 認知科学 , 18（2）, 272-283. doi: 10.11225/jcss.18.272
21. 伊藤貴昭・垣花真一郎（2009）説明はなぜ話者自身の理解を促すか—聞き手の有無が与える影響—. 教育心理学研究 , 57, 86-98. doi: 10.5926/jjep.57.86
22. Suzuki H. & Sato T.（1988）Facilitating and Interfering Factors in Oral Production. *Language Laboratory*, 25, 31-42. doi: 10.24539/llaj.25.0_31
23. 島田英昭・北島宗雄（2008）挿絵がマニュアルの理解を促進する認知プロセス—動機づけ効果と精緻化効果—. 教育心理学研究 , 56, 474-486. doi: 10.5926/jjep1953.56.4_474

24. 山田貴子（2021）能動的な聞き手を育成する「聞くこと」の重層的指導－聴解力を鍛える段階的指導モデルの再検討－. 安田女子大学紀要, 49, 169-180. doi: 10.20555/jtsjs.138.0_105
25. 山岸俊男・小見山尚（1995）信頼の意味と構造 信頼とコミットメント関係に関する理論的・実証的研究. INSS Journal, 2, 1-59.
26. unicef. 子どもの権利条約. https://www.unicef.or.jp/about_unicef/about_rig.html#:~:text=%E3%80%8C%E5%AD%90%E3%81%A9%E3%82%82%E3%81%AE%E6%A8%A9%E5%88%A9%E6%9D%A1%E7%B4%84%E3%80%8D%E3%81%AB,%E3%81%8C%E5%AE%9A%E3%82%81%E3%82%89%E3%82%8C%E3%81%A6%E3%81%84%E3%81%BE%E3%81%99%E3%80%82（最終閲覧：2023/6/2）
27. Smith, A.（1998）*Accelerated learning in practice: Brain-based methods for accelerating motivation and achievement*. Stafford, U.K.: Network Educational Press.
28. Smith, M. C. (2019). *Sensory integration: Theory and practice*. FA Davis.
29. 小林明美・青木良輔・宮田章裕・渡部智樹・田中清・山田智広（2014）感覚統合を養う環境構築のための要求条件に関する検討. 情報処理学会研究報告. HCI, ヒューマンコンピュータインタラクション研究会報告 2014（15）, 1-6.
30. 佐野洋平・橋口哲志・柴田史久・木村朝子（2014）動的に変化する複合現実型視覚刺激が重さ知覚に与える影響. 日本バーチャルリアリティ学会論文誌, 19（2）, 255-264. doi: 10.18974/tvrsj.19.2_255
31. 吉田久五郎（1970）音楽的能力に対する音楽教育学的考察. 岩手大学教育学部研究, 30, 159-171.
32. 後藤多可志・宇野彰・春原則子・金子真人・粟屋徳子・狐塚順子・片野晶子（2010）発達性読み書き障害児における視機能, 視知覚および視覚認知機能について. 音声言語医学, 51（1）, 38-53. doi: 10.5112/jjlp.51.38
33. 山口真美（2010）乳児の視覚世界―研究方法と近年のトピックについて. VISION, 22（1）, 13-19.
34. 田中美郷（1992）高次聴覚機能障害の種類と鑑別. 失語症研究, 12（2）, 118-126. doi: 10.2496/apr.12.118
35. 稲垣真澄・加我牧子（1998）ヒトの聴覚の発達と発達障害. BME, 12（7）, 30-39. doi: 10.11239/jsmbe1987.12.7_30
36. 田村徹・田中健太・降旗隆（2005）感情認識における聴覚情報の影響. 映像情報メディア学会誌, 59（6）, 917-920. doi: 10.3169/itej.59.917
37. 仲谷正史（2016）高度な触覚センサとして活躍する小さな細胞. 生命誌, 90.
38. 常石秀市（2008）感覚器の成長・発達. バイオメカニズム学会誌, 32（2）, 69-73. doi: 10.3951/sobim.32.69
39. MSD マニュアル家庭版. 嗅覚と味覚の障害の概要. 2020.4. https://www.msdmanuals.

com/ja-jp/%E3%83%9B%E3%83%BC%E3%83%A0/19-%E8%80%B3%E3%80%81%E9%BC%BB%E3%80%81%E3%81%AE%E3%81%A9%E3%81%AE%E7%97%85%E6%B0%97/%E9%BC%BB%E3%81%A8%E3%81%AE%E3%81%A9%E3%81%AE%E7%97%85%E6%B0%97%E3%81%AE%E7%97%87%E7%8A%B6/%E5%97%85%E8%A6%9A%E3%81%A8%E5%91%B3%E8%A6%9A%E3%81%AE%E9%9A%9C%E5%AE%B3%E3%81%AE%E6%A6%82%E8%A6%81（最終閲覧 : 2023/6/2）

40. ジャック・ピュイゼ（2017）『子どもの味覚を育てる - 親子で学ぶ「ピュイゼ理論」』.（監修）石井克枝・田尻泉 .（訳）鳥取絹子 . CCC メディアハウス , 東京 .

41. 国立国語研究所（1982）幼児・児童の概念形成と言語 . 国立国語研究所報告 , 72, 東京書籍 . 東京 .

42. ユヴァル・ノア・ハラリ .『サピエンス全史〈上・下〉―文明の構造と人類の幸福』.（訳）柴田裕之 . 2016. 河出書房新社 , 東京 .

43. ミシェル・ビショップ（2015）動物は言語を持っていますか？. TED, 2015.09.11. https://ed.ted.com/lessons/do-animals-have-language-michele-bishop（最終閲覧 : 2023/6/2）

44. David Eagleman（2020）*Livewired: The Inside Story of the Ever-Changing Brain.* Pantheon.

45. NHK（2022）ヒューマニエンス 40 億年のたくらみ「" 文字 " ヒトを虜にした諸刃の剣」. 2022.10.25. https://www.nhk-ondemand.jp/goods/G2022123455SA000/index.html（最終閲覧 : 2023/3/9）

46. David J. PURPURA & Christopher J. LONIGAN（2015）Early Numeracy Assessment: The Development of the Preschool Numeracy Scales. *Early Education and Development*, 26（2）, 286-313. doi: 10.1080/10409289.2015.991084

47. Newsweek（2021）将来の理数系能力を左右する「幼児期に習得させたい」5 つのスキル .（原文記事）The Conversation. "5 math skills your child needs to get ready for kindergarten". 2018.09.18. https://theconversation.com/5-math-skills-your-child-needs-to-get-ready-for-kindergarten-103194（最終閲覧 : 2023/6/2）

48. National Council of Teachers of Mathematics（2022）Mathematics in Early Childhood Learning; A position of the National Council of Teachers of Mathematics. 2022.11. https://www.nctm.org/Standards-and-Positions/Position-Statements/Mathematics-in-Early-Childhood-Learning/（最終閲覧 : 2023/6/2）

49. 平林一栄（1961）J.Dewey 著「数の心理学」の算術教育史的位置 . 日本数学教育会誌 , R1, 57-67. doi: 10.32296/jjsmep.R1.0_57

50. アンダース・エリクソン／ロバート・プール（2016）『超一流になるのは才能か努力か？』.（訳）土方奈美 . 文藝春秋 , 東京 .

51. 楊嘉楽・山口真美（2010）乳児における色知覚の発達 . 色彩学会誌 , 34（2）,157-163.

52. 茂野仁美（2020）乳幼児保育におけるリズムへの同期の発達過程に関する文献研究．大阪総合保育大学紀要，14, 85-96.
53. Wakefield E, Novack MA, Congdon EL, Franconeri S, Goldin-Meadow S（2018）Gesture helps learners learn, but not merely by guiding their visual attention. *Developmental Science*, 21（6）, e12664. doi: 10.1111/desc.12664
54. 加藤ひとみ・大國ゆきの（2015）幼児期の言葉の獲得～幼児期の発達特性と幼稚園での教育～．東京成徳短期大学紀要，48, 23-34.
55. 梶川祥世・今井むつみ（2005）乳幼児期の言語発達を支える学習メカニズム：音声から意味へ．ベビーサイエンス，5.
56. 国立教育政策研究所（2022）令和 4 年度 全国学力・学習状況調査の結果（概要）．https://www.nier.go.jp/22chousakekkahoukoku/（最終閲覧：2023/6/2）
57. 徳田淩・原佑輔・伊藤伸也（2016）数学学習の意義や数学の必要性を実感しうる数学科の教材の開発－ RME 理論と mascil を手がかりとして－．日本科学教育学会研究会研究報告，30（4）, 53-56. doi: 10.14935/jsser.30.4_53

▶まとめ：CRAYON 項目一覧

1. 厚生労働省（2001）待機児童解消に向けた児童福祉施設最低基準に係る留意事項等について．https://www.mhlw.go.jp/web/t_doc?dataId=00tb5653&dataType=1&pageNo=1（最終閲覧：2023/6/2）
2. 白川賀津子・定行まり子（2017）保育・教育思想に基づく保育施設の空間特性―モンテッソーリ教育とハンガリーの保育実践を対象として―. 日本建築学会計画系論文集，82（734）, 877-884. doi: 10.3130/aija.82.877
3. 香曽我部琢・橋本麻美・阿部晴佳（2015）保育室の壁面装飾に関する意識と方略―保育室の壁面色彩についての SD 法との PAC 分析による混合研究法の試み―. 宮城教育大学情報処理センター紀要，22, 15-23.
4. 社会福祉法人全国社会福祉協議会（2009）機能面に着目した保育所の環境・空間に係る研究事業総合報告書．
5. 草薙恵美子・藤本愉・黒阪陽一・松田由里子（2015）伝承遊びの意義と実践．國學院大學北海道短期大学部紀要，32, 17-29. doi: 10.24626/kokuteanc.32.0_17
6. 厚生労働省（2012）保育所における食事の提供ガイドライン（平成 24 年 3 月）．https://www.mhlw.go.jp/bunya/kodomo/pdf/shokujiguide.pdf（最終閲覧：2023/6/2）
7. 厚生労働省（2004）楽しく食べる子どもに～保育所における食育に関する指針～（平成 16 年 3 月）．https://www.mhlw.go.jp/web/t_doc?dataId=00tb6230&dataType=1&pageNo=1（最終閲覧：2023/6/2）

8. とけいじ千絵（2019）今後の「食」を探る「子どもの味覚を育てる食育」. 乳酸菌ニュース . 504. https://www.nyusankin.or.jp/wp/wp-content/uploads/2019/12/Nyusankin_504_b.pdf（最終閲覧：2023/6/2）
9. Alan Parry Roberts, Lara Cross, Amy Hale & Carmel Houston-Price（2022）VeggieSense: A non-taste multisensory exposure technique for increasing vegetable acceptance in young children. *Appetite*, 168（1）, 105784. doi: 10.1016/j.appet.2021.105784
10. 北堂真子（2005）良質な睡眠のための環境づくり ―就寝前のリラクゼーションーと光の活用 . バイオメカニズム学会誌 , 29（4）, 194-198. doi: 10.3951/sobim.29.194
11. 厚生労働省健康局（2014）健康づくりのための睡眠指針 2014（平成 26 年 3 月）. https://www.mhlw.go.jp/stf/seisakunitsuite/bunya/kenkou_iryou/kenkou/suimin/index.html（最終閲覧：2023/6/2）
12. World Health Organization（2019）Environmental noise guidelines for the European Region. World Health Organization, Regional Office for Europe. ISBN: 9789289053563 https://www.who.int/europe/publications/i/item/9789289053563（最終閲覧：2023/6/2）
13. 内閣府（2016）教育・保育施設等における事故防止及び事故発生時の対応のためのガイドライン（平成 28 年 3 月）. https://www8.cao.go.jp/shoushi/shinseido/meeting/kyouiku_hoiku/pdf/guideline1.pdf（最終閲覧：2023/6/2）
14. 厚生労働省 . 乳幼児突然死症候群（SIDS）について . https://www.mhlw.go.jp/bunya/kodomo/sids.html（最終閲覧：2023/6/2）
15. 厚生労働省（2018）保育所における感染症対策ガイドライン（2018 年改訂版）（平成 30 年 3 月）. https://www.mhlw.go.jp/file/06-Seisakujouhou-11900000-Koyoukintoujidoukateikyoku/0000201596.pdf（最終閲覧：2023/6/2）
16. 大川匡子（2010）子どもの睡眠と脳の発達―睡眠不足と夜型社会の影響―. 学術の動向 , 15（4）, 4_34-4_39. doi: 10.5363/tits.15.4_34
17. 厚生労働省（2017）保育所保育指針〈平成 29 年 3 月改正〉.
18. 厚生労働省（2018）保育所保育指針解説〈平成 30 年 2 月〉.
19. 清水一巳（2015）遊び観への生活経験の影響について―親世代の生活経験と遊びの意識調査から―. 千葉敬愛短期大学紀要 , 37, 85-99.
20. 河邉貴子（2014）子どもを理解し、「遊びの質」を高める 2 つの軸と 5 つの視点 . これからの幼児教育 . 2-5. ベネッセ教育総合研究所 .
21. 田代幸代（2007）子どもの遊びにおける協同性とは何か ―遊びの中で子どもが目標を作り出す姿―. 立教女学院短期大学紀要 . 39, 75-88. doi: 10.20707/stmlib.39.0_75

22. 飯島典子（2008）「気になる」子どもの遊びの成立を促す保育者の働きかけ . 東北大学大学院教育学研究科研究年報 , 57（1）, 327-338.
23. 粟津俊二・鈴木明夫（2011）行為経験による英語不定代名詞の理解の促進 . 認知科学 , 18（2）, 272-283. doi: 10.11225/jcss.18.272
24. Suzuki H. & Sato T.（1988）Facilitating and Interfering Factors in Oral Production. *Language Laboratory*, 25, 31-42. doi: 10.24539/llaj.25.0_31
25. 伊藤貴昭・垣花真一郎（2009）説明はなぜ話者自身の理解を促すか―聞き手の有無が与える影響―. 教育心理学研究 , 57, 86-98. doi: 10.5926/jjep.57.86
26. 山口真美（2010）赤ちゃんは顔をよむ . 第 50 回日本視能矯正学会 特別講演 , 39.
27. 大藪泰（2005）赤ちゃんの模倣行動の発達―形態から意図の模倣へ―. バイオメカニズム学会誌 , 29（1）, 3-8. doi: 10.3951/sobim.29.3
28. 上原宏・馬場瑞穂・宇津呂武仁（2015）発達心理学の観点から見た絵本レビュー中の子供の反応の分析 . 言語処理学会第 21 回年次大会 発表論文集 , 832-835.
29. 奥美佐子（2012）描画過程における子ども間の模倣の研究―模倣を創造へ導くために . 神戸松蔭女子学院大学研究紀要人間科学部篇 , 1, 61-73. doi: 10.14946/00000183
30. 千々岩英彰（2001）『色彩学概説』. 東京大学出版会 .
31. 松本昭彦・金由悧（2012）絵本の原画作りに関する研究―りんかく線と着彩について―. 愛知教育大学研究報告 . 芸術・保健体育・家政・技術科学・創作編 , 61, 11-18.
32. 島田由紀子（2011）幼児の見立て : 図形からの見立ての描画発達と性差 . 美術教育学 : 美術科教育学会誌 , 32, 173-184.
33. 島田由紀子・大神優子（2013）図形提示による子どもの連想 : 4・5 歳児クラスを対象に . 美術教育学 : 美術科教育学会誌 . 34, 231-242. doi: 10.24455/aaej.34.0_231
34. 樋渡涓二（1977）視覚と聴覚はどう違うか . NHK 放送科学基礎研究所 , 31（11）, 853-861. doi: 10.3169/itej1954.31.11_853
35. 文部科学省（2017）小学校学習指導要領解説 音楽編〈平成 29 年 7 月〉.
36. 榊原彩子（2004）なぜ絶対音感は幼少期にしか習得できないのか？―訓練開始年齢が絶対音感習得過程に及ぼす影響―. 教育心理学研究 , 52（4）, 485-496. doi: 10.5926/jjep1953.52.4_485
37. 常石秀市（2008）感覚器の成長・発達 . バイオメカニズム学会誌 , 32（2）. 69-73. doi: 10.3951/sobim.32.69
38. 二ノ宮裕三（2007）食の調節情報としての味覚とおいしさのシグナリング . 化学と生物 , 45（6）, 419-425. doi: 10.1271/kagakutoseibutsu1962.45.419
39. 池田菊苗（1908）グルタミン酸を主成分とする調味料製造法 . 特許 .
40. 国立国語研究所（1982）幼児・児童の概念形成と言語（国立国語研究所報告〈72〉）. 東京書籍 .
41. 国立国語研究所（1977）幼児の文法能力（国立国語研究所報告〈58〉）. 東京書籍 .

42. 矢沢国光（2006）ろう学校教師のための言語学入門（6）言語と非言語による表現，ろう・難聴教育研究会（2021/04/26 更新）. https://rounan-ed.com/archives/5091（最終閲覧：2023/6/2）
43. 明晴学園（2019）0歳児から2歳児の「かずと数字の概念」を育てる. 2019年度関東地区聾教育研究会 算数・数学研究協議会『論理的思考を育む算数・数学活動』. https://www.meiseigakuen.ed.jp/medaka/characteristics（最終閲覧：2023/6/2）
44. Mark S. Strauss & Lynne E. Curtis（1981）Infant Perception of Numerosity. *Child Development*. 52（4）, 1146-1152. doi: 10.2307/1129500
45. Wynn,K.（1992）Addition and subtraction by human infants. *Nature*, 358,749-750. doi: 10.1038/358749a0
46. Wynn,K.（1995）Origins of numerical knowledge. *Mathematical Cognition*, 1（1）, 35-60.
47. David J. PURPURA & Christopher J. LONIGAN（2015）Early Numeracy Assessment: The Development of the Preschool Numeracy Scales. *Early Education and Development*, 26（2）, 286-313. doi: 10.1080/10409289.2015.991084
48. 井藤芳喜（1971）子どもの量概念の形成と比較能力の発達. 島根大学教育学部紀要, 5, 109-129.
49. 今井芳枝・雄西智恵美・坂東孝枝（2016）納得の概念分析― 国内文献レビュー ―. 日本看護研究学会雑誌, 39（2）, 73-85. doi: 10.15065/jjsnr.20151214008
50. 藤井聡・小畑篤史・北村隆（2002）自転車放置者への説得的コミュニケーション：社会的ジレンマ解消のための心理的方略. 土木計画学研究・論文集, 19（3）, 439-445. doi: 0.2208/journalip.19.439
51. 足立淑子（2015）認知行動療法の実践に向けて. 健康支援, 17（2）, 1-7.
52. 馬場結子（2013）ルドルフ・シュタイナーの美術教育に関する一考察：子どもの絵の成立過程をめぐって. 淑徳短期大学研究紀要, 52, 165-179.
53. 出地章道（2009）保育の視覚表現（I）. 医療保健学研究 医療保健学部, 37, 53-62.
54. 桶田洋明・松下茉莉香（2017）教員養成課程における水彩画の指導法に関する一考察. 鹿児島大学教育学部研究紀要 教育科学編, 68, 45-58.
55. 中尾美千子（2008）幼児の表現を育てる保育者の役割：絵画表現を通しての一考察. 関西女子短期大学紀要, 17, 33-48.
56. 文部科学省（2017）小学校学習指導要領解説 図画工作編〈平成29年7月〉.
57. 文部科学省（2018）幼稚園教育要領解説〈平成30年2月〉.
58. 登啓子（2012）子どもの音楽表現活動における動きの可能性－音楽・動き・言葉の融合された教育の検討－. 帝京大学文学部教育学科紀要, 37, 43-52.
59. 八木原容子（1995）オルフの教育理念の検討―「動き」の観察方法について. 武蔵野音楽大学研究紀要. 27, 165-180.

60. 持田京子・金子智栄子（2008）子どもの創造的音楽表現に及ぼす保育者の影響．文京学院大学人間学部研究紀要，10（1），37-47.
61. 山崎晃男（2004）幼児による音楽演奏における感情の表現．大阪樟蔭女子大学人間科学研究紀要．3, 97–105.
62. 藤井美保子（1999）コミュニケーションにおける身振りの役割 発話と身振りの発達的検討．教育心理学研究．47（1），87-96. doi: 10.5926/jjep1953.47.1_87
63. 片山顕裕・針生悦子（2007）幼児におけるジェスチャーの視点 - 認知的役割取得能力との関連 -. 教育心理学研究，55（2），266-275. doi: 0.5926/jjep1953.55.2_266
64. 吉田和代・磯部由香・平島円（2013）日本とフランスにおける味覚教育の現状．三重大学教育学部紀要 教育科学，64, 143-148.
65. 露久保美夏（2015）フランスの味覚教育の始まりと展開 ―ジャック・ピュイゼ氏の理念と実践から―. 日本調理科学会誌，48（6），435-438. doi: 10.11402/cookeryscience.48.435
66. 金子直子・松本富子・鈴木武文（1998）5～6 歳児における身体表現の特徴と感覚運動能力・創造的能力との関係について．舞踊學，21, 14-20. doi: 10.11235/buyougaku1978.1998.14
67. 鈴木裕子・西洋子・本山益子・吉川京子（2002）幼児期における身体表現の特徴と援助の視点．舞踊學，25, 23-31. doi: 10.11235/buyougaku1978.2002.23
68. 松本千代枝（1987）舞踊研究：課題設定と課題解決学習Ⅱ―運動の質と感情価．日本女子体育連盟紀要，53-89. doi: 10.11206/japew1969.1988.53
69. 加藤ひとみ・大國ゆきの（2015）幼児期の言葉の獲得～幼児期の発達特性と幼稚園での教育～．東京成徳短期大学紀要，(48)，23-34.
70. 山本愛子（1995）幼児の自己調整能力に関する発達的研究―幼児の対人葛藤場面における自己主張解決方略について―. 教育心理学研究，43（1），42-51. doi: 10.5926/jjep1953.43.1_42
71. 仲野真史・長崎勉（2012）幼児におけるナラティブの結束性の発達―ケーキ図作り経験に関する報告の分析を通して―. 発達心理学研究，23（1），66-74. doi: 10.11201/jjdp.23.66
72. 文部科学省（2017）小学校学習指導要領解説 国語編〈平成 29 年 7 月〉.
73. 野本有紀・長崎勤（2007）5・6 歳幼児におけるナラティブの産出と理解：視覚的手がかりがリテリング（retelling）に及ぼす効果．障害科学研究，31, 21-31.
74. 國吉貴子（2010）幼児期に言葉の感覚を豊かにするための援助のあり方～「言葉遊び」「お話し作り」を通して．平成 22 年度研究教員研究集録．
75. 天岩靜子（2015）幼児が遊びの中で自発的に用いる「計算」行動．共栄大学研究論集，13, 247-261.
76. Sandra M. LINDER, Beth POWERS-COSTELLO & Dolores A. STEGELIN（2011）

Mathematics in Early Childhood: Research-Based Rational and Practical Strategies. *Early Childhood Education Journal*, 39, 29-37. doi: 10.1007/s10643-010-0437-6

77. 北沢美帆・藤本仰一（2019）花の器官数を決める数理 . 生物物理 . 59（5）, 266-270. doi: 10.2142/biophys.59.266

78. David C. BURR, Giovanni ANOBILE & Roberto ARRIGHI（2017）Psychophysical evidence for the number sense. *Philosophical Transactions of the Royal Society B,* 373, 20170045. doi: 10.1098/rstb.2017.0045

79. 文部科学省（2017）小学校学習指導要領解説 算数編〈平成 29 年 7 月〉.

おわりに

最後までお読みいただきありがとうございました。
子育てや教育に関わるすべての人にとって、
本書が何かしらお役に立てれば嬉しく思います。

少子化待ったなしの日本社会ですが、私たち一人ひとりが自分の役割の中でできることは何かを考えていく必要があります。私の研究者としての使命は、乳幼児教育に実際に携わる現場を、研究の力でお手伝いすることです。それを、このような書籍という形でみなさんのお手元に届けられる機会をいただけましたことを大変ありがたく思います。

私がCRAYONプロジェクトを通してお伝えしたいことは、まだまだ山ほどあります。その中でも特に本書では、乳幼児教育に日々携わる方々から「これこそ、私たちが必要としている内容です」と言っていただいたトピックを中心に取り上げました。その結果、そもそもCRAYONとは何なのか（第１章）、なぜCRAYONという視点が必要なのか（第２章）、そして実際に乳幼児教育がどのように変わるのか（第３～５章）について記すこととなりました。

とりわけ、本書の大きな特徴は、今回紹介した実践の教育的なねらいと子どもたちの育ちを、実際のデータで示したことにあります。

最後の〈韓《ハン》の講義の時間〉では、「なぜその実践が子どもの力を育んだのか」というデータの意味を理解するために必要な乳幼児教育の基本となる知識や理論を整理しましたので、乳幼児教育の教科書として最初に選ぶ１冊としてもお役に立てると思います。

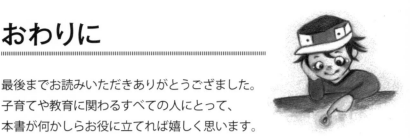

現場の情熱と、子どもの素直な変化がプロジェクトの原動力に。研究はチームでするものであり、社会のニーズに応えるもの。

乳幼児教育に焦点を当てた、CRAYON プロジェクトの立ち上げについては、岡田直美園長（CRAYON モデル園：株式会社紬 代表取締役社長 / 企業主導型保育園運営）の存在抜きに語ることはできません。2017 年、当時私が勤務していた琉球大学教育学部の研究室で出会い、岡田さんの「保育士の専門性」に対する切実な願いと情熱がプロジェクトを大きく前進させました。岡田さんをはじめ保育園の職員や保護者、そして子どもたちの全面協力の下、「子どもの成長の今を見つめ、秘めた才能を発掘し、保育士や幼稚園教諭などの乳幼児教育に関わる大人がその子に沿ったアプローチを考えることができるツール」として、私は CRAYON BOOK を開発するに至ることができました。

人間は一人ひとり違う特徴があるのが当たり前で、私は「100 人いたら 100 通り、1000 人いたら 1000 通りの成長がある」という信念の下で教育研究を行ってきました。ただし、常にマンツーマンで個別の教育が必要かといえば、そうではないとも考えています。

集団の中で生きる人間ですから、必ず多少なりとも他者や環境と関わりながらそれぞれの人生を歩んでいくでしょう。そのため、乳幼児期から「集団の中にいる子ども」としての特徴を、個人の強みや伸びしろだけでなく、その子の周りの環境やその子への関わり方との関係性を意識することが重要であると考えています。

また、集団の中で一人ひとりに合わせて対応するということは、大人がお手本となる姿を周りの子どもたちに見せることにもなります。目の前にいる子どもは、大人のちょっとした関わり方一つで素直に変わりますし、周りにいる子どもたちも大人と子どもの関わりから多くの影響を受けて変わっていくでしょう。

実際に、プロジェクトが進むごとにどんどん才能を開花させていく子どもたちや、いきいきと働く保育士の先生方の姿から、私たちは日々大きな力をもらっています。岡田さんの園は、データを収集するフィールドという研究的な価値を超え、改めてプロジェクトの社会的意義や感動を教えてくれるかけがえのないパートナーとなりました。本書の実践も、日頃からモデル園の先生方が録りためてくださっている実践記録を参考にしています。この場をお借りして、モデル園関係者の皆さまに感謝と敬意をお伝えしたいと思います。

本書の作成に関わってくださった、皆さまに感謝を。

本書を執筆するにあたり、前作『その子、発達障害ではありません IN-Child《インチャイルド》の奇跡』（さくら舎、2019年初版発行）に引き続き、たくさんの方々のお力をいただきました。

私の研究はいつもチームを組んで行っています。今回、CRAYONプロジェクトチームとして共に研究を推進しながら、本書の第4章を中心とした執筆にも大きな協力を寄せてくれた統括リーダーの小原愛子さん、CRAYON BOOKの開発及び製作に協力してくれた矢野夏樹さんと照屋晴奈さん、読みやすさと専門性を両立したいという難題を日本語の文章執筆面で支えてくれた米水桜子さんとその補助をしてくれた金城紅杏さん。そして、本書に登場する私や子どもたちの個性あふれる温かいイラストを描いてくれた太田麻美子さん。太田さんもプロジェクトチームの一員であり、ツール開発や実践研究にも関わっていることから、私が伝えたいことをくみ取ったイラストでよりわかりやすい本にしてくれました。第4章と第5章の事例に基づいた実践に登場するイラストは、実際の子どもたちの写真などから松本百代さんが描き起こしてくれたものです。さらに、執筆にこぎつけるまでのデータ解析や情報収集に協力してくれた、金珉智さんと權偕珍さん、趙彩尹さん。また、長年保育に携わった専門家として忌憚《きたん》ないアドバイスをしてくださった宇多川清美さん（株式会社ヤクルト山陽 常務取締役）。CRAYONプロジェクトが始まった当初から理念に賛同し、多くの支援をしてくださった長畑久美子さん（株式会社パソナフォスター 代表取締役社長）。そして、このCRAYONプロジェクトに日本の未来を感じて応援してくださっている梛良昌利さん（株式会社ヤクルト本社 取締役常務執行役員）。

本書は、このCRAYONプロジェクトを通してまとめた知見や得られた感動を、広く世間に伝えたいという思いで書き起こしたものになります。さくら舎代表の古屋信吾さんに前作からの続編を持ちかけられてから約2年もの時間がかかってしまいましたが、完成までにお付き合いいただいた方、プロジェクトを応援してくださった方、すべての方に改めて心より感謝申し上げます。

本書を手に取ってくださった皆さんにとって、何かアクションを起こすきっかけは見つかりましたでしょうか。子どもをもっとよく観察してみよう、屋内の装飾を見直してみよう、声かけの仕方を変えてみようなど、一歩を踏み出す誰かの背中を押せたのなら本書を出した意味があったのだと思います。

今の日本の子育てや乳幼児教育に対する基本的な考え方から、一人ひとりができる具体的な行動へのヒント、そして施設全体として取り組める実践事例までを一気に読めるようにと考えて、小難しい話は最後に回しました。その小難しい話も余裕があるときにぜひ一読していただけると、前半の実践パートの内容をより深く理解できると思います。

子育てや乳幼児教育に関わるすべての人が、初心者やベテランといった経歴、職種や立場を問わず、それぞれの目線で必ず学べる内容があると自信をもっておすすめします。

CRAYONプロジェクトの公式サイト（https://www.crayon-pjt.com）も公開しておりますので、ぜひお立ち寄りください。皆さまのお越しをお待ちしています。

著者略歴

1969年、韓国春川市に生まれる。2005年に東北大学大学院医学系研究科博士後期課程(障害科学)、2011年に同大学大学院経済学研究科の博士後期課程(経営学)を修了し、W博士号を取得。韓国の又松大学保健福祉学部の助教授、琉球大学教育学部の教授を経て、下関市立大学の理事及び副学長に兼任後、2022年4月に同大学学長に就任。

2015年、教育現場で「気になる子」や「発達障害」という言葉のひとり歩きでひろがる間違った認識を正すべく、子どものニーズに着目した「IN-Childプロジェクト」を立ち上げる。その後、乳幼児教育・子育て支援の観点から、子ども一人ひとりの概念形成の特徴と才能を発掘する「CRAYONプロジェクト」を始動。モデル園での実践では、保護者や保育士の適切な関わりによって、子どもの強みを活かし伸びしろを伸ばすことに成功。

著書にはベストセラー『その子、発達障害ではありません IN-Childの奇跡』(さくら舎)などがある。


誰《だれ》もが優秀児《ゆうしゅうじ》になれる!

——CRAYON《クレヨン》プロジェクトの実証《じっしょう》

2023年9月7日　第1刷発行

著者　韓《ハン》　昌完《チャンワン》
発行者　古屋信吾
発行所　株式会社さくら舎　http://www.sakurasha.com
〒102-0071　東京都千代田区富士見1-2-11
電話(営業)03-5211-6533
(編集)03-5211-6480
FAX　03-5211-6481　振替　00190-8-402060

装丁　アルビレオ
装画　太田麻美子
本文イラスト　太田麻美子+松本百代
本文DTP　森崎達也(株式会社ウエイド)
印刷・製本　中央精版印刷株式会社

ISBN978-4-86581-399-9

国王陛下、私のことは忘れて幸せになって下さい。

CHARACTER
シュイルツ
グリーンヒル王国の国王。
アンウェイとの結婚から五年後、
側室にミランダを娶る。
アンウェイ
グリーンヒル王国の王妃。
シュイルツとの結婚後、とあること
をきっかけに国の未来と皆の幸せ
を考え城を出ようとするが——!?

スコッチ公爵
ミランダの父親で野心家。
ミランダをただの道具
としか思っていない。
ディアン
天真爛漫な
アンウェイの子ども。
両親のことが大好き。
ミランダ
シュイルツの側室。
父親であるスコッチの野心に
より、幼い頃から厳しい教育を
受けてきた。
レオン
困った人を放ってはおけない
心優しき伯爵。
前妻を病気で亡くした後、
アンウェイと出会う。

第一章　国の未来と皆の幸せを願って

『国王陛下、私のことは忘れて幸せになって下さい』

国王シュイルツ・バード・ミハエルがこの手紙を手に取ったのは、今から約一年半後のことである。

ここグリーンヒル王国は、豊かな自然に恵まれた国である。

前国王のひとり息子であるシュイルツは、幼い頃から将来の国王として教育を受け、同い年で幼馴染の公爵令嬢であるアンウェイも、将来の王妃となるべく素養《そよう》を磨いていた。そんなふたりは幼い頃からずっと、お互いを大切に想い合っていた。

五年前、前国王が流行病にかかり急逝し、シュイルツは僅か十六歳で国王となった。それからすぐにシュイルツを支えるべく婚姻が結ばれ、アンウェイは王妃となったのである。国は落ち着いており、ふたりも心から愛し合い、穏やかな日々を送っていた。

……ただひとつの問題を除いて。

「シュイルツ、後継ぎはまだかと、王太子の誕生を国民が心待ちにしているわ。約束の五年が経ったのだから、側室を迎えて子を儲けて？　お願いだから……」

「……どうしてもか？」

ずっと下を向いていたシュイルツは、綺麗な黒髪の頭を上げ、縋《すが》るような表情でアンウェイを見つめた。適度に筋肉がつき引き締まっている身体は、すっかり縮こまっている。身長が百八十センチメートルもあるようにはとても見えない。

ふたりは結婚して五年が経つが、子宝には恵まれていない。そしてアンウェイを心から愛するシュイルツは、中々側室を迎えようとはしなかった。しかし、アンウェイは〝婚姻五年を経過しても子宝に恵まれない場合、側室を迎えて子を儲ける〟と、シュイルツと約束していたのだ。

アンウェイは、シュイルツへの愛しい気持ちを隠しつつ精一杯の笑顔を浮かべ、彼のグリーンの瞳を見る。

「ええ、どうしてもよ」

シュイルツはさらに眉尻を下げ、頭を垂れた。いつもはキリッとしている顔からは、悲愴感が漂っている。

「……俺は、生涯アンウェイを愛すると誓う。しかし一国の王であるため、後継ぎは作らねばならない。産まれてきた子を、ふたりの子として育てよう」

こうして、ようやく側室を娶ることになったのであった。

側近たちは待っていました！　と言わんばかりのスピードで手筈《てはず》を整え、僅か一週間後には、前々から内密に決まっていた公爵令嬢のミランダが城へやってきた。

それからシュイルツは、週に一度別棟にあるミランダの部屋を訪れた。流石《さすが》に気まずく思うシュイルツは、その日は夫婦の寝室には行かずに書斎で寝るようになったのだった。

シュイルツもアンウェイもこのことには触れず、一見今まで通りの穏やかな日々が過ぎていった。

そして半年後、ミランダの妊娠が発覚したのだった。

一週間後の昼下がり。アンウェイが侍女のフランを連れて中庭へ足を踏み入れた時、話し声が聞こえた。

「……ふふっ。そうなのですね。昨日いただいた果物《くだもの》も、甘くてとても美味しかったです。いつもお心遣いありがとうございます」

声が聞こえたほうへ視線を向けると、そこにはシュイルツがいた。

その隣にいるミランダの姿を目にしたのは、城に来た時に挨拶をして以来だ。彼女は赤毛の髪を頭頂部で大きなお団子に結い上げており、細い首が、色白で元々小柄な身体をいっそう華奢に見せている。儚げだが新しい命を宿すその姿は、満開の真っ赤な薔薇《ばら》たちが霞むほど輝いてアンウェイの瞳に映った。

ふたりはとてもお似合いで、アンウェイは思わずその場に立ち尽くしてしまう。そして、ふと気付く。ミランダの濃い茶色の瞳は、明らかにシュイルツに恋をしていると……

（ミランダ様はシュイルツに想いを寄せている）

アンウェイは心の中でそう呟くと同時に、ぱっと顔を背けた。

シュイルツがまるで自分の知らない人のように感じたのだ。彼はミランダのお腹の子の父親なのだと、改めて実感したのである。

アンウェイはふたりに気付かれなかったのを良いことに、そっと踵《きびす》を返して来た道を戻ったのだった。

翌日。

「フランです。アンウェイ様、お茶をお持ちいたしました。失礼いたします」

部屋でボーッとしていたアンウェイは、フランの声で現実に引き戻された。

妊娠を希望してからアンウェイは、午前十時と午後三時、夕食後の一日三回、妊娠しやすい体質になると言われる茶葉がブレンドされた茶を飲んでいた。その習慣は今でも続き、この日もフランは午後三時のティータイムに、いつもの茶を準備しアンウェイの部屋を訪室したのである。

「アンウェイ様、お話がございます」

アンウェイがお茶を飲みながらフランを仰ぎ見ると、彼女は何やら興奮した顔をしている。

「……私が勝手に調査した結果によると、ミランダ様は最近つわりで塞ぎ込みがちだそうです。そのため、昨日は国王陛下が気分転換にと薔薇園《ばらえん》にお連れになったとのことです。したがって、国王陛下がミランダ様を好まれているというわけではございません！」

フランの勢いにアンウェイは驚いてしまう。しかし、そんなことはお構いなしにフランは続けた。

「また、ミランダ様は気分不良が続き食欲がないそうです。そのため国王陛下が、食の進まないミランダ様へ果物《くだもの》を送られる等《など》、身体を気にかけて差し上げているようです。国王陛下はお優しいので、責任感からの行動であることは一目瞭然《いちもくりょうぜん》！　なので、決して心変わりなどではございません！」

ふんっと鼻息が今にも吹き出しそうなほどに鼻の穴を大きくしてフランが断言するため、アンウェイは思わず笑ってしまう。

「ふふっ、フランったら。わざわざ聞いてきてくれたのね。ありがとう。心変わりだなんて、そんなことはまったく疑ってはいないわよ」

「な、なら、良いのですが……」

フランは少し恥ずかしがりながら鼻の穴をすぼめ、アンウェイの笑顔にほっとする。しかし、急に真面目《まじめ》な顔付きになったアンウェイにつられ、フランも顔を緊張させた。

「フラン、私はミランダ様と話がしてみたいわ。訪問しても良いか、確認してきてもらえないかしら？」

「えっ⁉　わっ、わかりました。ただちに確認をして参ります」

フランは動揺から小走りになりそうなのを抑えて、早歩きで確認しにいったのだった。

二時間後、訪問の許可を得たとフランが伝えると、アンウェイはすぐにミランダの部屋を訪れた。

「ミランダ様、この度はご懐妊おめでとうございます。そして本日は、いきなり訪問してしまいごめんなさい。体調はまずまずだと伺いましたが、ご気分はいかがですか？」

「はい、今は落ち着いております。わざわざお越しいただきありがとうございます」

アンウェイとテーブルを挟んで向かい合わせに座るミランダは、やや緊張した雰囲気をまとっている。

「さっぱりとした果物《くだもの》をお持ちしたので、食べることが出来そうな時によろしければお召し上がり下さい。急に訪問を思いついたので、庭の木になっている果物《くだもの》で申し訳ないのですが……」

「まあ、この果物《くだもの》が庭になっているのですか？　私の好きな果物《くだもの》です。あとでいただきますね。お心遣いありがとうございます」

アンウェイは苦笑い気味に言ったが、すぐにミランダの明るい声が返ってきた。

「ミランダ様のお父様であるスコッチ公爵には、私たちが国王、王妃となった当初からとても助けていただいております。いつも感謝していると、どうかお伝え下さいませ」

「ありがとうございます。父は若くして国王、王妃となられたおふたりの力になりたいといつも申しておりましたので、そう言っていただけると喜びます」

きちんと姿勢を正して座っているミランダだが、少しやつれた顔で血色はあまり良くない。その様子にアンウェイは社交辞令を切り上げ、速やかに本題に入る。

「本日は、ミランダ様に質問をさせていただきたく参りました。答えられる範囲で答えて下されば結構です」

「……はい、わかりました」

ミランダはさらに緊張の面持ちを強くし、息をのんだ。アンウェイの斜め後ろに立つフランもまた、心配そうな表情を浮かべながらふたりの様子を見守っている。

「ミランダ様はとても優秀だと伺っております。王妃教育並みに、この国についての歴史や政治などの勉強をしてきたとお聞きしております。本当でしょうか？」

「はい。私は公爵家の娘であり、父は野心家です。ひとり娘の私を良いところに嫁がせようと、大変教育熱心でした」

ミランダは真面目《まじめ》な顔で姿勢を正して答える。そして一瞬間を空け、アンウェイの目をしっかりと見ながら続けた。

「そして、その参考にしたのが王妃教育です。王妃殿下にはとても及びませんが、私も幼い頃から多くの教育を受けて参りました。そのおかげで城の方々に一目置いていただき、国王陛下の側室に選んでいただいたことに大変感謝しております」

言い終えたミランダは、アンウェイに向かって頭を下げる。婚姻二年目頃から、スコッチ公爵は側室にミランダを推薦し続けていたと聞いている。彼が野心家というのは本当だろう。

アンウェイはひとつ頷き、次の質問へ移る。

「ミランダ様が産んだ子どもが男児であった場合、産んですぐまたはミランダ様が希望をされる場合は乳離れ後に、私と国王陛下の子として育てることになっております。それについてはいかがお考えでしょうか？」

アンウェイの直球の質問に、ミランダをはじめその場にいる全員が固まった。

もちろんアンウェイ自身もデリケートな質問だとはわかっている。しかし、本日はどうしても聞く必要があった。だからこそ回りくどい言い方はせずに質問しようと、アンウェイは始めから決めていたのだ。

ミランダは一旦目を閉じ、再び目を開けてアンウェイを見る。

「正直に申し上げます。……出来ることなら性別関係なく、自分の子として自分の手で育てたいです。しかしながら、これは最初からの約束であり決まりごとです。私の産んだ子が、国王陛下と王妃殿下の子となり王太子として国の第一継承者となることを、私はとてもうれしく思っております」

ミランダはアンウェイから視線を外して下を向く。そしてひとつ息を吐いてから続けた。

「また、この大役を与えていただきとても光栄に思っております。自分の手で育てることは出来ないとしても、子の成長を近くで見守っていけるよう、この別棟にはずっと置いて下さると陛下は約束して下さいました。私はそれだけで十分幸せでございます」

ミランダは迷いのない声ではっきりとそう言い切る。しかし、アンウェイの目を見ることは出来ずにいた。

一方でアンウェイは、ミランダが涙を零すまいと必死に耐えている様子を、ただジッと、無表情で見つめながら聞いていていた。

「最後の質問です。……ミランダ様は、陛下を愛していますね？」

ミランダは予期せぬ内容に驚き、咄嗟《とっさ》に顔をあげた。そして真っ白な肌は一気に赤く染まり、涙が頬《ほほ》に一筋の線をつくる。その様子を見たアンウェイは、ミランダの答えを待たずに口を開いた。

「ミランダ様は本当に素敵《すてき》な方ですね。本日は、急な訪問に応じて下さりありがとうございました。どうかお身体を大事にして下さい。元気な子が産まれるのをお祈りしています。それでは、これで失礼いたします」

アンウェイは明るい笑顔で最後の挨拶をして、速やかに退室したのだった。

(どうしてミランダ様は妊娠出来て、私は出来なかったのだろう?)

そんな、考えても仕方のない思考を抱きながら……

「シュイルツ、本日ミランダ様と話をしました」

アンウェイはシュイルツと一緒に夕食をとりながら話した。

「えっ、何かあったのか？」

シュイルツは少し驚きながら、バツの悪そうな複雑な表情を浮かべる。アンウェイがミランダの話をすると、いつもシュイルツはこの表情になるのだ。

そもそもアンウェイたちは、側室を迎えてからもお互いを思いやりながら過ごしていた。しかし、やはりすべて以前通りというわけには行かず、しばしば気まずい空気が流れるのもまた、事実であった。

「少し話をしてみたいと思っただけです。どのような方なのかと思いまして。ミランダ様は、本当に素敵《すてき》な方でした」

実際にミランダと会話をして、アンウェイは心からそう感じていた。

「アンウェイのほうがずっと素敵《すてき》だがな」

そう言って自分を見つめるシュイルツのグリーンの瞳に、アンウェイは胸をときめかせつつもすぐに皿に視線を落とし、ステーキを切りながら続ける。

「とても良い母親になりそうだと思いました。もし男児であれば、ミランダ様から子を奪うことになってしまい、私はとても罪悪感を抱いてしまうでしょう」

「最初から決まっていた話で、罪悪感を持つ必要はない。私はアンウェイと共に王太子を育てる」

シュイルツの先程とは違う強い意志の灯った瞳に捉えられ、アンウェイは決心が揺らぎそうになる。しかし、そんな自分を自分で制した。

そう、アンウェイは大きな決心をしたのである。

翌日。いつものように午後三時にお茶を持って部屋へ来たフランに、アンウェイは侍女長から聞いた話題を振る。

「フラン、結婚おめでとう！」

「ありがとうございます。お話をするのが遅くなり大変申し訳ございません。本日こそはお話をさせていただこうと思っておりました」

フランは複雑な表情を浮かべながら答えた。

「良いのよ。私もうれしいわ。本当におめでとう」

「あ……ありがとうございます」

心からの笑顔でアンウェイはそう告げるが、フランの表情は硬いままである。

「婚姻に伴い屋敷を出ることが決まったそうね？」

「はい、そうなのです。でも、私は本当は辞めたくなくて……ずっとアンウェイ様にお仕《つか》えしたいのです」

そうフランは訴える。辞めたくなかったからこそ、今までアンウェイに言い出せずにいたのだろう。

「けどあいつが、あっ、幼馴染と結婚するのですが、彼が今度みっつも先の町のアースで働くので、仕方なくついていくのです。……今まで大変良くしていただいたにもかかわらず、侍女を辞めることになってしまい本当に申し訳ございません」

シュンッという文字が目に浮かぶほどがっかりしている様子のフランに、アンウェイは思わず微笑みを浮かべる。フランの忠誠心を、アンウェイは一ミリメートルも疑ってはいない。

「フラン、いつ辞めるの？」

「三月末でございます」

「……そう。ミランダ様の出産予定は一月頃だから、ちょうど良いわね」

そう言ってアンウェイはお茶を一口飲んでから、真面目《まじめ》な表情でフランを見た。

「フラン、そこに座って頂戴《ちょうだい》。お願いがあるの」

「……し、失礼いたします」

前のめりになってそう言うアンウェイは、優しいが有無を言わせない物言いである。フランは圧倒され、おとなしくアンウェイの前の椅子に座った。

そして、アンウェイはとても真剣な面持ちで話し始める。

「私もフランと一緒にこの城を出るわ」

一瞬、時が止まったかのようにふたりは見つめ合った。アンウェイがフランの顔の前でパチンッと両手を叩くと、フランはハッと我に返り大声を出した。

「……どっ、どういうことですか⁉」

「言葉通りの意味よ。フランには迷惑をかけないようにする。反逆罪になったらいけないし……。私は内密に行動するのは難しいから、フランにあることを調べてきてほしいの。お願い出来ないかしら？」

アンウェイの目は真剣そのもので、フランは言葉を失ってしまう。

「城を出たところで、見つかれば連れ戻されるわ。だから、私は死んだことにしようと思って。そのあとは名前を変えて身分も隠して、町娘として暮らそうと考えているの。その準備をフランに手伝ってほしいのよ」

とんでもないことをサラッと言うアンウェイに、フランは開いた口が塞がらない。

「死ぬって……なぜですか!?　なぜそこまで……？　国民は皆、アンウェイ様を王妃殿下として認めております。国王陛下とも愛し合っておられます。これからも王妃として国王陛下をおそばで支えていくということは、なぜ出来ないのですか!?」

フランはアンウェイを見つめ叫ぶ。しかしアンウェイは、ティーカップを両手で持ち水面に浮かぶぼやけた自分の顔を見ながら、ポツリと呟く。

「……私ではなくても良いと思うの」

「何をおっしゃるのですか!?」

フランは目を見開き、鼻の穴を大きく膨らませた。アンウェイは下を向いたまま続ける。

「ミランダ様は王妃となる力量をお持ちよ。そのミランダ様が国王陛下の子を産むのに、わざわざ私がその子を取り上げる必要はないわ。私がいなければ、ミランダ様が正妻となり王妃となる。そうすれば、ミランダ様も生まれる子も複雑な思いをする必要はないでしょう?」

アンウェイはソーサーにティーカップをそっと置き、フランのほうを見た。

「そして第二子以降も望むことが出来るわ。もし生まれた子が男の子であれば、きっとシュイルツは、私がいる限り第二子を作ろうとはしない。第一、女の子ならばミランダ様が育てて男の子だったら私が育てるなんて……」

アンウェイは精一杯の強がった笑顔をつくる。両手を膝の上で握りしめ、窓の外を見るとちょうど、木に止まっていた二羽の小鳥が連れ立って飛び立った。

(あなたたちは一緒にいられるのね……)

飛び立った小鳥たちをうらやんで見つめていたアンウェイは、フランの声に呼び戻される。

「しかし、最初からミランダ様はその約束で側室になり、それで納得していらっしゃいます。何よりアンウェイ様が亡くなられたら、陛下がとても悲しまれると思います……」

アンウェイは、シュイルツのことを言われ胸が痛む。

「そうね、シュイルツを深く傷つけてしまうわね……。しかし一国の王として、落ち込んでばかりではいられないわ。彼ならきっと乗り越えてくれる」

凛とした顔で断言するアンウェイに、フランは泣きそうになる。アンウェイはフランの悲しそうな表情に、困ったように笑いながら優しく語り始める。

「フラン、私ね、何年も子どもが出来なかったじゃない？　だから子どもを授かることも、その子が無事にこの世に誕生することも奇跡だと思うの。そんな奇跡の子を、私たちの都合で親と引き離したくはないの。ミランダ様に母親として辛い思いをしてほしくはないの」

フランは今にもアンウェイが泣き出すように見え、咄嗟《とっさ》にそばに跪《ひざまず》き手をぎゅっと強く握った。

「アンウェイ様……」

「ミランダ様がお腹の中で何カ月も育てたうえ、自分の命を賭けて産むのよ？　本当の親子で生きていけるのに、私がそれを邪魔したくはないの。私がいなくなれば、すべて丸く収まるのよ。皆幸せで万々歳《ばんばんざい》だと思わない？」

明るく言うアンウェイに、フランは胸が締めつけられた。子どもを授かることが出来ずにいるアンウェイにとって、子どもを授かったり子どもがこの世に誕生したりするのは、今のフランが思うよりももっと奇跡的なことなのだろう。

「……で、でも国王陛下とアンウェイ様の幸せはどうなるのですか？」

半分泣いたような顔でフランは尋ねた。

「国を治める国王と王妃よ？　国民の幸せが私たちの幸せで、第一に考えるべきこと。後継者候補は何人もいればいるほど国民は安心するわ。だからこそ、私よりもミランダ様が王妃となるほうが、この国の未来は明るいのよ」

アンウェイは言語化するうちに、抱いていた不安や迷いが次第に薄れていくのを感じる。

「それに、ミランダ様はシュイルツを愛しているから、きっとシュイルツも大切にしてくれるわ。私がいなければ、産まれてきたふたりの子を実の両親のもとで育てられるのよ。シュイルツとミランダ様でひとつの幸せな家庭を築いてほしい。……それが私の、心からの願いよ」

アンウェイは話し終えた今、清々《すがすが》しいほどにスッキリとした顔をしている。

心を決めたアンウェイの顔を見て、フランは切ない想いで胸がいっぱいになりながらも、それ以上は何も言えなかった。アンウェイのそばに何年もいたからこそ、想いが痛いほどに伝わってきたのである。

年が明けた一月。雪のちらつく寒空の下、明け方にミランダが元気な男の子を出産した。名前はシュイルツにより〝アーノルド〟と名付けられた。

「国王陛下、王太子殿下のご誕生おめでとうございます」

朝の食卓で、アンウェイはシュイルツに祝辞を述べた。

「……ありがとう。私たちの子どもとなるのだよ。本当に、乳離れをしてからで良いのかい？　私は産まれてすぐに乳母を雇い、私たちの子どもとして育てるつもりであったのだが」

うっすらと目の下にクマが出来ているシュイルツは、パンをちぎりながらやや不満そうな表情でアンウェイを見ている。昨日ミランダの陣痛が始まってから、シュイルツはミランダの部屋の隣の部屋で仕事をしながら待機していたと聞く。

そんなシュイルツの表情に気付かないフリをして、アンウェイは即答する。

「産んですぐに取り上げるなんてひどすぎます。ミランダ様は子どもを産む道具ではありません。ミランダ様ならば育てながら、その時に向けてきちんと気持ちの整理をして下さるはずです」

「わかった。アンウェイ、君の良いようにしよう」

そう言ってシュイルツは、最近めっきり増えた苦笑いを浮かべた。

（私が子どもを産むことさえ出来たら、シュイルツにこんな表情をさせる必要はなかったのに……）

いつの間にかアンウェイは、シュイルツの複雑な気持ちを察しては、自分自身を心の中で責める癖がすっかりと付いてしまっていた。

（ミランダ様とふたりの子どもと一緒に、本当の家族となって幸せに暮らしますように……）

そして同時に、アンウェイは心からそう願うのであった。


王太子誕生から二カ月が経ち、フランの退職が翌日に迫っていた。

この日、アンウェイはシュイルツを夕食後のお茶に誘った。自室でふたりきりでお茶を飲みながら、シュイルツとの最後の穏やかな時間を噛みしめる。

「シュイルツ、アーノルドはとても可愛いわね」

「あぁ、そうだな。もう二カ月になるからな。元気で何よりだ」

シュイルツは下を向いたまま、いつもの複雑な表情を浮かべた。

「ミランダ様はとても素敵《すてき》な方だわ。シュイルツも大切にしてさしあげてね」

「もちろんだよ。アーノルドを産んでくれたのだ。絶対に無下にはしないよ」

アンウェイは、幼い頃から大切に想っていたシュイルツから目を逸らせない。しかし決心が揺らがないよう、シュイルツを〝国王であり、アーノルドの父親〟だと、頭に刻みながら見つめ続けていた。

「……シュイルツ、私はいつでもこの国の民の幸せを祈っているわ」

アンウェイは自分でも驚くほどに穏やかな声を出した。

「わかっている。俺はこの国の王として、国民の幸せを第一に考えてこれからも行動すると、君に誓うよ」

シュイルツは安心させるように、ようやくアンウェイを見て微笑んだ。

アンウェイはシュイルツの優しさが滲《にじ》むグリーンの瞳を、愛しいその姿を、すべてを目に焼きつけながら、喉まで込み上げ今にも零れ落ちそうな〝愛してる〟の言葉をなんとか飲み込む。

「シュイルツに伝えておきたいことがあるの。私に何かあれば、ミランダ様を遠慮なく後妻に……新しい王妃に迎えてね」

「何を縁起の悪いことを言うのだ⁉　ずっとそばで一緒に年を取ろうと誓ったではないか！」

予期せぬアンウェイの発言に、シュイルツは珍しく少し声を荒らげる。シュイルツが本気でそう思ってくれていることが伝わり、アンウェイは喜びを感じてしまう自分を戒めた。

（シュイルツを幸せに出来るのは、もう私ではないのよ）

アンウェイは笑顔を浮かべることが難しくなり、つい俯いてしまう。シュイルツはそんなアンウェイをそっと抱きしめる。

それは、幼い頃からアンウェイの元気がない時にはいつもする抱擁であり、とても優しく温かいものだった。


翌日の三月最終日。昨日までの大雨が嘘のような、雲ひとつない真っ青な空が広がっている。その朝アンウェイは、いつものようにシュイルツを見送った。

「ではアンウェイ、行ってくる」

「はい、いってらっしゃいませ。お気をつけて」

シュイルツもアンウェイも、いつもと変わらない穏やかな笑顔だ。シュイルツの姿が見えなくなると、執事のリスターにアンウェイは声をかけた。

「リスター、フランを送るため一緒にキラの町へ行くわ。とても世話になったし、フランが結婚までに一時身を寄せるキラの町の様子を、久しぶりに見にいきたいの。フランの荷物を私の馬車に載せてちょうだい」

「はい、かしこまりました」

軽く頭を下げるリスターを横目に見ながら、アンウェイは努めてさらりと言った。

「馬車から町の様子を少し見るだけだから、護衛は必要ないわ」

「そのようなわけには参りません。……では、ふたりだけお付けいたします」

リスターの返答にアンウェイは、落胆する気持ちを表に出さないように装った。

（やはり護衛なしは無理ね。けどふたりでよかったわ……。それもこれも、最近この国が平和な証拠ね。良いことだわ）

こうして、アンウェイは本日のミッションを開始したのだった。


馬に乗ったふたりの護衛を前後に挟んだ馬車の中には、アンウェイとフランだけ乗っている。馬車の中でふたりは、計画の最終確認を行う。

「アンウェイ様、本当に決行されるのですか？　少しでも迷いがあるのならやめましょう！」

「フラン、巻き込んでしまって本当にごめんなさい。けれど、私には迷いがまったくないわ。ただ……今更だけど、本当にこの作戦で良いの!?　シュイルツのことだから大丈夫だと思うけれど、万が一計画が知られたらフラン、あなたになんらかの罰が科される可能性があるのよ？」

アンウェイはフランの目を見て、穏やかに諭すように言う。

「私が決めたことですから！　私のことよりも、アンウェイ様は本当に本当に、よろしいのですか？」

フランはいつものように鼻の穴を大きくし、自分よりもアンウェイを心配する。そんなフランにアンウェイは苦笑いを浮かべたあと、表情を引き締めた。

「ありがとう。でも私も決めたことなの。私も第二の人生を楽しむから心配しないで！　とても楽しみよ！」

もちろん最後の言葉が強がりであることは、フランにはわかっている。しかし、アンウェイのその表情に覚悟を決めるしかなかった。

その時、ちょうどキラの町に馬車が到着した。

「宿に到着したようです。アンウェイ様、では始めますよ」

フランの言葉にアンウェイは力強く頷く。早速、フランは馬車から降りて護衛に話しかけた。

「アンウェイ様は気分が優れないそうで、私の宿で少し休みたいと言っておられます」

親族のいないフランは、結婚相手が迎えに来るまでの数日間はキラの町に宿を取っていた。そこはキラの町の中でも、城から一番遠い場所にある。

「何っ、医者を呼ぼう！」

「いえ、少し休みたいだけだとおっしゃっていて――」

「だがしかし、念のために……」

護衛が心配している声を聞いて、アンウェイは中から声をかける。

「少し目眩《めまい》がするだけだから、医者はいいわ。時々あるのよ。休めば良くなるわ。少し休みたいから、フランに一～二時間ほど部屋で休ませてもらえるようにお願いしたの」

アンウェイの言葉で護衛はしぶしぶ納得した。そしてアンウェイは護衛に付き添われ、フランの部屋のベッドに横になる。

「あとは私がそばにおります」

アンウェイを心配している表情を浮かべながら、フランは丁寧に護衛に告げた。

「わかりました。ドアと建物の前にそれぞれ待機しておりますので、医者の手配含め何かあればすぐにお声がけ下さい」

護衛はそう言うと、一礼をして部屋から出ていく。

「……アンウェイ様、護衛の方がドアの前にいるので、小声で、出来るだけ物音を立てないように静かに準備していきましょう」

フランは小声でそう言うと荷解きを始めた。

アンウェイは頷くと、ベッドからそっと起き上がる。そして部屋の水場でフランに金髪を黒髪に染色してもらうと、準備していた町娘の服に着替えた。

「よしっ、これで少々町の人に見られても大丈夫です！」

「フラン、ありがとう。これがシュイルツへの手紙よ。よろしくね」

「はい、確かにお預かりいたしました」

フランは失くさないようにすぐに懐にしまうと、窓のそばへ行き一点を指さす。

「……アンウェイ様、あの裏口から敷地の外へ出られます。……本当に行きますか？」

「ええ、もちろん行くわ！」

フランが指さしたのは、煉瓦造《れんがづく》りの塀の途中にある、人ひとり通れるくらいの小さい木の扉だ。思い留まる気はないのかと何度も確認してくるフランに対し、アンウェイは変わらず〝前進あるのみ〟の返答を繰り返す。

「わかりました。それでは、行きましょう！」

フランは意を決してそう言うと、椅子を踏み台にして窓から外へ出た。アンウェイもすぐあとに続く。

そして裏口から敷地外へ出ると、以前にフランが言っていた通り右手側に大きな川が流れていた。土手を早歩きで十五分ほど進むと、藁《わら》に隠れた高さ一メートル程度の小さな物置にたどり着く。

「持ち主は不明です。キラの町へ来る度に確認しましたが、一度も使われている形跡はありませんでした。狭くて汚い場所で申し訳ありませんが、こちらに隠れてしばらくお待ち下さいませ。私が迎えに来るまでここを離れないで下さいね」

フランは眉をキリッと吊り上げて、厳しい表情で言う。

「わかっているわ。ありがとう」

アンウェイは迷わずその物置の中に体を屈《かが》めて入る。アンウェイが入ると、もうほとんど余裕のない広さであった。

「この荷物をお持ち下さい。中には着ていたドレスと水とパンが入っております。タオルも二枚入っているので、まだ濡れている髪を拭いて下さい。もう一枚はブランケットの代わりにお使い下さい」

「ふふっ。準備万端ね。ありがとう」

アンウェイの表情に不安な様子は見られない。それを見て、フランの顔から不安は消えた。

ふたりはもう、やるしかないのだ。

物置の中で三角座りをしているアンウェイに荷物を手渡すと、フランは扉を閉めて物置を藁《わら》で再び覆った。そして物置に置いておいた薪の束を抱え、フランは来た道を走って戻った。

そろそろ一時間以上経つため、護衛がアンウェイの様子を見るために部屋に顔を出す可能性がある。

フランは戻っている途中で、裏口の扉を開けてすぐの土手に薪の束を置く。部屋に戻ると誰もおらず静かなままで、どうやら間に合ったようだ。

「よしっ！」

フランは自分に活を入れ、ひとり芝居の開始のゴングを鳴らす。

「アンウェイ様!!!」

フランは、部屋の窓を全開にしてこれ以上出せないほどの大声で叫ぶと、すぐに裏口のほうへ走っていく。そして裏口を出ると、置いておいた薪の束を思いっきり川に投げ入れた。

――ザバーンッ!!

冷静に考えれば小さいがなんとか誤魔化せるだろう、まずまず大きな音を上げることに成功した。

「アンウェイ様!!!」

フランは再び叫び、続いてアンウェイが付けていた髪飾りを土手の下を目がけて投げる。髪飾りは川に落ちずにうまく良い位置に留まってくれた。さらに靴も川に投げ入れる。

「アンウェイ様!!!」

もう一度フランが叫んだところで、護衛のひとりが到着した。

「川に落ちたのか!?」

驚きと緊張に顔を強張《こわば》らせている護衛に、フランは慌てた様子を装って答える。

「はっ、はい！」

フランの返答を聞き、護衛は迷わず鎧を脱ぎ川へ飛び込んで行く。

しかし、昨日の大雨で元々水量の多い川が増水し、濁り、流れも激しくなっていて、護衛はアンウェイを捜すどころか溺れそうになっている。すぐにもうひとりの護衛が到着したが、溺れかけている護衛を助けることで精一杯だった。

(こんなにうまくいくなんて……。神様がアンウェイ様を応援しているとしか思えないわ)

フランがそう考えていると、護衛が川の中からの捜索は諦めて土手を登ってこようとしていた。

そこでフランは、先程わざと落とした髪飾りを、さも今見つけたかのように大声で知らせる。

「あっ、そこにアンウェイ様が付けていた髪飾りが……！」

アンウェイが落ちたと見せかけた川は、三キロメートルほどで海につながる。

護衛は海まで川岸を辿ってアンウェイを捜したが、手掛かりすら見つけられずに二時間ほどで戻ってきた。その間に御者《ぎょしゃ》が護衛が乗ってきた馬を使って城へ知らせに行き、捜索隊がぞくぞくとキラの町に到着していた。

「フラン、わかっているな。これは大事《おおごと》だぞ。城まで一緒に来てもらう」

護衛にそう言われ、フランは素直に頷いた。狼狽《ろうばい》しているフリは決して忘れずに。


シュイルツは知らせを聞き、大急ぎで仕事を切り上げ城に戻ってきた。心配そうにソワソワしている使用人たちには目もくれず、フランたちの待つ部屋へ直行する。

部屋には同行していたふたりの護衛のほかに、護衛隊長やシュイルツ側近のオリオン騎士団長、そして執事リスターがいた。

「フラン、何があったのか君の口から教えてくれ！」

フランは狼狽《ろうばい》を一生懸命抑えているフリをする計画だったが、実際に今から国王に嘘をつく緊張で、フリをする必要がまったくないほどに震えている。

「……陛下、申し訳ございません。私がおそばにおりましたのに……」

「何があったのだ!?」

シュイルツの気迫に、フランはさらに身体を硬くした。

「……今朝急に王妃殿下が、私をキラの町まで送って下さるとおっしゃいました。久しぶりにキラの町の様子も見たいからと。ですが久しぶりの外出だったからか、キラの町に到着した頃王妃殿下は体調が優れず、一～二時間ほど宿の私の部屋で休むことになりました」

フランは一向に治まらない震えに抗いながら、拳を胸の前でギュッと握り話し続ける。

「しかし、休まれてから一時間も経たない頃に急に起き上がり、窓のほうへ行かれました。そして窓から見えた小さな扉を見ながら、『あれは裏口か、出たら何があるのか』とお尋ねになったので、私は『裏口で出たら川がある、昨日の大雨で増水しているだろう』と答えました」

まっすぐにフランを見つめるシュイルツを見ることが出来ず、彼の胸元辺りをジッと見ながらフランは話す。何度も何度も繰り返し復習をしたその内容は、緊張で頭が真っ白な今のフランの状態でも、スラスラと口から出てくる。

「それから窓際に置いた椅子に腰掛け、しばらく風に当たっておられました。すると急に手紙を書かれ、私に『国王陛下に渡すように』とそれを預けられました」

そこでシュイルツの身体がピクッと動いたのがわかったが、フランは止まらずに続ける。

「もちろん私は本日退職をしたため、『私に預けられても困る』とお伝えしました。しかし、王妃殿下はそのことには触れず、『ドアのほうで何か聞こえたから見てきて』とおっしゃったので、私はドアのほうへ行きました」

フランは震えを抑え込みながら話しており、息継ぎがうまく出来ずに息が苦しくなり一旦止まった。しかしすぐに、シュイルツに先を促される。

「それで？」

フランは、一回大きく深呼吸をしてから続きを話す。

「……私がドアのほうへ行きかけると、後ろで音がしました。振り返ると、王妃殿下は椅子を踏み台にして窓から外に飛び出していったのです」

そこでフランは意を決し、顔を上げてシュイルツを見た。

「私は急いであとを追いましたが、王妃殿下は裏口から出てすぐに、迷わず川に飛び込まれました」

衝撃から真っ青になっているシュイルツを見ていられず、フランは思わず下を向く。そして、たった今国王に大嘘をついてしまった事実を実感する。

「私の叫び声を聞き、すぐに護衛の方が来て下さいました。それでも川は水量が多く、水の勢いも激しくて……流されて、王妃殿下の姿はすぐに見えなくなりました……」

「……それで、これが上手に転がっていた髪飾りか……。本日アンウェイが付けていた物で間違いないか？」

少しの沈黙のあと、重々しく口を開いたシュイルツの問いに、フランはチラッと自分が投げた髪飾りに目をやってから答える。

「……はい、間違いございません……」

シュイルツは悲痛な表情で髪飾りを見ている。

「……そうか。護衛のふたりは、今の話に相違点はないか？」

「……はい、違いはございません！　私たちが付いておりながら、誠に申し訳ございませんでした」

いたたまれずにずっと下を向いていた護衛のふたりは、シュイルツに話を振られ、ものすごい勢いで頭を下げる。

その様子を見てシュイルツは天を仰いだ。座り込みたい衝動を抑え、フランに話しかける。

「それで、アンウェイから預かったという手紙は？」

「……あっ、はっ、はい、こちらでございます！」

フランはアンウェイから預かった手紙を渡す。手紙の内容はフランも知らない。シュイルツは神妙な面持ちで手紙を手に取り、ひとつ息を吐いてから、封のされていない封筒から手紙を取り出して開いた。

国王陛下へ
驚かせ騒がせてしまうことを、大変申し訳なく思っております。
突然ですが、私の願いをみっつ聞いて下さいませんか？
ひとつ目は、フランや同行していた者に決して罰を与えないで下さい。

ふたつ目は、ミランダ様を正妻に迎えて下さい。アーノルド殿下と、これから産まれる王子王女殿下と共に、幸せな家庭を築いて下さい。

みっつ目は、私のことは忘れて幸せになって下さい。

陛下ならばきっと、願いを叶えて下さると信じております。

陛下とグリーンヒル王国の民の幸せを、心よりお祈り申し上げております。

私がこの世から消える勝手を、どうかお許し下さいませ。

今までありがとうございました。お元気で。

アンウェイ

読み終えるとシュイルツはうなだれ、手紙をクシャッと握り潰した。

「……アンウェイの字で間違いない……。……すぐに私もその場所へ向かう」

シュイルツが、アンウェイが身を投げた川に着いたのは午後三時頃で、町の子どもたちがおやつを食べに家に走って戻る姿が窺《うかが》えた。そんな中ぞくぞくと集まる城の者に、キラの町の大人たちは何事かとざわついている。

「ここか。何か手掛かりは？」

「はっ！　昨日の大雨で川が増水し流れも激しいため、捜索は困難な状況であります。今のところ手掛かりは何も見つかっておりません」

シュイルツの問いに、現場指揮官は申し訳なさそうに答える。ギリッと奥歯を噛みしめ川に視線を落としたシュイルツは、さらに絶望的な気持ちになった。

(この激流に飛び込んだというのか⁉　……それほどまで思いつめていたとは……)

「……フラン、アンウェイは何か言っていたか？」

「……私がいないほうが皆が幸せになれるとおっしゃっていました。……と言うのも、ミランダ様が妊娠してからは特に悩んでいるご様子で、子を授かることも産まれて来ることも奇跡だ、ともおっしゃっていたほどです。私がずっとそばにおりましたのに、王妃殿下の御心を軽くすることが出来ず、このような事態となってしまい申し訳ございません」

フランは頭が足に当たるほど、思いっきり頭を下げ心から謝罪した。シュイルツは眉間に皺《しわ》を寄せ、目を閉じる。

「そうか。……あの明るくいつでも前向きなアンウェイを、自死を図るまで追いつめてしまうとは、私は夫失格だな……」

苦痛に顔を歪めるシュイルツを見て、フランは何か言わずにはいられなかった。同時にアンウェイの寂しそうな顔が思い浮かぶ。

「陛下、王妃殿下はいつも、国王陛下は国王に相応しい素晴らしいお方だとおっしゃって——」

「陛下‼　海近くの川で靴が見つかりました！」

捜索隊が駆け寄り、フランの言葉を遮る。そして、フランはその靴を一瞥してから言った。

「それは、王妃殿下が本日履かれていた靴でございます」

「……そうか、わかった。……フラン、私はひとつ目のアンウェイの願いを叶えるつもりだ。今まで世話になったな。結婚して幸せになってくれ。下がって良いぞ」

「……長い間お世話になりました。失礼いたします」

フランは最後にそう言い、その場を去ったのだった。

それから宿の自室へ戻ったフランは、シュイルツと捜索隊が帰るのを今か今かと待ち続けた。日が完全に落ち雨が激しく降り始めると、本日の捜索は撤収となったようだった。フランは全員がいなくなったことを確認したのち、アンウェイのいる物置へ走った。

「アンウェイ様！」

藁《わら》を退け物置の扉をノックしてから、フランは声をかける。

「フラン？」

声を聞きドアを開けると、三角座りをして肩にタオルをかけているアンウェイの姿があった。フランはその姿を見てホッと胸を撫でおろす。藁《わら》を大量に被せていたおかげで、中までは雨が入っていないようだ。

「うまくいったの？　ずっと外が騒がしかったけれど、皆は城へ戻ったの？」

アンウェイはやや疲れた顔でフランに尋ねる。

「はい、うまくいきました！　激しい雨が降り始めたおかげで撤収しました。さあ、私の宿へ行きましょう。長時間そこに隠れてとてもお疲れになったことでしょう。温かいスープを準備しています」

「そう、よかった。フランも罰は受けずに済んだのね。……朝から水分は極力取らないようにしていたのだけど、もう、そろそろお小水が限界だったの……」

そうはにかむように言うアンウェイを見て、フランは胸がきゅんとした。そして、アンウェイのこれからを想い胸がいっぱいになる。

「アンウェイ様、幸せになりましょう」

「ええ。……フラン、本当にありがとう」

ふたりの間に少しだけしんみりした空気が流れる。

しかしその空気を一蹴するようにアンウェイは、楽しそうに明るい笑顔で宣言した。

「私は今から〝ケイト・ハート〟よ！　待っている間に第二の人生の名前を考えていたの。よろしくね！」

アンウェイはニーッと、王妃らしからぬ顔で笑ったのだった。

第二章　第二の人生

自作自演の自殺劇を決行した数日後。アンウェイは、フランが前もって話をつけていた住み込みで働ける食堂に、こっそり移っていた。

「あなたがフランの遠い親戚のお嬢さんね。ご主人に先立たれたそうで、大変だったわね。住み込みで働いていた子が辞めて、うちも困っていたところだったから助かるわ！　これからよろしくね！　ニコニコ食堂へようこそー！」

元気良く挨拶する店主は、元々真ん丸な顔が笑うとさらに丸くなる。そんなとても優しい笑顔の店主は、アンウェイに思いっきりギューッと歓迎の抱擁をした。

ここまでアンウェイをそばで支え続けたフランは、その様子を見届け、心配しながら夫のベンと共にふたつ隣のアースの町へ旅立っていったのだった。

アンウェイはフランと一緒にアースの町へ行くのも考えたが、行ってから住む場所や仕事を探さなければいけないことや、フランたちに迷惑をかけることが目に見えているため、とりあえず灯台下暗しという言葉を信じてキラの町に残った。

しかし、流石《さすが》にもう少し城から離れたいとは思っているため、フランがアースの町で住み込みで働ける場所を探してくれることになっている。ニコニコ食堂への迷惑も出来る限り配慮し、アンウェイは頃合いを見計らってアースの町へ移り住むつもりだ。

「ついにひとりになってしまったわね……。よし、第二の人生を謳歌するわよ！」

アンウェイは大きな独り言を言い、空元気《からげんき》で不安を跳ね除けようとする。

（……国のためにも、シュイルツのためにも、これでよかったのよね）

そして、慣れない硬いベッドで眠りについたのだった。

半年後。アンウェイは、キラの町でケイトとしての生活にすっかり馴染んでいた。

安くて美味しいをモットーとするニコニコ食堂は、店主で料理担当のおばさん、洗い場担当のおばさんの甥のロン、接客担当のアンウェイの三人できりもりしている。

アンウェイにとって接客を行うのは、もちろん人生で初めてのことである。

だが、フランが食堂で住み込みの仕事を見つけてきてからというもの、下町の食堂の様子や接客の仕方、皿洗い、野菜の洗い方などを彼女からこっそり教えてもらっていたのだ。最初は慣れないことで失敗もしたが、持ち前の器用さですぐに店の戦力となるまで成長した。今では、仕込みなど自分の担当以外の業務まで出来るほどになっている。

「ケイト、出来たよ！　持っていって！」

時刻は正午過ぎで、食堂はにぎわっていた。おばさんの声かけにアンウェイはすぐに反応し、ニッコリと笑って料理をテーブルへ運ぶ。

「はい！　おじさま、お待たせいたしました。いつもありがとうございます！」

「ケイトは今日も元気だなー！　わしは飯だけじゃなくて、ケイトに元気をもらいに来てもいるのだよ」

「ありがとうございます！　いくらでも元気を吸い取っていって下さいね！」

常連客の対応もアンウェイはもう慣れたもので、そう返すと食堂全体からワアッと笑いが起こる。言葉遣いや態度はだいぶ砕けたが、それでもやはり、アンウェイの接客はまだまだ丁寧だ。しかし、その言動もまたニコニコ食堂の客には新鮮で、ケイトは売上にも貢献しているのであった。

国はというと、この半年の間にアンウェイの葬儀が執り行われた。

体裁を守るためか、アンウェイの尊厳を守ろうとしたのかは不明だが、『キラの町で増水した川に落ち、遺体は発見されていない』と、自殺ではなく事故死として国民へ発表されている。当初は町のあちこちでアンウェイの名前を聞いたが、今は少しずつ国民から忘れ去られている。それで良いと、アンウェイは心から思っていた。

そして、つい先日、ミランダが新王妃の座に就いた。

国民へのお披露目式を見にいったフランが、ミランダは立派な佇まいで、シュイルツは少し痩せたようだがまずまず元気そうであったと教えてくれた。アンウェイは、自分のものだった王妃の座が、本当にミランダのものになったことに少しの寂しさを感じた。しかし、すぐに自分自身に言い聞かせる。

「よかった、これで国民も安心ね。私がしたことは間違ってはいなかったわ」


さらに二年後、シュイルツとミランダの間に第二子の王女が誕生した。

二十四歳になったアンウェイは、変わらずニコニコ食堂で毎日楽しく働いている。ニコニコ食堂での生活は快適で楽し過ぎて、もう少しもう少し……とキラの町での生活がズルズルと長引いてしまっていた。フランはアースの町で、いくつか住み込みで働けそうな場所をピックアップしているようで、アンウェイの決心がつき次第すぐに交渉に進むと言っている。

もうすぐ秋が訪れようとしているある日、キラの町は朝からソワソワしていた。

国王が町の視察に来るのだ。

そしてこの町の誰よりも、アンウェイが一番ソワソワしているに違いなかった。本日は絶対に食堂から外に出ないと、アンウェイは心に決めている。

「おばさん、少し体調が優れないので、おつかいはロンに頼んでくれますか？」

「ケイト、大丈夫かい？　無理をしないで、休みたい時はすぐに言うんだよ？」

「今は大丈夫です。ありがとうございます」

心配そうな表情を浮かべるおばさんに、アンウェイは笑顔で答えた。

（……ただの仮病です。嘘をついてごめんなさい）

そう心の中で謝罪をしてから、昼に使う野菜を洗い始めた。するといつもは陽気なおばさんが、ふうっとため息をつきながら言う。

「視察団に、真面目《まじめ》に仕事をしていますってアピールしないといけないだろうから、今日の昼は客が少ないかもしれないね」

「いつもとても忙しいので、たまにはそのような日があっても良いのではないでしょうか？」

アンウェイの穏やかな物言いに、おばさんは思わず笑顔になる。

「そうだね。今日は来てくれたお客さんをゆっくりもてなそうかね」

「そうですね」

そう言ってふたりは微笑み合う。

おばさんの予想は的中し、正午を過ぎても客が少なく、二〜三割程度しか席が埋まってはいなかった。

——チリチリン。

ドアについている鈴の音を聞いて、アンウェイは条件反射で挨拶した。

「いらっしゃいませ！」

「すみません、店主はどなたですか？」

アンウェイは一瞬、心臓が止まるかと思った。

ドアを開けて店に入ってきたのは、シュイルツの側近オリオン騎士団長だったからだ。

長身細身の彼は、腰まである長い黒髪を後ろでひとつに束ねている。腰に剣を差しており、威圧感もある。

オリオンの黒い瞳と一瞬目が合うが、アンウェイはすぐに目を逸らし、厨房に向かって大きな声を上げた。

「少々お待ちをー！　おばさーん！」

アンウェイは咄嗟《とっさ》に口調を町娘風にし、声も高めにしてみた。いくら黒髪に染色しているとはいえ、声や顔のパーツで不思議がられる恐れがある。

おばさんを呼ぶとアンウェイはさっさと裏へ下がり、皿洗いをしながら様子を窺《うかが》う。

おばさんはオリオンと話を終えたのか、くるっと踵《きびす》を返して急いで戻ってきた。

「ロン、ケイト！　大変よ！　今から国王陛下一行がここで食事されるわ！　うちの評判を聞いて来られたらしいわ！」

おばさんは頬《ほほ》を赤らめて興奮している。

対照的にアンウェイは、サーッと血の気が引くのを感じた。まさか町のこんな安い店に国王一行が来るなんて、予想だにしていなかったのだ。

「……おばさん、ごめんなさい、調子が悪くて……。裏で休んでいても良いかしら？」

「えぇ、今かい!?　ケイトそれは困るよ！　お願いだから、せめて国王陛下一行に料理を出し終えるまではいてもらえないかい!?」

おばさんの発言はもっともである。国王陛下一行が来るとなれば、これからおばさんは料理を作るのにいっぱいいっぱいだろう。アンウェイが休むとなると、接客に不慣れなロンが料理出しなどの対応をすべてひとりで行わなければならなくなる。

（どうしましょう。……ううん、でもきっと大丈夫、アンウェイは死んだと思われているのだから。黒髪にしたし、質素な服に化粧も薄い。目を合わせず料理を出すだけなら、きっと気付かれはしないわ。そう、私は町娘のケイトよ！）

アンウェイは心の中で自分にそう言い聞かせた。

続々と一行が入店している食堂内を見ると、ちょうど席についたシュイルツの姿が目に入った。

（シュイルツ……元気そうでよかった。もうすっかり父親なのでしょうね……）

アンウェイは、ドキッと胸の鼓動が聞こえたような気がしてしまう。ときめく心とともに複雑な感情までもが押し寄せ、打ち消すように両頬《りょうほほ》を両手で強く叩いた。

「私はケイトよ！」

再び自分で自分を鼓舞し、早速仕事に取りかかる。

「いらっしゃいませー！　お水をどうぞー！」

「陛下が口にされるものは、先に部下が味見をいたします。そこの部下の前へ置いて下さい」

オリオンにそう言われ、アンウェイは安堵した。これでシュイルツに直接料理を出す必要はない。

「まずは前菜のサラダでございます。今朝、市場から仕入れた新鮮な物ばかりでございます。どうぞお召し上がり下さいませ」

おばさんが説明をしている中、アンウェイはサラダを配る。オリオンや周りの人も料理に目がいっており、誰もアンウェイの顔を見ない。そのまま順調に料理出しは進み、最後の料理を出し終えてアンウェイがほっとしていると……

――パリン！

グラスが床に落ちた音が食堂中に響き渡った。音の先である、シュイルツとは別のテーブルで食事をしていた従者のもとに、アンウェイはすぐに駆けつける。

「お怪我はありませんか⁉」

「はっはい……」

「お召し物にかかってないですか？」

「いいえ、大丈夫です。グラスを割ってしまい、本当に申し訳ありません」

従者はバツの悪そうな表情を浮かべるが、アンウェイはただグラスが割れただけで済んで良かったと安堵する。

「お怪我もなく、お召し物も汚れなかったようで良かったです」

アンウェイは従者へにっこりと笑って、割れたグラスの破片をまとめる。床を拭くためのモップを取りに行こうとした時、後ろから呼び止められた。

「私の従者がグラスを割ってしまい、申し訳なかった。新しい物を五十個ほど送らせよう」

声の主が誰なのか、アンウェイは顔を見なくてもすぐにわかった。ときめきなのか緊張なのか、判断のつかない胸の鼓動に戸惑いながら振り返る。

「わざとではありませんし、ひとつくらい問題はありません。予備もたくさんありますので、お気になさらないで下さい」

アンウェイはお辞儀をしているように見せかけ、顔を下げたままで答えた。そして、ささっと裏へ下がろうとするが、すぐに質問を投げかけられた。

「そなた、出身はどこだ？」

アンウェイはその場に固まった。

「……アースです」

ケイトはアースの町が出身地だという設定にしており、周囲にもそう伝えている。アンウェイはひたすら俯きじっとしていた。はたから見れば、国王に話しかけられ萎縮しているように見えるだろう。

「そうか……そなた、年はいくつだ？」

「……二十八です」

「……」

アンウェイは、俯いたままで居心地が悪く困っていた。するとそんなふたりの様子を見て、おばさんが不安げに口を開く。

「国王陛下、うちのケイトが何か粗相《そそう》をいたしましたでしょうか？」

「……名をケイトと申すのか。いや、そのようなことはない。ただ知っている者に似ていたものでつい……そんなはずはないのだがな。すまなかった」

そう言うとシュイルツは、一瞬でいつも通りのキリッとした国王の顔となる。

「突然の訪問にもかかわらず、快い対応に感謝する。人気店なだけあって大変美味であった。これからもキラの町の人々に、美味しい料理を食べさせてやってくれ」

その後はアンウェイには目もくれずに食事を済ませると、一行は去っていく。

シュイルツを見送るアンウェイは、自身の心臓がうるさいことに気付いていた。

（シュイルツ……痩せてさらに顔が小さくなって、もっと素敵《すてき》になっていたわ……。変わらず優しくて、元気そうでよかった。……会うことが出来ないと、恋しさが増すものなのね……）

アンウェイだと知られたらどうしようという想いもあるが、何より今は、久しぶりのシュイルツとの会話に心が踊って仕方がなかったのだ。自分を落ち着かせようと深呼吸を何度も繰り返す。

「あー、緊張したね！　ケイト、無理を言って悪かったね。休んでおくれ」

おばさんは、どしっと豪快に椅子に腰を下ろしながら言った。

「あ……いえ、もう治ったので大丈夫です」

疲労困憊の様子のおばさんに、アンウェイは微笑みながら水を手渡した。

「そうかい？　……ぷはー、ただの水も労働のあとは美味しいねえ。そういえばケイト、二十八だなんて、なんで嘘をついたんだい？　国王陛下に嘘を言うなんて、バレたら罰があるのは知っているだろうに」

「あっ、そうでした。自分の歳を間違えてしまいました！」

アンウェイはおばさんと目を合わせずに、うっかり間違えたかのように装う。

「年上に間違えるなんて、変わった子だねぇ！　私は一歳でも若くなりたいよ！　ははは っ！」

おばさんは緊張から解き放たれ、いつもよりも豪快に笑う。アンウェイも一緒に笑って誤魔化したのだった。


国王一行の視察から一週間が過ぎた午後一時半、昼食時間のピークが終わり、少し店内が落ち着いてきた頃だった。

――チリチリン。

「いらっしゃいませ！　……っ！」

アンウェイはいつもの条件反射で元気良く言ったが、入ってきた客を見て固まる。

そこにいたのはシュイルツとオリオンで、ふたりは同じ騎士の格好をしており、どうやらお忍びらしい。

「とても美味しかったため、また来させてもらった。今度はふたりでこっそりと」

微笑みながら話すシュイルツに、咄嗟《とっさ》にアンウェイは前回同様、町娘風に語尾を伸ばし声のトーンも上げる。

「よ……ようこそおいで下さいましたー！　空いている席へどうぞー！」

（普段の豪華な食事に慣れていたら、たまには庶民食が食べたくなるものよね。うん、きっとただそれだけよ。テンションも上げていこう。私はケイト、私はケイト……）

急に逃げ出せば怪しまれる可能性があるため、アンウェイは自己暗示をかけ、開き直って仕事に徹する。

「はい、おじさん！　いつもの！」

「ありがとー。あれケイト、なんか今日はいつもよりテンションが高いね。何か良いことでもあったのかい？」

アンウェイの笑顔が引きつった。後ろからシュイルツの視線が突き刺さっているというのに、この常連客はなんてことを言うのだろうか。

「そんなことありませーん！　いつも通りですよー！」

変な汗をかきながら、アンウェイの不自然すぎるほど元気な接客は続く。そして、何も絡まれることなくシュイルツとオリオンは帰っていき、アンウェイはホッと胸を撫でおろす。

（シュイルツの視線がとても痛かったような、そうでもないような……ううん、ご飯が美味しかったから、また食べに来ただけよね？）

アンウェイはそうであってほしいと思い、もう来店がないことを祈ったのだった。

しかし、アンウェイの願いもむなしく、シュイルツとオリオンは月に一回程度お忍びでやって来るようになる。アンウェイはケイトとして町娘風でなんとかやり過ごすが、最近はいつ来るかと気が気でない。来たら来たで困るが、来なかったら来なかったで少し寂しいような気もしてしまう。

（私はときめいて良い立場ではないのに……）

アンウェイは、自分の感情に戸惑ってもいた。


暖かくなってきた三月終わり。昼の営業を終了しようとしていた時、オリオンがひとりで店にやってきた。

「こんにちは。近くを通りがかったので寄ったのですが、まだよろしいでしょうか？」

オリオンは申し訳なさそうに、少しいつもより頭を低くして店へ入って来る。

「食材がほとんど残っていないのでメニューは選べませんが、なんでも良いなら大丈夫ですよー！」

アンウェイは、条件反射で町娘風を出せるようになっていた。注文をおばさんに伝え、しばらくすると良い匂いが店に漂い始める。

「ケイトさん」

「はい、なんでしょー？」

アンウェイは、水の入ったコップをオリオンに出しながら答える。

「国王陛下の部下であり友人として、ずっとお礼を言いたいと思っていたのです。少し私の話を聞いていただけますか？」

「えっ……。あっ、はい……」

「ご存知だとは思いますが、前王妃殿下は三年ほど前に亡くなられました。前王妃殿下は冷静沈着で思慮深い方で、いつも陛下を支えられていました。その前王妃殿下にケイトさんはとてもよく似ているのです。髪の色や出身地、年齢も違うのですが……」

急なオリオンの話に、アンウェイは思わずその場で固まる。オリオンは視線を落とし水を一口飲むと再び口を開く。

「陛下は前王妃殿下が亡くなられてから、とても気落ちされていました。それでも国を治めなければならない。前王妃殿下の願いと約束を叶えるためにも、国のことを第一に考え再婚し、第二子も儲けました」

アンウェイは何も答えることが出来ず、遠くを見ながら話すオリオンを見つめる。

「すべてが国のためです。もちろん、国王ですのでそれはいいのです。ですが私には、陛下の心には大きな穴が空いているように見えておりました。今も陛下は、前王妃殿下を愛しているのです」

思わずアンウェイは目を見開く。

（な……何を言っているの……？）

オリオンは、アンウェイを気にすることなく話を続けた。

「ですが、ここでケイトさんと出会い陛下は変わりました。とても穏やかになったのです。このようなことを言われても困ると思いますが、いつもありがとうございます。どうか変わらずこのままで接していただければと思います。よろしくお願いいたします」

オリオンはそう言い切ると、座ったまま深く頭を下げた。

「……はい」

頭の中が真っ白なアンウェイは、それしか言えなかった。……そう言うしかなかった。

その後はいつも通りに料理を出し、会計を済ませ、見送り、後片付けをしたのだろう。しかし、アンウェイは心ここにあらずといった様子で、気付くと店の二階の自室に戻っていた。

夜の営業準備を始めるまで一時間程度あり、いつもなら食事をして少し横になるのだが、今日はそれどころではなかった。

自室に入った途端に溢れ出した涙が、まったく止まらないのだ。シュイルツが今もアンウェイを想っている。それはとてもうれしいことであり、悲しいことでもあった
(心からシュイルツの幸せを願っているわ。だからこそ私のことは忘れて、ミランダ様を愛してほしい、子どもたちと幸せになってほしいの)

国を思えば、アンウェイがしたことは間違ってはいなかったと思う。すべてにおいて間違っていなかったと言い切りたいからこそ、シュイルツの国王としてだけではない、一個人としての幸せを心の底から願っている。

(それなのに……。……もしかして私が邪魔をしている？　ケイトがいたら、アンウェイを忘れら

れないのではないかしら……？）

アンウェイは先延ばしにしていた転居について、本格的に考えなければならない時期が近づいていると感じた。

二週間後。本日は半年に一度のおばさん一家の親族会の日である。毎年気候の良い四月と十月に開催され、この日だけニコニコ食堂は店を休む。

「じゃあ、私とロンはおじさんのところに行ってくるからね。帰りは遅くなると思うから、先に寝ていていいからね」

「はい。親族会、楽しんで来て下さいね」

おばさんは久しぶりの集いが楽しみなようで、ウキウキしているのがアンウェイにも伝わってくる。おばさんとロンはアンウェイに満面の笑みを返し、桜の花が舞う中、出掛けていったのだった。

それから数時間後。辺りが暗くなった頃、アンウェイは店の前の花壇の水やりを忘れていたことを思い出し、外へ出た。カラフルで可愛い、お気に入りの花に水をやっていると、後ろから声をかけられる。

「……ケイト？」

「申し訳ありません、本日お店はお休みにさせていただいております……」

アンウェイはそう言いながら振り返ると、そこに立つ人物を見て驚く。

「シュ……こっ、国王陛下!?」

アンウェイは思わず大きな声を出してしまう。慌てて口元を押さえ、辺りをキョロキョロと見渡すも人の気配はなくホッとしていると、シュイルツが微笑みを浮かべながら口を開く。

「そうか、今日店は休みなのか。それなのに会えるなんて、私はついているな」

「どうかされたのですか？　……って、おひとりですか!?」

シュイルツの周りには誰も見当たらない。しかも、いつものお忍びで店に来る時の騎士の服装とは違って、国王の外出着の装いでまずまず目立つ格好をしている。

「あぁ……最近眠れないのだ。正直疲れが溜まっている。本日もいろいろと考えていたら、どうしても君に会いたくなってしまったのだ……」

困ったように笑うシュイルツの表情に、アンウェイは目を奪われてしまう。

「……いきなりすまない。よかったら少し話をしてもらえないだろうか？　下心は一切ないから。他愛のない話を少しするだけで良いのだ……本当にそれだけで良いから……」

アンウェイは少しやつれた顔のシュイルツを見て、放ってはおけなかった。シュイルツは何かあると眠れなくなるタイプである。そのような時はいつも、アンウェイが彼を子どものように抱きしめて一緒に眠ったものだった。

「……外は誰かに見られるといけないので、中にお入り下さいませ」

そう言いドアを開けた途端、アンウェイは立ち止まった。

「あっ……今日、艶出しの液を床に塗ったのでした……。明日の朝まで床を踏むことが出来ません」

半年に一度の店休日に掃除をすることもまた、ニコニコ食堂の恒例であった。アンウェイの部屋や台所へは違う出入り口があるため生活に不便はない。

「そうか。なら立ち話で悪いが、ここで少し話すのはだめか？」

シュイルツは、捨てられた子猫のような表情を浮かべる。

国王がそんな姿を見せるなんて、普通ならあり得ない。アンウェイに似ているからと言って、しがない町娘に心を許しているのも、国王としてはよろしくない。ますますアンウェイは、弱っているシュイルツを放ってはおけないと感じてしまう。

「だめではありませんが、人が通るかもしれません」

「いやー、ヒューイの奥さんの手料理は絶品だなー！」

ちょうど向こうから男性が三人、大声で話しながら店のほうへ歩いてくるのが見えた。

（まずいわ！　国王陛下がひとりでこんなところにいるのを見られたら……。騒ぎになってもいけないし、変な噂を立てられても困る）

アンウェイは焦り、咄嗟《とっさ》に言った。

「陛下、こちらへ来て下さい！」

アンウェイは、シュイルツを自室へ通してしまったのだ。

そう、アンウェイは、今まで気付かれなかったのだから大丈夫だろうと油断していた。そして、もう少し一緒にいたいという想いが心の奥底に少なからずあるのもまた、事実だった。

「……ここは、ケイトの部屋か？」

店の二階にあるアンウェイの部屋の中には、机とベッド、タンス、小さいテーブルしかない。

言われるがままにアンウェイについてきたシュイルツだったが、まさか自室に通されるとは思っていなかったようで驚いている。

「はい。粗末な部屋で申し訳ありませんが、よろしければおくつろぎ下さいませ」

アンウェイは、下の台所で淹れてきたハーブティーをテーブルへ置いた。

「もしよろしければどうぞ。……毒は入ってはいませんが、不安でしたら無理にとは言いません」

アンウェイの物言いに、ベッドに座るシュイルツは微笑んだ。

「いや、いただこう。ありがとう」

——ゴクンッ。

「……」

「どうかされましたか？」

一口飲んでハーブティーを見ながら固まったシュイルツに、アンウェイは尋ねた。

「……いや、前王妃がよく淹れてくれていたハーブティーに似た味だったもので……つい……」

アンウェイは狼狽《うろた》える。城の物とは銘柄も違いずいぶん安価な物だが、シュイルツが眠れない時にいつも淹れていたカモミールティーを無意識に出してしまったのだ。

「……それを飲んだら、すぐにお帰り下さいませ」

動揺を誤魔化すように、アンウェイはシュイルツに背を向けそう言い放つ。

「……ケイト、今日はいつもと雰囲気が違うな」

「……っ！　そんなことはありません。国王陛下が自分の部屋にいれば、きっと誰でも緊張しておとなしくなります」

アンウェイは俯いて答える。突然のことで気が動転し、町娘風を装うのをすっかり忘れていた。

「ははっ……そうか、緊張をさせてしまってすまないね。これを飲んだら帰るよ」

シュイルツはそう言うと、もう一口カモミールティーを口に含んだ。

アンウェイがシュイルツをそっと盗み見ると、思いつめたような切ない表情を浮かべている。その顔に胸がギュッと締めつけられるのを感じ、つい、余計なことを口にしてしまう。

「どうかされたのですか？」

シュイルツはハッと我に返り、苦笑いを浮かべた。

「……はは。暗い顔をしていたか？　すまない。……少しだけ、聞いてくれるか？」

「……はい。……ほんの少しなら」

「ははっ、そうか少しなら聞いてくれるのか。では手短に話すとしよう」

アンウェイの返答にシュイルツは微笑み、空気が少し柔らかくなる。しかし、すぐに表情を強張《こわば》らせた。

「子をもうひとり作れと、周りから言われているのだ」

アンウェイは思わず唾を飲み込んだ。

国王として男児を望むのは当然だ。そして、シュイルツには兄弟はいない。さらに、現在男児はひとりしかおらず、何かあった時を考えれば多いに越したことはない。ましてや、王妃であるミランダとの間に子どもを望むことが出来るのだから尚更だ。

「……お嫌なのですか？」

「……この国の長《おさ》として、そのほうがより良いことだとはわかっている」

シュイルツの返答は質問の答えになってはいなかったが、あまり深くは聞かないほうが良いだろうとアンウェイは思った。もう、シュイルツに何もしてあげることは出来ないのだ。

「国王陛下……今から、生意気なことを申し上げてもよろしいでしょうか？」

「ん？　ああ、かまわん」

アンウェイはシュイルツを、逃亡後初めて真正面から見つめた。

「国民は皆、国王陛下の幸せを望んでおります。どうか現状を肯定的に捉えて下さい。そして、今周りにいる人を大切にし、その人たちと幸せになって下さい。……自ら、幸せになろうとして下さい」

それを聞いたシュイルツは顔をあげ、驚いた顔でアンウェイを見つめた。

「……すごいな。今の私に対して本当に的《まと》を射たアドバイスだ。ははっ。君に言われたら、なぜだかストンと心に落ちたよ」

シュイルツの表情が少し和んだのを見て、アンウェイはホッとした。

（……あぁ、相変わらず素敵《すてき》なグリーンの瞳）

そして久しぶりに真正面から見た優しい瞳に、場違いな思考が浮かんでしまう。

「ハーブティーは心を休めてくれます。もしよろしければ、眠れない夜はハーブティーをお飲みになるのはいかがでしょうか？　そしてベッドに横になり、何も考えずに目を閉じて下さい」

「あぁ、そうしてみよう。ありがとう、ケイト。君は本当に不思議な人だ。前王妃を思い出して仕方がない……。本当にホッとする」

アンウェイはうるさい心臓を落ち着かせるために、そして赤い顔を見られないように、立ち上がりシュイルツに背を向けた。それから、余計な思いをこれ以上抱いてしまわないように心を無にして、ドアを見ながらはっきりと告げる。

「国王陛下、あまり長居をされないほうが良いと思います。誰にも見られないうちに、城へお戻り下さいませ」

「……そうしよう。急に訪ねてきたにもかかわらず、部屋にまで上げてもらって申し訳ない。おかげで今日は眠れそうだ。ありがとう」

アンウェイは、身分にかかわらずしっかりと感謝の気持ちを述べる、シュイルツの誠実なところが好きだった。昔と変わらない彼に心が温かくなる。

そして、その後にやってきた寂しい気持ちには、気付かないフリをしたのだった。

「これは……」

「どうかされましたか？」

アンウェイが振り返ると、シュイルツは机の上に置いていた小さな石を手に取っていた。その石には手書きのメッセージが書かれている。

〝ずっと一緒　シュイルツ&アンウェイ〟

（しまった!!）

先程とは違う意味で、アンウェイの心臓は飛び跳ねる。

それは、幼い頃にシュイルツと川で拾った石だった。石にメッセージを書き合い交換し、ふたりともお守り代わりにずっと大切に持っていた。アンウェイは逃亡の際、身の回りの準備をするための少しの金銭のほかには、ただひとつ、この石だけをお守りとして持ってきていたのだ。

シュイルツは書かれている幼い文字を、穴が開きそうなほど凝視している。

「その石は以前河原で拾った物です。メッセージも書かれていて素敵《すてき》だったので……」

聞かれていないにもかかわらず、慌てた様子でアンウェイは話す。

次の瞬間、シュイルツは顔をあげた。アンウェイを痛いほど見つめる。それは強く、苦しそうな眼差し。そしてグリーンの瞳から一筋の涙が溢れると同時に、アンウェイはシュイルツの腕の中に取り込まれた。

アンウェイは時が止まったように感じた。……時が止まればいいのにと思った。

それでも込み上げてくる涙を必死に堪《こら》えながら言う。

「……国王陛下、何か勘違いをされています。お離し下さいませ」

アンウェイを抱きしめる力が強くなる。

「……陛下、離して下さい」

「アンウェイ……」

「違います……て、えっっっ!?」

シュイルツはアンウェイの唇に自分の唇を重ねた。そして、何が起こったのか理解が出来ずに固まるアンウェイに問う。

「アンウェイだね?」

「……違います」

シュイルツは少しムッとした幼い表情を浮かべ、もう一度アンウェイに口付けた。

「アンウェイだね?」

「ち……違いますって！　離して下さい！　今すぐに帰って下さい!!」

アンウェイはシュイルツの腕の中から逃れようともがいたが、鍛えられた男性の力には当然かなうはずがない。国王に対してずいぶんな言動をとるアンウェイを、シュイルツは構わずベッドへ押し倒した。

「へっ、陛下!? 何をなさいますか!?」

「……認めぬというのなら確かめるまでだ。俺は服に隠れたアンウェイの黒子《ほくろ》の位置まで知っている」

そう言ってシュイルツはアンウェイの服を脱がせ始めた。

〝俺〟という一人称は、シュイルツがアンウェイの前でのみ使うものだ。

「……っ!? 最初に下心はないとおっしゃいました!!」

「ああ、相手がケイトならばな」

シュイルツはアンウェイの臍の横にある黒子《ほくろ》を見つけると、目を細めてそこに口付ける。

涙を流しながら強く抱きしめる彼に、一国を背負っている男の孤独を感じ、アンウェイに罪悪感の波が押し寄せてきた。

そして、そのままアンウェイはシュイルツに抱かれたのだった。


「シュイルツ、あの石を拾った日のことを憶えている?」

硬くて狭いベッドの上で、背中にシュイルツの厚い胸板を感じながらアンウェイは聞いた。

「ああ、もちろん。俺たちはどうしても山にピクニックに行きたくて、植物や生き物について学びたいと大人たちを説得したんだよな」

「ふふっ。そう言えばそうだったわね。私はそこまで憶えてはいなかったわ」

予想以上にはっきりと憶えていたシュイルツが何だかおかしくて、アンウェイは笑ってしまう。

「えっ……憶えているか聞いてきたのはアンウェイだろ？」

「私は、河原で一緒に石を探したことをふと思い出したの」

アンウェイは、自分の身体を抱きしめるシュイルツの腕にそっと触れた。

「どっちのほうがより平らで角の丸い、綺麗な石を見つけられるか競争したな」

「ええ、そう。そうしたら、ふたりともとても似た石を見つけてきたのよね」

「ああ、それで同じメッセージを書いて交換したのだ」

背中から聞こえるシュイルツの声が明るい。

アンウェイは、シュイルツと楽しく言葉のキャッチボールをしていることが信じられなかった。過去を懐かしみながら、もう二度と訪れることはないと思っていたこの時間を噛みしめる。

「シュイルツ……あなたにこれほどまで想われて、私は幸せよ。本当にありがとう。けれど、私がどうして死んだフリまでしたのか、あなたならわかってくれるでしょう？」

アンウェイの問いかけにシュイルツは何も答えず、抱きしめる腕の力をさらに強めた。

「そこまでした私の気持ちを尊重してほしいの。前王妃としてだけじゃない、あなたを愛するアンウェイとしての願いなの。あなたは国の長《おさ》です。ミランダ様と再婚しました。ミランダ様は子の母親であり、今後も子を望めます。そして、王妃としての資質も問題ない」

アンウェイは一気に捲し立てる。まるで、自分に言い聞かせるように。

「自分の気持ちを優先するのではなく、全体を見て下さい。アンウェイは死んだのです」

「……」

シュイルツは何も言わない。……いや、言えないのだ。

「さあ、国王とただの町娘ケイトに戻る時間です。そろそろおばさんやロンも帰って来ます。お帰り下さいませ」

シュイルツの緩んだ腕からやっとの想いで抜け出したアンウェイは、すぐに服を着始めた。現実の世界へ戻らなければならない。

「アンウェイは今、幸せなのか？」

アンウェイはシュイルツからの問いに一瞬固まった。そしてすぐに振り返り、目を見てはっきりと答える。

「はい、幸せです。本当に、心から」

強がりもあるが、あながち嘘ではなかった。

今は、王妃として子を授かることが出来ない罪悪感や女としての劣等感を抱かず、自分の存在意義を考えることもない。周囲の落胆を窺《うかが》ったり、周りに気を遣わせまいと気にしていない風を装ったりする必要もない。

元からアンウェイは不規則な月経周期だったが、子を希望し始めてからは月経が来る度に涙していた。子宮の中に出来た赤ん坊のためのベッド。そのベッドが経血となって体外に排出されたのを見る度に、赤ん坊から拒絶された気分になった。

次第に、お前は母親になる資格はないと言われているような気持ちになり、ついには涙すら出なくなった。アンウェイの感情はどんどん麻痺していったのだ。

アンウェイはあの苦しかった日々を思い出すといつも、胸の奥がギュウウーッと締めつけられ、苦しくなる。

現在、間違いなく王太子の存在や王女の誕生に国民は安心している。血の繋がった親子を引き離すこともせずに済んだ。

自分がしたことは正しかったと思っているし、後悔もしていない。

ただひとつ、シュイルツへの罪悪感を除いて。シュイルツがこんなにも想い続けてくれるとは、考えもしなかった。ケイトとなってからの日々でその誤算について知る度に、胸が痛くなった。

(いいえ、違うわ。私さえいなければ、シュイルツは新しい家族と幸せになれるのよ)

そう信じ、願うしかないのだ。

「……また食事にくる。アンウェイではなく、アンウェイによく似たケイトに会いに。それくらいは良いだろう？　あと、困ったことがあればいつでも言ってくれ」

そう言い、シュイルツは帰っていった。アンウェイは何も答えず、その後ろ姿をただ見送った。

どんどん姿が小さくなり見えなくなったあとも、胸の痛みが増すのを感じながら、しばらくその場に立ちつくしたのだった……

翌日からのアンウェイの行動は早かった。

（急いでここを離れなければ）

アンウェイの想いはただただそれだけだった。

それはシュイルツのためでもあり、自分自身のためでもあった。町に愛人がいるなどという汚名をシュイルツに着せるわけにはいかない。それにアンウェイ自身も、これ以上会えば、また昔のように想わずにはいられなくなる予感がしていた。

おばさんとロンには辞める旨を伝え、店の手伝いをしてくれる新しい人物を捜した。二日後には、忙しい時間帯にロンの友人が手伝ってくれることが決まった。

それから二日後、アンウェイはキラの町を出た。行く方向とは逆の町に向かうとおばさんには告げて……

第三章　新たな願望

半日乗り合い馬車にゆっくりと揺られ、アンウェイはアースの町に到着した。

アースの町の面積はグリーンヒル王国最大で、キラの町の三倍にもなる。民家や店が立ち並び、あちらこちらに大きな木が植えてあった。

素朴で温かい雰囲気はキラの町とさほど変わりなく、アンウェイは安心感を覚える。

「アンウェイ様ー!!」

フランが大声でアンウェイの名前を呼び、両手を振りながら駆け寄ってくる。

「フラン、ケイトよ」

「あ、そうでした。えへへっ」

フランを見つけて微笑みながらも、落ち着いてアンウェイは訂正する。それでも、久しぶりの悪戯《いたずら》っぽいフランの笑顔にうれしくなり、思わず抱きついた。

「アン……ケイト!?」

「ごめんなさい、フランに会ったらホッとして」

フランは、アンウェイからの初めての抱擁に驚く。腕を回し返して良いものかと戸惑っていたが、その言葉で迷いが一気に吹き飛び、思いっきり抱きしめ返した。

「ケイト。大変でしたね！　今晩は私の家でゆっくり休んで下さい。明日、アースの町の案内をしてから、新しく住み込みで働く食堂に行きましょう。あ、また食堂なのですけど、よかったですか？　似た仕事内容のほうが働きやすいかと思って……」

「ええ、食堂の仕事はいろいろな人と触れ合うことが出来て楽しいわ。ありがとう」

アンウェイの笑顔に、フランはホッとした表情を浮かべた。

「さあ、早く私の家に行きましょう！　キラの町での話をたくさん聞かせて下さい！」

まるで旧友に会ったようで、アンウェイはうれしい気持ちになった。今のアンウェイには、友人のように思える相手はフランしかいないのだ。

フランの家でアンウェイは、髪を脱色して元の金髪に戻したあと、肩の長さに切った。髪の根本から金髪がすぐに顔を見せるので、黒髪を維持するのが面倒だったのだ。

それにアンウェイの死後三年以上が経過し、今ではすっかりミランダという新王妃が国民に浸透している。今更、アンウェイを前王妃本人だと疑う人はそうそういないであろう。

そもそも国民が王妃の姿を見る機会は年に数回、遠巻きでしかなく、全国民の何割がアンウェイの容姿を知っているかも定かではない。

（シュイルツは私を深追いはしないだろうし、もう大丈夫よね。捜してほしくないとわかっているだろうから……）

生きているとシュイルツに知られたことで、同じ逃亡でもかえって以前よりも気が楽になったのもある。

（ここでしっかりと生きていこう）

アンウェイはそう自分を奮い立たせ、新しい土地での再出発を誓った。


三カ月が経ち、この町での食堂の仕事に慣れたアンウェイは、常連客と仲良くなり、休日にはしばしばフランと会って……というような、とても穏やかな日々を送っていた。

アースの町で住み込みで働いている店は、カスターとモブリンという四十代の仲良し夫婦が営む食堂である。ふたりには子どもがおらず、アンウェイはまるでふたりの実の子どものように優しくしてもらっていた。

「いらっしゃいませ！」

「ケイト、いつものを頂戴《ちょうだい》」

「はい、いつものですね。少々お待ち下さいませ」

アンウェイは、もうここでは言葉遣いは気にしてはいない。アースの町でもキラの町と同様に丁寧な接客は評判だ。器量も良く、どうやらアンウェイは接客に向いているらしい。

「ケイト、今日も元気そうだね。今日のおすすめはなんだい？」

「こんにちは、レオン様。いつもありがとうございます。今朝カスターさんが山から採ってきたキノコを使ったソテーがおすすめです。とても肉厚でジューシーですよ！」

「じゃあそれをもらおうかな」

週に一回は通う常連のレオン・アン・ニコライは、伯爵でありこの町の領主である。

金髪にブラウンの瞳は儚げで美しく、長身細身で物腰も柔らかい。爵位を振りかざすことはなく、好かれ慕われる彼は、町の皆から親しみを込めてレオン様と呼ばれていた。

三十という若さにもかかわらず妻に先立たれて子どももいないレオンは、自分と重なる部分があるからか、アースの町に移り住んで来た未亡人という設定のアンウェイのことを、始めから気にかけてくれた。そして、いつの間にかにぎわう時間帯を避け来店するようになり、必ずアンウェイに話しかけるようになった。

「今日も美味しかったよ。ありがとう」

「ありがとうございました。またいらして下さいね」

アンウェイはいつもの接客スマイルでレオンを見送ると、すぐに片付け始めた。

昼の営業が終われば、ようやく自分の昼食だ。カスターが採ってきたキノコを少し残しておいてくれているはずである。

最近は疲れが溜まっているのか、身体がスッキリしない日が続いているアンウェイだったが、珍しく食欲を覚えウキウキしていると、後ろから声がした。

「レオン様はケイトに御執心だね。きっと近くデートに誘われるわね」

「そのようなことがあるわけないですよ！　ねぇ、カスターさん？」

モブリンにからかわれると、アンウェイはすぐに否定しカスターに助けを求める。

「いや、モブリンの言う通りだと思うぞ。レオン様は奥様と死別されてからというもの、とても気落ちしていらっしゃったんだ。それが、ケイトが来てからとても元気になられたよ」

「ふたりとも、何を言っているのですか⁉　レオン様ですよ？　この町の領主様ですよ？　私のことなんて相手にするわけがないでしょう！　レオン様に失礼ですよ！」

あろうことかカスターまでモブリンの加勢をし、アンウェイは戸惑う。

「レオン様に身内は弟さんひとりしかいないんだよ。その弟さんには男の子もいるし、誰も反対せんよ」

「カスターさんまで、なんてことを言うのですか⁉」

カスターの発言にアンウェイは開いた口が塞がらない。色恋沙汰でからかわれるのは初めてで、どう対処したら良いかわからずに狼狽《うろた》える。

夫の援護に勢いづいたモブリンは、真面目《まじめ》な顔でアンウェイの両肩を掴んで言った。

「ケイト、真面目《まじめ》な話をするよ。もしレオン様からお誘いを受けたら、絶対に断るんじゃないよ？　私たちはケイトの幸せを、そしてレオン様の幸せも願っているの。レオン様の人柄はお墨つきだからね。ケイトも新しい人生の伴侶を考えたって良いんだよ」

固まるアンウェイのことはお構いなしに、モブリンは続ける。

「せっかくのお互いを知るチャンスなんだから、デートの誘いを絶対に断るんじゃないよ！　いいね⁉」

珍しく真面目《まじめ》モードのモブリンにタジタジとなってしまったアンウェイは、カスターが作ってくれたキノコソテーを持ってバタバタと二階の自室に駆け上がる。

「もうっ！　今日の昼食は自分の部屋でいただきます！」

「ケイト、本当に考えておくんだよ！」

立ち去るアンウェイの背中に向けて、モブリンは大きな声をかける。

(私がシュイルツ以外の人と結婚をする？)

アンウェイは想像しかけて、慌てて頭を横に振って我に返った。

(……って何を考えているの⁉　レオン様からお誘いを受けたわけでもないのに！　早とちりも良いところよ！)

アンウェイは考えるのはやめて、温かいうちにキノコソテーを食べることにした。

しかし、いざ食べ物を目の前にすると、先程まで楽しみだったのが嘘のように食欲が湧かない。

それでも、せっかく作ってくれた物なのだからと頑張ってなんとか全部を平らげるが、どうしても気分が悪く、結局ほとんどを吐き出してしまった。

「ああ……疲れているのね、きっと。今日は早く休むようにしよう……」

ひとりでそう呟き、アンウェイは午後の仕事へ向かった。

翌週、カスターとモブリンの予想が的中することとなる。

普段と変わらず遅い昼食に来店したレオンは、どこかいつもとは違う様子でそわそわしていた。

そして帰り際、緊張した様子でアンウェイに話しかける。

「ケイト、明日もし時間があれば出かけないか？　食事でも……時間がなければお茶だけでもいい」

アンウェイが固まりレオンをただ眺めていると、台所からカスターが出てきた。

「ケイトの次の休みはたった今、明日になりました。あまり出歩かない子なんで、是非連れ出してやって下さい。どうぞごゆっくり！」

レオンへ満面の笑みを向けるカスターの後ろから、モブリンがアンウェイにアイコンタクトする。

その力強い目は「絶対に行きなさい」と聞こえてきそうなほどである。それに、ただの町娘が伯爵の誘いを断るなんてことが出来るわけがない。

「……はい、喜んで。レオン様……」

アンウェイの引きつった笑顔を見て、レオンは苦笑いを浮かべた。

「ありがとう。明日の十一時に迎えに来るよ。いいかな？」

「……は、はい」

レオンの穏やかだが強い意志のこもった瞳とカスターとモブリンの圧に、アンウェイは覚悟を決めざるを得なかった。

翌日。空は晴れ渡り、七月も終わりだというのに涼しく過ごしやすい陽気だった。

一方で、アンウェイの心は鬱々としている。幼い頃からシュイルツの許嫁であったアンウェイは、シュイルツや家族以外の男性とふたりきりで出かけたことがなかった。正直どうすればいいのかまったくわからず、朝から気が重い。

「今日はすべてレオン様にお任せしましょう。私はただただ、失礼がないように気をつけましょう。私のせいで、今後カスターさんやモブリンさんに迷惑がかかってはいけないわ」

アンウェイはひとりで呟きながら、レオンが現れたらすぐに出ていけるように、食堂の入口から少し離れた目立たないところで身を潜めていた。

十一時の五分ほど前、食堂に向かって歩いてくるレオンがアンウェイの視界に入った。心なしか少しソワソワしているように見える。

そして彼は、食堂の三十メートルほど手前で一度立ち止まると、隣家の窓に映る自分の姿を確認し、髪型を整え始めたではないか。

五つも年上の男性にこのようなことを思うことは失礼かもしれないが、アンウェイは可愛いと思ってしまった。微笑ましく思いながらついつい観察していたが、いよいよ彼が食堂の前まで来たところで、アンウェイは声をかけた。

「レオン様、こんにちは」

急に呼びかけられアンウェイを見たレオンは、なぜか驚いた顔をしたまま固まる。一言も発さないレオンを訝しがって、アンウェイはズイッと近づく。

「……レオン様、どうかされましたか？」

美しく整った顔立ちのアンウェイに至近距離で上目遣いまでされれば、大抵の男性はドキッとするのではないだろうか。もちろん、レオンも例外ではなかった。

「ケイトッ!?　……コホンッ……。すまない。普段とあまりに様子が違うので見惚れてしまった」

冷静さを欠いたレオンは取り繕うのを忘れて、アンウェイを見つめながら思ったままを口にする。

働いている時のアンウェイは、髪をひとつに束ね動きやすい質素な格好をしていた。

だが今日は、ブルーの瞳と同じ色の服を着てリボンをつけている。この服は、アースの町に来た時に、フランがプレゼントしてくれた物であった。フランはずっとアンウェイの侍女をしていただけあり、好みも似合う色やデザインもよく心得ている。

「えっ……!?」

アンウェイは、シュイルツ以外の男性にこのようなことを言われるのも、このような表情をされるのも初めてで、思わず顔を赤らめる。

「……ゴホンッ。本当は店を予約していたが、今日は天気が良いのでピクニックに行くのはどうだろうか？　ケイトも外のほうがリラックス出来て良いのではないかとも思って……」

「お心遣いありがとうございます。ピクニックは気持ちが良さそうですね。楽しみです」

アンウェイは、このような丁寧な扱いを受けるのは久しぶりでドギマギしてしまう。そして王妃であった頃を少し懐かしく感じたのだった。


ふたりはレオンの馬車に乗って、アースの町で一番広い公園にやってきた。

「わぁ……本当に素敵《すてき》なところですね！　とても気持ちが良いです」

心地良い風が吹き、アンウェイは新鮮な空気を肺いっぱいに吸い込んだ。

そして、丘から見えるひまわり畑に心を奪われてしまう。太陽に向かってまっすぐに伸びるひまわりは逞《たくま》しく、その姿に元気が湧いてくる。

「気に入ってくれて良かった。ケイトはまだアースの町に来て間もないし、働いてばかりだろう？ほかにも良いところがたくさんあるからね」

レオンは、本当は「自分が案内したい」と言いたかった。だが、まだ始まったばかりの初デートで警戒心を抱かれてはいけないと思い、口に出すのはやめておく。

しかし、そんなレオンの不安とは裏腹に思いのほか話が弾み、いつしかふたりはすっかり緊張も解けて初デートは順調に進んだ。ただひとつ、アンウェイの体調を除いて。

「最近、来た頃よりも痩せていて気になっていたのだよ。顔色も良くないように感じる……。元々そんなに食が細いのかい？」

まずは食事をしようと、ニコライ伯爵邸のシェフが作ってくれたサンドイッチやポテトなどの軽食が入った弁当を広げていたのだが、アンウェイはあまり食が進まなかった。食べたい気持ちはあるのに、なぜかほとんど食べることが出来ない。

「少し疲れているだけです。まだこの土地での生活に完全に慣れてはおりませんし……。せっかく準備していただいたのにもかかわらず、あまり食べられず申し訳ありません」

「それは良いのだが、一度医者に診てもらってはどうかな？」

レオンは心配そうな表情を浮かべる。

「お気遣いありがとうございます。でも大丈夫ですので。とても美味しかったと、シェフにお伝え下さいませ」

「……でも、顔色もあまり良くない。体調が悪いようなので今日はもう帰ろう。食堂まで送るよ」

「本当に大丈夫ですよ！　少し食欲がないだけですので！」

「だが……」

アンウェイは、せっかく用意してくれた弁当をほとんど食べることが出来なかったうえに、このまますぐに帰るなど申し訳なさ過ぎて必死に否定する。

「レオン様、本当に本当に大丈夫ですので。むしろ気分転換に、素敵《すてき》な公園を散歩したいです！」

アンウェイは明るくそう言って笑顔を見せた。

「本当に大丈夫かい？　……では、少しでも疲れたり気分が悪くなったりしたら、すぐに言うのだよ？」

「はい、わかりました」

昼食をささっと片付け、ふたりで花を見たり池でボートに乗ったりし、公園の中を散歩しながら穏やかな時間を過ごす。

「ケイトは本当に品があるね。貴族の娘と言われても納得が出来るほどだよ」

アンウェイはレオンの言葉にドキッとしたが、咄嗟《とっさ》に誤魔化す。

「……没落貴族の娘なのです。だからかもしれません」

アンウェイは反射的に嘘をついた自分に驚き、自分の選んだ道を再認識する。

（これからも私は嘘を重ねながら生きていくのね……）

少しだけ悲しい気持ちに浸りながら歩いていると、道端に見慣れない小さな花を見つけてしゃがみ込んだ。大きな石の下から茎が伸び、小さい黄色の花が咲いている。力強い雑草の生命力に思わずクスッと笑ってしまった。

「ケイト？」

レオンに呼びかけられたアンウェイは「よしっ」と気合を入れるように、勢い良く立ち上がった。

次の瞬間、目の前が急に真っ暗になった。身体の感覚が鈍り重力を感じず、どちらが地面かもわからない。

「ケイトッッッ!?」

レオンはアンウェイに慌てて駆け寄り抱き止める。

「……すみません、少し目眩《めまい》がしただけです。もう治まったので大丈夫です」

アンウェイの視界が徐々にはっきりしてくると、心配そうに覗き込むレオンの顔が映る。

「いや、だめだ。今から私の屋敷へ来てくれ。医者に診てもらおう」

いつになく厳しい顔で言うレオンに、ただの立ち眩みなのに……と思いつつ、アンウェイは従うしかなかった。


アンウェイはニコライ伯爵邸の客間に通され、白髪が素敵《すてき》な初老医師の診察を受けた。

「診察は終わりました。結果説明にはニコライ伯爵も一緒にとおおせつかっております。とはいえ少々デリケートな内容なので……。ニコライ伯爵を部屋にお通ししてもよろしいでしょうか？」

「……はい。ニコライ伯爵にはお世話になったので、一緒に聞いていただいてかまいません」

「ふむ。私としてもそう言っていただけると助かります」

どうせ不摂生を注意されるのだろうと思い、アンウェイはそう答えた。

医師が声をかけると、扉の前で待っていたのかすぐにレオンが部屋に入ってきて、アンウェイの休んでいるベッド横の椅子に座った。

「で、診察結果はどうだったのだい？」

ケロッとしているアンウェイとは対照的に、レオンは険しい顔をしている。

「……はい。ケイトさん、最後の月経はいつですか？」

医師が表情を一切変えずにあまりに淡々と言うので、アンウェイはすぐには質問の内容が理解出来なかった。

「……えっ？　そういえばしばらく来ていませんが……元々不順なので……」

王妃の頃のひどい月経不順は改善してきてはいるものの、まだ規則的とまではいかない。転居などバタバタしていて気にも留めていなかったが、少なくともアースの町に来てからはまだ一度も月経が来ていないということに、アンウェイは今気付く。

動揺するアンウェイのことは気にも留めず、医師は迷わずにはっきりと診察結果を告げる。

「妊娠しています。今はいわゆる〝つわり〟の状態ですな。貧血もありますし、栄養が足りておりません」

「……えっ？」

アンウェイは頭が真っ白になった。レオンも横で固まっている。

このような内容なら先に言って下さいよと、医師の気の利かなさに突っ込みを入れる余裕もなく、バッと思考を駆け巡らせた。

心当たりは、約三カ月前のシュイルツとの一回のみ。

「あ……あの、何かの間違いではありませんか？」

「いえ、間違いではありません」

即答で断言する医師に、アンウェイは少し怯んだ。

「……私は、前の夫との間には、五年間子どもが出来なかったのです……。あの……その……それなのに……その……いっ……一回で出来るなんてありえるのでしょうか……？」

レオンの前で言い難い内容ではあったが、思い切ってアンウェイは医師に尋ねた。

「そうでしたか……。何年も妊娠しなかった女性が、生活の変化やストレスがなくなった途端に子どもが出来るというのは、普通に考えられる話ですよ。実際にそのような人を何人も知っております。それに不妊の原因が男性側にあった場合、パートナーが変われば当然ありえますしね」

相手は同じシュイルツである。シュイルツはミランダとの間に子どもが出来ているため、不妊の原因は自分にあるとアンウェイは思っていた。

アンウェイが複雑な表情を浮かべているのを見て、医師が再び口を開く。

「……妊娠を希望されていて中々授かることが出来なかった日々は、さぞお辛かったでしょう。今回は本当にタイミングが良かったとしか言いようがないです。とりあえず、滋養強壮の薬草を煎じた茶や栄養たっぷりのスープを飲めるようであればお飲み下さい。無理であれば食べられそうなものを少しずつ召し上がって、ゆっくりと身体を休めて下さい」

アンウェイは医師の言葉に返事が出来ず、ただただ呆然としていた。

妊娠したことと、妊娠が出来る身体であった事実をアンウェイは消化出来ないまま、ただひとつの言葉だけが頭に浮かぶ。

（なんで今更……）

アンウェイは無意識にポロポロと涙を流していた。心の中には複雑な感情が入り乱れている。

（……もっと早く身籠っていれば、シュイルツとずっと一緒にいられたのに。シュイルツを苦しめずに済んだのに。ミランダやミランダの子どもたちを巻き込まずに済んだのに。父親がいないからと、お腹の子どもには寂しい想いをさせてしまうかもしれない……でも……）

アンウェイは単純にうれしかった。愛するシュイルツとの子どもを身籠ったことが、ただただうれしくて仕方がない。

アンウェイの隣で呆然とその様子を眺めていたレオンは、そっとアンウェイにハンカチを差し出す。

「……ケイト、君の夫は数年前に死んだと聞いている。その子どもの父親は誰なんだい？　教えてはもらえないかい？」

ハンカチで涙を拭いながら、はっきりとした声でアンウェイは告げた。

「申し訳ございません、答えたくはありません。……ただ、この町の人ではありませんし、相手に知らせることもありません」

「ひとりで産んで育てると言うのかい？」

「はい」

その言葉は一切の迷いを伴うことなく、アンウェイの口から自然と出てきた。

（この子さえいればもう何もいらない。……私のもとに来てくれてありがとう）

アンウェイは下腹部をそっとなでながら、心の中で話しかけた。まだいる実感もないお腹の中の子が愛おしくて仕方がない。

その後、アンウェイは柔らかく煮込まれた野菜スープをご馳走《ちそう》になって、レオンに送られて食堂に戻ったのだった。


アンウェイの妊娠が発覚してから一カ月以上が経過し、つわりがおさまりしっかりと食べられるようになった。しかし今度は逆に旺盛な食欲に戸惑い、アンウェイは食べ過ぎに気をつけなければならない日々を過ごしている。

レオンはアンウェイの身体を心配し、店に週二〜三回来るようになった。毎回アンウェイの顔色が悪くないことを確認しては、安心して帰っていくのだった。

カスターとモブリン、そしてフランにどのタイミングで、どのように伝えようかと悩んでいた頃、アンウェイはレオンにお茶に誘われた。どうやらカスターとモブリンには伝えていたようで、アンウェイは昼勤務を十四時きっかりに上がらされ、仕込みの準備も必要ないと言われ、追い出されるように出かける。

九月の始め。残暑がまだまだ厳しい中、アンウェイはニコライ伯爵邸の風通しの良い部屋で、お茶をご馳走《ちそう》になった。

そして『使い古しだがまだ綺麗で捨てるのはもったいないからもらってくれ』と、秋頃から重宝しそうなブランケットももらった。どう見ても使い古しではなかったが、アンウェイが受け取りやすいように包装はされておらず、その配慮をありがたく思い何も言わずに受け取った。

そんなレオンの心遣いに、アンウェイは心から感謝していた。

なんと言っても、今周りでアンウェイの妊娠を知っているのはレオンだけなのだ。たったひとりだけでも、妊娠を知っていて気にかけてくれる人の存在は心強く、アンウェイの心を軽くしてくれた。

「レオン様、いつも気にかけて下さって本当にありがとうございます」

アンウェイの言葉にレオンは微笑んだ。

「最近は顔色が良いね」

「はい。すっかり食べられるようになりました。むしろ今は食欲がありすぎて困るほどです」

アンウェイも微笑み返す。

「そうか、それは良かった」

レオンはそう言ってティーカップを置くと、急に真面目《まじめ》な表情でアンウェイを見た。

「今日は休憩時間にわざわざ来てくれてありがとう。早速、本題に入らせてもらっても良いかな？」

「はい……」

レオンの緊張が伝わってきて、アンウェイもティーカップを置いて身構えた。

「ケイト、私と結婚してはくれないかい？」

あまりに自然にレオンが言うので、アンウェイは何を言われたのか、すぐに理解出来なかった。

「気付いているとは思うが、私はケイトに好意を抱いている。恥ずかしながら、初めてあの食堂でケイトを見た時に一目惚れしてしまったのだよ……」

固まっているアンウェイをよそに、レオンは恥じらいを見せながらも続けた。

「私は妻が亡くなって三年になる。ケイトも配偶者を亡くしていると聞いて親近感を覚えたのもある。領主として新しい住民を気にかけていたのもある。まだ短い期間だが、ケイトのことを知れば知るほど、これからも一緒に生きていくことが出来たらどんなに良いか……そう思うのだ」

レオンは、真っ赤な顔でアンウェイをまっすぐに見つめながら、はっきりとした言葉で続けた。

「私は子どもが好きだ。弟の息子に家を継いでもらうことも出来るから、跡取りを気にする必要はない。……ケイトのお腹の子を、私との子として、一緒に育てていかないか？」

青天の霹靂とは、正にこのようなことを言うのではないだろうか。

まだアンウェイがレオンと知り合って日は浅いが、今までのやり取りや町の人たちの反応を見ていれば、レオンが信頼出来る人物であることは明らかである。

確かに、以前はレオンからの好意を感じてはいた。しかしそれは、妊娠が発覚した時に終わったと思っていたのだ。

（最近のレオン様の優しさは、彼の人として、領主としての思いやりだと思っていたのに……）

違う男の子どもを身籠っている女を妻に迎えようだなんて、誰が考えるだろうか。そんなのお人よしも良いところだ。それに実際、ただのお人よしではすまされない。

「……今はそう思っていても、この子が産まれてから実際にどう思うのかは分かりません。産まれてすぐは可愛く思えても、成長するにつれて愛おしく思えなくなったり、レオン様に似ていないことが気になるなどして、結婚を後悔する日が来るかもしれません……」

アンウェイは、膝に置いてある自分の手を見ながら一気に捲し立てた。

「……確かにその通りだね。けれど、どれもその時になってみないとわからないことだよ。確かにそのように思うかもしれない。しかし、思わないかもしれない。〝かもしれない〟に囚われて、私は後悔したくはない」

アンウェイはレオンの強い決意を感じ、思わず顔を上げた。

きっとレオンは、アンウェイの妊娠を知りショックを受けたであろう。たくさん悩んだであろう。それでもアンウェイの目の前には、いつもの穏やかな、ホッと安心させてくれるような微笑みを浮かべるレオンがいる。

「妻が他界したあと、私はひとりで生きていくと覚悟した。そんな私に、神様は出会いを与えて下さったのだ。こんなにも素敵《すてき》な女性とその子どもと一緒に過ごせるなら、これ以上幸運なことはないよ」

迷いを一切感じないレオンの物言いと表情は、アンウェイの心の奥底にとても響く。

シュイルツと会ってすぐにアースの町に来たため、誤差は数日だ。アースの町に来てすぐに実は恋仲になっていた……ということにすれば、案外不審がられないかもしれない。それに、最近のグリーンヒル王国で授かり婚は珍しくはない。

「……即決出来ることではありません。時間を下さい。……レオン様も、今一度よくお考え下さいませ」

レオンのまっすぐな瞳を直視出来ず、アンウェイは再び下を向いて言う。

(すぐに断るべきなのに……)

理性ではそうわかってはいたが、本能がそれを拒否する。アンウェイは、思ってもいなかった甘い選択肢を提示され、その希望を今はまだ捨てたくはなかった。

「そうしよう。ゆっくり考えてみてくれ」

耳に入ってきたレオンの優しい声に罪悪感を抱きつつも、孤独なアンウェイは、自分に向けられた好意に胸の奥底が温かくなるのを感じるのだった。

アンウェイは、生まれて初めてされたプロポーズだった。

シュイルツとは、前国王陛下の急逝とアンウェイの両親の死が重なった、バタバタの婚姻だった。そもそも幼い頃から婚約していたため、改めてのプロポーズといった類《たぐい》のものはなかったのだ。

初めてのプロポーズは、むず痒いようななんとも言えない気持ちであったが、女として素直にうれしかった。

そんなプロポーズから一カ月が経とうとしている。

レオンはその間も今までと変わらない頻度で来店し、アンウェイの健康確認と他愛もない話をしていつも笑顔で帰っていった。

食堂の昼営業後の休憩時間。最近体調の落ち着いているアンウェイは、天気の良い日は運動と気分転換を兼ねて、近くの公園を散歩するようにしている。今日も散歩をしているアンウェイの頭を占めている問題はただひとつ、このお腹の子にとって何が最善かということ。

住み込みで働いているため、実際に貰う賃金は少ない。出産後など働くことが出来ない期間もある。

（そもそも子どもを置かせてもらって出勤出来るのかしら？　もし子どもをおぶって働くなら腰が据わってからにしたいけれど、そうすると何カ月も働けなくなってしまうわ。きっと優しいカスターとモブリンなら、突然追い出したりはしないと思う……でも、迷惑をかけるのは間違いないわ……）

アンウェイはひとりで悩み続ける。

現状、きちんとした教育を受けさせるのは難しいだろう。もちろん教育がすべてではない。だが、公に認識されないとしても国王シュイルツの子どもであることは事実で、出来ればある程度の教養は身に付けさせたいと思う。

(レオン様と結婚すれば、この子は……)

お腹の子にとって何が最善かを考えれば考えるほど、レオンとの結婚はメリットだらけである。

しかし、やはりリスクもある。

伯爵家に嫁ぐということは、前王妃を知っている人と顔を合わせる機会が当然あるのだ。しかし、誰も死んだ王妃がここにいるとは思わないだろうから、なんとかなるだろう。

もしかするとシュイルツに知られる可能性もあるが、彼は既にアンウェイが生きていることを知っている。子どもが彼の子どもであることさえ知られなければ、これもまたなんとかなる気がした。

「はぁ……」

アンウェイはため息をつく。

(とっても楽観的な思考ね、私らしくない。……それでもそう考えてしまうのは、きっとレオン様の申し出を……)

だが、アンウェイにだって罪悪感はある。

(レオン様に甘えても良いの？　レオン様を巻き込んでも良いの？　すべてを晒け出さず、嘘をついたまま結婚をするの？　あんな自殺騒動まで起こしてシュイルツを傷つけた私が、ケイトとして幸せになっても良いの……？)

この一カ月間、堂々巡りでそのようなことばかり考えていた。

その時、アンウェイの視界に池が入った。太陽の光が反射しキラキラと輝く池の水面を見て、初めてレオンと出かけた時に乗った公園のボートを思い出す。レオンとふたりだけの空間は、意外と心地良かった。

アンウェイはふと、レオンとの結婚生活を思い描いてみる。

(以前は王妃として生きてきたのだから、伯爵夫人になるのに不安はないわ。レオン様ともうまくやれそうな気がする。レオン様と子どもとの三人家族……)

アンウェイは驚いた。幸せそうな三人の姿が簡単に想像出来たのだ。


翌日。アンウェイは食堂へ昼食に来ていたレオンを見送る直前、声をかけた。

「レオン様、……近いうちにお時間を作ってはいただけませんか?」

レオンは一瞬身体を強張《こわば》らせた。

「……結論が出たのだね。それでは、今夜はどうだろうか? ケイトの身体を思うと屋敷まで来てもらうのは申し訳ないから、馬車でここへ来る。その中で少し話をしよう」

「はい、結構です。ご配慮いただき感謝します」

アンウェイの表情は硬いままで、まるで業務連絡を交わしているようだ。

「では午後九時頃に会おう。夜は少し冷えるから、暖かくしておくのだよ」

レオンはいつもの優しい笑顔で、いつも通り気遣うことも忘れなかった。

夜の営業を終えたアンウェイは自室で石を眺めていた。

〝ずっと一緒　シュイルツ&アンウェイ〟

幼いシュイルツの文字を見ながら、レオンに『〝かもしれない〟に囚われて後悔したくない』と言われたことを思い出す。その言葉にアンウェイはドキッとした。今まで逃げてばかりいたことを指摘された気がしたのだ。

シュイルツとの思い出の石を一度力強く握り締めたあと、机の上に置く。そして、時刻は既に約束の九時まであと五分となっていることに気付き、慌てて表に出た。

十月に入り朝晩は少し冷え出し、店の表に出たアンウェイはひとつ身震いする。三日月と星が輝く空を見上げながら、はぁ……とアンウェイは手先に息を吐き出す。息はまだ色づくことはなかったが、ふと、幼い頃にシュイルツと、どちらが大きな白い息を吐けるか競争した日を思い出した。

(小さい頃は、たったそれだけで楽しかった。……幸せだったわね)

そのようなことを考えていると、レオンの馬車がアンウェイの目の前に到着した。

外で薄着で待っていたアンウェイは、すぐに馬車の中に入るように促される。そして、レオンが用意してくれていたブランケットで上半身をぐるぐる巻きにされた。

あまりにもあっという間の出来事に、アンウェイは思わず笑ってしまう。

食堂の少し先の広い道に馬車が移動したあと、レオンはとても緊張した面持ちでアンウェイに尋ねる。

「さあ、結論を聞かせてくれるかい？」

「はい。レオン様、返事をお待たせして申し訳ありません。返事をする前に、二点確認させて下さい」

アンウェイもレオンに負けじと緊張した表情である。

「わかった」

「私の両親は没落貴族だと言いましたが、両親は駆け落ちで結婚したのです。そのため親族もまったくおりませんし、私は家族登録をしておらず身分もありません。伯爵家ともなると、身分の差について問題はないのでしょうか？」

レオンのことだから、きちんと考えてプロポーズしてくれていると思ってはいるが、念のために確認しておきたかった。

そもそも、ここグリーンヒル王国では爵位を持つ者は必ず家族登録をする。家族登録をしない町民は領主が把握しており、毎年最新の世帯数や年間の死者数・出生数・移民数などを報告していた。

また、婚姻報告は公爵のみ国王へ直接挨拶に行かなければならないが、侯爵と伯爵は手紙で、子爵と男爵は家族登録だけで良い。家族登録内容に変更が生じた際には、国王へ報告がいくようになっている。

アンウェイはひとりで生きていくと思っていたため、逃亡後の身分などまったく考えてはいなかった。そのため、急遽新たな嘘を考えることとなってしまったのだった。

「私の親族はもう弟しかいない。弟は私をとても心配してくれていてね。私が選んだ人なら誰でも良いと言ってくれている。だから心配は必要ないよ」

レオンはにっこりと微笑みながら言った。アンウェイはレオンをまっすぐに見て、さらに質問を重ねる。

「それではもう一点、確認をさせて下さい。レオン様はこの一カ月で、お気持ちに変化はありましたか？」

「なかったよ。いや、より想いが強くなった」

はっきりとレオンは答えた。その声や眼差しから、迷いが一切生じていないことを確信し、アンウェイは覚悟を決める。

「レオン様、プロポーズをお受けさせていただきます」

アンウェイは、ぐるぐる巻きにされたブランケットの中で背筋を伸ばして言った。レオンは一瞬固まったあと、意味を理解して一気に顔を赤らめる。

「えっ……本当に⁉　本当に私と結婚してくれるのか⁉」

レオンが取り乱すところを初めて見て、アンウェイは思わず笑う。

「ふふっ……はい。ただし、ひとつお願いがございます。私が条件を出すなど、おこがましいのですが……」

「願いとは何だい？　言ってみてくれ」

レオンはハッと自分を取り戻し姿勢を正す。アンウェイは申し訳なさそうに口を開く。

「このお腹の子のことです。父親の詮索はしないでいただきたいのです」

「……わかった。約束しよう」

レオンは一瞬の間《ま》のあと、覚悟を決めた表情を浮かべる。そしてブランケットの中からアンウェイの手を取り、その甲へ唇を寄せて言った。

「三人で幸せになろう」

その言葉は、今のアンウェイにとって何よりもうれしいものであった。本当は不安もある。しかしそれ以上に自分の中の願望を確信する。

(アンウェイを殺してケイトとなった今、自分の思う道を前へ進み続けるしかないわ。後悔はしたくない)

レオンとお腹の子と三人で幸せになる未来を願って、この道に賭けてみようと決めたのだった。


町中の木々が赤く色づいた十一月。ふたりは籍だけ入れ結婚し、ケイトはニコライ伯爵夫人となった。

婚姻を報告する手紙を国王に送ったが、祝辞の返信があっただけだった。

一応シュイルツに報告が入っただろうが、町娘出身の妻の名前など気にも留めなかったのだろう。

その手紙は最後のサインのみシュイルツの文字で、返信の内容は執事のリスターあたりが代筆したと思われる。

もちろん気付かれずに済んで良かったが、やや拍子抜けしたのだった。

そして、アンウェイがアースの町に来てすぐからレオンと密かに愛を育んでいて、お腹の子はふたりの子どもだということになっている。

モブリンとカスターは働き手がいなくなるにもかかわらず、本当に喜んでアンウェイを送り出してくれた。フランもまた心から喜んでくれ、妊娠を知らせた時にはあまりのうれしさから泣き喚いて大変だったものだ。

町人はレオンが前妻との死別に悲しんでいた日々を知っているため、皆に慕われているレオンは、町中からの祝福を受けた。

結婚後は久しぶりの屋敷での生活だったが、アンウェイはすぐに馴染めた。急に身分が上がったのにもかかわらず自然で慣れた振る舞いのケイトに、レオンは首をかしげる。

(以前、没落貴族の娘だと言っていた。ご両親は駆け落ちでの結婚と言っていたが、侍女のいる暮らしでもしていたのだろうか？　……いや、詮索する必要などないな、ケイトが屋敷に馴染めているのは良いことだ)

レオンはアンウェイの生い立ちを詮索しかけるがすぐに止めた。彼女がそばにいる、ただそれだけで十分だからだ。

アンウェイの腹部もどんどん大きくなっていく中、ふたりは穏やかな新婚生活を送ったのだった。

そして冬本番の一月。

雪がはらはらと舞う日に、アンウェイは元気な男児を出産し、〝ディアン〟と名付けた。

ディアンが産まれた瞬間、男児であることにアンウェイは落胆した。

もし現在の王太子に何かあった場合、アンウェイの産んだ子どもが血筋上は第一王位継承者になってしまうからだ。勿論シュイルツに事実が知られてしまった場合のことだが、知られる可能性は決してゼロではない。

つまり、ディアンの存在を知られた場合、奪われる可能性があるということだ。

(絶対にディアンの存在を知られてはならない)

アンウェイはディアンを産んだその日、改めて心に強く誓ったのだった。

第四章　怪しい雲行き

ディアンはすくすくと育ち三歳となった。

アンウェイとレオンは金髪だが、ディアンの髪色は真っ黒であった。黒髪にグリーンの瞳という、シュイルツの特徴をそのまま受け継いでしまっている。周りの人たちには、亡くなったアンウェイの父親によく似ていると伝えており、今のところ問題は生じていない。

しかし、アンウェイはディアンの成長が怖かった。今はまだあどけない子どもでそれほどまでは目立たないが、成長とともに確実にシュイルツの特徴が現れ始めている。それでもレオンは、ディアンを実の子のように本当に可愛がってくれていた。

アンウェイは一度だけ、ふたりの子どもを持つことにチャレンジしてみるかどうか、レオンに尋ねたことがある。もちろん、不妊の過去と試みても授かれるかはわからないとは再度伝えて。

『そのようなことを考える必要はないよ。以前は子どもが出来なくて辛い想いをしたのだろう？ディアンがふたりの子どもだよ』

レオンはそう言って、ふたりの子どもを持つことを希望しなかった。このようなこともあり、ふたりの間に夫婦の営みはいまだにない。

本当に現状のままで良いのだろうか？　と疑問を持ちつつも、アンウェイはこの関係をとても心地良く感じていた。アンウェイとレオンは、ただただ穏やかにふたりでディアンを育て、周囲からは仲の良い素敵《すてき》な家族に見られている。


穏やかな日常に波風が起きたのは、ある雨の日だった。

国境視察の帰りに豪雨に見舞われた、シュイルツの側近であるオリオン騎士団長一行がアースの町で一泊することになったのだ。全員分の部屋が足りずに困った宿主がレオンに相談をしたところ、自分の屋敷への宿泊を提案したらしい。

急な来客、しかも一行の中でも地位の高い三人が泊まるということで、アンウェイの指示のもとバタバタと準備を進めていく。オリオンを含めた三人ともアンウェイの顔を知っているため、すべての準備が整うと、アンウェイは体調が悪いと言ってディアンを連れて自室へ籠ったのだった。

「ただいま戻った。客人をお連れした」

約一時間後にレオンの声が聞こえ、アンウェイは横で眠っているディアンからそっと離れ、ドアのほうへ行き聞き耳を立てた。

「ケイトは？」

「奥様は体調が優れず、部屋で休まれていています。坊ちゃんも一緒です」

「そうか。……珍しいな」

執事の返答を聞いたレオンは心配そうに呟く。アンウェイは申し訳なく思った。

「伯爵夫人が体調の悪い時にお邪魔して申し訳ありません」

この声の主がオリオンだと、アンウェイにはすぐにわかった。

「いいえ、かまいません。こちらこそ妻が挨拶出来ずに申し訳ございません。豪雨でお疲れでしょう。今晩はゆっくりお休み下さいませ」

「ありがとうございます。……ちなみに伯爵夫人は、ケイト様とおっしゃるのですか？」

再びオリオンの声がする。アンウェイはその質問にドキッとした。

「はい、そうですが……」

「もしかして、髪色は黒ですか？」

「いいえ、違いますが……」

「そうですか。以前にケイトという名の女性を捜したことがありまして。人違いだったようです。不躾《ぶしつけ》に申し訳ございませんでした」

その後、すぐにオリオンたちの足音が遠のいていく。

アンウェイは心臓がバクバクして嫌な汗をかいていた。さっきの話から推測すると、キラの町から姿を消したあと、シュイルツに命じられてオリオンはケイトを捜したのだろう。

ディアンの髪色を考えると黒髪のままにしておけばよかったと後悔もしたが、金髪に戻しておいて良かったと胸を撫でおろす。ただ、これでシュイルツだけではなくオリオンも、アンウェイが生きているると知っていることがわかった。

「絶対に顔を合わせないようにしないと……」

アンウェイはそう呟き、ディアンの顔を見にベッドへ戻る。気持ち良さそうなディアンの寝顔に自然と顔がほころんだ。そして、そのまま一緒に眠ったのだった。

翌朝。アンウェイは、今朝も体調が優れないから横になっておきたいとレオンに伝える。

「ごめんなさい。本来なら妻として挨拶をするべきなのに……」

「宿泊準備の指示をばっちりしてくれたではないか。十分だよ。それよりも医者を呼ぼう」

「いいえ、横になっていれば治ると思います」

心配そうな表情を浮かべるレオンに、アンウェイは申し訳なく思いながらも小さい嘘を重ねる。

「本当かい？　では、昼になっても良くならないようなら医者を呼ぶこと。約束だよ？」

アンウェイは、自分を心配してくれる存在に心が温かくなる。

「わかりました。ディアン、ママはもう少し休むからそばにいて？　ディアンがそばにいてくれたほうが、早く良くなると思うの」

「うん！」

レオンと一緒に心配そうにアンウェイを覗き込んでいたディアンは、元気良く答える。そしてすぐにアンウェイのベッドの横でひとり遊びを始めた。

レオンはそんなふたりの様子を見て微笑んだあと、オリオンたちとの朝食の席へ行ったのだった。

それから約一時間後。

「ニコライ伯爵、とても快適に過ごすことが出来ました。心より感謝申し上げます。大変お世話になりました。夫人にもよろしくお伝え下さい」

「お役に立てて何よりです。道中お気をつけ下さいませ」

オリオンとレオンが深々と頭を下げている中、静寂をやぶる声が響き渡る。

「だーーー！」

なんとディアンが、屋敷の者たちの間をつたない足取りで走り抜け、オリオンにダイブしたのだ。

「こら、ディアン!!」

「たかーい、たかーいしてー」

ディアンの耳にレオンの声は届いていない。初めて見る騎士の格好に興味深々で、目をキラキラさせながらオリオンを見上げた。

「こら、ディアン！　パパがしてあげるから！」

レオンは慌てて駆け寄り、ディアンをオリオンから引き離そうとする。

「いえ、いいですよ。王太子や王女にもよくしていましたから。ほら、高い高い！」

ディアンはオリオンの頭上高くにぶんっと舞い上がった。レオンよりも十センチメートル以上身長が高く、いつも鍛えているオリオンの力強い高い高いに、ディアンはとてもうれしそうにキャッキャッと声をあげる。

「あーと」

そのまましばらくオリオンに遊んでもらったディアンは、満面の笑みを浮かべて礼を言う。キラキラの瞳で見つめられたオリオンは身体をかがめて、ディアンの視線に合わせ笑顔で返した。

「どういたしまして」

次の瞬間、オリオンはディアンの両肩をいきなり掴み、顔をマジマジと見つめた。そして、必死に冷静を装いながら尋ねる。

「……ニコライ伯爵の御子息はおいくつですか？」

「えっ、……三歳ですが……」

「失礼なことを伺います。御子息は、伯爵と本当に血の繋がったお子様ですか？」

レオンは一瞬目を見開いたが、オリオンに負けじと冷静を装って答えた。

「はい、そうです」

「……なるほど。奥様にお会いすることは、本日は困難でしょうか？」

腑に落ちないような態度で急に妻のことを尋ねるオリオンに、レオンは顔を引きつらせる。

「体調を崩すのは珍しく、出来れば休ませてやりたいのですが……何か御用でしょうか？」

「……そうですか。……いえ、昨日に引き続き不躾《ぶしつけ》に失礼いたしました。では、今度こそ失礼いたします」

そうしてオリオンは、顔を曇らせたまま部下のふたりを連れ屋敷を去った。レオンもまた浮かない表情で彼らを見送ったあと、アンウェイが休んでいる部屋へディアンを連れていく。

いつの間にかうたた寝をしていたアンウェイは、扉の開く音で目覚め、レオンと一緒に入ってきたディアンを見て驚く。

「ケイト、ディアンがオリオン騎士団長に突撃したよ。それから、遊んでもらってとてもご満悦だ」

「まぁ……ディアンはなんてことを……。オ、オリオン騎士団長たちは、何かおっしゃっていましたか？」

冗談交じりのレオンの報告にアンウェイは目を見開く。オリオンたちに気付かれなかったかと内心はハラハラしていた。

「……いいや、特に何も言ってはいなかったよ。礼を述べて帰られた」

レオンは、何か言いたげな顔でアンウェイをじっと見つめたまま答える。

「……そうですか……」

明らかにホッとしている様子のアンウェイに、レオンは何も言えなかった。髪色について聞かれ、ディアンとの血の繋がりを疑われ、そしてオリオンが会いたがったということを……

オリオン一行の宿泊から二週間が経ち、アンウェイたちは変わりなく穏やかに過ごしていた。

「少しフランのところに行ってくるわ。今、つわりで体調が悪いようだから、果物《くだもの》の差し入れをしてくるわね。その間、ディアンを見ていてくれる？」

アンウェイは出かける支度をしながら侍女へ伝えた。

「はい、かしこまりました。それでは奥様は他の侍女をお連れ下さいませ」

侍女は笑顔でそう言って、他の侍女を呼びに退室しようとする。

「私はひとりで大丈夫よ、フランの家までここから五分もかからない距離ですもの。それに今は皆、午前の集会の片付けと昼食準備が重なって忙しい時間帯でしょう？　ディアンが寝ている間に行かないと連れていけって駄々をこねるから、今のうちにさっさと出かけるわね」

アンウェイは、ベッドの上で天使の寝顔を浮かべるディアンを見て微笑んだ。

「そうですか……。では、気をつけてお出かけ下さいませ。もし一時間経っても戻られないようでしたら、フラン様の家まで迎えに参りますね？」

「もう、心配症ね。わかったわ。道草せずに、用を済ませたらさっさと帰ってくるわね」

アンウェイは苦笑いを浮かべながら返事をし、すぐに出かけたのだった。


「ああ〜、たまにはひとりが良いわね」

侍女の心配をよそに、アンウェイは快晴の空を見上げて呟いた。伯爵夫人となった今ではひとりで出かけるのは珍しく、清々《すがすが》しい気持ちで身重のフランの家へ向かった。

「フラン、つわりはどう?」

「アンウェ……ケイト様! また来て下さったのですか? 気にかけていただきありがとうございます」

重そうにのっそりと扉を開けたフランは、アンウェイを見て笑顔になる。

先週は吐いてばかりで常に袋を持っていたフランだったが、今日は袋を手にしていない。顔色も先週よりは少し良いようで、少しずつだがつわりが軽くなってきているようだった。つわりは病気ではないが本当に辛いと知るアンウェイは、そんな彼女の様子を見てホッとする。

「今まで散々お世話になったフランに、少しでも恩返しがしたいのよ」

フランはアンウェイの言葉に涙を浮かべる。元々感激屋だが、妊娠に伴うホルモンバランスの変化で、さらに涙もろくなっているのだ。

(……フランには本当にたくさんの迷惑をかけたし、精神的にも支えてもらった。今の幸せがあるのはフランのおかげと言っても過言ではないわ)

今にも泣きそうなフランを見ながら、アンウェイは心の中でそう呟いた。それからふたりはしばしおしゃべりをして楽しいひと時を過ごす。

フランの調子が良さそうなのでついゆっくりしてしまったが、アンウェイは侍女の言葉を思い出した。

「あら、もうこんな時間! そろそろ帰るわ。昼食時に来て悪かったわね。食べられる時に、無理をせずに少しでも食べてね」

「はい、ありがとうございます。……ケイト様の妊娠と結婚には驚きましたが、今、本当に幸せそうで何よりです。本当によかった……。グスッ……」

帰り支度をしているアンウェイを見ながら、フランは再び涙ぐむ。

「もう、フランはすぐに泣くのだから！」

いつまでも見守ってくれているフランには本当に感謝しかないと、アンウェイはひしひしと感じている。以前、彼女にはディアンの本当の父親のことを話したが、それからは一度もそのことには触れず、レオンの子どもとして扱ってくれている。

しかし、フランがディアンを見る度に、微《かす》かに複雑な表情を浮かべることに気付いてもいた。何も言わないが彼女もアンウェイと同じで、ディアンがシュイルツにどんどん似てきていることが気になっているのだろう。

「ではフラン、帰るわね。身体を大事にしてね。ディアンの遊び相手が出来るのを楽しみにしているわ」

アンウェイはフランを元気づけるように、明るく言う。

「はい、ありがとうございます。お送りすることが出来ず申し訳ありません。ここで失礼します。お気をつけてお帰り下さいませ」

来た時よりも良い顔をしているフランにホッとし、アンウェイは良い気分で帰路についた。

しかし、フランの家を出てすぐの角を曲がったところで不意に呼び止められる。

「ニコライ伯爵夫人」

「はい？」

振り返るとそこには、オリオンが立っていた。

「お久しぶりです。やはり、アンウェイ様がニコライ伯爵夫人だったのですね」

――ゴクッ。

思わずアンウェイは唾を飲み込む。予期せぬ登場に驚き固まってしまう。

「御子息にお会いしてからずっと気になっていて、家族登録を確認させていただきました。婚姻に伴いケイト夫人は初めて家族登録に名前があがっており、他の親族は誰もいない。婚姻はケイトがキラの町から行方を眩ませた七カ月後。そして、何よりも御子息のあの容姿。その年齢からも計算が合います」

アンウェイに何も口を挟ませない勢いで、オリオンは一気に話す。

「ある程度の確信は得ていますが、ニコライ伯爵夫人に直接お会いして百パーセントの確信を得るため、本日はやって参りました」

「……」

何も言わない……いや、言えないアンウェイを見て、オリオンは真顔で続けた。

「ご安心下さい。陛下へはまだ報告はしておりません」

「……」

アンウェイにとって、この場所が奥まった滅多に人が通らないところという事実だけが、唯一の救いだった。屋敷や店、はたまたフランの家などでなくてよかったと、なぜか頭は妙に冷静である。

「早速ですが、御子息は国王陛下との間に出来たお子様で間違いありませんね？」

（ついにこの時が来てしまった……）

アンウェイは目の前が真っ暗になるのを感じた。そして絶望を感じながらも、最後の悪あがきを試みる。

「……違います。私とニコライ伯爵の子どもです」

オリオンを睨みつけながら告げるが、オリオンは怯むことなく話し出す。

「あまり知られてはいませんが、あのグリーンの瞳は国王の家系以外では確認されておりません。それにあの黒髪……お顔立ち……国王陛下の幼い頃によく似ておられます。そしてキラの町へ国王陛下がひとりで外出されたあの夜、ふたりで数時間を共に過ごされたことも知っております」

なおも睨み続けるアンウェイから目を逸らさずに、オリオンは話す。アンウェイはその淀みのない言葉と眼差しに、誤魔化せないと悟った。

その瞬間、アンウェイの頭の中で幸せな日々が音を立てて崩れていく。

（ああ、今の幸せが……）

一瞬頭の中が真っ白になるが、すぐにディアンとレオンの笑顔が脳裏に浮かんだ。

(ふたりを傷つけたくない……私たちは三人で本当の家族なのよ……！　お互いを思いやり合う気持ちも、慈《いつく》しみ合う気持ちも、絆もある！　不安定な関係だからこそ、大切に今の幸せを築き上げて来たのよ！)

アンウェイは、オリオンから意地でも目を逸らさない。

「……ニコライ伯爵は私の素性《すじょう》も、ディアンが誰との子なのかも知りません。周りの人は皆、ニコライ伯爵と私の子だと信じております。……どうか、そっとしておいてはもらえませんか？　私を見つけたこともディアンのことも、このまま国王陛下へ報告しないでいただけませんか？」

アンウェイは、本当は泣いて縋《すが》りたい気分であった。

それでも、オリオンの目をまっすぐに見て言った。元王妃として、ディアンの母として、毅然とした態度でいたかったのだ。

そこで初めて、オリオンはアンウェイから目を逸らした。

「……私は国王陛下に仕《つか》える身です」

「わかっております。国王陛下に仕《つか》える側近としてのあなたも、陛下の一番の友人であるあなたも」

オリオンは一瞬空を見上げ、太陽の光が眩しくて眼を閉じた。そして再び目を開けて、アンウェイを見る。

「……ずるい言い方ですね、アンウェイ様」

「……ごめんなさい」

「四年前、食堂の店主から教えてもらった転居先の町とその付近の町を捜しましたが、ケイトは見つかりませんでした。しかし、陛下はそれ以上の捜索を命じませんでした。そもそもアンウェイ様を見つけたところで、ミランダ様と離縁して城に呼び戻せば良いなんて単純な話ではありません。それなら『ケイトとして幸せに生きてほしい。きっとまた必ず会える』そうおっしゃっていました」

「……っ！」

オリオンはアンウェイの瞳が揺れたのを見逃さなかった。そして複雑な表情で淡々と言葉を紡ぐ。

「ケイトが姿を消した当初、陛下はとても気落ちされていました。しかし、アンウェイ様が生きているという事実は陛下の心の支えになっています。……周りの意見を無視して、新たな子は作ろうともされておりませんが、王太子殿下と王女殿下もすくすくと元気に成長し、ミランダ様も立派に王妃としての務めを果たされております。つまり現在、特に問題はございません」

「……それはよかったです」

アンウェイはその言葉を聞き安心した顔をする。同時に芽生えた、少し寂しいような複雑な気持ちには気付かないフリをして……

オリオンは、自分を見続けるアンウェイの切実な瞳を見ながら続ける。

「アンウェイ様が生きていると知っているのは、陛下以外には私のみです。……陛下の側近としても友人としても、このことは私の心の内に今のところは留めます」

「……あいかわらずですね。オリオン騎士団長、ありがとうございます」

アンウェイは安堵のため息をつく。もちろん側近としては間違った決断であると、ふたりともわかっている。しかし、オリオンが昔からシュイルツの幸せを願っていることもまた、アンウェイはよく知っていた。それが彼への信頼にも繋がっている。

「アンウェイ様もあいかわらずです。まさかケイトとして新しい人生を生きていたり、伯爵夫人としてまた貴族社会に戻って来られたりするなんて……。本当に驚かされてばかりです」

「ふふっ。自分でも自分に驚いています」

アンウェイの笑顔にオリオンも微笑み返す。

「……陛下との子を、ご出産されたのですね……。心より、おめでとうございます」

「……ええ、ありがとうございます」

オリオンの感慨深い目に、アンウェイも過去を懐かしむ。苦しんでいた過去を知っているオリオンからの祝福は、素直にうれしかった。

ふたりの間に少し和やかな空気が流れた時、通りの向こうから大声が聞こえてきた。

「奥様!!」

侍女が迎えに来たのを見て、オリオンはアンウェイに別れの挨拶をした。

「では、本日はこれにて失礼します。急な訪問で驚かせてしまい申し訳ありませんでした。どうかお元気で。今後、また訪問をしなければならない事態が起こらないよう、心より祈っております」

オリオンは最後にそう言い残し、キリッとした表情で一礼をしてから立ち去った。

「奥様、今の方は先月宿泊された……」

「ええ、偶然会って、この間のお礼を言って下さったの」

「そうだったのですね。ディアン坊ちゃんがお目覚めです。さあ、帰りましょう」

アンウェイはなんでもないようにさらりと言うと、侍女は何も疑わず笑みを返した。

アンウェイは屋敷へ戻りながら、オリオンの最後の言葉を思い返していた。

――また訪問しなければならない事態。

つまりそれは、ディアンが国王の子であるとシュイルツに知られた時、または、跡取りが必要となった時だ。

第五章　真実が明らかになる時

オリオンの訪問から三年の月日が経った。

あの日以降、嘘のように何もなく、アンウェイたちは穏やかな日々を過ごしていた。ディアンはすくすくと育ち六歳になり、本格的に教育が始まった。

しかし始まってすぐの四月、原因不明の感染症がグリーンヒル王国で猛威を奮い始める。

「このアースの町にも、ついに流行病の患者が出た。発熱と嘔吐と下痢、全身の発疹がよくある症状とのことだ。悪化すると死に至り、薬はまだない。各自気をつけて行動するように」

「はい!!」

珍しく厳しい表情を浮かべるレオンの呼びかけに、屋敷の人々が威勢良く返事する。その様子を見ながらアンウェイは考えていた。

(気をつけろと言われても、何に気をつけたら良いか皆わからないはずだわ。感染経路が不明で飛沫、空気、接触、血液感染のすべてに注意しなければならないし……)

普段アンウェイは、ディアンのこと以外でレオンに意見はしない。

だが今回は、王妃教育の課程で流行病について勉強していたため、黙って見ていられなかった。

そこでアンウェイは、レオンとふたりきりのタイミングで申し出る。

「レオン様……実は、私は少し流行病に対する知識があるのです。もしよろしければ、私にも対策について考えさせて下さいませんか？」

「そうなのかい!? それは助かるよ。ぜひともお願いするよ」

レオンは目を見開き一瞬驚くが、すぐに笑顔で快諾する。

「よかったです！　実は、感染対策案を考えてみたのです。いかがでしょうか？　まず――」

すんなり受け入れられてホッとしたアンウェイは、具体的に対策案を提示した。

「なるほど、これなら町の皆も実行しやすいはず……！　紙に箇条書きにして、アースの町の全世帯に配布しよう。それから指導要員なるものを決めて、店主と各家庭に直接指導して回ろう」

レオンは善は急げとばかりに行動に移そうとする。しかしすぐに、アンウェイの言葉が飛んで来た。

「……大勢で回っては、そこで感染が拡大してしまう恐れがあります。とはいえ初めての事態なので、配られた紙を見るだけではわからない方も多いでしょう。とにかく皆で協力して徹底するのが大切なので、訪問指導は少人数かつ分担制で、そして指導要員が感染源にならないよう感染対策を徹底しながら回っていただくというのはどうでしょうか？」

アンウェイはレオンを冷静に鎮める。

「そうだな……本当に、ケイトには驚かされるよ」

レオンはそう言って微笑み、すぐに準備に取りかかる。妻の意見を抵抗なく受け入れ、速やかに行動に移したレオンの柔軟さに、アンウェイは自然と笑みが零れる。

(レオン様が町の人々に好かれ、信頼されている理由が改めてわかるわ……)

それからすぐにアンウェイの提案通り、他人宅への訪問が禁止され、用事は手紙で済ますようになった。

食料調達など避けられない用事のみふたり以内での外出が可能で、布で口と鼻を覆い、会話はせずに指差しでの買い物をすること、帰ってきた際には速やかに手洗いうがいをすることが言い渡される。さらに店側には清掃、換気、そばに水を置いておいてひとりひとりの客への対応毎に手洗いをすることなど、アースの町はアンウェイの思いつく限りの対策を行ったのだった。

夏が過ぎ、冬が過ぎ、再び暖かくなった頃。

ようやく特効薬が出来上がり、人々に行き渡るようになる。そして流行病は一気に終息へ向かったのだった。

アースの町はさまざまな感染対策が功を奏し、また町の人々が協力して頑張ったおかげで、死者数が他の町よりも格段に少なかった。そして、元々良かった領主レオンの評判はさらに急上昇したのであった。

グリーンヒル王国全体が流行病の終息に喜ぶなか、ひとつの悲報が発表された。

◇　◇　◇

流行病終息の一カ月前に遡る。

シュイルツは城の医師であるスモークと一緒に、出来上がったばかりの特効薬の説明を研究員から受けていた。

――コンコン。

『国王陛下、失礼いたします‼　王太子殿下の呼吸が弱くなってきたそうです！』

侍女はノックをすると同時に応接間の扉を勢いよく開けた。しかし、シュイルツの顔を見るとすぐに我に返り、慌てて姿勢を正した。

『……あっ、申し訳ありません』

シュイルツは侍女の言動を咎めず冷静に告げる。

『……そうか。スモーク医師、すぐにこの特効薬を投与するよう、アーノルドの医師に伝えてくれ』

『王太子殿下のようにお身体が弱った状態で投与した場合、効果が得られないばかりか悪影響を及ぼす恐れもあります。それでもよろしいですか？』

シュイルツの手には、出来上がったばかりの流行病の特効薬が握られている。

スモークの表情からも、アーノルドの状況が良くないこと、薬の効果は期待出来ないであろうことが伝わってきた。

『……どちらにしろ、この薬が効かなければ助からないのであろう？』

低く落ち着いたトーンのシュイルツの発言に、スモークは目を伏せた。

『……はい。すぐに王太子殿下に特効薬を投与いたします』

二か月前の十二月の終わり。グリーンヒル王国が流行病の猛威にさらされているなか、アーノルドも感染が確認されたのだった。

シュイルツは特効薬配布を指示したあと、ミランダと、八歳になった娘マーガレットのもとへ行った。

『お父様！』

『やあマーガレット。元気かい？』

『ええ、私は元気よ。でもお兄様の呼吸が弱くなったたって……』

マーガレットは、シュイルツを見るなり走り寄る。

『あぁ……。先ほど城に特効薬が届いたのだ。今アーノルドに投与している』

『本当ですか⁉　ならアーノルドは助かるのですか⁉』

ずっと窓の外を黙って見ていたミランダは、突然立ち上がりシュイルツを見る。握った拳は震え、憔悴した顔は我が子の無事を願う母の想いを物語っていた。

『身体も弱っているため……それはわからない。不甲斐《ふがい》ないが今は祈ることしか出来ない。薬の投与が終わったら、三人でアーノルドの顔を見にいこう。触れることは出来ないが顔だけでも見に』

『……』

一瞬輝いたミランダの瞳は、すぐに希望の光を失う。そしてすぐに、ミランダとマーガレットは祈り始める。シュイルツもまた、ふたりと一緒に強く祈った。

（アーノルド、頑張ってくれ……）

特効薬の投与が終了したとの知らせがあり、三人は離れの部屋に隔離されているアーノルドの顔を見にいった。

現在、離れには決められた者以外立ち入ることは禁止されている。国を治める者が流行病に罹患《りかん》するわけには行かず、シュイルツをはじめミランダやマーガレットもまた、この部屋に入るのは初めてだ。

三人はアーノルドの部屋の前で、首から足元まであるポンチョを被り手袋をした。さらに布で頭と口・鼻を覆い、ゴーグルを装着する。

『万が一に備えて、部屋の中のどこにも、もちろん王太子殿下にも触らないで下さい。二メートル以内に近づかないようにお願いいたします』

三人の準備が整ったところで、侍女は部屋のドアを開けた。

そこにいたのは、二カ月前とはまったく別人であるアーノルドだった。骨と皮だけと言っても過言ではないほど、痩せ細っている。

『アーノルド‼』

『近づいてはだめです！　お母様に感染してしまったら大変です！』

ミランダは思わず駆け寄ろうとするが、マーガレットが手を引いて止めた。

『感染したってかまうものですか！　我が子に触れられないなんて……まだたった十歳なのに……』

『ミランダ、気持ちはわかる。でも君はこの国の王妃だ。……冷静な判断をし、耐えてくれ』

大切な我が子の変わり果てた姿にショックを受けながらも、シュイルツはミランダを制する。

『我が子に触れられないのなら、王妃なんて辞めます！』

そう言ってミランダはマーガレットを振り切り、アーノルドのもとへ駆け寄り手を握った。

『ミランダ‼』

『お母様‼』

シュイルツとマーガレットが叫ぶのもいとわず、ミランダはアーノルドの手を両手で包み、頰《ほお》ずりしながら語りかける。

『ああアーノルド、こんなにやつれてしまって……ちゃんと食べているの……？』

『三日前に一口だけ水を飲まれて以降、何も口にされておりません。毎日点滴で水分と僅かながら栄養を補っております。昨日からは目を開けず、今朝から呼吸も弱くなっております……』

そばにいた医女が淡々と答えると、ミランダはキッと睨みつけた。

『報告は聞いています。私はアーノルドと話をしているの！　邪魔をしないで!!』

「……し、失礼いたしました！」

ミランダの気迫に医女は後ずさりする。

『ミランダ、落ち着くのだ！　……それで、特効薬の点滴をしてからアーノルドに何か変化はあったのか？』

シュイルツは、努めて冷静を装いながら医女へ尋ねた。

『投与をして一時間も経ちませんので、まだなんとも……。申し訳ありません。あまり長くいては危険です。そろそろ部屋を出られたほうが――』

『嫌よ！　私はずっとここにいるわ！』

医女の言葉をミランダは遮る。その瞳には強い意志が宿っていた。その時……

『アーノルド!?』

アーノルドが薄らと目を開けた。ミランダは目を見開き、思わず大きな声を出す。

『アーノルド!!　私よ！　お母様よ!!』

アーノルドは、涙ぐむミランダを見て薄らと微笑んだあと、再び目を閉じ、静かに呼吸を止めたのだった。

アーノルドの死の翌日、シュイルツが自室でひとり物思いにふけっているところへ、オリオンが訪ねてきた。悲しみや今後への危惧など、さまざまな感情が渦巻き入り乱れているのであろう。彼は複雑な表情をしている。

『国王陛下、気を落とされているところ大変申し訳ありません。王太子殿下がお亡くなりになったことは、いつ国民へ公表しましょうか？』

『……いや、そうだな。私は国王だ、しっかりせねば……』

シュイルツはそう独り言を呟くと、勢いよく椅子から立ち上がった。

『現在、特効薬が出来て国民が喜んでいるところだ。流行病の終息に向けて集中してもらいたい。アーノルドについての発表は、特効薬が行き渡り流行病が落ち着いた頃にしよう』

そう言ったシュイルツは、父親ではなく国王の顔になっている。

『かしこまりました。……それと、ご指示通り公爵家には既に王太子殿下の死を報告しております。そのため後継ぎを心配された方々から、側室やマーガレット王女の結婚相手の申し出が相次いでおりました。王太子殿下が亡くなったばかりで不謹慎だと伝え、とりあえず表面上は落ち着いております』

シュイルツは呆れた表情を浮かべ、大きくため息をつく。

『……そうか。とにかく今は、流行病が収まることが先決だ』

『はい』

オリオンは頷くと退室し、午後に城の者だけで行なわれるアーノルドの葬儀の準備にかかった。

そして、城の裏庭にある先祖が眠る墓地で葬儀は執り行われ、ミランダが泣き喚く中アーノルドは埋葬《まいそう》されたのだった。


それからのシュイルツは、現状を把握したり今後の復興について考えたりと、非常に忙しい日々を過ごした。ようやく支援の方向性が固まってきた頃、ミランダたちに会いに行く時間が出来たのだった。部屋を訪問したいとオリオンに伝えると、意外な答えが返ってくる。

『お部屋へ行くことは問題ないのですが、ミランダ様は大変気を落とされているそうです。何かあってはいけませんので、私も同席させていただきます』

『何かとは、ミランダが私に手を上げるとでも言うのか？』

『同席させていただきます』

シュイルツはオリオンの言葉に思わず笑ってしまうが、オリオンは真顔のまま繰り返す。それからオリオンと共に部屋を訪れたシュイルツは、その意味をすぐに理解する。

『ミランダ⁉』

そこにいたミランダは生気がなくやつれ、悲愴感が漂っていた。その隣には、今にも泣きだしそうな表情でシュイルツを見つめるマーガレットがいる。

『お父様……』

我に返ったシュイルツは、足早にマーガレットのそばに行き抱きしめた。

『お母様、お父様が来て下さいましたよ』

抱きしめられながらマーガレットは、ミランダに優しく声をかける。するとミランダは、シュイルツを見て目を見開く。そしてとても小さくか細い声を発した。

『……シュイルツ様……不甲斐《ふがい》ない王妃で申し訳ありません……』

『ミランダ、どうしたのだ？　なぜそのようなことを言うのだ？』

ミランダは王妃になる時もなってからも、今まで一度も自分を卑下したことはない。そこにいて当たり前のように、いつも堂々とした振る舞いだった。

シュイルツは椅子に腰掛け、ミランダの言葉をじっと待つ。

『……アーノルドが亡くなりました。私は周りから散々、男児をもうひとり産むように言われ続けて参りました。しかし、第二子は女児でした』

ミランダは決してシュイルツを見ようとせず、両手をギュッと強く握る。その手は僅かに震えていた。

『マーガレットの前で何を言うのだ⁉　性別は選べぬ。それにマーガレットは可愛くて良い子だ。そのようなことを言うではない！』

『……もちろんマーガレットは可愛いです。マーガレットの夫が国を継ぐことも出来ます。しかし、シュイルツ様の血と志を受け継ぐ者が次の国王となるべきです』

思わずきつい口調となってしまったシュイルツをミランダは気にも留めず、下を向いたまま小さい声で、しかしはっきりとそう言った。

『血が繋がっておらずとも、しっかりとした志を持つ者はきっと――』

『いいえ、おりません!!』

ミランダはシュイルツの言葉を遮る。同時に、その目から一筋の涙が頬《ほほ》を伝った。

『……今まで直系の血を受け継ぐ者がこの国を治めてきたのです。シュイルツ様の次の国王は王妃のせいで血を受け継がない者になったと、末代まで言われ侮辱され続けるのは、私には耐えられません！　そもそも私は後継ぎを産むためだけにこの城へやってきたのに、運良く王妃にしていただいて……。なのに……私は王妃失格です……わーっっっ！！！』

ミランダは思いの丈を吐露し、一気に感情が高ぶった。

『ミランダ、考え過ぎだ！　ミランダのせいではない！　それに、王太子は流行病で死んだと受け継がれるだけだ！』

シュイルツの否定の言葉には耳もかさず、ミランダは泣き喚き続ける。その時マーガレットが、ミランダを抱きしめながら口を開いた。

『ごめんなさい、お母様。私が男ではなくて……』

マーガレットの切実な言葉はミランダには届かない。ミランダはただ泣き叫び続けた。シュイルツは胸が苦しくなり、マーガレットを強く抱きしめる。

『お父様、私がお母様のそばにいるわ……。……お兄様がいなくなって私も悲しいのよ……。お母様を慰めることで、私自身も慰めているの。油断したら私もおかしくなっちゃいそうだわ』

マーガレットは涙を浮かべながら、八歳とは思えない大人びた発言をする。

『……マーガレット、ありがとう。愛しているよ』

『私もよ、お父様』

マーガレットは、シュイルツの言葉に朗《ほが》らかな笑顔を浮かべる。

――パリンッ。

『アーノルドの存在こそが、私が王妃でいても良い理由だったのです！』

突然、ミランダは泣き叫ぶと同時に立ち上がり、手元のカップをシュイルツに投げつけた。シュイルツは咄嗟《とっさ》にマーガレットを庇う。

『陛下、大丈夫ですか⁉』

『あぁ、大丈夫だ』

シュイルツは慌てて駆け寄るオリオンを制し、自分の服に紅茶の染みがどんどん広がっていくことを気にも留めず、ミランダのそばに行く。

『ミランダ何を言うのだ。そのようなことはない』

シュイルツは微笑みながら優しく否定をする。それは心の底からの言葉だった。

アンウェイ亡きあとシュイルツが国王としての務めを果たしてこられたのは、間違いなくミランダの支えがあったからこそであり、シュイルツは感謝をしていた。

しかし、その笑顔がミランダを逆上させた。

——バシッ。

部屋中に響き渡る音を上げて、ミランダはシュイルツの頬《ほほ》を叩く。

『お母様！』

『マーガレット、私は大丈夫だ』

シュイルツは咄嗟《とっさ》のことに驚くマーガレットに笑顔を向ける。ミランダは両腕で、目の前に立つシュイルツの胸を叩く。

——ドンッ。

『側室となって初めての夜をシュイルツ様と迎えてからずっと……ずっと、私はあなたをお慕いしておりました……そしてアーノルドをこの手で育てることが出来て、シュイルツ様の正妻となることが出来て、マーガレットも産まれて……私は幸せでした……』

——ドンッ。

再びミランダは両腕でシュイルツの胸を大きくひとつ叩くと、涙声で続ける。

『しかし私は、前王妃殿下の代わりに過ぎません。アーノルド亡き今、私に王妃の座に居座り続ける精神力はございません……もう解放して下さい。離縁して下さい』

ミランダはとめどなく涙を流しながら、滑り落ちるように床に座り込んだ。シュイルツは悲痛な顔でミランダを見下ろしながら、その場に立ちつくす。

（ずっと、自分は前王妃の代わりだと思っていたのか……？）

今までそのような素振りを微塵《みじん》も見せたことのなかったミランダの告白に、シュイルツは衝撃を受ける。

『……ミランダ、それほどまで辛い想いをさせていたとは知らなかった……。すまない』

『……今すぐ離縁が無理ならば、どうぞ側室をお取り下さいませ！　そして男児が産まれたならば、その者を正妻にして下さい。私はマーガレットと離れでゆっくり暮らします』

ミランダはシュイルツを見上げ、最大限に声を張り上げて再び懇願する。

『何を言うのだ、ミランダ！』

（私に同じことを繰り返せと、ミランダが言うのか⁉　それほどまで苦しめていたとは……）

涙でぐちゃぐちゃの顔のミランダを見るのは初めてで、シュイルツは胸が苦しくなる。

『ううっ……。王妃の座を奪ったと、前王妃殿下を殺したと陰口を叩かれ……ふたり目の男児はまだかとも言われ続け……。子のことはどうにも出来ないからと他で努力をしても、前王妃殿下と比べられて来ました。今まではアーノルドがいたからなんとか踏ん張ってこられましたが、もう無理です……私はもう疲れました……』

ミランダは両手で顔を覆いながら、必死に言葉を紡いだ。絞り出すようになんとか最後まで言い切った言葉は、しっかりとシュイルツの耳に届く。

（どれもミランダのせいではないのに……そのようなことが……。長い間、辛い想いを強いてしまっていたのか……）

シュイルツは知らないうちにミランダを傷付けていたことを知り、申し訳ない思いで胸が張り裂けそうになった。

『ミランダは王妃としてよくやってくれているではないか。前王妃の代わりなどでは決してない。国民も皆ミランダを王妃と認めている。……今までの苦しみを知らずに、気付かずに……本当にすまなかった……』

シュイルツの言葉はミランダの心に届くことはなく、シュイルツはそのまま退室を余儀なくされたのだった。

自室に戻ったシュイルツは頭を抱えた。

アーノルドの死にはまいっていたが、落ち込む暇がないほどに忙しかった。しかしミランダやマーガレットを思えば、もっとふたりに会う時間を作る努力をするべきであった。ミランダのそばを離れないマーガレットの存在に甘えてしまっていたと、シュイルツは反省する。

シュイルツは泣き崩れるミランダの姿を思い出し、なぜか王妃であった頃のアンウェイの姿が重なった。

（いつから私は家族を蔑ろにしていたのだろうか？　アンウェイが妻であったとしても、自分は同じ行動をとったのだろうか？）

　気付くとシュイルツは自問自答をしていた。そしてその答えに気付くと、天を仰いだ。

（そうか……ああ、私は最低だな……）

『……オリオン、私はどうやら自分の妻を幸せに出来ないようだ。ミランダのことは、王妃としてもふたりの子の母としても、私なりに大切にしていたつもりであった……』

　シュイルツは天井を仰ぎ見ながら言った。

『はい、存じ上げております……』

　オリオンは共感して見守る。

『……しかし、ミランダの本心を知ろうとはしていなかった。ミランダが何も言わないのを良いことに、十分に気にかけていなかった。王妃であり子の母親としてしか見ていなかった……。私はミランダのことを〝妻〟として見てはいなかったのだ……』

　シュイルツは自虐的な顔をオリオンへ向ける。ミランダを追いつめたのは間違いなく自分であると、自覚したのだ。

（妻として、アンウェイのように思いやることは出来ていなかった……）

　自分の不誠実さを痛感して明らかに落胆しているシュイルツを見て、オリオンは悲しくなる。

（陛下の幸せは一体どこにあるのだろうか……？　私に出来ることは、側近として陛下を支えることだけだ）

オリオンは改めてそう心に強く思い、姿勢を正した。そして、コホンッとひとつ咳払いをしてから本題に入った。

『それで、どうされますか？　後継者問題は深刻で、悠長なことを言ってはいられません。後継者がいないとなると国は揺るぎます。側室をとるのか、ミランダ様と第三子を目指すのか、養子をとったり、マーガレット様に婿養子を取ったりする手もあります。それとも、思い切って離縁なさって新しく王妃殿下を迎えますか？』

『……わかっている。アーノルドの死からもう一カ月経つ。まずはアーノルドの死を、そして少し経ってから後継者について発表しよう。……ただ、離縁をして新しい妃を迎えるとは考えもしなかった。マーガレットもいるし、またミランダとは話してみようと思う』

シュイルツは、机の上に置いてあるアンウェイとのお守りの石に目を落とし、再び口を開いた。

『……しかし、後継者問題は後回しには出来ない。皆の助言を無視して第三子を作らなかったため、周りから反発される可能性もある。出来るなら自分の血の繋がった子に継がせたいが……ミランダの今の状態を考えると、どうするのが良いのだろうか？　側室をとるか、血縁は諦めて養子を迎えるか、マーガレットに婿を取るか……』

シュイルツは無意識に石を手に取り懐かしむように眺めていると、ふとオリオンの何か言いたそうな視線を感じた。

『どうかしたか？』

オリオンは一瞬躊躇《ちゅうちょ》したあと、シュイルツをジッと見て発言する。

『アンウェイ様が王妃殿下の時は、あれほどまで側室をとるのを嫌がっておりましたのに……と思いまして』

『あれは、少しでもアンウェイの気持ちを軽くしたくてした約束だったのだ……。私はずっと、アンウェイさえいてくれればそれでかまわなかった』

『出来たら自分の子にあとを継がせたいと、先程はおっしゃっていましたが？』

オリオンはあいかわらず遠慮なしに物を言うが、それが彼の良いところでもあるとシュイルツは思っている。物怖じせず淡々としているところに、何度も救われてきた。

『アーノルドが産まれて、もし可能であるならばそのほうがより良いと、今は思うようになっただけだ。あの頃は本当に、アンウェイさえそばにいてくれたらそれだけでよかった。何度も養子をとろうと提案したが、最後までアンウェイが血縁にこだわっていたのだ……』

『アンウェイ様は、子を産まなければならないという思考に囚われてしまっていました。環境的に無理もありませんでしたが……本当にお辛かったと思います』

『ああ……王妃としての体裁は保ってはいたが、笑顔はすっかり減っていたからな。アンウェイの心に寄り添い、支えることが出来なかった私がすべて悪かったのだ。そして今もまた……』

シュイルツは、アンウェイと先程の泣き崩れるミランダの姿を思い出し、再び自分の未熟さを嘆く。

（なぜ、子の問題は女性ばかりが追いつめられるのだろうか？）

シュイルツはそんなことを思った。それは、女性が子を何カ月もかけて体内で育て出産するからに違いないが、その根源を男性が半分担っているというのに……

（男は種を授けるだけだなんて……なんて無責任なのだ）

シュイルツはふたりの顔を思い浮かべながら、男の自分には想像することしか出来ない神秘の世界に不甲斐《ふがい》なさを感じる。

（周囲の無理解と無神経が、女性を傷つけ追いつめるのだな……。心に寄り添うと言うのは容易《たやす》いが、簡単に出来ることではない……。私は寄り添っていた〝つもり〟になっていただけだったのだな……）

『妻がいちばん理解し、心に寄り添って欲しいのは夫に違いないのに……。男は目先のことばかりで、想像力が足らなすぎるな……』

ふたりが各々に想いを馳せたほんの僅かな沈黙を、シュイルツの独り言が破った。

『陛下、忙しいのは重々承知ですが、明日、私にアースの町へ行く許可をいただけませんでしょうか？　陛下にお会いしていただきたい方がいるのです』

自嘲《じちょう》気味のなんとも言えない複雑な顔をしているシュイルツを見ながら、オリオンは真顔でそう尋ねる。

『アースの町へ？　その者は何か重要な人物なのか？』

『はい。直接会っていただくほうが話が早いので、どうか連れて来させて下さい。そして、よろしければしばらく城へ滞在させて下さい』

そう言ってオリオンは頭を下げた。

シュイルツはオリオンを心から信用している。彼がここまで懇願するのは珍しいと、ひそかに思った。

『……わかった。すべて明日になれば分かるのだな。好きにするが良い』

翌日、アーノルドの死が国民へ公表された。

その悲報はニコライ伯爵邸へも届き、レオンは朝食を途中で止め足早に出かけていった。アンウェイは、苺ジャムをたっぷりと塗ったパンにかぶりつくディアンを見つめる。

(ついに、この時が来てしまった。……逃げなければ)

そう思ったアンウェイは、ディアンを侍女に任せすぐに荷造りを始めた。大きな鞄に必要最低限のものを急いでつめていく。

(早くここから出ていかないと……。でも、どこへ行くというの……?)

アンウェイに行くあてはまったくない。国境を越えるにも国王の許可が必要で数週間はかかる。

アンウェイは不安に駆られそうになるが、頭を左右に振って悪い思考を振り払った。

(考えている時間はないわ。いつ城の者が訪ねてくるかわからない。とにかく今はこの屋敷を出なければ……）

荷造りを終えたアンウェイは、急いでレオンへ手紙を書く。

『レオン様、ごめんなさい。そして、本当にありがとうございました』

書き終えた手紙を握りしめ、目を閉じそう呟く。そして、多くを語らず謝罪と感謝のみを短いが想いを込めてしたためた手紙を、目につきやすいテーブルの上へ置いた。

朝食を終え、アンウェイのそばでひとり遊びをしていたディアンに声をかける。

「ディアン、お出かけするわよ。玄関まで競争しましょう。よーい、どん！」

ディアンは楽しそうに全速力で玄関に向かって走っていく。アンウェイも鞄ひとつだけ持って、ディアンのあとを追った。

「奥様、どちらへ行かれるのですか!?」

「ごめんなさい、急用なの！」

驚いている侍女を横目に、アンウェイは立ち止まらなかった。

「やったー！　僕の勝ちー！」

「ああ、負けてしまったわ。ディアンはとても速いわね。さあ、行きましょう」

お出かけと聞いてご機嫌なディアンの手を取り、アンウェイは早歩きした。

（とりあえずフランに、何か良い場所や案がないか尋ねてみよう。そして長居はせずに挨拶だけしてすぐに出よう）

アンウェイは頭の中ではわかっていた。もう逃げられないということを。しかし、じっとしてはいられなかったのだ。

「お母様、どこに行くの？」

ディアンが不思議そうな表情を浮かべて、アンウェイを見上げる。

「フランおばちゃんのところよ」

「やったー！　久しぶりだねー！　アラン君と遊ぶー！」

アンウェイはディアンを安心させるように、優しく笑顔で言う。フランもフランの子どものアランも大好きなディアンは、ますます上機嫌になる。

流行病が流行《はや》り始めて以来フランと会ってはおらず、彼女の家に行くのはとても久しぶりだった。

（お願い、家にいて！）

——コンコン。

「フラン？」

アンウェイが願いながらドアをノックすると、のっそりとフランが現れた。久しぶりに会う彼女はずいぶんとやつれている。

「……アンウェイ様！　お久しぶりです。お元気でしたか？」

フランはそう言って、ぎこちない笑顔を浮かべた。

「ええ、私は元気よ。フランは一体どうしたというの？」

一生懸命に作り笑いをしていたフランは、その言葉を引き金に大粒の涙をとめどなく溢れさせた。そして、その場にゆっくりと座り込んでしまう。

「うっ……アランが……もう少し早く特効薬が出来ていたら……ううっ……」

アンウェイは目を見開く。何も言えずに、座り込んで泣くフランを思いっきり抱きしめる。

「ぐすっ……すみません。もう一カ月も経つのですけど、全然悲しみが消えなくて……悲しくて……悲しくて……ううっ……」

フランはアンウェイに縋《すが》りつく。アンウェイはそんな彼女を抱きしめる力を強める。

「……知らずに、早くに来ることが出来なくてごめんなさい。アランはとても可愛くて良い子だったわ……」

「うっ……ちょうど特効薬が町に来た日だったのです。喜んでいる町の人たちに伝える気にはなれず、アンウェイ様にも会えるようになったら直接伝えるからと、ニコライ伯爵に口止めをさせてもらっていたのです。……とにかくそっとしておいてほしくて……」

アースの町の死者は他の町より少なかったとはいえ、抵抗力の低い高齢者や乳幼児など五十人程度の犠牲は出ていた。

アンウェイは胸が締めつけられ、自然と涙が零れる。フランは想像を遥かに超える悲しみであろう。

「アランは……夫とふたりで、そっと山奥に埋葬《まいそう》しました。ううっ……お伝えするのが遅くなってしまい申し訳ありません。なかなか、私から伺う気持ちになれなくて……。今日来て下さってうれしいです……。……アンウェイ様……アンウェイ様……うぇーーーん!!」

フランは我慢が出来なくなり、大声で、まるで子どものように泣き出す。

アンウェイもフランと一緒に泣いた。どうしてもフランを放ってはおけなかった。辛い時に寄り添ってくれていたのは、いつもフランだったのだ……

(フランがこんなに辛い想いをしているとも知らずに、私は……。流行病が落ち着いてすぐに会いに来るべきだったわ……)

アンウェイは、フランが辛い時にそばにいてあげられなかったのが悔しかった。フランは気を遣わせたくなくて、アンウェイに言わなかったのもあるだろう。しかし、アンウェイは何も言えなくても、ただそばにいて一緒に泣きたかったのだ。

「……フランおばちゃん大丈夫?」

ディアンも横からよしよしとフランの頭をなでながら、つられて一緒に泣いている。三人で抱き合ってわんわん泣き喚いた。

どれくらい泣いたのか、一～二時間ほど経っただろうか……

ディアンは泣き疲れて眠ってしまった。アンウェイはフランをひとりには出来ず、彼女の夫が帰ってくるのを待ってここを去ろう考えていたその時、家の扉が開いた。フランの夫であるベンが入ってきて、アンウェイの姿を見て驚いた顔をする。

「あぁ、ベン……アランのことを今知ったの……。今まで知らずにごめんなさい。本当に残念だわ……」

「ケイト様、フランと一緒に泣いて下さったのですね……。ありがとうございます」

泣き腫らした目のアンウェイが再び涙ぐむと、ベンも涙を浮かべる。だが彼は、すぐにキリッとした表情に切り替えた。

「……ケイト様、お客様をお連れしております」

アンウェイがベンの後ろに目をやると、そこにはオリオンとレオンが立っている。

「ニコライ伯爵夫人……いえ、前王妃殿下お久しぶりです。残念ですが時が来てしまいました。お逃げになられる前に会えて良かったです。国王陛下にはまだ何も伝えてはおりませんが、国王陛下に直接お会いしていただこうと思い、本日はディアン様のお迎えに上がりました」

その場にいた全員が息を呑む。

(ああ、ついに……)

オリオンを見た瞬間にすべてを悟ったアンウェイは、驚くほど頭が冷めていくのを感じる。

その時、ディアンがふと目を覚ました。

「んん……あ、お父様ー！　今日ね、お母様とかけっこして僕が勝ったんだよー!!」

ディアンはレオンに駆け寄った。レオンはうれしそうに報告するディアンを強く抱きしめながら、複雑な表情をアンウェイに向ける。

「……ケイト、勝手にディアンを連れていなくなるなんて、ひどいじゃないか。ふたりが屋敷を出ていったと聞いて驚いたよ。あんな手紙ひとつを置いて……」

「……ごめんなさい……本当にごめんなさい……」

アンウェイはレオンの顔を見た瞬間、一気に申し訳ない気持ちが込み上げてきた。謝罪の言葉しか出てこない。

「私が屋敷へ戻ったところへ、オリオン騎士団長がケイトとディアンを訪ねてきた。それでフランが何か知っているのではないかとここへ……」

レオンの表情は、怒りではなく悲しみが滲《にじ》み出ている。アンウェイはただただ胸が痛く、もう何も言葉は出て来なかった。

アンウェイはレオンと結婚して以来、穏やかな日々を送っていた。

しかし、夫婦としては不完全であった。話し合いを一切せず、お互いに遠慮をし合い、波風を立てないことを第一に、日々を過ごしてきた。

その結果、同居人……もしくは、ディアンを育てるという同じ目的を持つ同志のような関係になってしまっていた。

それでもアンウェイは、レオンを家族として本当に大切に思っていたのだ。

アンウェイはその場に崩れるように座り込む。フランに対する不甲斐《ふがい》なさ、レオンへの申し訳なさ、さらにディアンを連れていかれようとしている現状が重なり、頭の中の処理が追い付いていなかった。ただただショックだった。そして掠れた声を、精一杯に絞り出して言う。

「……ディアンを連れていかないで下さい……」

「お母様、どうしたの？」

レオンに抱きついていたディアンは、今度はアンウェイに駆け寄り抱きつく。オリオンはそんなディアンを慈《いつく》しむような瞳で見る。オリオンがディアンを視界に捕えたのを見て、アンウェイはギュッとディアンを抱きしめる力を強める。

「ディアン様お久しぶりです。お元気そうで何よりです。以前よりもさらに国王陛下に似たお顔つきになられましたね。三年前に私が高い高いをしたことは、もう覚えてはいらっしゃらないでしょうね」

アンウェイに抱きついているディアンへ向けて、オリオンはこの日初めての笑顔を見せた。

「……だあれ？」

目をクリクリとさせながら、ディアンはオリオンを不思議そうに見つめる。

「ディアン様、こちらへおいで下さい。一緒に行きましょう」

「いやだ！」

アンウェイは自分の後ろに隠れるディアンを見て、胸がいっぱいになる。

「手荒な真似はしたくはなかったのですが、申し訳ありません」

そう言ってオリオンは近づき、一気にディアンを肩に担ぎ上げた。

「ディアン様をさらうような形となってしまい申し訳ありません。決して悪いようにはいたしませんので、どうかあまり心配なさらずにいて下さい。本日は急いでおりますので、これで失礼します」

そう言ってオリオンは、ディアンを担いだまま去っていこうとした。

「いやだ！　お母様ーーー!!」

ディアンの泣き叫ぶ声に、呆然としていたアンウェイはハッとする。そしてディアンのもとに駆け寄った。

（ディアンがこんなに怖がっているのに、私は一体……）

アンウェイは混乱から自分を見失っていたことを恥じ、ディアンの不安を出来る限り取り除こうとする。

「……ディアン、大丈夫よ。怖いことは何もないわ。小さい頃にオリオン騎士団長には遊んでもらったのよ。ディアンもとても楽しそうに喜んでいたわ。……オリオン騎士団長も、今から会いに行く国王陛下も……私のお友達であなたの味方よ」

オリオンに連れていかれることは避けられないだろう。王太子亡き今、ディアンをシュイルツに会わそうとするのは、当然のことである。

「お母様とお父様も一緒？」

ディアンは泣き止んだが、不安そうにアンウェイを見る。

「……私もお父様も一緒に行けないけれど、またすぐに会えるわ。だから良い子にしているのよ！　オリオン騎士団長と一緒に行けば大丈夫だからね」

アンウェイはディアンが安心出来るように、出来る限り優しい声色で言った。ディアンは目に涙を溜めている。

「怖くない？」

「ええ、怖くないわ。言ったでしょう？　オリオン騎士団長は私のお友達だもの」

アンウェイはにっこり笑って言うが、目からは一筋の涙が流れる。オリオンのこともシュイルツのこともアンウェイは信用している。しかし、今までアンウェイの支えだったディアンが手の届かないところへ行ってしまいそうで、アンウェイは寂しさを感じた。

「ちょっとお出かけするだけ？」

「ええそうよ。お城にお出かけよ。ディアン、お城に行きたがっていたじゃない。馬にも乗れるわよ！　良いなあ～！　また、帰ってきたらお話をたくさん聞かせてね」

アンウェイは精一杯の笑顔を浮かべながら、ディアンの頬《ほほ》にキスをした。

そしてディアンのグリーンの瞳を見た瞬間、シュイルツの顔が浮かんだ。

（ああ、本当にシュイルツによく似ているわ。この子は、国王の血を受け継いでいるのね……）

アンウェイはギュッと奥歯を噛み締める。

「お城……お馬……」

ディアンは目にいっぱいの涙を溜めたままだが、お城とお馬という言葉に興味もそそられ迷っているようであった。そのタイミングをオリオンは見逃さない。

「ええ、大きいお城に行きましょう。さあ、早速馬に乗りますよ」

オリオンは優しく声をかけながら、ディアンを胸に抱きかかえ直し馬に跨る。ディアンが落ちないように自分の胴体と一緒に布で巻きつけ、さらに紐でしっかりと結んだ。

「ディアン、あなたにはあなたにしか出来ない大事な使命があるの。それについて、よく考えてみてちょうだい」

アンウェイは最後に、ディアンの目をまっすぐに見て言う。その顔は、母親であり王妃の顔であった。

「……僕にしか出来ないこと？」

ディアンはキョトンとした顔をしている。

「さあ、行きましょう」

オリオンは馬に出発の合図をした。

出発するとやはり、ディアンは興味よりも不安が勝ったようで、急に大声で泣き喚き出した。

「お母様ーー!!　お父様ーー!!」

ディアンの叫び声がどんどん小さくなっていくのを、アンウェイとレオンはただ聞いているしかなかった。

（事実を知れば、ディアンはきっと混乱するでしょうね……。事前に私の口からきちんと伝えたかった……）

アンウェイは、母の想いと、国王の血を受け継ぐ者を産んだ前王妃としての想いが入り乱れていた。しかし、一番願うことはひとつである。

（ディアンが乗り越えてくれますように……）

◇　◇　◇

オリオンはディアンを気にかけながらも、まずまずの速度で馬を走らせた。ディアンは三十分ほど泣き続けると、泣き疲れて眠ってしまった。起きたタイミングで一度休憩をとるが、ディアンが再びぐずることは一切なかった。

「静かだな」

サンドイッチを食べているディアンに、オリオンは話しかけた。

「……だってもう、泣いても仕方がないでしょう？　それに、昔お兄さんみたいな格好の人に、高い高いをしてもらったような気もするんだ」

ディアンはもぐもぐとサンドイッチを食べながら言った。

「初めてお馬に乗れて楽しいし……お城も楽しみ……。お母様とお父様とも、すぐに会えるんでしょう？」

器用に、食べながら合間で話し続けるディアンを、オリオンは喉に食べ物を詰まらせやしないかと少しひやひやしながら見守る。

「それに、お母様とお友達なんでしょう？　誰も僕が行くのをダメって言わなかったし、お母様も大丈夫って言ってたし、僕は行ったら良いんでしょう？」

ディアンはオリオンに口を挟ませまいと一気に話すと、急いで口の中に最後のサンドイッチを入れ飲み込む。そしてオリオンに少しでも否定されるのを恐れ、すぐに立ち上がると馬のほうへ小走りで向かった。

オリオンは馬をなでているディアンを複雑な表情で見る。ディアンの心細さを痛感し、今更ながら、さらうように連れてきてしまった事を申し訳ないと思ったのだ。

だがそれ以上に、ディアンの七歳とは思えない肝の据わりように驚いてもいた。

(ディアン様がどのように成長をしているか少し不安を抱いていたが、流石《さすが》陛下とアンウェイ様の子だ。そして、アンウェイ様がいかに誠実に育てて下さっていたか、この子を見ればよく分かる)

オリオンはディアンの後ろ姿に声をかける。

「潔いな。肝が据わっておる。かっこいいぞ」

「本当!?　僕、かっこいい!?」

ディアンはぴくっと肩を上げて、オリオンのほうを勢いよく振り返った。

「あぁ、かっこいい」

急に大声になるディアンを、オリオンは笑う。

「やったー!!」

子どもらしい一面を微笑ましく思いながら、オリオンは再びディアンを身体に巻きつけ出発した。

ディアンは城へ向かう道中、馬や城などについて、話し疲れて眠るまでオリオンを質問攻めにしたのだった。


――コンコン。

オリオンは城へ到着すると、真っ先にディアンを連れてシュイルツのもとへ行った。

「国王陛下、オリオンでございます。ただ今戻りました」

「ああ、オリオン戻ったか。入れ」

「失礼いたします。例の方をお連れしました。さあ、ご挨拶して下さい」

書類に目を通していたシュイルツは顔を上げた。

予想以上の大きな城に驚き、ずっとオリオンの後ろに隠れ彼の服をギュッと握っていたディアンは、しぶしぶ前に出るとアンウェイに教えられた通りの挨拶をする。

「お、お初にお目にかかります。レオン・アン・ニコライ伯爵の息子、ディアンでございます」

ディアンはペコッとお辞儀をし、顔を上げてまっすぐにシュイルツを見た。

シュイルツは、オリオンがこの子どもを連れてきた意図を読み取ろうと、ディアンを観察し始める。そして、あることにすぐ気付いた。

「……そなたの両親は、黒髪でグリーンの瞳なのか？」

シュイルツは幼い子どもをこれ以上緊張させないようにと、優しく話しかける。

「いいえ。父は金髪にブラウンの瞳、母は金髪にブルーの瞳でございます」

「金髪にブルーの瞳……」

緊張が少しほぐれたディアンのスムーズな返答を聞いた次の瞬間、シュイルツはハッと目を見開く。

「……母上の名はなんと言う？」

「ケイトでございます」

シュイルツは思わず両手で顔を覆った。

「そなた……ディアンと言ったな。年はいくつだ？」

「七歳でございます」

ディアンはなんの疑問も持たずに、質問に直立したまま答えていく。

（ああ、なんということだ……奇跡が起きていた……）

シュイルツはあまりの衝撃に、大声で歓喜を叫びたい気持ちを必死に抑える。冷静を装いながら立ち上がると、ディアンのもとに歩み寄りいきなり抱きしめた。

「……そなたの母上は元気か？」

「……はい」

ディアンは驚いて固まっている。

「すまない、急に強く抱きしめて驚かせてしまった。自己紹介がまだだったな。私の名はシュイルツ・バード・ミハエル。この国の王だ」

ディアンを身体から離したシュイルツは、片膝をつき同じ目線でまっすぐと、初めて目にする我が子を見つめながら告げた。

「この国の王様なの……？」

「そうだ」

急に砕けたディアンの口調に、シュイルツは思わず笑みが零れる。

「お母様とお友達なの？」

「……友達か……。そうだな、今は友達かな」

「お母様、国王陛下とお友達なの？　すごーい!!」

ぱあっとディアンの表情が明るくなった。その表情を見てシュイルツも笑顔になる。

「ははは、そうだよ。聞きたいことが山程あるのだが、今日はもう遅い。話は明日にしよう。ゆっくり休むといい。……ひとりで寝られるか？」

「もう七歳だもん、ひとりで寝られるよ！」

少しムッとして答えるディアンの可愛らしい様子に、シュイルツは笑ってしまう。

その後、侍女を呼びディアンを客間へ連れていかせた。世話をする数人のみに彼がここに泊まることを知らせ、部屋から出さないようにと指示をして。


ディアンが退室すると、シュイルツは頭を抱えた。それから数分後、ようやく口を開く。

「オリオン、一体どういうことだ？」

現実を受け止めるのに精一杯な様子のシュイルツを見て、オリオンは覚悟を決めて話し始める。

「はい……実は三年ほど前に、偶然アースの町でアンウェイ様とディアン様を見つけました。その時には既に、アンウェイ様はニコライ伯爵とご結婚され、伯爵との子としてディアン様を育てていらっしゃいました」

オリオンはシュイルツの曇った表情を見ながら、話を続ける。

「その頃アーノルド殿下はお元気で、ミランダ様も王妃として立派に務めを果たしていらっしゃいました。また、陛下も精力的に職務を遂行されておりすべてが順調でした。私は騎士団長であると同時に、シュイルツ様とアンウェイ様の友人でもあります。総合的に判断をし、陛下にはお伝えしないという選択をいたしました」

「……つまり、三年前は私に知らせないほうが国のためにも皆のためにも良いと判断した、ということだな？」

「……はい。陛下がアンウェイ様を忘れていないことは存じておりましたので……。勝手な判断をしたうえ今まで黙っていたこと、大変申し訳ございません。処分はお受けいたします」

オリオンは床に膝をついて頭を下げる。側近として出過ぎた真似をした自覚は十分にあった。

腕を組みながら、シュイルツは険しい表情でオリオンを眺める。

「……私は本当に、いつまで経っても未熟な国王だな。側近にまでこのような気を遣わせて……」

自分のいたらなさによって部下にこのような行動を取らせてしまったことを、シュイルツは恥ずかしく思い複雑な気持ちだった。オリオンは慌てて口を開く。

「いえ、陛下、そうではありません！　私が勝手に出過ぎた真似をしてしまったのです。本当に申し訳ありませんでした！」

オリオンはさらに深く頭を下げた。いつまでも頭を上げないオリオンに、シュイルツはため息をつく。

「オリオンもういい、頭を上げろ」

オリオンが躊躇《ためら》いながらゆっくりと頭を上げると、そこには悲しそうな表情を浮かべているシュイルツがいた。

「妊娠がわかった時、アンウェイと共に喜びたかったな。共に支え合い、子の成長を見守り、幸せも悲しみも分かち合いたかった……」

（なぜ王妃でいる時に授からなかったのだろうか……。もしそうであれば、なんの問題もなくずっと一緒にいることが出来たのに。ディアンの親として三人一緒に家族でいられたのに……。またしても、アンウェイにひとりですべてを背負わせてしまった……）

シュイルツは仕方のないこととはわかりつつも、妊娠のタイミングを嘆く。そしてアンウェイが、子についてひとりで思い悩んだであろう日々を想い、胸が痛くなった。

（アンウェイは妊娠が判明した時、どのように思ったのだろうか？　私の子を身籠ったことを、うれしく思ってくれたのだろうか……？）

シュイルツは次から次へと、さまざまな思考が押し寄せて来た。

一瞬静かな空気が部屋に漂う。だがそれは、すぐにシュイルツによって打ち消された。

「今更言っても仕方ないな！」

そう言ってシュイルツは笑った。何も知らなかった、蚊帳の外だった自分。不甲斐《ふがい》ない自分を嘆きつつも、オリオンに落ち込んだ姿を見せまいと空元気《からげんき》で強がるしかなかった。

「アースのニコライ伯爵か……なかなかの好人物であったな。領主として良い仕事をしている。町民からの信頼も厚いと聞く。……アンウェイが選んだ男なのだから、良い男なのであろうな。ニコライ伯爵は、アンウェイが前王妃だということは知っていたのか？」

「……いえ、ニコライ伯爵は知らなかったそうです。ニコライ伯爵が領主となられたのは約九年前で、その二年前まで隣国へ留学をなさっていたため、アンウェイ様との面識はほぼなかったと思われます。なので、気付くこともなかったようです」

「……そうか。伯爵は〝ゲイト〟に好意を抱き、結婚したのだな」

オリオンの返答にシュイルツは、なんとも言えない気持ちになった。

ディアンの存在はシュイルツにとっては間違いなく朗報で、アンウェイの無事を知って安堵感も覚える。ただどうしても、心のもやもやを払拭するのは難しい。だが、それでもわざと明るい声を出す。

「それにしても婚姻報告の手紙の時になぜ気付かなかったのだろうか？　あー、私は馬鹿だな。これからはもっとちゃんと確認しなければな！　オリオンも今日は疲れただろう、下がって休め。明日また、今後のことを話そう。もちろん、ディアンと話をしたあとにな」

シュイルツは笑顔でオリオンに言った。オリオンは、本当はシュイルツが落ち込んでいることもわざと明るく振る舞っていることにも気付いてはいたが、触れずに部屋をあとにする。

（私は本当に、国王としてどころか、ひとりの人間としてまだまだ未熟であるな……）

ひとりきりになったシュイルツは、考えれば考えるほどに気持ちが沈み、執事にハーブティーを淹れるように指示したのだった。

興奮と複雑な想いでほとんど眠れない夜を過ごしたシュイルツは、翌日の朝食後、ディアンの部屋を訪ねた。

「やぁ、ゆっくり休めたかい？」

「はい、ベッドがとてもフカフカで、起きたら朝になってました！　ご飯もすごく美味しかったです。ありがとうございます！」

昨夜のディアンは疲れ切っており、寂しさを感じる間もなく眠りに就いたのだった。よく寝たディアンはすっきりとした表情で、シュイルツにペコリと頭を下げた。

「ははっ。やはりアンウェイは良い母親のようだな。躾《しつけ》の良い子だ」

「アンウェイ？」

キョトンとした顔でディアンは首を傾げた。

「ああ……ケイトであったな。さてディアン、話をしようか。まずは君の母上のことを教えてくれ」

ディアンを抱き抱えて椅子に座らせ、シュイルツはその隣に腰を下ろす。

それからしばしの間、アンウェイの最近の様子を聞いたシュイルツは、自然と笑みが零れた。

「――お父上も良い人のようだな」

「うん、すごく優しいよ！　お父様のことも大好きなんだ！」

シュイルツは、ディアンが自分以外の人を〝お父様〟と呼ぶことに少しの寂しさを覚える。アンウェイが結婚していたのは少々……いや、内心かなりのショックである。

しかし、優しい人と元気で幸せに暮らしていると知り、心から安堵したのだった。

「ねえねえ、国王陛下。どうして僕はここに呼ばれたの？」

突然のディアンの質問に、先程までの穏やかな空気が一瞬で張りつめる。

シュイルツは、初めての我が子との温かく幸せな時間を少しでも長く味わっていたくて、本題になかなか入れずにいた。だが、不安な表情を浮かべる息子を見て覚悟を決めた。

「……これから話すことは、本当は父上と母上から直接聞くほうが良いのだが、どうか私から伝えるのを許してくれ」

「……なあに？」

シュイルツはディアンの目を見て、怖がらせないよう出来る限り優しい声色で告げる。

「ディアン……本当は君は、私と君の母上との子なのだ。君の本当の父親は私で――」

「お父様は、本当のお父様ではないってこと……？」

ディアンはシュイルツの言葉を遮る。そして緊張した面持ちでジーッとシュイルツの様子を窺《うかが》う。

「そうだ」

「……僕の本当のお父様が国王陛下……？」

シュイルツは自分と同じグリーンの瞳をまっすぐに見つめ、ゆっくりと頷いた。アーノルドもグリーンの瞳であったが、ミランダの目の形に似て真ん丸の瞳だった。一方でディアンは、目の形まで自分にそっくりである。

アーノルドに一瞬思いを馳せていたシュイルツに、ディアンは答える。

「はい、わかりました」

あまりにあっけない答えにシュイルツは驚いた。

「……ニコライ伯爵が本当の父親ではないと知って、ショックではないのか？　そのように、すぐに納得の出来るものなのか？」

「お父様とお母様には言ってないんだけど……町の人に『両親にぜんぜん似ていないから、本当はふたりの子どもではないのではないか』って、こっそり言われているのを知ってるんだ。だから驚かないよ」

ディアンは目を逸らすと、椅子から立ち上がりシュイルツに背を向ける。

「なんとなくそうなのかもなーって思っていたんだ。だから、やっぱりそうだったんだっていう気持ちです！　謎が解けて良かったです。ありがとうございます！」

ディアンは、シュイルツが驚くほどにケロッと言った。

「そうだったのか……」

確かに金髪の夫婦の子どもが、黒髪で瞳の色も珍しいグリーンときたら目立つであろう。シュイルツが複雑な表情を浮かべていると、ディアンは振り返った。

「それにね、お父様はお父様だよ。お父様は僕が大好きだし、僕もお父様が大好き！　僕のお父様は、これからも今までのお父様だけです!!」

「……そうか。どうやら君のお父上は、本当に素敵《すてき》な人のようだね。会って話をしてみたくなったよ」

ディアンの発言は〝これからもシュイルツを父親として見ることはない〟と言われたも同然であり、シュイルツは少しの寂しさを感じてしまう。しかし、それを振り切るように明るい笑顔を向けた。

「はい！　会えば陛下もきっと、お父様を大好きになるよ‼」

これほどまでキラキラとした瞳で、自分の父親を自慢する子はなかなかいないだろう。ディアンの明るく迷いのない答えに、シュイルツはニコライ伯爵へ嫉妬のようなものを抱いてしまう。

(私はアーノルドにこれほどまで信頼されていただろうか？)

シュイルツはふとそう考える。だが、当然その答えは一生知ることが出来ないものであった。

第六章　本当の気持ち

アンウェイは、レオンと共にニコライ伯爵邸へ戻っていた。

ディアンが産まれて以来、これほどまで屋敷の中が静まり返っているのは初めてだ。ディアンが城に行ってしまった今、逃亡する必要はもうない。ディアンの情報を手に入れるためにも、ここにいることが一番だ。

「ディアンは大丈夫かな？　ひどい扱いを受けていないとは思うが、ひとりで心細いだろうね……」

「はい……そうだと思います……」

レオンの言葉にアンウェイは俯きながら頷く。レオンはそんなアンウェイを励ますように、わざと明るく言う。

「ディアンのことだから、意外に初めての城を楽しんでいるかもしれないな」

「そうだと良いのですが……」

アンウェイは紅茶を啜って口内を潤し、ティーカップをテーブルに置く。そして、レオンを見た。

「レオン様……今まで嘘をついていたこと、嘘をついたまま結婚したこと、ディアンの父親を隠していたこと、勝手に出ていこうとしたこと……本当に申し訳ありませんでした」

アンウェイは座ったまま深々と頭を下げた。それからまっすぐにレオンを見て、さらに話し続ける。

「今までの経緯をすべてお話しさせて下さい。元々私は――」

アンウェイの告白をすべて聞き終えた時、予想を上回る衝撃的な内容に、レオンはすぐに言葉が出て来なかった。

「……まさか前王妃殿下だったなんてな。どうりで訪城や貴族の集まりを嫌がっていた訳だ。結婚してすぐにこの屋敷での生活に馴染めたのも、品があるのも、教養があるのも……すべて納得だよ」

レオンは苦笑いを浮かべる。アンウェイはただただ申し訳ない想いで黙って話を聞く。

「私の知る限り、ディアンのようなグリーンの瞳は国王陛下だけだった。それでも、まさかと思い考えないようにしていた。陛下と同じグリーンの瞳で将来大物になるぞ、と思うようにして……ははっ」

レオンは自虐的に笑った。

「本当にごめんなさい……」

レオンのその笑顔が痛々しくて、アンウェイは見ていられずに再び頭を下げる。

「いや、ディアンのことを詮索しないというのは、結婚する時の約束だったからね。でもケイト自身については……ケイトをもっと知ろうとする勇気を持てなかった、私が悪いのだ……。ケイトが、ディアンのために私と結婚したとわかっていたからね」

そこまで言うとレオンは、アンウェイを一度見てから俯いた。

「……この幸せな日々を失うのが恐かったのだ……」

レオンは小さい声でそう言った。

アンウェイはその言葉を聞いて思わず顔を上げる。アンウェイもまた、同じであった。ふたりは同じ恐怖心を抱きながら、ずっと生活していたのだ。それが夫婦としてのコミュニケーション不足にも繋がってしまっていたのだろう。

「……レオン様。確かに私はディアンのためにレオン様と結婚しました。しかしそれは、レオン様と三人での幸せな未来が想像出来たからです。そして……実際にとても幸せでした。私にもディアンにも良くして下さり、本当の子どものように接していただき……感謝しかありません。良い妻になれずに申し訳ありませんでした」

最後まで言うと、アンウェイは再び頭を下げた。

「謝られるようなことは何もない！　頭を上げてくれ！」

レオンは慌てて否定する。そして、本当の想いが伝わってほしいと願いながら、ゆっくりと言葉を紡ぎ出す。

「ふたりに見送られ出迎えられ、共に食事し笑い合い……私は毎日幸せを噛みしめていたよ。ディアンの成長をケイトと一緒に見守ることが出来て、どれほどうれしかったか。君は良い妻だ。私は本当に幸せ者だ！」

レオンは曇りのない満面の笑みをアンウェイに向ける。その笑顔にアンウェイは、申し訳なさとホッとする気持ちが入り混じった。

「レオン様……ありがとうございます。きっとディアンは、今後は城で生活するようになるでしょう。報告があり次第、私はこの屋敷を出ます。……今まで本当にありがとうございました」

ディアンを想う気持ちはアンウェイもレオンも一緒である。レオンは、ディアンの今後を案じて心配そうな顔をしているアンウェイを見て、心を少しでも軽くしようと笑顔で優しく言った。

「……いつかこのような日が来る気がしていた。ディアンの気持ちが一番大事ではあるが、国王陛下の子を、私がこのまま育てたいと申し出ることは出来ないしな……。だけど、ケイトは別だ。そもそも私たちは正式な夫婦なのだから、いつまでもこの屋敷にいてはくれないか？」

「……」

アンウェイは何も言えず、複雑な表情でレオンを見つめた。

今までの嘘や前王妃だということを知っても、これまでと同じように接してくれるレオンの優しさが心に染みる。レオンは本当に素敵《すてき》な人だ。シュイルツのように愛することは出来なかったが……

現在ミランダが王妃であり、城にアンウェイの席はない。偽装自殺・逃亡など、罪に問われても文句の言えない立場でもある。

このような状況になってしまった以上今後のことは、ディアンが嫌がらない限りはシュイルツに委ねるしかない。

(ディアンはどう思うかしら?)

もちろんそれは、アンウェイが考えてもわからないことだ。ディアンの未来に対して自分の無力さを感じ、そして思った。

(私に出来ることは、もう何もないのね……)

翌日、フランが心配してアンウェイを訪ねてきてくれた。アンウェイの自室でお茶を飲みながら、ふたりは向かい合って座っている。

「フラン……私、今更だけどいろいろと気が付いたの。城から出たのは国のため、私は間違っていなかった、そう自分に言い聞かせてきたけれど、それだけではなかったみたい」

「……はい」

フランは心配そうな表情を浮かべたままアンウェイを見つめる。

「私はディアンに幼い頃から国のことをいろいろと話してきたわ。この子は国王の子だという思考が、無意識のうちにあったのだと思う。そして、昨日ディアンを連れていかれたにもかかわらず、国に必要とされる息子を、その子を産んだ自分を誇らしく思ってしまったの……それですべてを認めるしかなくなった。今までの自分の浅はかさを、身勝手さを……」

「……アンウェイ様……」

フランはアンウェイの隣に移動し、両手でギュッと震える手を握る。

「私はあの日、あの場所から逃げ出したの。国のためなんてもっともらしいことを言いながら、必要とされなくなる自分を日々実感し、存在意義を見失い、もうあの場所にいたくなかったのよ……」

「私はアンウェイ様が辛い想いをしているのを、五年間ずっとおそばで見ておりました。本当に、お辛かったですね……」

フランは涙を浮かべながら、とても優しい瞳をしていた。その瞳の温かさにアンウェイは我慢の糸が切れ、目からはらはらと涙が溢れる。

「……私は、本当はシュイルツに側室をとるようになんて勧めたくなかったの……。側室なんてとってほしくなかった！　私がシュイルツの子を産みたかった!!」

「アンウェイ様、わかっております」

フランも泣きながら、アンウェイを抱きしめた。

アンウェイはフランの腕の中があまりに暖かくて、さらに声をあげて泣いてしまう。

泣き喚くアンウェイの姿に、フランは胸がはちきれそうになった。王妃として感情を抑圧するのが当たり前となっていた彼女の、こんな姿を見るのは初めてだった。

「私の勝手にたくさんの人を巻き込んだわ。シュイルツもたくさん傷つけてしまった。私は本当に王妃失格だった!!」

「……アンウェイ様、人は自分の心に余裕がある時でないと、他人を思い遣ることは難しいです」

フランは優しくアンウェイを庇い続ける。

あの頃のアンウェイの精神状態では、正常な判断が出来なくなっていてもおかしくはない。それほどまでに、精神的に追いつめられているように見えていた。

アンウェイは呟く。

「私は……本当は、シュイルツの妻であり続けたかった」

しかし、自らシュイルツの手を離したのだ。

アンウェイは城から逃げ出したあともずっと、シュイルツにも城にも未練があり、呪縛が常にまとわりついてきた。そしてディアンの誕生により、長く失われていた自尊心が復活したのである。

心の中ではずっと、ディアンの存在をシュイルツに知ってほしいと思っていた。シュイルツに知られた時のために、ディアンを立派に育てたかったのだ。

そして今、ディアンはついにシュイルツに存在を知られることとなった。

アンウェイはこれでやっと、呪縛から解き放たれたのだ。同時に自分の弱さを、狡さを、身勝手さを……改めて認めざるを得なくなったのだった……

◇　◇　◇

その日の夜、城ではディアンのためにご馳走《ちそう》が振る舞われた。

ディアンは初めて目にするご馳走《ちそう》の数々に興奮し、シュイルツの存在を忘れたかのように一心不乱に頬張る。同じテーブルに座るシュイルツは、そんなディアンを微笑ましく見つめていた。

食後のデザートが運ばれると、ディアンは困った顔をした。シュイルツは急に眉尻の下がったディアンを訝しく思う。

「ディアン、どうした？」

「クリームのケーキ……食べたいんだけど、お腹がいっぱいで……」

「ははっ。明日にとっておけばいい」

半泣きでそう話すディアンに、シュイルツは思わず笑ってしまった。

「ううん、明日より今日のほうが美味しいから！　せっかく僕のために作ってくれたんだもん、美味しいうちに食べなきゃ！　絶対に今日食べます！」

ディアンは覚悟を決めた顔をする。普段クリームを使ったケーキは年に一回、自分の誕生日でしか食べることが出来ないため、どうしても食べたかったのだ。

その顔を見てシュイルツは、またもや笑ってしまう。

「ははっ、そうか。食べられるだけ今日食べて、残りは明日食べよう。そうすればシェフも十分に喜ぶぞ」

「うん、そうします！　少し休憩をしたら食べられる！」

食べる気満々のディアンは目をキラキラさせると、やっと食べる手を一度止めた。そんなディアンに、シュイルツは穏やかに話しかけた。

「では、少し私と話をしよう。ディアン、わざわざ城に来てくれてありがとう。せっかく来たのだから、あと数日ゆっくりしていくといい」

「はい！　じゃあ、もうちょっと美味しいものを食べてから帰る！」

「はは、そうするといい」

ディアンがすぐに帰りたがらなかったことが、シュイルツはうれしかった。そして、だんだん城や自分に慣れてきた様子を見て決意を固めた。

「……ディアン、この城にいる間に考えてほしいことがあるのだ。聞いてくれるか？」

「はい、なんですか？」

目の前のケーキを観察していたディアンは、顔をあげて背筋をピンッと伸ばす。

話を聞いたあとのディアンがどんな反応をするのか予想もつかず、シュイルツは少し緊張しながら話し始める。

「この城には、アーノルドと言う名の王太子がいた。今の王妃との子どもで、ディアンの腹違いの兄になる。しかし、流行病で命を落としてしまったのだ。その結果、この城……この国には、後継ぎがいなくなってしまった。……そこで、ディアンがもし嫌でなければ、この城に来てほしいのだ」

ディアンはきょとんとした表情でシュイルツを見る。

「僕がこのお城に来たらどうなるのですか？」

「王太子という、王位第一継承者となるのだ」

「おうい……だいいちけいしょう……？」

ディアンは首を傾げた。

「つまり、私の次に、この国の王となるということだ」

「……えっ⁉　僕がこの国の王様になるの⁉」

ディアンは目を真ん丸くした。

「そうだ。もちろん勉強をたくさんして、国王になる準備が出来た場合だがな。そのためにこの城で生活をし、さまざまなことを学んで欲しいと私は考えているのだ」

ディアンは驚きで目を見開き、口をパクパクさせる。そして、ふとアンウェイの顔が浮かび、思い出したことを口にする。

「もしかして、僕にしか出来ないこと……？」

「ああ、そうだ」

シュイルツは穏やかな顔で、しかしはっきりと言う。

「そっか、このことだったんだ……」

ディアンはぶつくさと小声で独り言を言ったあと、不安そうに尋ねる。

「……お父様とお母様と、離れて暮らさないといけないってこと？」

「……そうなるな。ディアンが望むのなら、父上と母上もこの城に一緒に住むのも可能だ。……父上は領主であるため難しいかもしれないが……」

ディアンはその言葉を聞いて俯くと、小さく呟いた。

「そっか……。国王になるのは良いけど、お父様とお母様と一緒に暮らせないのは嫌だな……」

「国王になるのは良いのか⁉」

今度はシュイルツが目を見開く番だった。思わず大きな声が出てしまい、ひとつ咳払いをして誤魔化す。

「うん。ずっとお母様から国のことをいろいろと聞いていたから……」

「どのようなことを聞いていたのだ？」

「自然豊かで農作物に恵まれている素敵《すてき》な国で、この国が幸せに満ちているのは国王陛下が頑張って下さっているおかげだって。だから国民も国王陛下に協力して、皆で平和と幸せを守る必要があるんだって。僕が国王になって、みんなを幸せにしたいんだけどなあ……」

「……」

ディアンは最後まで言い切ると、困った表情をしながら顔を上げてシュイルツを見る。目が合ったシュイルツの瞳が潤んでいるような気がしたが、すぐに下を向いたためよくわからなかった。

（アンウェイ……アンウェイ……）

シュイルツの想いは言葉にならず、ただただ胸がいっぱいだった。下を向いたまま、何かを堪《こら》えるように肩を震わせる。

「陛下⁉　だ、大丈夫ですか……⁉」

その様子にディアンは心配の声をあげるが、シュイルツの耳には入らない。

「……母上が、そう言っていたのか？」

「え……？　うん。いつからかは覚えていないけど、小さい頃から、そういう話をよく聞かされていたよ。……陛下、どうかしましたか？　お腹でも痛い？」

突然シュイルツは何も言わずに立ち上がり、ディアンのそばに行き抱きしめた。

「そうか、アンウェイがそう言っていたか！」

シュイルツはディアンを抱きしめながら笑う。アンウェイがふたりの子どもにそのように言い聞かせていたことが、うれしくてたまらなかったのだ。それと同時に、アンウェイへの感謝の気持ちが込み上げて来る。

（アンウェイ、ありがとう。私たちの子を、国王と王妃の子として立派に育ててくれて……）

シュイルツは抱きしめていた腕を緩め、両手をディアンの肩に置く。そして真面目《まじめ》な顔で、真正面からディアンの目をまっすぐに見て告げた。

「次の国王はお前だ、ディアン」

数日後、ディアンはニコライ伯爵邸へ帰宅することになった。

城に滞在中、ディアンはシュイルツと食事を摂る時以外、部屋から出ることを許されなかった。しかし、シュイルツやオリオンが暇さえあれば訪室した。それ以外の時間は、世話係の侍女と遊んだり、アーノルドやマーガレットのお下がりの玩具でひとり遊びをしたり、部屋の窓から庭を眺めたり、毎日のおやつに大喜びしたりと、楽しい時間を過ごした。

そして、自分から『国王になりたい』とシュイルツに会う度に伝えているほど、すっかりその気になっていたのだった。

しかし唯一、ディアンは眠る時が辛かった。二日目以降、ひとりのベッドの中がとても寂しくてこっそり泣いていたのだが、それは誰にも言わなかった。いきなりこのような大きな城に連れて来られて、本当の父親を明かされ、次期国王の第一候補だと言われ……。若干七歳のディアンは、本当は心細い気持ちでいっぱいだった。しかし、幼いながら責任感から大人ぶり、王太子にふさわしい〝良い子〟に見られたくて、ディアンはひとりで耐えたのだった。

「――ではオリオン、すまないがディアンをよろしく頼む」

「はい、かしこまりました。無事にニコライ伯爵邸へ送り届けます」

シュイルツは笑顔でオリオンとディアンを見送る。

馬車で帰宅する予定だったが、ディアンの希望で行きと同様に馬で帰ることになったのだ。ディアンは今回もオリオンの身体に固定されているが、行きとは違い明るい笑顔である。

「陛下は来ないのですか?」

「ああ、ディアン。私は仕事があるので今日は行けないのだ。一週間後に迎えにいくから、父上と母上とよく話をしておくのだぞ」

(ああ、本当に可愛い。離れがたいな)

表面上シュイルツは国王の顔をしているが、内心は父親の気持ちであった。そして、アンウェイに会いたいと思う気持ちもまた、考えないように奥底に閉まっているのだった。


行きよりはゆっくりと馬を進め、ニコライ伯爵邸に着く頃には日が暮れ始めていた。

「ただいま帰りましたー!」

「ディアン坊ちゃん! 旦那様ー! 奥様ー! ディアン坊ちゃんが戻られました!」

侍女が大声でレオンとアンウェイを呼びに行く。

「ディアン!」

駆け寄ったレオンがディアンを抱きしめる。アンウェイはレオンの後ろで、元気そうなディアンの姿にホッと胸をなでおろした。

「こんばんは、ニコライ伯爵、伯爵夫人。到着が遅くなってしまい申し訳ございません」

「オリオン騎士団長、お疲れ様でした。すぐに食事にしましょう」

「いいえ、せっかくですがあまりゆっくりしている時間がなく、本日はこれにて失礼いたします。

詳細は先日、国王陛下の手紙にあった通りでございます」

オリオンはレオンの申し出を断ると、感情を表に出さずにただ淡々とそう言った。

『ディアンを養子として迎え、正式に王太子として城で育てたいと考えている。同意してもらえるのならば、帰宅した一週間後に再び迎えに行く』


シュイルツから届いた手紙の内容は、大体このようなものだった。

シュイルツとディアンがお互いをどう思ったのか、アンウェイは気になって仕方がなかった。

ディアンは年齢の割にしっかりしている。人懐っこいので、きっとシュイルツもディアンのことを気に入ったのではないだろうか。

「一週間後、国王陛下が訪問する予定です。しばし、ご家族の時間をお過ごし下さいませ」

「……わかりました。道中お気をつけ下さい」

「オリオン様またねー！」

ディアンは元気に手を振る。

「こら、ディアン！　なんて馴れ馴れしいのだ⁉」

すっかり打ち解けているディアンにレオンは驚いた。

オリオンは微笑んで会釈をし、最後にアンウェイの姿を一瞥する。彼女は何も言わずにディアンを不安そうな表情で見つめていた。

オリオンを見送ったあと、レオンはディアンを思いっきり高く抱き上げて言った。

「さて、ここを出てからの話をゆっくり聞きたいが、まずは食事してからだな！」

すぐに夕食の準備がされ、チキンを美味しそうに頬張るディアンの様子を、レオンとアンウェイは自分の食事そっちのけで見つめた。

久しぶりの三人での食事を楽しんだあとで、レオンはディアンに話をふる。

「さあディアン、話をたくさん聞かせておくれ」

「はい！」

ディアンはオリオンと馬に乗った話から、城の食事の内容、どのような遊びをしたか、部屋の窓からは何が見えたか、そしてベッドの寝心地まで、最初から順を追ってすべて話す。

屋敷に帰ってきてからずっと、ディアンがレオンにべったりとくっついているのをアンウェイたちは不思議に思っていたが、その理由も明らかとなる。

「……やっぱりお父様は、僕の本当のお父様じゃなかったんだね」

ディアンはレオンに抱きついて言った。シュイルツの前では強がっていたが、やはり確信を得て少なからずショックだったのだ。

「……そうだな。血は繋がっていない。けれど、ディアンは私の子どもだ。そうだろ？」

レオンはディアンの顔を覗き込んで、優しく微笑む。

「……うん。お父様はお父様だもんね」

ディアンはそう呟くと、とてもうれしそうな顔でレオンを見つめた。

「ディアンは父親がふたりもいるんだ！　すごいな！　やったな！」

「本当だ!!　僕、すごい!!」

レオンが冗談混じりに言うと、ディアンの目がキラキラ輝く。レオンはさらに笑顔で続ける。

「しかも、もうひとりは国王陛下だぞ！」

「わー！　僕、とてもすごいね！」

ディアンからは、もう悲しそうな表情は消えていた。

（……レオン様は本当に良い父親ね。ディアンがこんなに良い子に育ってくれているのは、レオン様のおかげだわ）

ふたりの様子を見ながら、アンウェイは改めて思う。そして相槌を打ちながら今まで話を聞いていたが、ついに意を決して口を開いた。

「……それでディアン、国王陛下とはどのようなお話をしたの？」

「僕、国王になるよ！　城に行って、そのお勉強をする！」

ディアンはレオンに抱きついたまま、アンウェイを見て即答した。その迷いのない口調と表情に、アンウェイもレオンも驚いた。

「……迷いはないの？」

「うん、ないよ！」

「国王になりたいの？」

「うん、なりたい！」

ディアンはアンウェイの質問に元気良く答える。そして驚いて固まっている両親を見て、説明を付け足した。

「だってお母様がいつも言っているじゃない。この国の人たちが幸せでいられるのは、国王陛下のおかげなんでしょう？　だから僕は国王になって、この国の人たちの幸せを守るんだ！」

レオンとアンウェイは開いた口が塞がらないまま、お互いの顔を見合わせた。

「……そう、ディアンはすごいわね。この国の人たちの幸せを守りたいのね」

「うん！　だって、幸せじゃないよりも幸せなほうが良いに決まっているもん！　みんなそうでしょう？」

アンウェイが一生懸命に心を落ち着かせていると、ディアンは「違うの？」と言いたそうな表情を浮かべる。

「ええ、そうね。皆、幸せでいたいと思っているわね」

「だよね！」

アンウェイが穏やかな声音で告げると、ディアンはほっとしたのか再び笑顔になる。

「ディアン、人を幸せにするには、まずは自分が幸せにならないといけないのだよ？」

ディアンの顔を覗き込みながら、レオンは言う。

「えっ、どうして？」

ディアンはポカンと口を開けてレオンを見上げる。

「自分が満たされていないと、人に優しくする心の余裕がないからだよ。自分が幸せではなくて、他の人の幸せが願えるかい？」

穏やかな表情で諭すように話すレオンを、ディアンは目をクリクリさせながら見る。そして少し考えてから答えた。

「んー……難しいかも……」

「そうだろう？　心の底から他人《ひと》の幸せを願うためには、まずは自分が幸せになる必要がある。ディアンは城に行って、幸せになれると思うかい？」

レオンはゆっくりと、ディアンの本気度を探った。

しかしそのレオンの言葉は、アンウェイの胸に刺さった。アンウェイのとった行動が正にその例であろう。自己犠牲では、多くの人を傷つけてしまうことがある。自己犠牲は決して美徳ではない。

「うん、大丈夫だと思う！　お城に行っても、僕も幸せになれると思う！　僕は幸せになるためにお城へ行く！」

そのまっすぐな瞳にディアンの成長を実感し、レオンとアンウェイは胸がいっぱいになった。

「そうか。では、ディアンは次の国王になるのだな」

「うん！　なれるようにお勉強を頑張る！」

「寂しくなるな……」

急に寂しそうな表情になったレオンは、ディアンを見つめながら呟いた。

「お父様は領主だから、一緒にお城に住むのは難しいよね？」

「ああ、そうだな」

「やっぱりそうだよね……」

レオンの返事にディアンは呟く。

「でもお母様だけに来てもらったら、お父様がひとりになるし……」

「え、私たちも城に住んでも良いとおっしゃられたのか？」

考えをすべて口に出しているディアンに、レオンは尋ねる。しかしディアンは、すぐに元気良く言う。

「うん。でも良いの！　僕はひとりで行くって決めた！　国王陛下が、三カ月に一回は二泊三日でアースの町に帰っても良いって。それに、年に一回は一週間くらい泊まっても良いって言っていたよ！」

「……そうか。国王陛下はちゃんと考えて下さっているのだな。……国王陛下は、良い人そうだな」

「うん、すごく良い人だった！」

笑顔で即答するディアンに、レオンは思わず苦笑いを浮かべてしまった。シュイルツのことを考えると複雑な想いが胸を駆け巡るが、目を瞑り考えないようにしているからだ。

「……そうか。うまくやっていけそうか？」

「うん、大丈夫だと思う。たくさん勉強をして立派な国王に僕なるよ！　ね、お母様？」

「うん、そうね」

（たくさん勉強をして立派な国王になる……か。幼い頃のシュイルツがよく言っていた言葉だわ）

アンウェイはディアンを見て微笑んだ。幼い頃のシュイルツを思い出さずにはいられず、国王の子を産み育てた自分を誇らしくも感じていた。

「僕にしか出来ないこと、国の人々の幸せを守り続けることを頑張るね！」

アンウェイはディアンのその言葉を聞き、笑顔はすぐに崩れてしまった。ディアンは、連れ去られる間際にアンウェイに言われたことを頭に留め、考え、自分なりの結論を導き出していたのだ。

「……ああディアン。いつの間にこんなに立派になったの？　まだ七歳なのに……」

あまりの感激に泣きそうなアンウェイを見て、悲しんでいると勘違いをしたディアンは慌てた。

「僕がお城に行ったとしても、お父様とお母様の幸せも守るよ！　安心してね！」

自分がいなくなることで両親が幸せではなくなるのではないかと、ディアンは心配しているのだろう。思いやりのある子に育った息子に、アンウェイはとても心が温かくなる。

思いやりや優しさが溢れているのは、シュイルツとレオンに共通している。

（シュイルツの血が流れ、レオン様に育てられたディアン。こんなにも良い子に育ったのは当然のようにも思えてくるわね……）

アンウェイは、ディアンが自分の元を離れていく寂しさと共に、ディアンとレオンに感謝の気持ちが込み上げて来る。そして、レオンに抱きつくディアンを、レオンごと抱きしめた。

（私の元に産まれてきてくれてありがとう。私と結婚して下さってありがとう……）

抱擁を喜ぶディアンのそばで、レオンは動揺している。初めてのアンウェイからの抱擁に高鳴る胸の鼓動を感じながら、心から思った。

（この三人で家族になれて本当に幸せだ）

そしてアンウェイもまた、同じことを考えていた。

（三人で家族として過ごした日々は、本当に幸せだったわ……）

心からそう思ったのだった。

第七章　罠の真実

今後の方針が決まり、シュイルツはミランダに話をしに行った。

「ミランダ、包み隠さず話す」

「……はい」

ミランダは、取り乱すことはなくなっていたが活気がないのはあいかわらずで、マーガレットが毎日付き添っている。マーガレットに席を外してもらい、シュイルツは久しぶりにミランダとふたりきりで顔を合わせた。

「前王妃が生きていた」

ミランダは信じられないというように目を見開き、シュイルツを凝視した。

「自殺をしたと見せかけて生きていたのだ。町で暮らしている。八年ほど前に偶然見つけ、一度だけ関係を持った。それからずっと再び行方不明であったが、先日見つかったのだ。そして、ディアンという七歳の男の子がいるのがわかった。私との子だ」

シュイルツはあえて淡々と話した。

「……それは、本当の話ですか？」

「ああ」

「本当は死んでいないことを、陛下はご存知だったのではありませんか？」

「いいや、知らなかった。本当に死んだと思っていた」

ミランダは目を見開いたまま、シュイルツをジッと見る。一方シュイルツは、ミランダの眼力に動じず淡々とした言動で答えた。

「こそこそと隠れて会っていたのではありませんか？」

「いいや、ずっと行方不明で、子どものことも知らなかった」

「本当ですか？」

「偶然オリオンが見つけたのだが、今回のようなことがなければ、私に伝えるつもりはなかったようだ。後継ぎがいなくなって、初めて告げられた」

「……ずいぶんとタイミングがよろしいのですね」

ミランダは真偽を探るように、シュイルツの目に揺るぎがないかジーッと観察している。

（本当の真偽はわからない。でも、シュイルツ様がこのような嘘をつく人ではないことはわかっているわ……）

ミランダは目の前のシュイルツを見続ける。夫であるはずのその人を、なぜだか遠くに感じる。

（今ある事実で十分だわ……）

数分後、視線を外してようやく口を開く。

「……わかりました、離縁いたします」

ミランダは覚悟を決めた。アーノルド亡き今、自分が王妃として城に居座り続ける意味を見出すことは出来ない。前王妃が生きていたのなら尚更だ。

「待つのだ、ミランダ……。私はそのような話がしたいのではない。前王妃は伯爵と既に結婚している。それに、まだ私は前王妃と会って話もしてもいない。まずはミランダに話をしなければと思ってきたのだ」

シュイルツは努めて冷静に、穏やかに話す。

「……シュイルツ様もアンウェイ様も離縁し、ふたりが再婚して、新しい王太子殿下と三人でこの城で暮らせば良いではありませんか。……あるべき姿だったように」

ミランダは目に溢れんばかりの涙を溜めながら言った。

（そう、私はいつも代わりだったじゃない……）

冷静でいたかったが、今まで我慢してきた想いがどんどん込み上げてくる。

「それは昔の話だ。私はミランダと再婚し、ミランダが現王妃で私の妻だ。マーガレットもいる。自分の気持ちだけで突っ走るつもりはない」

その発言にミランダはショックを受ける。

いくら時間が経ってもかなわない想いだと自覚していた。それでも、改めて本人の口から現実を突きつけられたようで、胸が痛くてしょうがない。

（わかっていたことだったけれど……）

シュイルツは、ミランダの様子には気付かずに話し続ける。

「しかし、ディアンは養子として城に迎え、王太子として育てていきたいと思っている。ディアンの面倒をみてくれとは言わない。ただ、同じ城で生活をすることを許してほしい。そして、出来る限り普通に接してやってほしい……どうだろうか？」

シュイルツが話し終えた次の瞬間、ついにミランダの目から大粒の涙が一粒溢れた。一粒溢れると、あとはとめどなく次から次へ流れ落ちる。

「……シュイルツ様、お気付きですか？　今あなたは『自分の気持ちだけで突っ走るつもりはない』とおっしゃいました。今もアンウェイ様を想っていると、私に言ったも同然なのですよ？」

シュイルツは目を見開いた、自覚していなかったのだ。

「離縁いたしましょう。……私はもう、おふたりの邪魔をするつもりはありません」

「軽率な発言であった。すまない。……ミランダ、私はアンウェイと一緒になろうとは考えていない」

「それでも、離縁いたしましょう。私はシュイルツ様とアンウェイ様の子が、王太子としてこの城で教育を受け、次期国王となる姿を近くで見ていたくはありません。本当はアーノルドがそうなるはずであった、その姿を……」

ミランダは無表情で涙を流し続ける。心の底からシュイルツを、アーノルドを愛していたからこそ涙は止まらない。

「……辛いとは思うが、なんとか割り切ってはもらえないだろうか？　現王妃はミランダ、そなただ。マーガレットもいるではないか」

「……」

ミランダは何も答えなかった。気持ちは固まっているからだ。

（もう何を言われても気持ちは変わらないわ）

シュイルツは、何も言わずに涙を流しながら俯くミランダが、心を閉ざしたことに気付く。

「……明日、ディアンを迎えに行く。今は結論を出さなくて良い。だが、もう一度よく考えてみてくれ」

それでも希望を込めて、最後にそう伝えたのだった。


〝後継ぎの心配は不要である〟とのメッセージを込め、国王に近い地位の者に、アンウェイのことは伏せたうえで王太子の存在が知らされた。

その知らせを聞き、ミランダの父スコッチ公爵が訪問してきた。ミランダと同じ赤毛で濃い茶色の瞳を持ち、痩せて頬《ほほ》のこけたスコッチが、怒りの形相《ぎょうそう》でシュイルツを見ている。

「国王陛下、お久しぶりです。王の血を引く男児が現れたということですが……その者を城に入れ、次期国王としての教育を受けさせるという話は本当ですか？」

「ああ、本当だ」

「なんということでしょう⁉　どこの馬の骨ともわからない、ただの町娘に産ませた子どもだと言う話ではありませんか！」

スコッチは挨拶もそこそこにいきなり本題に入る。

「そのような者を城に入れて……面倒なことになったり、その母親のろくでもない性質を受け継いでいたりしたら、どうするおつもりですか⁉」

スコッチは知らないとは言えアンウェイのことを悪く言われ、シュイルツは少しムッとした顔をしてしまう。

しかし、スコッチはシュイルツの様子など気にも留めずに主張を続ける。

「王太子殿下は、信頼出来る者と国王陛下の子であるべきです！」

スコッチは目を見開き、鼻の穴を大きく膨らませ話し続ける。

「ミランダとの間に、もうひとり子作りに励まれてはいかがですか？　それが難しいようでしたら、マーガレットにちゃんとした信頼出来る血筋の婿を取りましょう‼」

スコッチは興奮し、座りもせずに一気に捲し立てた。

「……スコッチ公爵、いずれ発表するつもりであるが、王太子の母親は前王妃のアンウェイである」

シュイルツはひとつ息を吐き、冷静に言う。ディアンのことを義父のスコッチには直接話すべきだと前々から考えており、ようやく今日になって話せたのだった。

「えっ……」

「詳しいことは、後日発表するのを待っていてほしい」

「……なんとおっしゃいましたか？」

「前王妃であるアンウェイは、本当は生きていたのだ」

「い……今、なんとおっしゃいましたか……。前王妃殿下が生きていたと……？　彼女との間に男児が誕生していた……？」

スコッチは声も身体も震え、真っ赤にしていた顔が一瞬で真っ白になった。

「つまり、その子どもを養子に迎えて王太子として育てる……ということですか……？」

「ああ、そうだ。ミランダにも伝えている。さらに言うなら、ミランダは離縁を希望している」

「ミランダが!?　国王陛下、その話は聞かなかったことにして下さい!!　ミランダはまだ、アーノルドを失ったショックから立ち直っていないのです！　ミランダには私からよく言い聞かせますので!!」

スコッチは、再び全身を真っ赤にしながら必死の形相《ぎょうそう》を浮かべる。

「私も、もう一度よく考えるように言ったところだ」

「そうですか……ありがとうございます」

シュイルツは椅子に腰掛け腕を組むと、昔よりも皺《しわ》の濃くなったスコッチの顔を見た。孫のアーノルドの死やミランダの離縁希望、アンウェイが生きており王太子候補の男児がいるなど、彼にとって心中穏やかでないことが続き気を揉んでいるだろうと、容易《ようい》に想像が出来る。

「……公爵とは本当に長い付き合いであるな。前王妃との間になかなか子どもが出来なかった時、側室を最初に勧めたのは公爵であったな。側室に自分の娘を勧めながらも、アンウェイの身体にも気を遣ってくれていたそうではないか」

「……そうですね。陛下が幼い頃から親しくさせていただいており、うれしい限りです」

スコッチは冷静さを取り戻し、先程までの無礼な態度を取り繕い始めた。シュイルツは穏やかな顔で、そんなスコッチに告げる。

「前王妃のために、妊娠するのに良いお茶を持ってきてくれていたそうだな。最近になってそのことを知ったのだ。今、礼を言わせてくれ」

シュイルツの礼に、スコッチは表情を強張《こわば》らせる。それはほんの一瞬のことで、シュイルツは見間違いかと思った。

「いいえ、辛い想いをされているおふたりに恩着せがましいことをするのも……と思いまして、わざわざ名乗らなかっただけでございます。……ところで、どなたからそれをお聞きになられたのですか？　シェフですか？」

スコッチは、ハンカチを取り出し額の汗を拭った。

「この前、通りがかったついでに厨房横の茶葉の保管庫を見た。その時に、別にまとめて保管されている茶葉を見つけ知ったのだ。そういえば、公爵はうちのシェフと友人でもあったな。シェフにお茶を渡してくれていたのか」

「……あ……ええ、そうなのです。結局、お役に立てずに申し訳ありませんでした……」

「いや、そなたのせいではない。心遣いに感謝する」

申し訳なさそうな表情を浮かべるスコッチに、シュイルツは優しい笑顔を向けたのだった。

◆　◆　◆

シュイルツと話を終えたスコッチは、まっすぐにミランダの部屋を訪れた。

「ミランダ！」

ノックもせずに、スコッチはいきなりミランダの部屋のドアを開ける。ミランダはスコッチが怒っているとすぐにわかった。

「お祖父様！」

しかし、ミランダよりも先にマーガレットが口を開く。

「コホン。……あぁマーガレット、久しぶりだね。ミランダと話があるのだ。席を外してくれるかな？」

「……はい、わかりました」

マーガレットの姿を見たスコッチは、ひとつ咳払いして笑顔を浮かべる。マーガレットが軽く会釈をして部屋を出ると、再び目を吊り上げた。

「ミランダ、聞いたぞ！　前王妃殿下が生きていたことも、男児がいることも、お前が離縁を申し出たことも!!」

「……お父様、申し訳ありません。アーノルド亡き今、私はこの地位を退きたいと考えております。前王妃殿下が自らこの座を降りたように、私も前王妃殿下にこの座をお返ししたいのです」

スコッチは一気に激昂した。

「お前は私のひとり娘だとわかっているのか!?」

湯気が見えるのではないかというほどに顔は熱を帯び、こめかみには血管が浮き上がっている。

「私は今や、この国の貴族のトップだ！　それもこれも、お前が王妃だからだ！　王妃から降りることは絶対に許さん！　国王陛下との子がもう望めないと言うのであれば、マーガレットに私の選んだ婿をとるように仕向けるのだ！　それがお前の役割だ!!」

「……もうお父様の言うことを聞くことは出来ません」

ミランダは父を睨みつけた。このような態度を取ることは初めてであり、自暴自棄になりかけながら反抗する。

「前王妃殿下が生きていると知った今、国王陛下と前王妃殿下との間に子がいると知った今、私は自ら引き下がると決めたのです」

――バチンッ！

一瞬の後、ミランダは父親から殴られたのだと自覚した。ぶたれた頬《ほほ》に自然と手が行き、呆然とする。

（初めてぶたれた……。今までいくら理不尽なことを命令してきても、私に手を上げたことは一度もなかったのに……）

ミランダは、それだけスコッチの怒りが凄まじいと理解し、思わず身震いをした。

「お前を王妃にするために、私が今までどれだけの苦労をしてきたと思っているのだ？　綺麗事ばかりではなかったのだぞ？　あの女もしぶといが、お前もいい加減にしろ！」

スコッチは冷静を装っているが、ギラギラと怒りに燃えていた。

そして、フウッと深呼吸し気持ちを落ち着かせてから、ドアのほうへ歩いていく。ドアを開け近くに誰もいないことを確認をすると、再びしっかり閉めてからミランダの前に戻ってきて、口を開く。

「前王妃が子を成せなかったのは、私が仕組んだからだ」

一瞬にして、ミランダとスコッチの間の空気が凍り付いた。

「シェフに金をやって、不妊成分のある茶葉のお茶を飲ませるようにした。飽きずに飲み続けてもらうために、いろいろな味の茶に混ぜて作らせたよ。なんなら料理にも混ぜさせた」

ミランダは目を大きく開け、両手で口元を覆い震えながら尋ねる。

「……なんで……そのようなことを……？」

「なんで？　決まっているではないか。ずっとお前を王妃にするつもりだったのだ。しかし、思っていたよりも早く新しい国王と王妃が誕生してしまった。阻止出来ずに……」

そこまで言うとスコッチは、ハアッとひとつ、仕方がないというようなため息をつく。

「それで仕方なく計画を変更したのだ。ミランダをあわよくば王妃に、側室でも王太子を産めば私は次期国王の祖父だ。私の地位は安泰だからな。ははっ」

そう言い終えると、大きな声でスコッチは笑った。

「……そのために、前王妃殿下が子を産めないように仕組んだというのですか!?」

（信じられない……嘘だと言って……）

ミランダは瞬きを忘れ、見開かれた目でスコッチを凝視する。

「ああ、天然の食物だからな、誰も不思議がらなかった。普通の者には害は何もないからな。しかし、薬師の間では妊婦や妊娠希望者には禁忌とされている葉だそうだ。天然の葉だから、どれだけ効くかと心配であったが、幸い前王妃にはよく効いたようだ。ははははっ！」

再び声を上げて笑うおぞましい父親を見て、ミランダは絶望する。

（なぜ私は、こんな人間の子どもとして産まれてきてしまったのだろう……？）

ミランダは、女として生まれた自分を何度呪ってきたかわからない。父のために、父に必要とされるために、幼い頃から父親の言うことをずっと聞いてきたのだ。

『お前が男だったらよかったのに』

それは、ミランダがスコッチに何度も言われてきた言葉だった。その時ふと、ミランダの脳裏に先日のマーガレットの言葉が浮かぶ。

『ごめんなさい、お母様。私が男ではなくて……』

耳に残っていた言葉を、今やっとミランダは理解する。

（あぁ……、私はマーガレットになんてことを言わせてしまったの……）

大切な娘を傷つけてしまった自分に苛立ちを覚える。

自責の念に駆られながらも、冷静になっていくのを感じた。ミランダは冷たい視線をスコッチに向ける。

「陛下に知られたら、お父様は流刑以上の刑は確実ですね」

「ああ、けど知られることはないさ。その茶葉を作らせていた奴はもう病死したし、知られたら処刑されるとわかっているシェフも今更言う訳がない。侍女に口を滑らせていたことと、茶葉をまだ処分していなかったことは許せんがな。今度少し金を返させるか……」

ブツブツと何か呟くスコッチを、ミランダは怒りと軽蔑に満ちた目で睨みつけた。

「私が言うわ。私はどうなったってかまわない」

スコッチは一瞬驚いた顔をしたが、すぐに悪い笑みを再び浮かべる。

「いや、お前も言わないさ。言ったらマーガレットはどうなる？」

「マーガレットは賢い子です。わかってくれます」

「茶葉の件だけならマーガレットは無事かもな。けれど、私の罪はそれだけではない。茶葉のことを陛下に知られたら、他の罪も知られるかもしれないな……そうすればマーガレットもどうなるか分からんぞ」

毅然とした態度で反抗するミランダに対して、スコッチはニヤリと不気味に笑った。

「……一体、何をしたと言うのです？」

「ふっ。お前は知らないほうが良いと思うぞ。それと、もしお前と陛下が離縁をしたら、マーガレットは死ぬことになるぞ」

面白そうににやけ顔で言い放ったスコッチを見て、ミランダの顔から一気に血の気が引く。

(なんですって……!?)

ミランダはギュッと口を結んだ。マーガレットはなんとしてでも守る必要がある。

「……マーガレットはあなたの娘と国王陛下の子どもです。あなたの保身のためにも要らない人間ではないと思いますが？」

スコッチはふんっと鼻を鳴らし、余裕のありそうな態度をとる。

「まぁそうだな。しかし、娘が王妃だというほどではない」

「……」

ミランダは言葉を失い、自分の父親をただ見つめるしか出来なかった。

（この人は本当にマーガレットを殺しかねない）

それだけが確かなものとして、彼女の中に植えつけられたのだった。

◇　◇　◇

翌日、シュイルツがディアンを迎えに行く準備をしていると、ミランダが訪室してきた。

「今から王太子殿下を迎えに行かれるのですか？」

ミランダは無表情でシュイルツを見る。

「……ああ、今から迎えに行ってくる」

「シュイルツ様……あれからよく考えました。やはり私は、これからも王妃としてシュイルツ様を支えたいと考えております。新しい王太子殿下を疎ましいなどとは思いません。歓迎すると約束します」

シュイルツはタイを結ぶ手を止め、ミランダを見た。

「……一体どういう心境の変化だ？」

「……無責任だと思ったのです。一度、王妃として陛下を支えると誓った身です。その誓いをまっとうしたいと考え直しました」

ミランダは、自分の手が小さく震えているのを感じる。

「私の力なんて微力でしょう。ですが命が尽きるその時まで精一杯に努めますので、どうか王妃としてこれからもおそばに置いて下さいませ。お願いいたします」

深々と頭を下げるミランダに、シュイルツは驚いた。

（一晩でこれほどまでに考えが変わるものだろうか？）

シュイルツはミランダの肩に手を置いた。

「ミランダ、頭を上げてくれ。昨日、スコッチ公爵に会ったのか？」

「……はい、会いました」

間が空いた返答に、シュイルツは違和感を持った。

「それで、気が変わったのか？」

「いいえ、違います。父は関係ありません。私がこれからどうしたいのか、どう生きたいのか、よく考えた結果です」

そう、ミランダは考えたのだ。これからどうしたいのか、どう生きたいのかを。

（マーガレットの命を守りたい）

答えは、ただそのひとつだけであった。アーノルド亡き今、マーガレットだけは何があっても守り抜くと覚悟を決めたのだ。

急に冷静になったミランダに疑問を持ちながらも、シュイルツには拒否する理由はない。

「……わかった。これからもよろしく頼む」

腑に落ちない表情を浮かべながら、受け入れたのだった。

◇◇◇

朝食を終え、部屋の窓から外を眺めているディアンに、アンウェイは声をかけた。

「ディアン、何をしているの？」

「お母様！」

アンウェイを見た瞬間に、ディアンの顔がぱぁっと明るくなった。この表情を見ると、いつもアンウェイはとても幸せな気持ちになる。

「今日からお城に住むんだなーって思っていたんだ」

ディアンは立っているアンウェイの足に抱きつき、目をクリクリさせながら言う。

幼い子の上目遣いは本当に破壊力が凄まじい。アンウェイは愛しさを感じながら、自分の寂しさを紛らわすように聞いた。

「寂しい？」

「うーーーん……ちょっとね！　ほんのちょびっと寂しいけど、みんなの幸せを守らなきゃだから仕方がないよね。僕、お勉強を頑張るよ！」

ニーッと笑うディアンが、アンウェイには眩しく見えた。そんなディアンを抱き上げると、そのまま椅子に腰かける。

「ディアンはかっこいいわね」

「えっ⁉　僕、かっこいい⁉　本当⁉」

キラキラと喜ぶディアンに、アンウェイは思わず笑った。城から戻ってきてから、ディアンにとってかっこいいが一番の褒め言葉になっている。

「僕がいなくなっても、お母様とお父様はずっと仲良く暮らしていてね」

「……そうね……」

アンウェイは苦笑いを浮かべながらも、ディアンを安心させるためにそう答えるしかなかった。

(本当はその約束は出来ないの。ごめんね、ディアン……)

アンウェイは、自分が今後どこにいるべきなのか、まだ決めかねていた。レオンとの結婚は、ディアンありきのものだった。今まで散々嘘をついてきたアンウェイが、ディアンがいなくなったあともこの屋敷にとどまることは、はばかられると思っていた。

(この屋敷に居続けることは、流石《さすが》に調子が良すぎるわ)

アンウェイがそんなことを考えていると、ディアンは急に質問を投げかけてきた。

「ねぇ、お母様はお父様と結婚する前、国王陛下と結婚してお城で暮らしていたって聞いたんだけれど、本当？」

急な質問にアンウェイは少し驚いたが、微笑みながらすぐに答えた。

「ええ、本当よ」

「どうして国王陛下と別れちゃったの？」

アンウェイは嘘をつかずに正直に答える。

「私が辛くなって、逃げ出してしまったの」

「なんで？」

「子どもを授かることが出来なかったの」

じーっと見てくるディアンの目を見たまま、アンウェイは昔を思い出す。

「僕は？」

「結婚している時は、ずーっと子どもが欲しくても欲しくても授からなかったのに、陛下とお別れをして久しぶりに会った時に、ディアンを授かったの」

「えー！　なんで⁉　すごーい‼」

純粋に驚くディアンに、アンウェイは微笑んだ。

「なぜかは私にもわからない。でもね、ディアンが私のもとに来てくれて、本当に本当にほんとーーーに、とってもうれしかったのよ。ディアン、私は幸せよ。そして、あなたを誇りに思うわ」

アンウェイは、ディアンをギューッと思いきり抱きしめる。ディアンを愛しく想う気持ちが伝わることを願いながら、ずっと抱きしめ続けた。

「あはは、お母様、痛いよー！」

ディアンは楽しそうに笑う。

――コンコン。

扉をノックする音がしてチラリと見ると、そこにはレオンがいる。

「ディアン、侍女が『本当にこれを持っていくのか？』と、お前が準備していた謎の物を前に困っていたぞ？」

レオンは微笑みながらも、半分呆れたように言う。

「あー、あれは僕の力作なの!! 持っていくー!!」

ディアンはアンウェイの膝から飛び降り、自室へ走っていった。

部屋にふたりきりになると、レオンはアンウェイの隣に腰を下ろす。そしてアンウェイの顔を覗き込みながら、悪戯《いたずら》っぽい笑みを浮かべた。

「今の話、聞いていたよ。母親として嘘はつけないね？」

「……なんのことでしょうか？」

アンウェイはレオンの意図がわからず首を傾げる。

「ディアンの父親と母親は、ここで仲良く暮らすのだろう？」

「あっ……」

アンウェイが戸惑い咄嗟《とっさ》に下を向くと、レオンは姿勢を低くし下から覗き込んだ。

「ケイト、ディアンがいなくなってもここにいてくれ。これからも一緒に暮らそう。そして、ディアンが帰ってきた時にはふたりで一緒に出迎えよう。ディアンの成長を、国王となる姿を、一緒に見守っていこう」

「レオン様……」

アンウェイはいつも通りのレオンの優しさに、なぜだか申し訳ない気持ちが込み上げてくる。

「もう一度言う。ケイト……いや、アンウェイ。私の妻として、これからもここにいてほしいと私は思っている。私はアンウェイと一緒にいると幸せなのだ」

レオンは澄み切った瞳で、アンウェイをまっすぐに見つめて言う。アンウェイはレオンの瞳から目を逸らせずにいる。その瞳は、想いが伝わって欲しいと強く物語っているのだ。

「しかし、アンウェイ自身が幸せだと思う場所にいてほしいとも思っている。ディアンと共に城に行くのがアンウェイの幸せなら、私は止めはしない。けれどもし、ここにいることが幸せだと思ってくれるのなら、そばにいてほしい」

レオンの言葉を聞いて、アンウェイの心は温かくなる。想いを伝えながらも、ちゃんと選択肢を与えてくれる。彼のその優しさに何度救われてきたかわからない。

レオンは、緊張を滲《にじ》ませながらも心からの笑顔をアンウェイに向け、ずっと伝えたかった言葉を紡ぐ。それはアンウェイに負担に思われることを恐れ、今まで言えなかった言葉だった。

「アンウェイ、愛している。これからも一緒にいてほしい」

レオンの心の底からの切なる想いが、アンウェイに痛いほど伝わる。

よく〝真実の愛とは無償の愛である〟と言う。今までレオンが捧げてくれた愛はその類《たぐい》のものだったのではないだろうか。

それが今日、レオンが初めてアンウェイという見返りを求めた。それがなぜだか、アンウェイはとてもうれしく感じる。ここには、アンウェイでなければだめな人がいるのだ。

気付くとアンウェイの目からは涙がこぼれていた。レオンはその涙を手で拭い、アンウェイを見つめ続ける。

アンウェイの心は、どんどん温かい想いでいっぱいに満たされていく。

そして、アンウェイの心と居場所は決まった。

(もう逃げるのは終わりにしよう。これからはレオン様にたくさんの恩返しをしながら、一緒にディアンを見守っていこう)

それはアンウェイが幸せのために自分で選んだ、自分の居場所なのであった。

ディアンの迎えがそろそろ来る頃。

「――ところで、本当のご両親はどうされたのだい?」

アンウェイとレオンは、お茶を飲みながらその時を待っていた。

「亡くなりました」

「そうだったのか……。なぜ……いや、すまない。話したくなければ無理に話さなくて良いよ」

レオンは何気なく聞くが、もう少し言葉を選ぶべきであったと少し反省する。彼の暗い顔を見て、アンウェイは慌てて言う。

「いいえ、気持ちの整理はついているので大丈夫です。私が十六の時でした。前国王陛下が亡くなられた知らせを受け、私は父と母と共に城へ馬車で向かいました。その途中、馬が急に暴れ出してしまったのです。そして近くの川に落ち、父と母は亡くなりました」

レオンは目を見開いてアンウェイを見る。アンウェイは困ったような寂しそうな笑みを浮かべて続ける。

「……深い川で、父が逃げようとドアを開けた瞬間に、水が一気に入ってきたのです。父と母が私を外に押し出してくれて、流されたものの川岸に辿り着き、なんとか私は助かりました」

すっかり眉尻が下がり暗い表情をするレオンを見て、アンウェイはわざと明るく言った。

「そのような顔をしないで下さい！　もう、ずいぶんと昔の話です」

「……それですぐに王妃に？」

「はい。両親を亡くした私を王妃にすることに反対の意見もあったようですが、現国王陛下が推し進めて下さいました」

アンウェイは少しの気まずさを感じ、レオンから目を逸らす。そのことに気付いたレオンはすぐに話題を戻した。

「そのような事故も起こり得るのだな」

「ええ、助かった御者《ぎょしゃ》は何かが飛んで来たと証言しておりました。とはいえ……目撃者はおらず、ハッキリとした原因はわからず仕舞いです。結局、野生の動物か何かに驚いた馬が興奮して暴走したのだろう、ということで片づきました」

アンウェイは諦めた表情で告げる。

「そうだったのか……話してくれてありがとう」

レオンがそう言うとほぼ同時に、ディアンの迎えが到着した。


応接間ではシュイルツと向かい合ってレオンとアンウェイ、ふたりの間にディアンがいる。シュイルツの斜め後ろにはオリオンが立っていた。

「国王陛下、わざわざご足労いただきありがとうございます」

シュイルツは目の前の親子三人の様子を、なんとも言えない複雑な想いで見ていた。

「こちらこそ、急な申し出で申し訳なく思っている。ディアン、ご両親とはゆっくり過ごせたか?」

「うん! じゃなくて……はい」

ディアンは気さくなシュイルツの声かけに、つい同じテンションで返事をしてしまったがすぐに言い直した。そんなディアンを、大人たちは微笑ましく見つめる。

「国王陛下、どうかディアンをよろしくお願いいたします。また、度々帰宅させても下さるそうでご配慮に感謝いたします」

「いや、むしろふたりの寛大な対応に感謝している。今まで育ててくれたこと、それもこのような良い子に……ありがとう。正式にディアンを養子に迎える」

「はい、よろしくお願いいたします」

レオンとアンウェイはふたりで頭を下げた。

家族登録上、ディアンはニコライ伯爵夫婦の子どもであるため、養子という形をとることになっていた。ただ、シュイルツとの血の繋がりは公表する予定だ。

「そしてニコライ伯爵、この度の流行病では、アースの町が感染者数も死亡者数も飛び抜けて少なかった。それもこれも、ニコライ伯爵の尽力があってのことだ。領主としてよくやった。今度、褒美をつかわす。そして町民のためにありがとうと言わせてくれ」

シュイルツはレオンをまっすぐ見ながら、微笑んで称えた。

「もったいないお言葉でございます。私は当然のことをしたまでです。そして何より妻の支えがあったからこそでございます」

レオンが穏やかにアンウェイを見る様子を、シュイルツはジッと見ている。その時、オリオンが急に声を発した。

「そう言えば、ニコライ伯爵と王太子殿下に男の質問があるのでした！　少し別室でよろしいでしょうか？」

「お父様、男の質問だって!!!」

ディアンは目をキラキラ輝かせながら、レオンに飛びつく。

「あ、はい……」

レオンは不思議に思いながらも隣の部屋へ行く。そして、部屋にはシュイルツとアンウェイのふたりだけとなった。

「ははっ、オリオンの奴、気を利かせたな」

シュイルツは楽しそうに笑う。

「陛下、改めて謝らせて下さい」

アンウェイは今だと思った。実はずっとタイミングを探っていたのだ。

「十年前は死んだと思わせ、城から逃げ出しました。王妃という立場にありながら、許されないことをしました。そして八年前もまた、逃げました。キラの町から子どものことも伝えずに……。陛下のお心をたくさん傷つけてしまい、心からお詫び申し上げます。本当に申し訳ありませんでした」

アンウェイは膝に顔がつくほど深々と頭を下げる。

「……いや、私も悪かった。もっとそなたの心に寄り添えられれば良かったのだ。すべては私が未熟だったせいだ。私こそ本当にすまなかった」

アンウェイは、まさかシュイルツに謝られるとは思っていなかったため、驚いた。自分の非を認め、素直に反省が出来るところも彼の良いところだったと思い出す。一方的にアンウェイを責めないところが、シュイルツという人間らしい。

（私が勝手なことをしたのに、そんな風に考えてくれていたなんて……）

アンウェイはシュイルツの言葉に胸がいっぱいになり、頭を下げたまま何も言えなかった。

シュイルツもまた、次の言葉は出てこない。顔に悔しさや寂しさを滲《にじ》ませながら、ただアンウェイの頭を見ていた。

数分後、ゆっくりと頭を上げたアンウェイは、後悔の表情を浮かべるシュイルツと目が合った。

そのままふたりは見つめ合う。

……次の瞬間、ふっとシュイルツは微笑んだ。

「もうやめよう。過去のことに、たられば を言っていてもどうにもならない。ニコライ伯爵夫人、ディアンを産んでくれて心より感謝している。辛いことも迷うこともあったであろう。なんの力にもなれずに申し訳なかった」

シュイルツの穏やかな表情に、アンウェイは心が温かくなるのを感じる。それと同時に、シュイルツに〝伯爵夫人〟と呼ばれたことに少し胸がチクッとしたが、気付かないフリをした。

そして、まっすぐにシュイルツを見て穏やかな微笑みを浮かべながら言う。

「陛下、私にディアンを授けて下さってありがとうございます。私も心から感謝しております」

「……幸せそうだな。ニコライ伯爵の評判は聞いているが、本当に良い男そうだ。そして、夫人を愛しているのが全身から溢れ出ている」

シュイルツは寂しさや悔しさを精一杯隠し、アンウェイが元気で幸せに暮らしていることに対するプラスの感情だけを表に出す。

「はい、私にはもったいない夫でございます。私は夫と……ディアンの父親と共に、ここで生きていきます」

アンウェイもまた、マイナスの感情には蓋をする。

「……そうか、わかった……」

一瞬、シュイルツが寂しそうな顔をしたようにアンウェイには見えた。しかしすぐに、キリッとした国王の顔になる。

「ディアンの母親は身元の知れない者よりも、しっかりとした身分の者のほうが反発も起こりにくく、王太子として受け入れられやすい。そのため、前王妃が生きていたこと、前王妃との子どもであることを公表しようと思っているのだが、それでも良いか？」

アンウェイは驚き目を見開く。

「えっ……しかし私は死んだことに……」

「確かにそうだが、死体は見つかっていないと国民に公表している。実は生きており、記憶をなくして町で暮らしていた、ということにするのはどうだろうか？」

「……無理がありませんか？」

あまりの驚きにアンウェイは思わず意見してしまったが、シュイルツはまったく気に留めない。

「私が断言すれば、それは事実となる」

どうだ！　と言う台詞《せりふ》が聞こえてきそうなほど、自信ありげな顔でシュイルツがそう言ったので、アンウェイは思わず吹き出してしまった。

「ふふっ……そんな自信ありげに……ふふっ……国王陛下にすべてをお任せいたします」

アンウェイはシュイルツを信じているし、信頼している。

国王、王妃として過ごしたのは十六から二十二歳の間で、まだまだふたりとも若かった。しかし、大人であることを求められたふたりは、精一杯背伸びをしながらなんとか頑張っていたのだ。

今、三十二歳となったシュイルツの姿を見ながら、アンウェイは思う。

(もうすっかり立派な大人の国王ね)

大人のシュイルツの姿に、過ぎ去った年月を実感する。お互いに、お互いの知らない物語がどんどん紡がれていっていることに、少しの寂しさを感じるのだった。

ふたりは微笑み合い、〝ただお互いを想い合っていた頃〟のような穏やかな空気が流れる。

「そう言えば、妊娠しやすくなると言って毎日飲んでいたお茶があっただろう？　あれは、スコッチ公爵が差し入れてくれていたものらしい」

過去を懐かしんでいたシュイルツは、ふと思い出して口に出す。

「えっ、そうだったのですか？　知っていましたらお礼を言いましたのに……」

そう言ったアンウェイも、そこでふと思い出したことを口にする。

「そう言えばつい先ほど、両親が亡くなった時の話をニコライ伯爵にしていたのです」

「……ご両親は本当に気の毒であった……。事故の原因究明も中途半端となってしまい……本当に申し訳なかった」

シュイルツは苦い過去を思い出し顔が曇る。言い訳になるが、あの頃はとにかくいっぱいいっぱいで余裕がまったくなかったのだ。

一方アンウェイは、事故原因の究明を中途半端に終わらせられた不信感ではなく、両親が亡くなり反対もある中押し切って王妃にしてくれた、シュイルツに対する感謝の気持ちのほうが大きく残っていた。

「あの時、陛下は急に国王となり大変だったはずです。そのような中で私を王妃にすることにまで尽力して下さいました。両親が亡くなり途方に暮れていた私には、それがどれほどうれしかったか……」

「……そう言えば、ご両親が亡くなったのは前国王が亡くなったのと同じ日であったな」

シュイルツは申し訳ない顔のまま言う。

「はい。それでふと思い出したのですが、あの日、前国王陛下が亡くなった知らせを受けた時、屋敷にスコッチ公爵がいたのです。……スコッチ公爵とは、実は縁があるのかもしれませんね」

一瞬にしてシュイルツの顔が曇った。茶葉の話を切り出した時に、一瞬表情を強張《こわば》らせたスコッチの顔が、シュイルツの脳裏に浮かんだのだ。それと同時に、スコッチに会った途端に言動を変えたミランダのことも思い出す。

「……どうかされましたか？」

シュイルツの表情が変わったのをアンウェイは見逃さなかった。

「いや……スコッチ公爵とご両親は親しかったのか？」

「いえ、元々そうでもなかったのですが、両親が亡くなる前の数年はよく家を訪ねて来られていました。両親は、私が王妃候補であるため、今後のために取り入っておきたいのだろうと言っておりましたが……」

結果的にスコッチを悪く言ってしまう形となり、アンウェイは少し言い淀む。

そんなアンウェイを気にも留めず、シュイルツは急に黙り込んでしまう。アンウェイは不思議に思いつつも邪魔しないように、黙ってシュイルツを見つめていた。

（野心家のスコッチ公爵……アンウェイの屋敷にいたその後、事故が起きアンウェイの両親は死んだ……。生き残り王妃になったアンウェイ……ミランダを側室に推し続けながら、密かに茶葉の差し入れ……結局子は授からずにミランダが側室に……王太子の祖父となり、王妃の父となった……）

顎《あご》に手をやり考え込むシュイルツの姿に、アンウェイはつい見惚れてしまう。

「……都合が良すぎないか……？」

数分後、シュイルツがボソッと口を開くと同時に、ディアンの大声が耳に飛び込んで来た。

「お母様ー！　陛下ー！　荷物を積み終わったそうです！」

部屋に戻ってきたディアンを見てアンウェイが立ち上がると同時に、シュイルツは口を開く。

「……急にすまない。ディアンを城に連れていくのは延期だ」

一同が動きを止め、シュイルツのほうを見た。

「陛下、どういうことでしょうか？」

「僕はいいよー！　もっとお父様とお母様といられる！　わーい！」

レオンの質問と重なって、ディアンの大きな声が響き渡る。

「ディアンを安全に城に迎え入れるために、確認しておくべきことがあるのだ。問題が片付き次第、再び迎えに来る。すまないがしばし時間をくれ。城入りまでの間、念のために警備をつける。オリオン、すぐに帰るぞ！」

そう言うとシュイルツは、険しい顔をしたますぐに帰っていったのだった。


三日後、書斎にてシュイルツとオリオンは真面目《まじめ》に顔を突き合わせている。

「公爵から贈られた茶葉について、焼却直前でなんとか回収出来ました。侍女から、その日の朝にシェフが茶葉の整理をしていたとの証言があります。陛下の指示通り、シェフが公爵と連絡をとらないよう地下牢に入れております」

「焼却前に間に合って良かった。……シェフは何か言っているか？」

いつも通り淡々と報告をするオリオンに、シュイルツはシェフの顔を思い浮かべながら尋ねた。

「シェフは『古い茶葉の整理をしていただけ。これが昔スコッチ公爵から差し入れられた物かはわからない』と申しております」

シュイルツは小さなため息をつく。

「……やはり、すぐには認めないか。で、成分はわかったのか？」

「はい。茶葉はブレンドされており、妊婦や妊娠を希望する者には禁忌とされている茶葉がすべてに混ざっておりました」

シュイルツは思わず眉間に皺《しわ》を寄せる。

「医師や薬師に確認したところ、常用すれば子宮や卵巣の血流低下、さらに子宮収縮を促す作用もあり、不妊や流早産に繋がる恐れがあるとのことです。『この茶葉のせいで子どもが出来なかったとは言い切れないが、不妊体質を悪化させたのは間違いないであろう』との見解です」

いつもポーカーフェイスのオリオンだが、静かに怒っているようである。

シュイルツはオリオンの報告を聞き、天を仰いだ。本当は、自分の予想が当たってほしくはなかったのだ。

「貴族会の重鎮にスコッチ公爵について話を聞いてきた。元々スコッチ公爵家はずっと、特に目立たない家系であったらしい」

シュイルツは、爪が手掌に食い込むほど拳を強く握り締めながら話す。

「だが、公爵が長となってからは少しずつ変化し、ミランダが側室になった時はもちろん、アーノルドを出産し王妃となってからは『自分が王室に一番近い。言うことを聞け』と口にしていたらしく、周囲の評判はかなり悪いそうだ」

「そうだったのですか……。近年のスコッチ公爵の様子から、あまり良く思われてはいないであろうと思っておりましたが、そこまでだったとは……」

言い終えたシュイルツは、苦い顔をオリオンに見せた。オリオンも思わず大きなため息をつく。

「ああ……。さまざまな貴族が重鎮のところへ相談に来ていたそうだが、明らかな過失がなくずっと様子見していたそうだ……」

シュイルツもつられて大きなため息が出た。

「表立って公爵の……それも現王妃殿下の父親であり、さらに王太子殿下の祖父を悪く言う人はおりませんからね……。把握しきれておらず、申し訳ありません」

「それを言うなら私もだ。幼い頃から知っている人物で前国王とも交流があったし、私が国王になってからも助言を進んでしてくれていた。義父ということもあり、スコッチ公爵を甘いフィルターを通して見てしまっていた」

頭を下げるオリオンに、シュイルツも自身のいたらなさを認める。重い空気が流れる中、オリオンにもうひとつ気になっていたことを話す。

「偶然かもしれないが、前国王と同じ日にアンウェイの両親が亡くなっているのが、どうしてもひっかかる」

「……と言いますと？」

「当時の事故報告書を確認したところ、御者《ぎょしゃ》の証言で『左後方から何かが急に飛んで来たように感じた』とあった。小さな深い傷が馬の左臀部にあったが、馬も流され傷だらけであったため、いつ出来た傷か判断が出来ないとも……ただ、スコッチ公爵は弓の名手でもあると聞いている」

「……聞いたことがあります。いつも馬に弓を積んでいると……」

オリオンは途中まで言いかけると、突然ハッと息をのみ目を見開いた。

「まさか……公爵は人殺しまで……？」

「それはわからん。ただ可能性はゼロではないだろう」

シュイルツは真面目《まじめ》な顔でオリオンを見る。

「アンウェイ以外に生き残った当時の御者《ぎょしゃ》は、現在は山奥でひっそりと暮らしているそうだ。自責の念から、すぐに自ら屋敷を出たらしい。何か憶えているかもしれない。会ってきてくれないだろうか？」

「わかりました。すぐに行って参ります」

オリオンは大きく頷くと、一礼をして部屋を出ていったのだった。

翌日、帰宅後すぐにオリオンより報告がなされた。

「当時の御者《ぎょしゃ》に会って参りました。彼に何か見なかったか、音はしなかったかなど確認したところ、一瞬ビュンッと矢のような音がした気がした……とのことでした」

「矢か……」

「もちろん、他の音と勘違いしている可能性はありますが、『なぜかその音が耳から離れないのだ』と言っておりました。……事故を起こしてしまったことを、今も悔やみながら生きているようでした」

「……そうか。明らかな証拠はない。しかし、どうしても引っかかる……」

シュイルツは頭を抱え、オリオンは悔しそうに下を向く。

「はい。残念ですが、このままでは前王妃殿下のご両親の件は、単なる事故だったのか何者かの故意によるものであったのか、解明するのは困難です」

「故意であるとすれば、一番疑わしい人物は間違いなく公爵だ。公爵には既に重罪事項があるが、シェフも認めておらず茶葉の製造者も他界している。公爵がシェフに罪をなすりつける可能性もある」

シュイルツの言葉に、オリオンはさらに顔を歪める。

「……はい。どちらの事案についても、公爵の仕業だと言う確かな証拠がございません。どうにかして何か証拠を見つけないと！」

珍しく熱くなるオリオンを見ながら、シュイルツは冷静に言う。現在、スコッチには見張りをつけ行動を監視しているが、今のところ怪しい行動を見せてはいない。しかし、ディアンのためにも、この国にとっても、スコッチは間違いなく〝悪〟となる人物であり、排除する必要がある。

「……オリオン、ひとつ提案がある」

オリオンは勢いよく顔を上げてシュイルツを見る。

「自白剤だ」

「自白剤⁉」

シュイルツはハッとした顔をするオリオンを見ながら、淡々と言う。

「……ああ。ただひとつ問題がある。人体実験はまだごく少量の投与でしか行われておらず、効果はもちろん、人体への副作用も明らかにはなっていない。つまり、人体への安全の保証はないのだ」

「そうですか……。しかし、ほかに方法がありません」

オリオンははっきりとそう言い、シュイルツの決断を待つ。

(公爵の命を軽んじるわけではない。より多くの命を守るために、出来ることをするのみだ)

シュイルツはそう考えたのち、オリオンをまっすぐに見て言った。

「その通りだ。スコッチ公爵の罪をすべて明らかにする必要がある。もし公爵が前王妃の両親を殺したというのならば、アンウェイの命を狙ったと言うことにもなる。ディアンの安全のためにも、原因究明が第一優先事項であるのは間違いない。……スコッチ公爵への自白剤投与を命ずる」

シュイルツの決断にオリオンは力強く頷くと、部屋をあとにした。

(公爵を野放しには出来ない。必ず真相を究明してみせる)

部屋にひとりきりとなったシュイルツは、そう決意をしながら、机の上の石を手に取りひっくり返して裏を見る。

〝ずっと一緒　シュイルツ&アンウェイ〟

そこに書かれていたのは、幼いアンウェイの文字。シュイルツは、その石をギュッと力強く握りしめてから机の上に戻し、部屋を出たのだった。


——コンコン。

「あら、お父様」

シュイルツがミランダの部屋の扉をノックすると、マーガレットがうれしそうに出迎えてくれた。

「やあ、マーガレット。いつもミランダのそばにいてくれてありがとう」

シュイルツがマーガレットの頬《ほほ》についていたクッキーのカスを取る。すると、マーガレットは少し頬《ほほ》を赤らめて俯いた。

「あら、恥ずかしい……お父様、ありがとうございます。今、勉強の休憩にお母様とクッキーをいただいたところだったので、そろそろ部屋に戻ります。……あ！　弟はいつ来るのですか？」

八歳のマーガレットは弟が来るのを楽しみにしていた。後継ぎの心配をしなくてもよくなれば、父も母も今より元気になるであろうと考えているのだ。

「ああ、もう少し準備が整ったらな。来たら仲良くしてやってくれ」

「はい！」

満面の笑みで返事をし、マーガレットは部屋を出ていった。シュイルツは、ミランダの前の椅子に腰掛ける。

「ミランダ、話がある」

「どうかされましたか？」

ミランダはあれ以来すっかり落ち着きを取り戻し、以前のように過ごしている。

ただ、笑顔は以前に比べ少ないままで表情も硬く、シュイルツは違和感を持ち続けている。もちろんアーノルドの死を引きずってもいるのだろうが、それだけではないように感じていた。

「ミランダ、やはり君は公爵に何か言われたのではないか？　あの日、公爵と話をしてから急に様子が変わったように思える」

シュイルツのその言葉にミランダは青ざめ、思わずスカートをギュッと握った。

「……いいえ、自分で考え直しただけでございます」

「私には言えないか。……ミランダ、父上のことを愛しているか？」

「いいえ」

ミランダは急なシュイルツの質問に、迷いのない瞳で即答した。

迷わずに否定したミランダにシュイルツは驚く。今まで彼女がスコッチを悪く言うのを聞いたことがなく、親子関係は良好であると思っていたからだ。

「ミランダ、落ち着いて聞いてくれ。……君の父上は重罪を犯した。しかしまだわからない部分が多く、研究途中の自白剤を試してみることとなった。正直、どのような副作用が出るかはわからない。錯乱する可能性もあるし、最悪命を落とす可能性もある」

ミランダは驚いた目をしたあと、そっと目を閉じた。

「……そうですか、覚悟しておきます。父がご迷惑をお掛けして申し訳ありません……。……本当に申し訳ありませんでした」

ミランダは涙を浮かべながら、シュイルツに頭を下げる。シュイルツはミランダの二回目の謝罪が過去形であることにひっかかりを感じた。

「……もしかして君は、父上が何をしたのか知っているのか？」

「……いいえ、知りません」

「では、何をしたのか聞かないのか？」

「恐ろしいことをしたのでしょう？　聞きたくもありません。自分の父親だなんて思いたくもありません!!」

シュイルツはずっと探るようにミランダを見続ける。一方ミランダはシュイルツを一切見ずに、下を向いたまま語気を荒らげて答えた。

（……ミランダは何かを知っている）

シュイルツはそう確信した。

数日後、スコッチ公爵は城に呼び出された。

「一体なんですか、この部屋は⁉　罪人を取り調べる部屋ではありませんか！」

地下の部屋に通されたスコッチは狼狽《ろうばい》する。

部屋にはシュイルツとオリオン、そして自白剤を開発した研究所職員、もしもの時のために城のスモーク医師がいた。

「そうだ、罪人を取り調べる部屋である。スコッチ公爵、ご足労いただき感謝する。何か心当たりはあるか？」

シュイルツの問いにスコッチは固まった。

「な……何もございません！」

「茶葉の件はどうだ？」

「な……なっ、なんのことでしょうか？」

現状を理解したスコッチの顔から血の気が引く。シラを切ろうとするスコッチに、シュイルツは落胆する。

「公爵は前王妃の不妊に対し、シェフ経由で茶葉を渡していたな。公爵からということは口止めしていたようだが、シェフがつい話してしまったのか侍女の中に知っている者がいた」

「……それがどうかしたのですか？　私はただ、少しでもお役に立てればと思っていただけでございます」

すぐにスコッチが認めないとはわかっていたが、その狼狽《うろた》え方に罪を確信したシュイルツは、裏切りに対する怒りがふつふつと湧いてくる。

「あの頃、前王妃は毎日毎日一生懸命、『これを飲むと血流が良くなり身体が整って、妊娠しやすくなる』と言いながら何杯も飲んでいたのだ」

当時のアンウェイの顔が脳裏に浮かび、シュイルツは顔をしかめながら話し続ける。

「……その茶葉が茶葉の保管庫に残っていたのだが、私が公爵に話したあと、シェフが急に処分をしようとした。タイミングがよすぎるとは思わないか？」

「な……偶然でございます！　確かに陛下と話をしたあと、偶然シェフに会ったので尋ねると、私からの贈りものだったため捨て難く残していたと。なので、気にせず捨てるように言っただけでございます!!」

シュイルツはスムーズに弁明するスコッチに、冷ややかな目を向けた。

「茶葉は……焼却前になんとか間に合い回収した。茶葉を調べたところ、不妊を助長するとされる茶葉が混入されていた。……公爵、罪は重大であるぞ」

冷や汗をかくスコッチは、口を開けたまま顔面蒼白となる。

「……な、何かの間違いです。私は知りません！　確かに茶葉を友人のシェフに何回か渡しましたが、それは不妊に良いとされるものです。妊娠しづらくなる茶葉を勧めたのは私ではありません！」

慌てて否定するスコッチは、興奮してテーブルをダンッと叩く。すると、すぐにオリオンがその手を椅子の後ろで縛り、冷たく言い放つ。

「認める気はなさそうですね」

「オリオン騎士団長！　そなた、何を……これではまるで、罪人扱いではないか！　私はミランダの……王妃の父であるぞ!!」

身勝手で見苦しいスコッチを目の前にし、シュイルツは今まで彼の本性を見抜けなかった自分自身に怒りを覚える。そして真実を知るために、ついに本題に入る。

「……公爵、前王妃の両親を殺したか？」

シュイルツの急な質問にスコッチは一瞬固まった。

「な、何をおっしゃいますか!?」

スコッチは腕を縛られていることを忘れて勢いよく立ち上がるが、かなわず床に椅子ごと転倒してしまった。

「へ……陛下、誤解です。私は何もしておりません。陛下、本当です!!」

スコッチは床に転げたまま、シュイルツに縋《すが》るような態度をとる。

「そうか、では確認をさせてもらう。公爵、知っていたか？　この国では、自白剤というものが開発されているのだ。死ぬではないぞ。きちんと裁きたいからな」

シュイルツは、研究員に自白剤投与開始を指示した。

「なっ……陛下、おやめ下さい！　私は何もしておりませんし、知りません!!　……何をするのだ！　やめろっっっ!!」

スコッチは叫ぶ。

オリオンはスコッチの椅子を元に戻すと、椅子の背もたれに上腕ごと胴体を、椅子の脚に下肢を紐で固定した。前腕は一度縄をほどき肘置きに再びしっかりと結ぶ。そしてその左前腕に、研究員は点滴針を刺した。

「で……ではまず、人体実験で問題のなかった量から投与を開始します」

もがく公爵の体をオリオンは椅子ごと押さえつける。研究員はおどおどしながらも、薬液を投与し始めた。

「人体実験だと？　……やめろ!!」

公爵はさらに身体を動かし逃れようと暴れる。

「私だってこの薬を使いたい訳ではない。下手をすれば、死に追いやってしまうかもしれないのだ……。そなたがすべてを話してくれさえすれば、この薬は使わなくても済むのだぞ？」

シュイルツは最後の情けをかけたが、スコッチが答えることはない。

それ以降も暴れながら叫んでいたが、徐々に薬が効いてきたのかおとなしくなっていく。研究員の合図を受け、シュイルツは尋問を始めた。

「スコッチ公爵、前王妃に不妊成分のある茶を飲ませたか？」

「……いいえ、飲ませておりません」

スコッチは目の前に座るシュイルツの目をぼーっと見ながら答えた。その様子を見たシュイルツは、迷わず指示する。

「追加投与しろ」

研究員は速やかに投与を行う。その後、二度追加投与するもまだ、スコッチは否定の発言を続けた。シュイルツからさらなる投与が指示されると、研究員の顔色が変わる。

「……これ以上は、今まで人体に行ったことのない投与量となります」

研究員が緊張している様子がシュイルツに伝わってくる。

「わかっている。今回の自白剤投与は、私の指示のもとですべて行われている。そなたは何も心配せずに、指示通りにすれば良い」

「はっ、はい……」

真顔のシュイルツの言葉に、研究員は震える手で投与した。そして早く全身へ行き渡るように点滴の速度を一時的に速める。

「追加投与しました」

数分後、シュイルツは同じ質問をする。

「スコッチ公爵、前王妃に不妊成分のある茶を飲ませたか？」

スコッチは、シュイルツの顔をずっとボーッと眺めている。少し前から目の焦点が合わなくなっていたが、さらに目が濁ってきているように感じる。

そしてだんだんと視線が下がり、胴体あたりをボーッと瞳に映し出しながら口を開いた。

「……はい」

「……!?」

ようやく出た肯定の言葉に、シュイルツとオリオンは目を見開いて顔を見合わせ、そして力強く頷き合う。

「詳しくて話せ」

シュイルツが命令するが、質問がスコッチの頭に入っているのかどうか疑わしい様子で、焦点の定まらない視線は宙を彷徨っている。しかし次の瞬間、様子が急に変わった。

「……ははは。公爵以下の貴族どもは皆、私の言いなりだ！　はっはっはー！」

著しい興奮状態のスコッチに、その場にいた者は思わず息をのむ。そして、ずっと見守っていたスモーク医師が告げる。

「この興奮状態は……薬の副作用と思われます」

「はっはっはー、あんなのが効くとはなぁ！　前王妃も大したことないなぁー！」

スコッチは天井に向かって大声で叫ぶ。

「やめろ！　アンウェイを侮辱することは許さぬ！」

シュイルツが思わず声を荒らげると、スコッチはふと視線を落としニヤリと笑う。

「普通の茶葉に、例の茶葉を混ぜただけですよ？　まぁ、量は多かったかもしれませんけどね。しかも、頑張ってたくさん飲んでくれていたようですしねー！　はっはっはー！」

シュイルツは奥歯を噛みしめて耐え、ただ真実のみを求め尋問を続ける。

「……なぜそのようなことをしたのだ？」

「ミランダを差し置いて王妃なんかになるから、そんな目に遭うんだよ！　あの女の自業自得だよ！　はっはっはー！」

シュイルツの頭の中で、ブチッと自制を司る糸が切れた音がした。その次の瞬間には、シュイルツは身体が勝手に動いていた。

――バシッ!!

シュイルツがスコッチの頬《ほほ》を拳で殴ったのだ。

「痛いじゃないですかー。はっはっはー」

椅子ごと床に倒れ込んだスコッチは笑う。すぐさまオリオンがシュイルツを止めに入る。

「陛下、お気持ちはよくわかりますが今は抑えて下さい。まだ聞かなければならないことがあります」

「あぁ……わかっている。あとはすべて終わるまで我慢する」

シュイルツは怒りに震える右の拳を、自分の左手で押さえ込んだ。

その隣でスモーク医師が大声を上げる。

「スコッチ公爵、あなたの行いは許されない行為です！」

真面目《まじめ》な話をしても今のスコッチには意味がないと頭ではわかっていても、当時アンウェイをずっと診ていたスモーク医師は何も言わずにはいられず、さらに続ける。

「王妃殿下は不妊に良いと聞いたことはすべて試されておりました。だから、お茶も一生懸命に飲んでいらっしゃったのです！　それにもかかわらず、前王妃殿下はどんどん妊娠しにくい体質になってしまっていたのですよ!?」

「はっはっはー！」

いつも冷静なスモーク医師が大声を出すのを初めて聞き、シュイルツとオリオンは驚く。しかしスコッチの表情にはやはりなんの変化もなく、ただただ笑うだけである。一方で、シュイルツの怒りはどんどん膨らんでいく。

「スコッチ公爵、前王妃の両親を殺したか？」

スコッチを睨みつけながら、シュイルツは質問を重ねた。脳裏にアンウェイの顔が浮かび、胸が熱くなる。

「はっはっはー！　はっはっはー！」

「追加しろ」

シュイルツの指示によりさらに薬液が追加され、スコッチは真っ赤な顔で笑い出した。今にも頭の血管が切れるのではないかと思うほど興奮する姿を、医師や研究員は固唾を飲んで見守っていた。

「スコッチ公爵、前王妃の両親を殺したか？」

「ハッハッハ！」

同じ質問にスコッチは一段と声高に笑いながら、全身を使って椅子を前後にカタカタと動かし始めた。

「……公爵、前王妃の両親を殺したかと聞いているのだ！」

シュイルツが声を荒らげたその時、スコッチがさらに大きな声を上げた。

「ハッハッハー！」

――ガタンッ。

スコッチは天井を見て高笑いをすると、動きを急にピタッと止める。

「殺したさ。本当は、殺したかったのは前王妃だけだったがなー！　ハッハッハー！」

シュイルツは目を見開いて固まった。

「ハッハッハー！　有力な妃候補であった前王妃を、怪しまれずにどのように消そうかなーっと考えていた矢先に、急に前国王陛下が亡くなってしまった！　困ったものだよなー、早くくたばりやがって！　まだあの女を殺していなかったのに！」

シュイルツは思わず身震いした。もしかすると、アンウェイを失っていたかもしれないのだ。

スコッチは天井を見たまま、饒舌に面白そうに話し続ける。

「ハッハッハー！　だがな、ツキは私にも回ってきた。神にチャンスを与えられたと思ったさ！　ハッハッハー」

「……どういう意味だ」

「前王妃の両親が国王陛下死亡の知らせを屋敷で受けた時、私はちょうどその場に居合わせたのさ！　ハッハッハー！　急いで出かける支度をしている三人を見て私は思った、殺すのは今しかない、神がチャンスを下さったとー！」

スコッチはニヤッと薄気味悪い笑みを浮かべた直後、一旦無表情になった。すると今度は金切り声をあげ始める。

「キィーーーーーー。しかもその日は、ひとりで馬で行っていたのさ！」

スコッチは再び身体を前後に大きく揺らし、椅子をガタガタさせ始めた。

「キィーーーーー。ハッハッハー!!　もちろん趣味の狩り道具の弓を持っていた！　ハッハッハー!!」

あちらこちらに視線を彷徨わせるスコッチは、金切り声と高笑いが入り混じった奇声を発し続ける。

「ハッハッハー！　先に屋敷を出て待ち伏せた。キィーーーー。予想通り馬車が来て、馬の左尻を目がけて矢を放ってやった！　見事命中！　キャッハッハー!!」

シュイルツは耳に入ってくる言葉があまりにも信じられずに、ただひたすらに怒りを募らせる。

両手は気付かぬうちに爪が食い込むほど、ギュッと強く握りしめていた。

「馬車から降りてきたあの女を狙おうと思っていたのに、馬が暴れて横の川に落ちちまってよ！　とどめを刺しそびれた！」

興奮状態のスコッチは話し続ける。

「キィー！　川は濁流だし助からないと思って、直接手を汚さずに済んでラッキー！　ハッハッハー!!」

――ガタン、ガタン。

スコッチは今にも椅子ごと倒れそうなほど、大きく身体を前後している。ハイテンションのまま一気に捲し立てると、ガタンッ！　とひとつ大きな音を立て、再び止まった。

そしてシュイルツをジッと下から睨む。

「それにしても、あの女は悪運が強いなあ。神も中途半端なことをするよ。まさか生き残るなんてなぁ」

シュイルツは頭にカッと血が上るのを感じた。

「……けど神に『まだ諦めるな』と言われた。馬が見つかった時には矢がなくなっていて、事故で片付けられて、ばれなかったー！」

スコッチは上目遣いでニヤッと笑う。おとなしくなったのかと思われた次の瞬間、突如怒りを表し始める。

「なのに……なぜアーノルドが死ぬのだ!?」

スコッチの怒鳴り声は地下中に響き渡った。

「ミランダが王妃になり王太子も生まれすべて順調だったのに!!」

スコッチは目を吊り上げて叫ぶ。

「なのにあの女は実は生きていた!?　陛下の子を、それも男児を産んでいたのだと!?　ふざけるのも大概にしろ！」

シュイルツは拳を握り続けながら、眼力で息の根を止めることが出来るのではないかと思うほど、恐ろしい形相《ぎょうそう》でスコッチを睨んでいた。

「こんな馬鹿な話があってたまるものか！　死ぬのはあの女であろう!!　ふざけるなー!!」

今まで黙っていたオリオンだったが、わめき続けるスコッチの様子を見て口を挟む。

「ほかに公爵の共謀者はいるのか？」

「ハッハッハー！　私の息子は知っているさー！　ずっとミランダを王妃にしようと企んでいたのを手伝っていた！　養子なのに私の血が通っているのではないかと思うほど、息子は私に似ているのさー！　ハッハッハー！」

そこまで黙って聞いていたシュイルツが口を開いた。

「もうひとつ聞きたいことがある。……ミランダは知っていたのか？」

「ミランダは本当に出来損ないの娘さー！　ハッハッハー!!　息子が本当に血の繋がった子どもだったら良かったのにと何度思ったか！　キィー！　挙げ句の果てに王妃をやめるだなんて……」

「ミランダは、公爵がアンウェイを殺そうとしたと、アンウェイの両親を殺したと知っていたのか？」

質問内容から逸れたため、シュイルツは腹立たしさを堪《こら》えながら再び畳みかけて尋ねた。

「キィー！　知らなかったさー！　あいつはただの私の道具さー！」

スコッチは再び全身で椅子をガタガタ動かしながら、笑い続けている。

「出来損ないの娘に重要なことを教えるわけがないではないかーハッハッハー、ハッーハッハー!!」

「……前王妃に不妊成分のある茶葉を飲ませたことについて、ミランダは知っているのか？」

「キィーーーー！　茶葉のことは教えてやったさー！　知った時のあの驚いた顔といったら傑作だった！　ハッハッハー!!」

スコッチは、おかしくてしょうがないというように笑い続ける。

「ハッハッハー!!　王妃で居続けないとマーガレットを殺すって、ちょっと脅したらビビり散らして！」

「なぜだ!?　なぜマーガレットを殺すのだ!?　公爵の血の繋がりもある王女だぞ!?」

シュイルツは目を見開き、思わず声を上げた。無意識に強く握るその拳からはポタポタと血が床に落ちている。

「キィー！　あの死に損ないの女の子どもが王太子となる？　マーガレットなんて嫁いで行くだけでなんの価値もない！」

その答えを聞いたシュイルツは、全身の煮えたぎっていた血が急速に冷めていくのを感じた。

「ミランダが王妃でいるほうが私にとってメリットが多いに決まっているさー！　わかったか、馬鹿どもめー！　ケーケッケー!!」

目の前の男には怒る価値すらない。アンウェイを殺害しようとし、血のつながりのある自分の娘を道具呼ばわりし、果ては孫の命を引き合いに出して脅したのだ。

「……オリオン、もういいか？」

「はい、陛下」

オリオンの許可を得たシュイルツは、ゆっくりとスコッチの前に行き腕を大きく振りかぶった。そしてそのままスコッチの顔面めがけて勢いよくふり下ろす。

スコッチは再び床に椅子ごと倒れ込む。

鼻の骨が折れたかもしれない。鼻血で口の周りを血だらけにしていた。そして、ペッと口の中の血をシュイルツに向けて吐き出したが、シュイルツまで届くことはなかった。

「皆の者、ご苦労であった。ここでのことは口外せぬように頼む。オリオン、公爵をそのまま牢屋に入れておけ。そして、息子もすぐに捕らえよ」

シュイルツが部屋を出ようとした時、後ろでスコッチが捨て台詞《ぜりふ》を吐く。

「私から一日連絡がなければ、すぐに雇っている者にマーガレットを殺させろと息子に命令をしているさー！　皆道連れだー！　ヒャハッハー！」

シュイルツは振り返ることなく部屋をあとにした。それからすぐにスコッチの息子は地下牢へ入れられた。

その夜、シュイルツは書斎から出ては来なかった。そして、誰も中に入れなかった。

（あんなに浅はかな人間の本性を見抜けなかったとは……。忙しさを理由にやるべきことをせず、悪を野放しにした。それが二次被害、三次被害を引き起こしたのだ……）

シュイルツはアンウェイとの約束の石を両手で握り締めながら、暗い部屋の中で懺悔《ざんげ》を続ける。

「……私は国王として失格だ。私が大切な人々をたくさん傷つけた。すべて私の責任だ……」

悔やんでも悔やみきれない過去の自分の行いに、ひとりで涙を流し続けたのだった……


翌朝、シュイルツはミランダに会いに行った。

「おはようございます、陛下」

ミランダは硬い表情だが、まっすぐにシュイルツを見て挨拶をした。

「おはよう、ミランダ……。昨日、自白剤を用いてミランダの父上から話を聞き出した。現在、公爵とそなたの弟は地下牢にいる」

「そうですか……」

「……ミランダ、辛かったな」

シュイルツは右手をミランダの頭に添えると、そのままそっと自分の胸に引き寄せた。ミランダは初めてのことに驚くと同時に、不謹慎にも胸がときめくのを感じてしまう。

「シュイルツ様……」

それはシュイルツに恋焦がれ続けてきたミランダが、ずっと待ちわびていた瞬間だった。

もちろん、彼のこの行動が同じ感情から来るものではなく、家族愛としての慰めの気持ちからであることはちゃんとわかってはいた……

「アーノルドを亡くしたあとにマーガレットのことで脅されていたなんて……。悩んだであろう……。苦しかったであろう……。ひとりで辛い想いをさせて、本当にすまなかった」

シュイルツは、ミランダの頭の上で苦しい表情を浮かべる。

「シュイルツ様……。今更言っても信じてもらえないかもしれませんが、先日父から知らされた時、私はシュイルツ様にお話ししようと思いました。けれど……」

ミランダはそこまでで発言を止め、思った。

(……今更言い訳はもう必要がない、見苦しい)

「ミランダ？」

「……私はどうなってもかまいません。どうかマーガレットだけは……どうか……。あの子はただの犠牲者なのです……」

ミランダは言い訳はやめ、唯一の願いを伝える。それは愛する娘の幸せだった。

「ミランダもマーガレットも犠牲者であるのはわかっている……。しかし、ミランダとマーガレットにはスコッチ公爵の血が流れていることもまた、事実なのだ……」

シュイルツは身体を離し、深刻な表情をミランダに向ける。

ミランダは覚悟をしていたとはいえ、直接シュイルツに言葉にされ、より現実として重くのしかかった。〝血〟は、ミランダにも誰にもどうにも出来ないものであるのだ……

「ミランダ、少し時間をくれ。このことはまだ誰にも言わないように」

そう言い残して、シュイルツはミランダの元を去っていった。

シュイルツが部屋を出てから、ミランダは触れられた後頭部にそっと手を当てる。約十年ぶりのシュイルツの温もりに、涙が溢れて止まらなかった。

(ああ、やはり私はシュイルツ様を愛しているのだわ)

ミランダはその場にしゃがみ込み、静かに嗚咽《おえつ》する。

(……私はなんのために生まれてきたのだろう?)

父親に利用され愛する人々を苦しめる自分の人生に、ミランダは涙したのだった。

第八章　幸せを願って

アンウェイがディアンとゆったりと過ごしていた昼下がり、急な訪問者があった。

「旦那様、奥様！　国王陛下がいらっしゃいました！」

シュイルツはアンウェイに会うために、ミランダとの話を終えてすぐに、オリオンとふたりでアースの町へ馬を飛ばしたのだ。

「陛下！　どうされましたか⁉」

レオンの声が聞こえ、アンウェイも急いで広間に出る。シュイルツは突然の訪問を詫びたあと、アンウェイに向かって言う。

「急用がある。ニコライ伯爵夫人、ふたりで話せないだろうか？」

「……伯爵も一緒ではだめでしょうか？」

アンウェイはもうレオンに隠しごとをしたくないと考えていた。

「ケイト、良いのだよ。ふたりで話しておいで」

レオンがアンウェイにそう言うと、シュイルツがすぐに口を挟んだ。

「すまない、伯爵」

アンウェイは、シュイルツとオリオンの様子からただならぬものを感じ、すぐに応接間へ案内した。

「茶は必要ない。オリオン、誰も近づかないよう扉の前で見張っていてくれ」

シュイルツがそう言うと、オリオンは深く頷き退室する。

部屋にふたりきりとなったシュイルツとアンウェイは、向かい合わせに座った。厳しい顔をして俯くシュイルツを見て、たまらずアンウェイは口を開く。

「どうされたのですか？」

「……アンウェイ……」

シュイルツは顔を上げ、アンウェイを見た。

久しぶりにシュイルツに名前で呼ばれ、アンウェイは胸が高鳴ってしまった。そんな浮ついた心とは裏腹に、シュイルツは険しい表情をしている。浮ついた気持ちは一瞬で消え、姿勢を正し、ひとつ大きく息を吐く。

「はい、なんでしょうか」

アンウェイの覚悟した表情を見て、シュイルツもまた腹をくくる。

「王妃であった頃、不妊に良いとされる茶を毎日たくさん飲んでいたであろう？」

「はい。スコッチ公爵が差し入れて下さっていたと、陛下が先日教えて下さいました」

アンウェイは話がまったく読めずに、ポカンとした表情で答える。

シュイルツはひとつ頷くと、痛む心に蓋をして言う。

「ああ、そうだ。……公爵は茶葉の中に、不妊成分のある葉を混ぜていたのだ」

「えっ……」

アンウェイは固まった。

元々王妃になる前から月経不順で、不妊の原因は自分のせいであると信じて疑わなかった。だから自分の体質を変えようと、お茶を飲んだり食事内容を見直したり、毎日ウォーキングやストレッチをしたりするなど、不妊に良いと聞いたことはなんでも行った。

言葉が出ずに固まっているアンウェイに、シュイルツは話し続ける。

「そしてもうひとつ。アンウェイのご両親が事故で亡くなったのもまた、公爵の仕業であった」

「……!?」

アンウェイは何も考えられなかった。シュイルツの膝の上に置かれている、きつく握られた拳を凝視し固まる。そして数分後、やっとの想いで声を絞り出した。

「な……なぜ、スコッチ公爵が両親を……？」

シュイルツは悲痛な面持ちで、その質問にさらに眉間の皺《しわ》を深くする。そしてアンウェイをまっすぐに見つめ、答える。

「本当はご両親ではなく、狙われたのはアンウェイだったのだ……」

アンウェイの綺麗なブルーの瞳が揺れ、衝撃が走る。両親の死の真相に頭の中が真っ白になってしまう。

「では、お父様とお母様は私のせいで死んだのですか⁉」

「アンウェイのせいではない！」

「そ、そんな……」

シュイルツはアンウェイの傷ついた瞳から目が離せない。さらに強く拳を握り締め、アンウェイを抱きしめたい衝動を精一杯抑える。

「……公爵は、ミランダを王妃にしたかったのだ。アンウェイが王妃になってからは、ミランダに王太子を産ませようとした」

唖然《あぜん》とするアンウェイだったが、ディアンの顔が頭に浮かびハッと現実に戻ってくる。

「……ディアンが危ないわ!!　ディアン！」

アンウェイは立ち上がり、急いで部屋を出ようとする。

「アンウェイ、待つんだ。公爵と共謀者であるミランダの弟、そしてシェフは牢に捕らえた。ディアンを城に迎える前に刑を執行する。それまではディアンを屋敷から出さないように、そして屋敷の中へ部外者をひとりも入れないように引き続き気をつけてくれ。警備員も増員する」

それを聞いたアンウェイは少しホッとすると同時に、先日シュイルツがディアンを連れずに帰った理由、護衛をつけた理由がやっとわかったのであった。

「……王妃殿下は知っておられたのですか？」

アンウェイはシュイルツをまっすぐに見て問う。

「……いや、知らなかった。それどころか、王妃も公爵から脅されていた。言うことを聞かなければマーガレットを殺すと……」

アンウェイはスコッチの卑劣さに目を見張った。そして同じ母親であるミランダの苦悩を想い、胸を痛める。

「そのような人だったなんて……。王妃殿下はさぞお辛かったでしょう……」

「ああ……」

ふたりの間にシンとした冷たく重い空気が流れる。

「アンウェイは……冷静だな」

もっと取り乱すと思っていたシュイルツは驚いていた。

「まったく実感が湧かないのです。考えもしていなかったことなので……」

思考が頭の中で散らかっているアンウェイだったが、まっすぐにシュイルツを見て続ける。

「それに正直に申し上げますと、今更という想いもあります……。ただ、ディアンを迎える前に真実を究明して下さったこと、心から感謝いたします」

アンウェイに感謝を述べられ、シュイルツは居心地の悪さを感じた。今の彼女は驚きと安堵、後悔、悲しさの入り混じった複雑な表情をしており、混乱しているのが伝わってくる。それでもここに来た目的を思い出しながら、覚悟して口を開く。

「……実は今日は、事実の報告だけではなく頼みがあってきた」

「えっ？」

「すべてを公表し、スコッチ公爵家を取り潰し、公爵の娘であるミランダと孫のマーガレットは流刑とする……のが、本来とるべき私の行動だ」

シュイルツは緊張した面持ちでアンウェイを見つめる。アンウェイは反応出来ないまま続きの言葉を待つ。

「……私は、今から身勝手なことを言う」

そしてシュイルツは、前置きをしてから話し始めた。

「公爵と共謀者の息子とシェフは処刑し、スコッチ公爵家も取り潰す。しかし私はミランダとマーガレットは守りたい。……もしアンウェイが許してくれるのならば、そうしたいのだ。アンウェイ、どうかミランダとマーガレットを許してはもらえないだろうか？」

アンウェイは驚き、何も言葉を紡げない。

「頼む、許してくれ……」

シュイルツはそう畳み掛けて懇願し、アンウェイに深々と頭を下げる。

アンウェイがシュイルツに頭を下げられるのは、これが初めてだった。シュイルツの真剣さが痛いほど伝わってきて、目頭が熱くなる。

アンウェイが去ったあとの、アンウェイが知らないシュイルツと新しい家族との時間を想う。

（シュイルツは私が去ったあと、大切な家族を作ることが出来ていたのね）

そのことを、アンウェイは心からうれしく思った。

「……それが、陛下の幸せに繋がりますか？」

そして気付くとアンウェイは、そう口にしていた。

「えっ……？」

思いもよらないアンウェイの質問に、シュイルツは戸惑う。

（アンウェイが誰よりも辛い想いをしているにもかかわらず、なぜ私の幸せなど気にするのか……？）

シュイルツの戸惑いをよそに、アンウェイは口を開く。

「陛下は、王妃殿下と王女殿下が大切なのですね？」

「……ああ、本当に世話になった。たくさん支えてもらった。絶望していた私が国王としてやって来られたのは、ミランダやマーガレット、そしてアーノルドのおかげだ」

アンウェイの瞳を見つめながら、シュイルツは迷いなく答える。

アンウェイはズキッと胸が痛むの感じた。自分の浅はかな行動でシュイルツを大きく傷つけた申し訳なさが込み上げて来る。しかし、胸を痛める資格がないことは十分にわかってもいた。

「この事件を知れば国民は驚くでしょう……。王室を信用出来なくなる者や、貴族への反発も起こるかもしれません……」

「……ああ、そうだな……」

シュイルツの悲愴感が漂う表情《かお》を見つめたあと、アンウェイは微笑んで言う。

「私は、王妃殿下と王女殿下の処罰は希望いたしません」

アンウェイは深く考えるまでもなく、自然に結論を出した。

「犯罪を行った当事者の処罰、公爵家の取り潰し、それで私は十分でございます。あとはディアンが安全に過ごせること、それだけをよろしくお願いいたします」

シュイルツはアンウェイに少しでも迷いがあれば、ミランダとマーガレットにも罰を与えるつもりでいた。しかし目の前の彼女は、惚れ惚れするほど綺麗な表情で微笑んでいる。

「……心の底からの本心であるか？」

「ええ、心の底からの本心です。陛下も、あのようなひどいことをした私を許して下さったではありませんか？」

あまりに申し訳なさそうな顔をするシュイルツに、アンウェイは苦笑いをする。

「私の時とは違う！　両親を殺され、公爵の茶を飲んでいなければ子にも恵まれていたかもしれないのだぞ！　そうすれば、アンウェイが城を出る必要もなかったのだ！　死んだフリまでする必要はなかったのだ！　……ずっと一緒にいることが出来たのだ……！」

（ずっと一緒にいたかった）

最後の言葉だけ口には出さずに、シュイルツは心の中で言った。

興奮し目に涙を溜めるシュイルッを見て、アンウェイも涙を浮かべる。

（私もずっと一緒にいたかったわ……）

何も言えずに涙を堪《こら》えているアンウェイを、シュイルツはジッと見つめる。

「アンウェイに過失は一切ないのだ。それで本当に納得が出来るのか？」

その言葉にアンウェイは冷静さを取り戻す。

「いいえ、私にも過失はあります。私は逃げ出しました。どんなことがあろうと逃げ出してはならないその場所から。王妃としての責任を放棄し、陛下も傷つけ、多くの人を巻き込みました」

「それは俺のいたらなさのせいだ！」

シュイルツはアンウェイのせいではないと、少しムキになる。

シュイルツが自分を呼ぶ一人称が〝俺〟になったことで、アンウェイは夫婦だった頃を思い出し、対等になった気がする。「本心が知りたい」と、シュイルツにそう言われている気さえする。

「いいえ、私のせいです。陛下と一緒にいることを自ら放棄したのです。耐えられずに……」

譲らないアンウェイに、シュイルツは歯がゆさを感じる。アンウェイは、シュイルツの自分に向けられる優しさに申し訳なさとうれしさを感じながら、思わず苦笑いした。

「……逃げ出す前に、もっとこうやって話をするべきでしたね……」

その言葉にシュイルツは言葉を失う。シュイルツは、ミランダの本心を知り、彼女へ感謝の気持ちをきちんと口にしていなかったことを後悔していた。しかし、アンウェイへはどうだっただろうか？

（アンウェイへはきちんと想いを伝えていたはずだ。愛しい想いを……）

シュイルツがそんなことを考えていると、アンウェイは悲しい顔をした。

「あの頃、子の話題は地雷となっていて、とても話しやすい話題ではありませんでした。いつの間にか、お互いに話題を避けるようにもなっていました」

シュイルツはハッとする。

「……確かにそうだったな。私もアンウェイの悲しい顔を見たくなくて、話題を避けていた」

「……ええ。お互いに体裁を取り繕い、お互いの弱さを出せなくなっていました。……でも、夫婦だからこそ、きちんと話をするべきだったのです」

アンウェイとシュイルツ、アンウェイとレオン、シュイルツとミランダ……夫婦の行く末を左右する最も重要なことは、コミュニケーションだろう。どの夫婦も、コミュニケーションの不足が、すれ違いに繋がっていた。

「……そうなるとやはり、俺にも責任がある」

「ふふっ、そうなってしまいますね。……そういうことにさせてもらいます」

もちろんアンウェイは、自分が一番悪いと思っている。しかしシュイルツの収まらない気持ちに免じて、そう言ったのだった。アンウェイは再び、シュイルツを真正面からしっかりと見る。

「陛下は以前に『過去のことに、たらればを言っていてもどうにもならない』とおっしゃっていた

ではありませんか。もちろん、公爵のしたことは許せません。しかし、何も知らなかった王妃殿下と王女殿下を罪人扱いすれば、私はきっといつか後悔いたします」

淡々と、しかし穏やかな表情で話すアンウェイの様子に、シュイルツは目を奪われた。何も言うことが出来ずにいると、アンウェイが再び口を開く。

「私は王妃殿下と王女殿下、そして国王陛下の幸せを、心よりお祈りいたします」

アンウェイは凛とした表情で言い切った。

シュイルツは思わず、目から熱いものを零してしまった。それはミランダとマーガレットを守ることが出来る喜びの涙でもあり、アンウェイと一緒に生きることが出来なかった悲しみの涙でもあり、自分の不甲斐《ふがい》なさを嘆く涙でもあった……

「アンウェイ、ありがとう……」

「はい……。幸せになって下さい。……いえ、幸せになりましょう」

アンウェイはもう、自分の幸せが周りの人の幸せにも繋がるとわかっていた。シュイルツの幸せを願いながら、自分の幸せも誓ったのだった。

「ディアンを迎える準備が出来次第、連絡する」

それだけを言い残し、シュイルツたちは城へ帰っていった。

シュイルツの帰宅後、アンウェイは自室へ籠った。急に知らされた衝撃の事実について徐々に実感が湧いてきて、自分を取り繕うことが出来なくなったのだ。レオンはアンウェイの様子を心配しつつも、ディアンにはアンウェイは体調が悪いから部屋へ近づかないようにと伝え、そっとしておいてくれた。

その夜アンウェイはレオンに、不妊と両親の死の真相が明らかになったとだけ伝えた。

まだ詳しくは話せないと察したレオンは、夜空を見上げながら涙するアンウェイの手を握り、ひたすら寄り添う。

(お父様、お母様、ごめんなさい……)

アンウェイは亡き両親へ謝罪する。自分のせいで命を落としたことももちろんだが、そうまでして生かしてくれたにもかかわらず、逃げ出してしまったことが特に申し訳なかった。

(唯一胸を張って両親に報告出来ることは、孫であるディアンが立派に育ってくれていることね)

アンウェイは本当に、どこまでもディアンの存在に救われる。

悲しさ、怒り、申し訳なさ、不甲斐《ふがい》なさ……さまざまな想いの入り混じったアンウェイの涙は、止まることはなかった。

また、止めようとも思わなかった。

(この悔しさも一緒に流れていってしまえば良いのに……)

そんなことを思いながら、ただ静かに、ハラハラと涙を流し続けたのである。

一週間後。オリオンが屋敷へ来て、ディアンの入城と新王太子の存在を国民へ発表する日が二週間後と正式に決まったと告げた。

スコッチ公爵と息子は不祥事の重積により重罪となり処刑が執り行われたと、国民には伝えられた。自白剤の効果が切れたあともスコッチには副作用が残り、躁鬱《そううつ》状態のままで処刑され、使用人達が誰もいなくなったスコッチの屋敷には火が放たれた。こうして、後継ぎも屋敷もなくなったスコッチ公爵家は完全に消滅した。

シェフにも自白剤が使用され、『毒でも薬でもないため、気付かれないと思っていた』と本音をしっかり口にした。そして、立場を利用し身体に有害な物を食事に混入させ王族の生命を脅かしたという罪で、シェフも処刑された。

◇◇◇

ディアンを城に迎え入れる準備をしている時に、オリオンはずっと気になっていたことを口にする。

「陛下、アンウェイ様のことは本当によろしかったのですか?」

「ああ。アンウェイはニコライ伯爵を選んだのだ。ディアンも、屋敷を出たあともアンウェイとニコライ伯爵とで、仲良く暮らしてほしいと願っているようだしな……」

オリオンから書類を受け取りながら、シュイルツは笑顔を見せる。

ディアンの入城が決まった時に、両親または片親だけでも一緒に城に住めると改めて伝えた。だがディアンは、レオンとアンウェイにはふたりで一緒にあの家にいてほしいと、共に入城することを希望しなかった。

「それに私には、アンウェイに戻ってきてほしいと言う資格はない」

シュイルツは少し寂しそうな笑顔を見せたが、すぐに明るく言った。

「アンウェイが幸せであればそれで良い。アンウェイが幸せであることが、私の幸せでもあるのだ」

心からの笑顔でシュイルツはそう言った。自分の不甲斐《ふがい》なさでアンウェイをたくさん傷つけたからこその本心である。

——コンコン。

「入れ」

「失礼いたします」

ミランダは気まずそうに、しかし覚悟を決めた顔で入ってくる。シュイルツがミランダを部屋に呼んでいたのだ。

「……オリオン、席を外してくれ」

「かしこまりました」

そう言ってオリオンは部屋を出ていく。

シュイルツはミランダに近づき、一メートルほどの距離で向かい合った。ミランダには、スコッチが行った悪事はすべて伝えられている。

「陛下、私とマーガレットに恩情を施して下さり、本当にありがとうございました」

ミランダは深々と、足に額が付くほど頭を下げる。

「ああ……しかし、公爵の企みなしでミランダが王妃になることはなかったと考える。そして何より、そなたの父親のしたことは重罪である」

「……はい、その通りでございます。本当に申し訳ございませんでした」

シュイルツは厳しい顔でミランダを見る。ミランダも頭を上げ、覚悟は出来ているという表情で答えた。

「流石《さすが》に王妃として置いておく訳にはいかない。ミランダとは離縁をする。これからはマーガレットの母として、城の離れに住むと良い」

「……私の父は、とんでもないことをいたしました！　私にはその父の血が流れていて、本来この城にいてはならない人間です！」

ミランダは驚きに目を見開くと、シュイルツに向かって思わず叫んだ。自分の体に流れるこの血を、父親に道具として使われた運命を、恨めしく思っていた。

シュイルツは厳しい顔のままでミランダを見ながら言う。

「……そうだな。しかし、前王妃がミランダとマーガレットを許し、幸せを願ってくれたのだ。これからは、マーガレットのために生きると良い」

「えっ……？」

ミランダは再び信じられない発言を耳にし、さらに目を見開く。なんと言っていいかわからず唇をキュッと結んだ。

「兄と祖父を立て続けに亡くし、マーガレットは気落ちをしている。今後、私たちの離縁にも傷つくだろう。アーノルドの死後、ミランダのそばにいることでマーガレットは自分自身を保っていた」

シュイルツはひとつ息をつくと、真剣な表情で言葉を紡ぐ。

「マーガレットには今後ミランダが必要だ、そばにいてやってくれ。それが私の希望だ」

シュイルツの言葉を聞いて、ミランダは嗚咽《おえつ》とともに涙を流すしかなかった。

（私はまだ、生きていても良いのね……）

ミランダは自分の存在意義を与えられ、うれしかった。自分にも価値があると言われたように感じたのだった……

すべてが済んだ時、シュイルツはアンウェイに一通の手紙を書いた。

ニコライ伯爵夫人へ
この度は寛大な対応を心より感謝する。

王妃とは離縁し、城の離れでマーガレットの母親として暮らしてもらう。ディアンに万が一何かあったとしても、スコッチ公爵家の血が王族に受け継がれることは決してない。

この度のことは、すべていたらない私の責任であった。不安も大きいとは思うが、ディアンは安心して任せてほしい。これからは、今まで以上に国王としての務めを精一杯に果たす所存である。

またこの度の出来事は、マーガレットとディアンにはショックが大きいだろう。そのため今はまだ話さず、ふたりがもう少し大きくなってから話そうと考えている。

伯爵夫人のこれからの人生が、健やかで幸福な日々となることを願っている。

これからもずっと、心から切に願っている。

国王シュイルツ・バード・ミハエル

二週間後。

アンウェイが生きており記憶をなくして町で暮らしていたこと、シュイルツとの子どもが伯爵家の子として育てられていたこと、その子どもは養子となり王太子として教育を受けさせることが、国民に公表された。

それと同時に、レオンの口から屋敷の者たちに真実が伝えられた。

シュイルツやオリオンが屋敷へ度々来ていたことやディアンの容姿から、シュイルツの子であると予想はしていたようだ。アンウェイが前王妃だと聞いて驚いていたが、これからもレオンと屋敷で暮らすと伝えると、皆歓迎したのだった。

ディアンが本当はレオンの子どもではなかったという事実に、皆思うところはもちろんある。しかし、レオンがアンウェイとディアンを心から愛しているというのは、誰の目から見ても明らかであった。

アンウェイは、記憶をなくしていたためにケイトと名乗っていたが少しずつ戻ってきているということにして、家族登録の名前も本名のアンウェイに変更した。

こうして、ケイトはアンウェイに戻ったのだった。

一カ月後、ディアンの誕生日会兼お披露目会が城で執り行われ、数多くの貴族たちが招待された。

パーティー当日、アンウェイはとても緊張していた。逃亡後ずっと城へ行くのを躊躇《ためら》っていたが、『ディアンの母親として堂々としていよう』とレオンに背中を押され、決心したのだった。

そんなアンウェイを、レオンはいつもの穏やかな笑顔でエスコートする。

「お母様！　お父様！」

一カ月ぶりに会うディアンが、ふたりを見つけて笑顔で駆け寄ってきた。そばにはシュイルツもいる。

「ディアン、元気にしていたか？」

「はい。お父様とお母様は、お元気にされていますか？」

アンウェイたちは、元気そうなディアンの姿を見てホッとする。城へ行きまだ一カ月しか経っていないというにもかかわらず、とても堂々としていた。言葉遣いもだいぶ丁寧になっている。

「ええ。元気で仲良く暮らしているわ」

アンウェイは緊張と居心地の悪さからレオンの陰に隠れてはいるが、穏やかな笑顔で言った。

ディアンはそんなふたりを見て、ホッとした顔で微笑んだ。本当の父親がシュイルツだと知った上に、自分がニコライ伯爵邸からいなくなることで、ふたりが離縁や仲違いをしてしまうのではないかと心配していたのだ。

——ザワザワ。

アンウェイの存在に気付いた周りの人たちのざわめきが、次第に大きくなっていた。するとシュイルツは、周りの者に聞こえるようにわざと大きな声を張り上げた。

「ニコライ伯爵、伯爵夫人、本日はよく来て下さいました。ディアンをこのように立派に育てて下さり心より感謝申し上げます」

シュイルツの言葉に会場中の視線が集まる。遠くにいる人々もザワつく。

「皆の者、前王妃が事故に遭った時には心配をかけたが、こうして元気でいてくれた。記憶は完全に戻ってはいないが、今はニコライ伯爵と幸せに暮らしている。ニコライ伯爵も、ディアンのことを実の子のように育ててくれた。私はふたりにはとても感謝しているのだ。ディアンの両親を、これからもよろしく頼む」

シュイルツの言葉にざわめきは一瞬で消え、どこからともなく拍手が沸き起こる。

「前王妃殿下、ご無事で何よりです」

「お元気そうで安心しました」

優しく温かい言葉が、あちらこちらからアンウェイに投げ掛けられた。アンウェイは、シュイルツの発言からの一連の流れに呆気にとられている。

「……国王陛下は流石《さすが》だな」

隣でレオンが悔しそうにボソッと呟くが、アンウェイの瞳は目の前のシュイルツに釘付けである。

「ニコライ伯爵夫人、これからはディアンの母として堂々と生きていくのだ」

シュイルツはそう、笑顔ではっきりとアンウェイに言った。アンウェイは感極まって何も言葉が出てこなかったが、涙で滲《にじ》む瞳でジッとシュイルツを見つめた。

(シュイルツ、ありがとう……)

その瞳からアンウェイの気持ちが、シュイルツにはしっかりと伝わったのだった。

(少しは罪滅ぼしが出来たかな?)

シュイルツは、切ない笑顔を向ける。アンウェイのこれからの人生を想い、少しでも生きやすいようにと思いを込め、今の自分に出来ることをしたのだった……

第九章　未来

それから、あっという間に月日が経った。

マーガレット十六歳、ディアン十四歳の時、スコッチ公爵家の件がようやくふたりに伝えられた。

父と母の愛情をしっかりと感じながらまっすぐに育ったマーガレットは、ひどくショックを受け、自分の血を国王一族の下に残してはいけないと考えた。

そして、今まで変わらず王女として生活させてくれたシュイルツに感謝の気持ちを伝えたあと、十八歳で修道女になるために自ら城を出たのだった。

ミランダは離れでの生活を許可されたが、自責の念から部屋から出ることはほとんどなかった。

マーガレットが自ら城を出る決断をした時、ミランダは寂しさとうれしさを感じた。

（私よりもよっぽど立派な人間に育ってくれた。……私ももうここにはいられない）

そう考えたミランダは、城を出ようとした。

しかし、その時病気が発覚する。ミランダの右胸の皮膚は凸凹《でこぼこ》に変形し変色していた。

報告を受けたシュイルツは、彼女が城を出ることを許可しなかった。

病気が発覚した時には既に進行しており、もうミランダには、シュイルツを振り切ってまで城を出る体力は残ってはいなかった。

胸の凹凸《おうとつ》からはしばしば出血し、膿《うみ》が出て悪臭を放つようにもなった。そして疼痛《とうつう》がどんどん激しさを増し、鎮痛剤の効果も乏しくなっていく。ミランダは苦痛に身悶えするようになり、周りの者は見ていられないほどだった。

それでもシュイルツはミランダを見舞った。

(ミランダ自体は何も悪いことをしていないのに、父親のせいでこのような人生になってしまった。たくさん世話になったし支えてももらった。放っておけるわけがない……)

離縁後シュイルツが彼女の元を訪ねたのは、病に倒れた時が初めてだった。けじめのつもりで会わないようにしていたが、マーガレットもいなくなり、ひとりで病と闘うミランダを放ってはおけなかったのだ。

「ミランダ、中庭の薔薇《ばら》が見頃を迎えている」

シュイルツは、ミランダの見舞いに持ってきた一本の真っ赤な薔薇《ばら》を、彼女の目の前に差し出した。

「……まあ、綺麗。……ありがとう、ございます」

ミランダは動く左手でゆっくりと薔薇《ばら》を手に取る。

疼痛《とうつう》により常に眉間に皺《しわ》が寄っている顔は血の気がなく、唇も真っ青だ。それでもシュイルツへぎこちない笑顔を向け、休み休み少しずつ言葉を紡ぐ。

「……私が……アーノルドを身籠っていて、つわりがひどかった時……気分転換にと……散歩に連れ出して下さったことが、ありましたね……とても、うれしかったです……」

シュイルツは優しい笑顔をミランダに向ける。

「ああ。懐かしいな。アーノルドもマーガレットも本当に良い子に育った。ミランダのおかげだ。ありがとう」

「こちらこそ……私に、家族を作って、下さって……ありがとう、ございました……」

そう言うと、ミランダはそっと目を閉じる。

（……私はあなたのそういうところに惹かれたのです。いつも温かく優しいあなたをお慕いすることが出来て、アーノルドとマーガレットに恵まれて……）

ミランダは父であるスコッチの存在で、家族の愛に希望を持つことが出来なかった。それでも、シュイルツと結婚し優しく立派な子どもたちに囲まれて初めて、家族の尊さを知ったのだ。

自分の人生も捨てたものじゃないと今なら思える。

シュイルツはそばで、彼女の目尻から一筋の涙が伝うのを見ていた。

ミランダは、シュイルツとアンウェイの温情により穏やかな余生を過ごすことが出来、感謝をすると同時に、罪悪感もずっと抱いていた。

（この苦しみは私への罰ね）

ミランダはそう思い、病気の苦痛に耐え忍んでいた。しかしそれだけではなく、病気になってよかったと思ってしまう自分も認めざるをえなかった。

(病気になったことで、シュイルツ様とこのような時間が過ごせるなんて、幸せだわ……)

ミランダは最期までずっと、シュイルツを慕っていた。

病と闘うこの日々は、ミランダの贖罪《しょくざい》でもあり、ミランダへの最後のプレゼントでもあった。

最終的に痛みに失神するようになったミランダは、出来るだけ苦しまないようにと鎮静剤を使用し、眠りながら最期の時を待つこととなった。始めミランダは使用を拒否したが、結局はシュイルツの懇願を受け入れた。

「ミランダ、もう十分に頑張った。頼むから眠ろう。もう苦しむ姿は見たくないのだ……」

(人生だけでなく最期の時まで、こんなに苦しむ必要はない。頼むから……)

ミランダが痛みにのたうち回り、繰り返す出血でどんどん血の気がなくなる姿を、シュイルツは見ているのが辛くてしかたがなかった。

ミランダはシュイルツの表情を見て、起き続けていることは自分の我儘であると思い、使用を決めた。

(シュイルツ様、最期にそんな顔をさせてしまいごめんなさい。これ以上困らせたくはないわ……。もう十分だわ……)

ミランダは眠る前に、最後に言いたいことがあるとシュイルツの訪室を希望した。

ミランダは苦痛に耐えながら、精一杯の笑顔をシュイルツに向けて口を開く。

『私は、幸せでした……。ありがとう、ございました……』

これが彼女の最期の言葉だった。

こうしてミランダは、シュイルツに見守られながら三十九歳という若さでこの世を去った。

離縁後、シュイルツは王妃不在を貫いた。後継ぎがディアンしかいないことを周りは心配したが、シュイルツは『もしもの時は国の歴代王族からこの血筋が絶える時である』と断言し、子を新たに作ることも、他の後継者候補を迎えることもしなかった。

自分の甘さから悪を野放しにし、愛する人々を傷つけた過去の過ちへの贖罪《しょくざい》の気持ちを持ち続け、自分の未熟さを悔やみながら、少しでも良い国王となるために一心不乱に務めを果たし続けたのだった。


それから数年が経ち、ディアンは十八歳の誕生日を迎えた。

グリーンヒル王国では十八歳から成人とされ、成人後は現国王の判断次第でいつでも新国王となることが出来る。十八歳未満での着任は、国王死亡時しか認められていない。城では盛大に誕生日パーティーとともに成人の儀も執り行われ、ディアンは来城者たちからたくさんの祝福を受けた。

挨拶回りを終え、ディアンは少し隠れた場所にあるバルコニーで風にあたっていた。休憩をしながらひとりで物思いにふけっていると、ふと後ろから声をかけられる。

「ディアン」

「……母上！」

ディアンが振り返ると、そこにはアンウェイが立っていた。

「十八歳おめでとう」

「ありがとうございます」

笑顔で答えるディアンの姿を、アンウェイは頭の上から足先までゆっくり眺める。

「本当に大きくなって……。立派に成長したわね」

アンウェイはしみじみと言った。

「ええ。もう父上よりも、身体もすっかり大きくなりましたよ」

ディアンは少しふざけたように言い、アンウェイはクスッと笑う。

「……七歳だったあなたは、きっと深く考えずに国王になると言ったのでしょう。しかし、今まで志を忘れずに貫き努力し続けた。……母親として誇りに思います。ディアン、本当によく頑張ったわね」

四十三歳となり、まだまだ綺麗だが目尻の皺《しわ》が目立ち始めたアンウェイを真正面から見て、ディアンは答える。

「私は小さい頃からずっと、母上の影響で国や皆のために何かしたいと思っておりました。なので、迷いはありませんでした」

さらにディアンは続ける。

「母上、本当にありがとうございます。私を産んで下さって、育てて下さって、私をずっと応援し見守って下さって。そして、私が屋敷を出たあとも父上を大切にして下さって……」

アンウェイは、手すりに摑まるディアンの右手の上に自分の右手を重ねる。そして、微笑みながらディアンを見上げる。

「お礼を言うのは私のほうよ。私を母親にしてくれてありがとう」

ディアンが左手をアンウェイの右手の上に置くと、アンウェイはさらにその上にアンウェイの左手を置いた。

「ふふっ」

「ははっ」

ふたりは声を上げて笑い合った。

「ディアン、身体に気をつけるのよ。アースの町の屋敷がいつまでもあなたの家だからね。忘れないように！」

アンウェイは満面の笑みでそう言った。

「はい！」

ディアンも満面の笑みで返すと、アンウェイがそっと手を離す。そのタイミングでディアンは急に真面目《まじめ》な表情を浮かべた。少し緊張している空気が漂っている。

「……母上、少し私の話を聞いていただけますか？」

「ええ、何かしら？」

アンウェイもつられて少し緊張してしまう。

「……私は今、想いを寄せている者がおります」

「まあ、そうなの⁉」

ディアンの突然の告白にアンウェイは驚いたが、すぐに笑顔で答えた。

「ディアンももうそのような年頃ね！　いつか会わせてもらえる日を楽しみにしているわ」

ディアンはアンウェイの笑顔を見て緊張がほぐれる。

「はい、ぜひ紹介させて下さい」

アンウェイは息子の成長をさらに感じ、とてもうれしい気持ちでいっぱいになった。ディアンは、幸せを噛みしめている母親の顔を見ながら続ける。

「……母上、それで私は思ったのです。母上は、父上に家族としての愛情を抱き大切に想っている。陛下は、ミランダ様やマーガレット王女を大切に想っている」

アンウェイは発言の意図がわからず、不思議そうにディアンを見上げる。

「何が言いたいの？」

「もちろん家族愛も素晴らしいものです。しかし、私は気付いたのです。陛下の母上を見る目と、母上が陛下を見る目が同じだと……。そして父上が母上を見る目も。ただの家族愛とは違う、お互いを慈《いつく》しみ合うような、そのような瞳……」

知らない男性のような顔をしているディアンを、アンウェイは何も言わずにただ見ていた。

「以前、父上に教えてもらったことがあるのです。真実の愛とは無償の愛であると」

ディアンはとても真面目《まじめ》な顔で、目の前の木の枝にとまっている鳥を見つめている。

「私にもその意味がやっとわかりました。見返りを求めない、ただただ相手の幸せを願う愛というものが……」

――バサッ。

近くで鳥が急に飛び立ち、アンウェイは驚いて咄嗟《とっさ》に目を閉じた。再び目を開けディアンを見ると、まっすぐにこちらを見つめている。

「何が言いたいのかと言いますと、〝愛の形〟はさまざまだとわかったのです」

そう言いディアンは、ニッと悪戯《いたずら》っぽく笑った。ディアンのその笑い方は、時折レオンがするものであった。

「そう……」

アンウェイはそれだけを言い、ディアンのまだあどけなさの残る笑顔に笑い返す。

「母上、私の父は、生涯父上ただひとりです」

「ええ」

ディアンが父親と呼ぶのはレオンだけだ。血の繋がらない自分を、実の子のように愛して大切に育ててくれた感謝の気持ちからそんなふうに言うのだと、レオンもアンウェイもわかっていた。

「ただ……血の繋がりのある両親が心から愛し合ったうえで自分が誕生したという事実は、大変うれしく思っております」

アンウェイは驚いた。ディアンが自分の生い立ちに対して負の感情を抱いていないかと、ずっと不安に感じていたのだ。安堵とうれしさから思わず目頭が熱くなる。

するとディアンは、アンウェイの目をまっすぐに見て、明るく笑う。

「母上、私は本当に幸せ者です」

ディアンは誰にも言ってはいないが、七歳から共に暮らし血の繋がっているシュイルツのこともまた、父親だと思っている。

レオンとシュイルツからの愛情をしっかりと感じ、レオンが幼いディアンに言ったように、ふたりも父親がいてラッキーだと、前向きに捉えながら成長してきたのだ。ふたりからの愛情を実感する度にディアンは、本当に自分は幸せ者だと心から思う。

アンウェイは、ディアンが人に言えない何かを胸に秘めながら発言したように感じたが、それが何かはわからなかった。

（……それでいい）

ディアンのこの笑顔が、偽りではなく心からのものであることは間違いないのだから。

「ディアン、私も心から幸せよ」

アンウェイも零れそうな涙を堪《こら》えながら、ディアンに負けずに心からの笑顔を向ける。そしてふたりは自然に、どちらからともなく抱擁した。

「アンウェイ、こんなところにいたのか。ふたりだけでずるいな。なんの話をしていたのだい？」

ふたりが幸せに浸っていると、レオンの声が飛んで来た。先程のディアンとよく似た悪戯《いたずら》っぽい笑顔を浮かべている。

「ふふっ。ふたりの秘密です。ねえ、ディアン？」

「ええ、母上」

ふたりで目を合わせて笑っている様子を見て、レオンは微笑む。

「ディアン、陛下が捜していたぞ？」

「えっ、本当ですか？　すぐに参ります。父上、母上、失礼いたします。また近いうちにお会いしましょう」

パーティー会場へ足早に戻るディアンの後ろ姿を見送りながら、アンウェイは胸がギュッと締めつけられる。

（ディアンはもう立派な大人ね……）

今のディアンは、アンウェイが夫婦として一緒に過ごしていた頃のシュイルツの年頃なのだ。当時のシュイルツに瓜ふたつの姿に思わず目が釘付けになっていると、レオンに声をかけられる。

「アンウェイは、私と挨拶をしに一緒に行ってくれるかい？」

「はい、もちろんです、レオン様」

アンウェイは、いつもと変わらないレオンの笑顔にホッと温かい気持ちになる。

正直に言うと、アンウェイはシュイルツのことを忘れてはいない。さっきはディアンに見破られてドキッとした。

しかし、シュイルツへの愛よりも優先すべき愛が、アンウェイにはあるのだ。

(愛にはさまざまな形がある……か)

ディアンに気持ちを否定されずに、肯定されたことがうれしかった。自分の息子に、今までの人生を肯定されたような気がしたのだ。

アンウェイは、自分の今までの人生を後悔していない。

(後悔がないなんて言ったらバチがあたるかもしれないけれど……)

それほど穏やかな幸せが、確かに今ここにあるのだ。

アンウェイは何度も間違えた。その都度たくさん悩み、乗り越えて来たからこそ、今の幸せがある。

アンウェイが幸せだから、ディアンもレオンも幸せだ。そして、シュイルツも……

(人生は壁にぶつかる度に軌道修正しながら、精一杯生きていくしかないのね……)

そんなことを思いながら、アンウェイは離さないようにしっかりと、レオンの手を取ったのだった。

シュイルツとアンウェイが四十七歳、ディアン二十二歳の時、シュイルツはディアンに国王の座を引き渡した。

それから五年後、国王として堂々たるディアンの姿に感動しながら、アンウェイとレオンは楽しく日々を過ごしていた。

「アンウェイ、国民の満足度が昨年よりも上がっているぞ！」

レオンは新聞の記事を見て、隣の部屋にいるアンウェイに向けて大きな声で言った。

「ふふっ、はいはい、そんなに大きな声を出さなくても聞こえますよ。どの記事ですか？　私にも見せて下さい」

アンウェイはレオンの隣に腰掛け、新聞を覗き込んだ。

「あら、本当ですね！　ディアンは本当に頑張っていますね」

ディアンの頑張りを見守ることが、今のふたりの生き甲斐である。

七歳のディアンがニコライ伯爵邸を出てからもずっと、アンウェイとレオンはお互いを敬い合いながら、ディアンの帰りを楽しみにしながら、ふたりで穏やかに生活を送ってきた。多少は夫婦の関係ももったが、子宝に恵まれることはなかった。

「コホン、コホン……」

「レオン様、風邪ですか？」

五十二歳になったアンウェイは今も美しく、若い頃の面影を残している。

「いや、少し咳が出るだけだよ」

五十七歳のレオンは、あいかわらずの穏やかな笑顔で答える。

「それを風邪気味と言うのですよ？　レオン様は喘息《ぜんそく》をお持ちなのですから、用心しませんと……」

そう言うと、アンウェイは喉に良いハチミツ入りのお茶を準備する。

それから数日後、レオンは発熱し寝込んだ。喘息《ぜんそく》持ちのレオンは呼吸器官が弱く風邪を拗《こじ》らせやすいため、発熱も珍しくない。今回もいつもの医者に診てもらい、いつもの飲み薬をもらって療養していた。

だが今回は、いつもと違った。

翌朝、熱が下がるどころかさらに上昇しており、息苦しそうにしているのだ。再び医者に診てもらうと、『肺炎を起こしており、万一のこともありえる』と言われたのだった。

翌日にはさらに状態が悪くなっており、慌ててアンウェイはディアンに連絡した。

「レオン様、ディアンがお見舞いに来てくれますからね」

アンウェイはレオンの額のタオルを換えながら、心配そうな顔で言う。

「大袈裟だな……ゴホッ……ディアンは忙しいのに……ゼェゼェ……」

「しばらく顔を見ておりませんし、ディアンの顔をみればレオン様だってきっと、一気に元気になるに違いありません！　さあ、ディアンが来るまで一休みして下さい」

紫色の唇で苦笑いを浮かべるレオンは、少し話すだけで息が切れてしまう。なのでアンウェイは会話を終わらせようとする。

(レオン様、もう喋らないで……)

するとレオンは、アンウェイの手をそっと取って言う。

「……アンウェイ、そばにいてくれてありがとう……」

目を閉じたレオンは、ヒューヒューと音を立てながら眠りにつく。

(ずっとそばにいますから、頑張って下さい。まだ一緒に、ディアンを見守りましょう……)

アンウェイは片時もレオンのそばから離れずに、潤む瞳で見守り続けるしかなかった。

連絡を聞きつけたディアンは最低限の仕事を片付け、深夜に屋敷へ帰り着く。

その時、既にレオンは意識がない状態だった。かろうじて息をしているレオンの右横にはアンウェイが跪《ひざまず》き、手を握りながら祈っている。

ディアンに気付くと、アンウェイは今まで我慢していた涙が一気に溢れ出た。

「ディアン……」

「母上、遅くなりました」

ディアンはアンウェイを抱きしめ、それからレオンの左横に行き同じように手を握って祈った。

「父上……」

「レオン様……」

アンウェイとディアンが同時に名前を呼んだ瞬間、レオンは息を止めた。ふたりに両手を握られたまま……

呼吸が苦しかったはずなのにもかかわらず、レオンの死に顔はとても穏やかであった。

レオンはいつ何があってもいいようにと、しっかり引き継ぎの準備をしていたため問題が生じることなく、レオンの弟の息子が予定通り伯爵家を継いだ。そしてニコライ伯爵邸も新伯爵へ引き渡すこととなるも、引き続きアンウェイは屋敷に住んでいいと新伯爵は言ってくれた。

だが、伯父の配偶者に居座られても気を遣うだけだと思い、フランの家の近くにでもひとりで暮らそうと遠慮した。しかし……

『お嬢様育ちで世間知らずの母上が、その年で初めてのひとり暮らしをするなど絶対にやめて下さい！』

ディアンに大反対されてしまい、諦めざるを得なかった。そしてアンウェイは心配するディアンに頼み込まれ、申し出を受け入れる決心をしたのだ。

こうして五十二歳でアンウェイは城に戻り、穏やかな日々を送っている。城にはアンウェイが王妃だった頃を知る者は、もう全体の二～三割程度しか残っていない。

「おばあ様ー！」

ディアンの娘でありアンウェイの孫である少女が、白い小さな花の束を抱えて走ってくる。

「あら、クレア。綺麗なお花ね」

「このお花、知ってる？」

「ええ、知っているわ。花言葉は清い心よ。クレアにピッタリね。このまま心が綺麗なまま成長してね」

アンウェイの話は少し難しかったようで、クレアはぽかんと口を開けて首を傾げる。その様子がおかしくて可愛くて、アンウェイは思わず笑みを零しながらクレアの頭をなでる。

ディアンは成人の儀の際に言っていた想い人と結婚していた。現在二十七歳の彼は、男児、男児、女児と既に三人の子宝に恵まれ、さらに妻である現王妃は第四子を妊娠中でもあった。家族を持ち、愛する人が増える度に、ディアンはどんどん逞《たくま》しくなっている。

「このお花あげる！　陛下とのお茶の時に飾ってね！」

クレアはそう言うと、花束をアンウェイに渡し走り去っていく。

城に住むようになりいつの間にか、アンウェイとシュイルツは、毎日一時間程度お茶を楽しむのが日課になっていた。どんな天候であろうと毎日欠かさず、季節を感じながら、午後のひと時をふたりで楽しんだ。

ディアンや孫の話、食べ物の話、時には昔話……さまざまな話をした。

しかし、本当は話なんてどうでも良かった。ふたりはただ一緒の時間を共有出来るだけで、それだけで良かったのだ。

空白の時間を埋めるかのように、ふたりは毎日会い続けた。

「陛下、今日はクレアがお花をくれたのですよ。飾りますね」

「ああ、それは夫人が好きな花であったな」

「ええ、かすみ草です。よく覚えていらっしゃいましたね。白くて小さくてとても可愛らしい花です。クレアにとてもよく似合っていましたよ」

春の陽気の中、花が綻んだように笑って孫の話をするアンウェイに、シュイルツは自然と笑みが浮かぶ。

「夫人にもよく似合っている」

シュイルツの言葉に少しはにかんでしまった自分を隠そうと、アンウェイは話を変える。

「陛下、今日も手が浮腫《むく》んでいらっしゃいますね。今日は浮腫《むく》みに良いお茶をお持ちしました」

「いつもありがとう」

「お小水が近くなってしまって、大変だったら申し訳ありません」

クスッと冗談めかして言いながら、アンウェイはお茶を淹れる。このようなふたりの穏やかな日々は、しばらく続いたのであった。

シュイルツは六十歳の時、心機能低下の診断を受けた。

診断後一年ほどは無理のない生活を心掛け不自由なく過ごしていたが、徐々に身体が重怠く感じるようになる。そして、次第に部屋にこもる時間が長くなっていった。

アンウェイは、今までお茶をしていた時間にシュイルツの部屋を訪れては、体調を見ながら話をするようになった。シュイルツはベッドに横になったまま、アンウェイはベッド横の椅子に腰掛けて、毎日微笑み合った。

シュイルツの全身はどんどん浮腫《むく》んでいき、その姿をアンウェイに見られたくないと思ったが、会いたい気持ちのほうがいつも勝っていた。

一日も欠かさずにふたりは会い続け、アンウェイが部屋に来た時はいつも、ふたりはとても良い笑顔だった。

「こんな姿、本当は見せたくないのだがな……」

「あら、最近どんどん痩せられていたので、今がちょうどいいくらいかもしれませんよ?」

自嘲《じちょう》気味に笑うシュイルツに、アンウェイは明るく返す。

「はは、そうか。ならいいな」

「ええ、いいです」

ふたりはお互いの穏やかな笑顔に癒され合う。

アンウェイは、間近で弱っていくシュイルツを見るのに辛さを感じることもあった。しかしもう、絶対にシュイルツから逃げないと決めている。

後悔しないように、今この瞬間を大切にしようと。

次第に呼吸にも苦しさを感じるほど状態がどんどん悪化する中、変わらずにアンウェイはシュイルツのもとへ通った。一言も話さずに持ってきた花を見つめるだけの日も、シュイルツが眠っている姿をアンウェイがそばで見るだけの日も、雨の音を聴いただけの日もあった。

『もうそろそろ、心臓が限界に達していると思われます』

医師からそう宣告されても、ふたりは変わらず会い続けた。会話は弾まなくとも、同じ空間にいる時間がふたりの心を穏やかにしてくれるからだ。

その後、シュイルツは利尿作用のある薬が効かなくなり、全身の浮腫《むく》みが増悪していった。手足の太さは倍になり、顔もパンパンで目はほとんど開かなくなる。肺にも水が溜まり、呼吸をするだけでゼエゼエと苦しそうな音を立て、手足の指は青紫色になった。さらに、どんどん尿量も減っていく。

数日後、シュイルツはずっと枕元に置いていた巾着袋《きんちゃくぶくろ》を掴みアンウェイに渡した。

「……中を見てもよろしいのですか？」

シュイルツは小さく頷く。小さい硬い物の触感を覚えながら、アンウェイは袋から中のものを取り出す。

「この石……」

アンウェイは目を見張り、思わず声が漏れる。そこにはひとつの石が入っていたのだ。石には見覚えのある文字……幼い頃のアンウェイの文字が書かれている。

（私たちのお守り……ずっと持っていてくれたのね……）

ふたりの思い出を、シュイルツが大切にしてくれていたことがうれしかった。アンウェイは、城に来てから初めての涙を浮かべながら微笑んだ。

「……ふふっ、陛下、私と気が合いますね」

そう言ってアンウェイは、いつも持ち歩いている巾着袋《きんちゃくぶくろ》の中から、よく似たひとつの石を取り出した。そしてシュイルツの目の前へ、幼い頃のシュイルツの文字を掲げて見せる。

それを見たシュイルツの目から、一筋の涙が溢れた。そして静かに言う。

「……アンウェイ、愛している……」

「……シュイルツ、愛しています……」

ふたりは微笑みながら見つめ合った。

「……私は先に逝く……。君はもう少しゆっくりしてから来るのだよ……。急ぐことはない、これからはずっと一緒にいられるのだから……」

アンウェイの頬《ほほ》にも一筋の涙が伝った。返事をする代わりに、想いを込めてシュイルツの唇に口づける。

（はい、ずっと一緒にいましょう……）

ふたりが昔のようにお互いの名前を呼び合ったのも、愛を語り合ったのも、お互いに触れたのも……すべて、ディアンを身籠ったあの夜以来だった。

こうしてシュイルツは、アンウェイたちに見守られる中、六十三歳でこの世から旅立った。

そしてその二年後、アンウェイも六十五歳で静かにこの世を去った。


「陛下、この書類に目を通して下さい」

「わかった、そこに置いておいてくれ」

ディアンは部下に笑顔で答える。

国王として精力的に務めを果たしているディアンは、国民からの信頼がとても厚く、国民の幸福度は年々上昇している。そんな現国王として君臨する、ディアンの仕事机の上には書類が山積みである。

その書類のそばには、いつもふたつの小さな石が並べて置かれている。

それはディアンが受け取ったシュイルツとアンウェイの形見であり、裏側には同じ言葉が、それぞれ違う文字で書かれている。

〝ずっと一緒　シュイルツ&アンウェイ〟

ディアンにはいつも、このふたつの石が寄り添い合っているように見えるのだった。

新＊感＊覚　ファンタジー！

Regina レジーナブックス

レジーナブックス Regina

読者賞受賞作!
転生幼女は超無敵!

転生したら捨てられたが、拾われて楽しく生きています。
1～2

トロ猫《ねこ》
イラスト：みつなり都

目が覚めると赤ん坊に転生していた主人公・ミリー。何もできない赤ちゃんなのに、母親に疎まれてそのまま捨て子に……!?　城下町で食堂兼宿屋『木陰の猫亭』を営むジョー・マリッサ夫妻に拾われて命拾いしたけど、待ち受ける異世界庶民生活は結構シビアで……。魔法の本を発見したミリーは特訓で身に着けた魔法チートと前世の知識で、異世界の生活を変えていく！

詳しくは公式サイトにてご確認ください。
https://www.regina-books.com/
携帯サイトはこちらから！

この作品に対する皆様のご意見・ご感想をお待ちしております。

おハガキ・お手紙は以下の宛先にお送りください。

【宛先】

〒150-6008 東京都渋谷区恵比寿4-20-3 恵比寿ｶﾞｰﾃﾞﾝﾌﾟﾚｲｽﾀﾜｰ 8F
（株）アルファポリス　書籍感想係

メールフォームでのご意見・ご感想は右のＱＲコードから、
あるいは以下のワードで検索をかけてください。

アルファポリス　書籍の感想　検索

ご感想はこちらから

本書は、「アルファポリス」（https://www.alphapolis.co.jp/）に掲載されていたものを
改稿、加筆のうえ、書籍化したものです。

国王陛《こくおうへい》下《か》、私《わたし》のことは忘《わす》れて幸《しあわ》せになって下《くだ》さい。

ひかり芽衣（ひかり めい）

2023年　4月　5日初版発行

編集－境田 陽・森 順子
編集長－倉持真理
発行者－梶本雄介
発行所－株式会社アルファポリス
〒150-6008 東京都渋谷区恵比寿4-20-3 恵比寿ｶﾞｰﾃﾞﾝﾌﾟﾚｲｽﾀﾜｰ8F
TEL 03-6277-1601（営業） 03-6277-1602（編集）
URL https://www.alphapolis.co.jp/
発売元－株式会社星雲社（共同出版社・流通責任出版社）
〒112-0005 東京都文京区水道1-3-30
TEL 03-3868-3275
装丁・本文イラスト－カロクチトセ
装丁デザイン－AFTERGLOW
（レーベルフォーマットデザイン―ansyyqdesign）
印刷－中央精版印刷株式会社

価格はカバーに表示されてあります。

落丁乱丁の場合はアルファポリスまでご連絡ください。

送料は小社負担でお取り替えします。


ISBN978-4-434-31785-9 C0093